电子竞技专业
系列教材

丛书主编 黄心渊

郑 夺◎著

电子竞技赛事制作与转播

E-sports Production And Broadcasting

清華大学出版社
北 京

内容简介

本书是电子竞技专业系列教材规划中的第二本，在专业性、实践性和学术性方面都具有一定的深度。本书科学性地定义了电子竞技赛事制作与转播的特点与概念，提出了创新性的理论——电子竞技赛事制作与转播架构，系统性地梳理了电子竞技赛事制作与转播的运作模式，对电子竞技赛事制作与转播各环节的运作原理进行了模型化的阐述，并对电竞赛事制作与转播的未来发展趋势进行了预测。

本书对电子竞技赛事制作与转播的工作模块、工作模式、转播标准与流程进行了深入浅出的讲解，能够让从未了解过赛事制作与转播相关知识的人迅速掌握其特点与流程。同时，本书提出的理论、架构和方法也会对其他制作与转播行业带来一定的借鉴和启发。

图书在版编目（CIP）数据

电子竞技赛事制作与转播 / 郑夺著 . —北京：清华大学出版社，2023.6
电子竞技专业系列教材
ISBN 978-7-302-63339-6

Ⅰ. ①电… Ⅱ. ①郑… Ⅲ. ①电子游戏–运动竞赛–节目制作–高等职业教育–教材 Ⅳ. ① G898.3 ② G222.3

中国国家版本馆 CIP 数据核字（2023）第 063769 号

责任编辑：谢 琛
封面设计：常雪影
责任校对：申晓焕
责任印制：刘海龙

出版发行：清华大学出版社
网 址：http://www.tup.com.cn, http://www.wqbook.com
地 址：北京清华大学学研大厦 A 座 **邮 编：**100084
社 总 机：010-83470000 **邮 购：**010-62786544
投稿与读者服务：010-62776969, c-service@tup.tsinghua.edu.cn
质量反馈：010-62772015, zhiliang@tup.tsinghua.edu.cn
课件下载：http://www.tup.com.cn, 010-83470236
印 装 者：三河市天利华印刷装订有限公司
经 销：全国新华书店
开 本：185mm×260mm **印 张：**22 **字 数：**535 千字
版 次：2023 年 7 月第 1 版 **印 次：**2023 年 7 月第 1 次印刷
定 价：89.00 元

产品编号：099714-01

电子竞技专业系列教材

编　委　会

出版说明

近年来，电子竞技行业发展迅速，电子竞技的社会影响力与日俱增。电子竞技（Electronic Sports，简称电竞），是电子游戏比赛达到“竞技”层面的体育项目。电子竞技就是利用电子设备作为运动器械进行的、人与人之间的智力和体力结合的比拼。通过电子竞技，可以锻炼和提高参与者的思维能力、反应能力、四肢协调能力和意志力，培养团队精神，并且职业电子竞技对体力也有较高要求。电子竞技也是一种职业，和棋艺等非电子游戏比赛类似，2003 年 11 月 18 日，国家体育总局正式批准，将电子竞技列为第 99 个正式体育竞赛项目。2008 年，国家体育总局将电子竞技改批为第 78 号正式体育竞赛项目。2018 年雅加达亚运会将电子竞技纳为表演项目，中国电子竞技战队在比赛中取得 2 枚金牌、1 枚银牌的优异成绩。2021 年 11 月 6 日，在英雄联盟 S11 总决赛中，中国 LPL 赛区战队 EDG 电子竞技俱乐部以 3 ： 2 战胜韩国 LCK 赛区战队 DK，获得 2021 年英雄联盟全球总决赛冠军，电子竞技也因此成为时下大热的一大话题。2022 年，电子竞技将成为杭州亚运会的正式比赛项目。

电子竞技的用户群体庞大。据艾瑞咨询发布的《2020 年中国电竞行业研究报告》，中国已有电子竞技用户 4.7 亿。电竞行业人才缺口巨大。2019 年 7 月，国家人力资源和社会保障局发布的《新职业——电子竞技运营师就业景气现状分析报告》指出，目前电子竞技产业只有不到 15%的岗位处于人力饱和的状态，预测未来五年电子竞技运营师人才需求量近 150 万人。电子竞技运营人才十分稀缺，整个人才市场基本处于空白状态。

中央电视台“发现之旅”频道历时几年拍摄了 6 集大型纪录片《电子竞技在中国》，北京、上海、成都等多个城市积极打造电子竞技城市名片，推出有利于电子竞技行业的政策，将电子竞技作为新的经济增长点。

电子竞技是下一个潜力非凡的行业，需要培养高等专业人才。中国传媒大学在 2017 年开设了全国第一个 211 院校电子竞技专业。目前开设电子竞技专业的本科、高职、中专院校已有 40 多所，但国内学术水平高、实践性强、契合高等教育教学需求的电子竞技专业性教材还十分稀缺，很多学校电子竞技专业面临无教材可用的情况。在经过充分调研和多次讨论之后，我们邀请了很多国内该领域的专家成立了“电子竞技专业系列教材”编委会，旨在建设电子竞技相关专业方向的教材。

本套教材以服务电子竞技教育为首要目标，内容涵盖本科教材、专科教材及职业教育教材，打造电子竞技教育领域的标杆。欢迎本领域专家、电子竞技游戏爱好者及广大读者积极建言，帮助我们不断完善、提高本套教材的出版工作。

联系人：谢琛

Email：xiech@tup.tsinghua.edu.cn

清华大学出版社

2022 年 3 月

序

随着电子竞技产业的迅速发展，该产业的人才缺口也越来越大。产业亟须复合型高素质人才，但目前高校的电子竞技相关专业建设、教学还处于起步阶段，虽然部分本科院校、高职院校及中职院校已经积累了一定的电子竞技教育实践经验，但电子竞技教育人才和教材依旧较为稀缺。

中国传媒大学（以下简称“中传”）在几年前就注意到了电子竞技行业对专业人才的需求。在经过充分的调研和多次讨论之后，中传决定布局建设电子竞技相关新专业方向，率先承担起专业电子竞技人才培养的教育使命。2017 年，中传动画与数字艺术学院与电子竞技行业领先企业英雄体育 VSPO 联合设立数字媒体艺术（数字娱乐方向）专业方向，并聘请英雄体育 VSPO 联合创始人兼首席运营官郑夺先生作为该专业的客座教授，开设了“电子竞技概论”“电竞赛事策划与制作”“电竞赛事转播与执行”等专业课程，发力培养电子竞技专业人才。

中传作为国内首先开设电子竞技相关专业的重点院校，经过多年的教学实践探索，在电子竞技教育方面具有得天独厚的优势。在电子竞技教育领域，一直缺乏一套既具有学术研究价值又具有实践价值、适合高校教学的、权威的电子竞技教材，基于这个原因，中传发起并组建了电子竞技专业系列教材编委会，旨在编写出一套这样的教材。

基于中传的教学理论经验和郑夺先生多年的电竞实践经验的总结，电子竞技专业系列教材丛书由电子竞技产业概论和电子竞技核心执行工作及岗位概论两大部分构成。电子竞技产业概论包括《电子竞技概论》《电子竞技赛事制作与转播》《电子竞技内容制作与传播》《电子竞技赛事组织与用户》《电子竞技商业化及衍生产业》五本，从理论、宏观的层面讲解电子竞技产业整体结构、电子竞技核心产业结构，属于本科电子竞技课程的配套教材。电子竞技核心执行工作及岗位概论包括《电子竞技赛事策划与艺术创意》《电子竞技赛事项目管理》等一系列教材，可作为本科教育的课外参考教材，也可以作为职业培训教材，帮助有志于从事电子竞技相关职业的人士快速了解电子竞技相关岗位的功能与职责。

我们殷切地希望本套丛书的出版能够在一定程度上促进电子竞技教育的发展，也希望得到全国电子竞技研究学术界的支持和补充。

黄心渊
教育部高等学校动画、数字媒体专业教学指导委员会秘书长
全国高等院校计算机基础教育研究会会长
中国传媒大学动画与数字艺术学院院长

E-sports

前 言

电子竞技是全球范围内新兴的竞技体育运动和文化现象。电子竞技赛事制作与转播是电竞产业架构中核心内容生产的环节，也是产业发展水平的直接体现。电子竞技内容吸引数以亿计的电竞爱好者，已经成为主流内容产业中的重要组成部分。

历经十几年的发展，电竞赛事制作和转播水平发生了翻天覆地的变化。举办场地从网吧升级到鸟巢体育场等地标建筑，制作转播水平从简单制作发展到比肩传统体育赛事的复杂制作和呈现效果。同时，各项先进技术不断应用，创造了游戏虚拟画面与现场真实画面相结合的独特制作模式和内容形式。

与电竞赛事宏大震撼、精美绝伦、不断创新的呈现效果相比，制作与转播的理论发展、技术沉淀和经验总结明显落后。学术积累的不足导致行业人才成长缓慢，行业发展受到严重的限制。同时，学术和理论短板也使社会大众对电子竞技行业缺乏了解和认知，进而对电子竞技行业工作者产生一些偏见。

本书是全面探讨电子竞技赛事制作与转播架构和技术的书籍，也是笔者在中国传媒大学开设课程的配套教材。电子竞技赛事制作与转播是艺术、技术和管理的结合，其体系架构分为创意策划、项目管理、赛事制作与执行、技术支持与保障四大模块。本书以观众直接感知程度为标准，将赛事制作与执行模块分为前端执行、前后端交互和后台制作三个子模块。同时，本书也从信号和信息处理的角度，讲述了电子竞技赛事制作与转播的技术过程，并列举了一些制作与转播的经典案例，为读者展示了电子竞技赛事画面背后的庞大系统。最后，本书提出了沉浸式电子竞技赛事转播系统的设想，同时也揭示了未来 AI 转播对所有转播行业的冲击，并且从电子竞技赛事制作与转播的角度探讨了人类创意和智能工具的关系和未来发展。

本书总结和提出的理论架构、技术创新和制作方法，不仅适用于电子竞技行业，也适用于传统体育和其他内容转播行业。希望本书能够在满足电子竞技行业需求的同时，也能够为其他内容行业带来一定的启发。

郑 夺

2023 年 4 月

E-sports

目录

第1章 绪　论

1.1 电子竞技专业系列教材体系介绍

电子竞技专业系列教材中的《电子竞技概论》完善了电子竞技的理论基础，并且提出了电子竞技产业结构图。电子竞技产业结构图将电子竞技产业分为监管机构、游戏产业及授权出资机构、电子竞技核心产业、电子竞技相关产业、电子竞技衍生产业、电子竞技消费者等模块。其中电子竞技核心产业又分为赛事组织、内容制作、宣传播出、商业化四大模块。

电子竞技专业系列教材体系以电子竞技产业结构图为基础，展开论述了完整的电子竞技产业。每一本教材的内容都会明确其涉及的电子竞技产业模块或者模块中的部分。电子竞技专业系列教材构建了以《电子竞技概论》为总览，以电子竞技核心产业四大模块为主要内容的电子竞技学科体系。读者可以根据自身需要选择书籍。

1.2 赛事制作与转播在电子竞技产业结构中的位置

本书所讲述的内容是电子竞技赛事制作与转播，它属于电子竞技核心产业中的内容制作模块。因为赛事制作与转播是电子竞技核心产业链上极其重要的一部分，同时它工作内容复杂且相对自成体系，所以将其单独作为一本教材讲述。赛事制作与转播在电子竞技产业结构中的位置如图 1-1 所示。

电子竞技产业是围绕电子竞技赛事发展的，电子竞技赛事的制作与转播是能够影响产业发展与升级的重要环节。

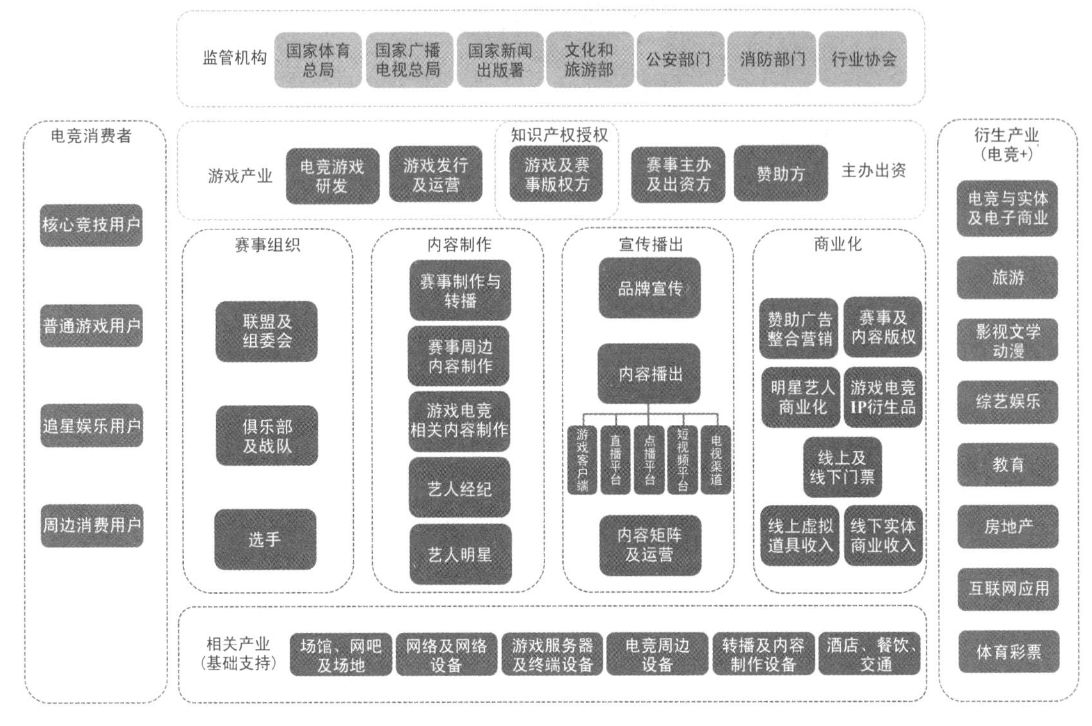

图 1-1　赛事制作与转播在电子竞技产业结构中的位置

1.3 赛事制作与转播和电子竞技产业其他模块的联系

在电子竞技产业中，赛事制作与转播属于内容制作模块，是电子竞技产业的核心，与其他模块有着紧密的联系。电子竞技核心产业的四大模块是围绕电子竞技赛事而形成的。

赛事组织模块负责电子竞技赛事的人员组织和人才培养，不断发掘新的选手，为电子竞技行业输入新鲜血液，使比赛能够保持高水平竞技。在内容制作模块，除了赛事制作以外，还有其他内容制作和艺人经纪。赛事制作为电子竞技相关艺人提供了一个活动平台，让解说、主持人能够通过赛事平台展现魅力，成为具有影响力的电竞明星。赛事周边内容的制作也是围绕着电子竞技赛事这一基本内容而展开的。在赛事内容被制作出来之后，还需要通过宣传播出模块将内容进行广泛的传播和宣传，使内容能够触达更多人群，产生更大的影响力。赛事制作也为电子竞技商业化提供了基础内容产品。制作精良、影响力大的电子竞技赛事，才有机会吸引高额的广告赞助、将转播权拍卖出较高的价格，吸引观众为赛事相关产品付费。

电子竞技的核心内容产品是电子竞技赛事，赛事制作与转播模块仅仅是负责比赛的执行工作，将比赛制作成精彩视频内容，一场比赛从开始到被观众看到，还需要其他产业模块的共同协作。

第 2 章

电子竞技赛事制作与转播的概念与特点

2.1 电子竞技赛事制作与转播的定义

2.1.1 内容制作与转播领域易混淆的概念

在论述和讲解电子竞技赛事制作与转播之前，需要明确“制作”与“转播”的定义。在电视节目领域中，因为翻译、历史原因以及约定俗成的影响，不同的制作人员对于“制作”与“转播”概念的理解会有一些差异。

在电视节目领域中，制作可以指电视节目素材采集、内容剪辑加工、呈现播出的全过程，英文翻译为 Production；也可以特指视频剪辑加工和后期制作，英文翻译为 Editing 和 Postproduction。

在电视节目领域中，转播的概念更加多样，而且容易混淆。转播可以泛指信号和内容的传播和播出，英文翻译为 Broadcasting；也可以指播出由其他机构制作的内容，例如，某电视台转播其他电视台的新闻节目。有时，为了凸显内容的及时性，将正在发生的社会事件实时地呈现给广大观众，会采用直播（Live）的制作和播出方法。直播也可以被称为实况转播，例如，电视机构直播某个体育赛事。在大型国际体育比赛的转播过程中，转播机构会分为主转播商和持权转播商。主转播商制作赛事基础内容，并向持权转播商售卖基础信号。持权转播商购买主转播商的信号并在此基础上进行包装和加工，或在主转播商允许的范围之内，在现场架设自己的机位并将该机位内容穿插进购买的信号中。持权转播商购买的转播权利被称作转播权。

2.1.2 本书对电子竞技赛事制作与转播的定义

本书对电子竞技赛事制作与转播的定义是：电子竞技赛事制作（Production）与转播

（Broadcasting）是为了及时制作和播出精良的赛事内容、展现竞技精神而进行的策划准备、制作执行和信号播出的全部过程。电竞赛事制作与转播以直播的制作和播出方式为主，融合了广播电视技术与信息技术，包含创意策划、项目管理、赛事制作与执行、技术支持与保障四大模块。

虽然赛事制作与转播在理解上主要与艺术创意和转播流程相关，但是在实际工作的过程中经常会与赛事组织、现场执行、项目管理融为一个整体，密不可分，而且赛事组织、现场执行、项目管理的水平也会对制作与转播的最终效果产生巨大影响。为了保障电竞赛事制作与转播的最终整体效果，在电子竞技赛事制作与转播中增加了这些组织和管理方面的模块。

2.2 电视节目制作与转播

2.2.1 电视节目制作和播出的方式

在电视节目制作领域中，制作和转播的概念容易混淆，主要是受到翻译、历史原因以及约定俗成的影响。制作与转播的概念范围和特性根据不同的情景扩大或者缩小，所表达的重点也不尽相同。

本节进一步梳理了电视节目的制作方式，对这些概念进行了更加清晰的区分，主要通过内容时效性和自制内容比例来区分直播和转播的概念。根据内容时效性可以将节目制作的方式分为直播制作、录播（Tape）制作两种。其中，直播制作时效性强，内容制作和播出与事件的发生几乎同步进行；录播制作时效性差，内容制作加工、审核后，按照编排计划和顺序进行播出。根据内容制作的自制比例可以将节目分为自制节目、转播其他主体制作的节目以及加工其他主体制作内容等形式。加工其他主体制作内容是指主要内容由其他主体制作，在此基础上增加字幕、解说或其他内容，具体分类及案例如图 2-1 所示。

电视机构播出的大部分内容都是提前制作的自制节目，例如电视剧、综艺节目和其他类型的电视节目，按照编播的计划和顺序播放。新闻类节目一般都是以直播方式制作的，电视台也可以同步播出其他电视台制作的新闻类节目，自身不做任何加工处理。体育赛事绝大多数情况下也采用直播的制作方式。在获得转播权的情况下，电视台可以派出制作团队到比赛现场制作内容并直播比赛，这时候电视台是主转播商。在转播某些海外体育比赛时，比赛的主要内容由其他机构的现场制作团队完成，电视台可以在这个内容信号基础上增加解说和字幕，或者增加其他内容，甚至插播广告。

由于电子竞技赛事具有体育比赛的属性，其制作与转播大多以直播的方式进行，比赛现场会有大量的制作人员参与直播比赛。国际性的电子竞技比赛也会发生多语言制作、多机构制作的情况，与传统体育赛事类似。

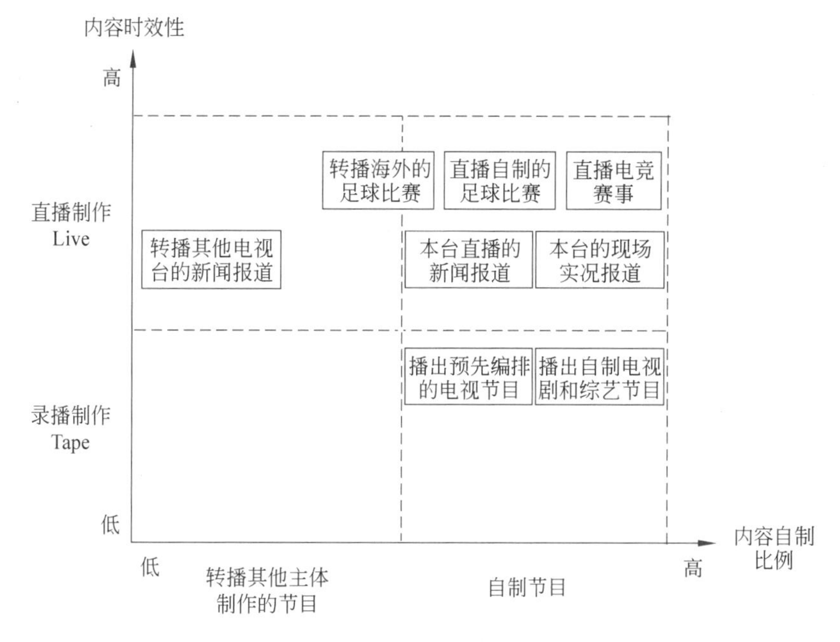

图 2-1 直播、录播与转播的分类和特点

根据不同的制作环境，制作可以分为演播室（Studio）制作和远程（Remote）制作。演播室制作是指内容在专业的演播室内制作完成，例如新闻类节目；远程制作是指制作的环境不在演播室，而在户外或者事件发生地。为了制作精良的内容，远程制作需要克服天气、光线、声音等客观环境的影响。

电子竞技赛事制作与转播以直播的制作方式为主。重大的电竞赛事多数不在演播室的环境，采用远程制作的方式。

2.2.2 直播节目制作及其特点

《广播电视辞典》对电视的播出方式进行了说明：直播和录播是现有的两种基本的广播电视播出方式。直播指节目制作和播出同时进行，录播则是事先制作录音带或录像带在规定时间播出。直播多用于现场感强的活动，时效性强；录播时效性相对较差，但播出风险小。

直播是广播电视节目的后期合成、播出同时进行的播出方式。这种方式中节目的后期合成过程就是节目的播出过程，它不经过事先录音或录像，而是同一时间内在现场或播音室、演播室完成节目的制作和播出。

直播是充分体现广播电视媒介传播优势的播出方式。使用直播方式可以随时播出最新的新闻，提高新闻报道的时效性；可以做到同步报道新闻事件的发生、发展过程，有强烈的现场感，容易获得良好的播出效果。直播的缺陷是差错无法更改，节目时间不易掌握等。

按播出场合，直播可分为现场直播和播音室或演播室直播。现场直播是在现场随着事件的发生、发展进程同时制作和播出广播、电视节目的播出方式。现场直播脱离了播音室和演播室，在新闻或其他事件现场，随着事件的发展，把现场图像、音响和现场解说组合成节目，并同时播送出去。

现场直播要求采、编、播系统密切有效地进行合作。电视现场直播在报道事件全过程时，一般需配备转播车，车内配备视频切换台、调音台、监视器、录像机、微波发射机等设备，将现场摄制的新闻图像经微波发送卫星或转发至电视台同时播出。起初直播信号多通过卫星或其他广电技术方式传输，但随着互联网技术的发展，大量的直播内容和信号逐渐开始采用网络的传输方式。

电子竞技赛事的制作与转播与传统体育赛事类似，都属于直播节目制作。因为直播制作方式中差错无法修改，所以直播具有准备复杂度高、制作风险性高、制作水平要求高、临场应变要求高、制作安全保障要求高等特点。

2.2.3 传统体育赛事制作与转播

电子竞技赛事制作与转播是在传统体育赛事制作与转播的基础上发展起来的。电子竞技赛事制作与转播的规则和方法都是从学习和参考传统体育赛事开始的。因为电子竞技赛事同样具有传统体育赛事竞技体育的特点，所以很多规则和方法都通用。

电视行业普遍认为，电视直播体育赛事最早出现在 1936 年的柏林奥运会。虽然当时只能在阳光充足时拍摄，也受到了诸多客观技术条件的限制，但电视直播体育赛事的发展趋势一发不可收拾。越来越多的体育赛事采用电视直播的传播方式，电视直播也为体育赛事吸引了大量的用户和爱好者，这些数以亿计的线上观赛者远远超过体育场容纳的线下观赛者。

世界上主流体育运动的电视直播效果都是很吸引人的，或许也正是因为直播的效果引人注目，这些体育项目才能借助电视直播的传媒力量，最终发展成为世界主流的体育项目。

随着时代发展和转播技术的进步，赛事制作与转播的项目范围不断扩大，几乎囊括了所有体育项目。各种新的技术被不断地引入到制作转播中，制作转播设备不断迭代升级，制作转播的理念不断更新，使得制作和转播内容的效果明显提升，影响人群的范围显著扩大。

体育赛事的电视直播能够让每位观众成为重大比赛中打破记录、夺取冠军这些历史时刻的见证者和参与者，也能够为观众提供一种足不出户就能够欣赏比赛和感受竞技魅力的便捷方式。目前，观众已经习惯通过直播的方式欣赏体育比赛，不直播的著名体育项目几乎不存在。电视直播也从体育内容传播的方式逐步升级为体育项目生命力的重要保障。

2.3 电子竞技赛事制作与转播的特点

电子竞技赛事制作与转播的特点，是与传统体育赛事、综合类文艺晚会的制作与转播相比较而言的。这三类活动制作与转播的共同点是以直播为主，但是针对竞技活动或表演活动本身的特点，三者在制作和转播上会有一些差异。与其他的制作与转播相比，新生的电子竞技赛事制作与转播具有一些与众不同的特点，这些特点很多是为了满足电子竞技独特的竞赛方式和竞技表现的需要。

1. 现场真实画面与游戏内虚拟画面相结合

现场真实画面是指客观存在的、真实的现场画面。传统体育赛事多以现场真实画面为主，都是真实的运动员和比赛场地。现场真实画面转播是传统体育赛事自然而然的特点，因为都是在真实的物理空间进行竞赛，例如传统的足球比赛、篮球比赛。在大多数传统体育中，运动员身体的活动范围、运动幅度和对抗性都比较大，这些对抗激烈的真实画面构成了精彩的传统体育赛事内容。

电子竞技赛事制作与转播中，虽然也存在现场和选手的真实画面，但运动的幅度都不大，真实的画面相对静态。电子竞技比赛时，选手大多都是坐在比赛桌前，通过上肢和手来操作比赛设备、控制游戏内角色进行游戏对抗。虽然选手也会通过呼喊、挥舞双臂等动作来表达竞技的热情和兴奋，但选手大部分时间是静态的。长期观看传统比赛的观众甚至有可能因为电竞选手运动幅度不大的特点而质疑电子竞技的体育属性。在电子竞技赛事中，这些小幅度操作运动的选手是赛事画面的一部分，而更多的激烈对抗和精彩画面是在游戏内的虚拟世界中产生的。

电子竞技赛事制作与转播的特点是现场真实画面和游戏内的虚拟画面相结合。在赛事制作与转播中的视频信号既包括现场真实的选手和舞台，也包括游戏内的比赛画面。在游戏的虚拟空间内，选手操作虚拟角色进行竞技比赛。游戏内的画面占据制作和播出画面的很大比例，是电子竞技赛事内容的重要组成部分，这是电子竞技赛事制作与转播的突出特点。如何呈现游戏画面、实时显示比赛的情况、展现选手高超的竞技水平，以及让观众看懂比赛、甚至在现场真实画面和游戏虚拟画面之间流畅切换和科学组合，是电子竞技赛事制作与转播需要面对和解决的新问题。

2. 信号种类及数量多，信息量大

之前论述中提到了，传统体育赛事制作与转播的信号类型主要是现场的真实信号，电子竞技赛事制作与转播的信号类型不仅包括现场真实信号，也包括游戏内的虚拟信号。

对比两种比赛转播中涉及的信号数量，电子竞技赛事制作与转播明显更多。传统体育

赛事制作与转播基于明确的制作与转播标准，可能使用 16 路、24 路讯道摄像机进行转播，也就是 16 路、24 路现场信号。虽然电子竞技赛事的现场信号数量与传统体育赛事类似，但是还额外涉及游戏画面信号（OB 信号），由游戏客户端或游戏比赛服务器提供。有些游戏可以提供很多路游戏 OB 信号来为制作人员选择和切换。游戏 OB 信号基于游戏内的渲染技术，原则上可以提供无限数量的 OB 信号，并以不同的视角来提供信号。某些视角的 OB 信号是在传统体育比赛现实拍摄中很难实现、甚至无法实现的，例如，跟踪游戏内角色的移动视角、跟踪技能的释放视角、顶部俯瞰视角、穿墙视角及其他特殊视角等。以战术竞技类游戏《和平精英》职业联赛（Peace Elite League，PEL）为例，PEL 总决赛有 15 支参赛队伍，提供 4 个播出频道，赛事制作与转播信号包括 22 路讯道摄像机拍摄的现场真实画面信号、70 余路选手和战队的摄像头信号、34 路游戏内的 OB 信号等。这种超过一百路的视频信号转播在传统体育中很少出现。

比赛信息和数据是竞技比赛观赏性的重要组成部分。信息和数据能够有效地反映比赛的进程及局势，体现选手的竞技水平，对于信息和数据的挖掘也能够增加比赛的看点。传统体育和电子竞技都非常注重信息和数据的采集、处理和展现。传统体育的信息和数据与比赛的规则和选手的身体表现息息相关。例如，篮球比赛中常用的信息和数据包括进球得分、正负值、盖帽数量、篮板球数量、选手犯规次数等。而电子竞技比赛的信息和数据不仅包括电竞选手状态信息，同时也包括游戏内角色的信息和数据，这些综合数据才能够有效地反映目前的比赛情况和选手的竞技水平，游戏中的关键性道具、经济情况、英雄等级也是决定比赛胜负的关键。以 MOBA 类游戏为例，赛事转播需要展示的游戏内信息和数据包括选择的英雄阵容、选用的召唤师技能、采用的铭文、经济情况、装备情况、击杀数量、推塔数量、中立生物击杀数量、技能的冷却时间等。

3. 比赛节奏更快，不确定性强，精彩焦点并发

传统体育比赛的节奏很快，在赛场上发生激烈的对抗能够瞬间改变比赛的结果。例如，在乒乓球比赛中，选手击球的动作和乒乓球运动的速度都很快，让观众目不暇接。乒乓球比赛的级别越高，选手的反应速度越快，球速也越快。在国际顶级比赛中，往往在刹那间，选手的精彩击球完成了得分，决定了胜局。

虽然传统体育比赛的节奏已经很快了，但与电子竞技相比还是慢很多。传统体育绝大多数是基于人身体的大肌肉运动，比赛的节奏和人体运动的速度和节奏相关。而电子竞技是主要基于手、脑、眼协调的小肌肉运动，运动的速度和节奏自然要快很多。例如，在 PC 电竞时代《魔兽争霸 3》的比赛中，职业选手每分钟点击鼠标和键盘的次数（Actions Per Minute，APM）能够达到 300 次左右，而在操作的爆发期，APM 值能够达到 500 次左右。高频度的键盘和鼠标操作代表的是对游戏中各种建筑、兵种角色等的指令、操作和控制。兵种和技能的组合可以瞬间改变战局，而且职业选手普遍可以进行多线操作，即同

时控制两个及两个以上的战局，操作更为复杂和高频。

不确定性强是电子竞技赛事转播的特点和难点之一。电子竞技赛事制作与转播的不确定性，主要是来源于电子竞技比赛的不确定性。同样的，传统体育的不确定性也很强，这也一直是传统比赛的看点之一。例如，NBA 比赛历史上发生的“麦迪时刻”：2004 年 12 月 9 日，在火箭队对阵马刺队的比赛中，在火箭队落后的情况下，麦迪在最后 35 秒内得到 13 分，最终火箭队反超马刺队获得了胜利。

但电子竞技赛事转播的不确定性更强。首先，大多数电子竞技赛事没有固定的结束时间，一场比赛时间的长短完全不可控。时长不可控本身就是转播的难点，而且时长的不可控往往带来比赛结果的不可控，随时可能产生意外，逆风翻盘。其次，一些电子竞技项目给选手更多的选择，导致了更多的不确定性，例如，MOBA 类游戏比赛中的禁用 / 选择（BAN/PICK）环节，选手可以通过选择和禁用不同的英雄，使用不同的战术和打法。随着游戏角色数量的增加，新战术、新打法层出不穷。这些更强的不确定性给电子竞技转播带来了新的难度。

精彩焦点并发性高是电子竞技赛事的另外一个特点，这个特点对电子竞技赛事制作与转播提出了更高的要求。绝大部分传统体育赛事的看点是比较集中的，场上运动员的行为焦点是有迹可循的。例如，在足球比赛、篮球比赛中，精彩看点的转播重点都与球有关，球是运动员竞争的焦点，也是观赛的焦点。在电子竞技比赛中也有精彩看点集中的时刻，但很多情况下一些电子竞技项目的精彩看点有可能是并发的，错过一个精彩的看点或者重要的进程往往导致观众观看之后的比赛会有些困惑。例如，MOBA 类比赛中，有上、中、下三路和野区，三路和野区可能同时发生精彩的对抗或者击杀。在《和平精英》职业联赛 PEL 比赛中，共有 15 个队伍的 60 名选手同时参赛，在一个地图内，选手们可能随时在多地爆发精彩的对抗。因此，以精彩回放设备的数量来看电子竞技赛事的转播，可能会更加明确。例如，在《王者荣耀》职业联赛（King Pro League，KPL）赛事的转播中，会使用 3 台慢动作回放机。在第一台回放机正在处理精彩画面的同时，其他两台回放机在准备处理随时可能爆发的其他精彩看点。而在传统体育比赛的转播过程中，由于观赛焦点的集中和比赛的节奏适中，很少会用到多台回放机。

4. 转播流程与比赛组织流程紧密关联

传统体育赛事转播已经特别成熟，比赛的进程和转播的流程相对是分离的。比赛前，赛事组织人员与转播制作人员只需要协调时间、场地、场地布置等问题。比赛按照流程开赛，转播则按照流程相应进行转播即可。在比赛进行的过程中，赛事组织和转播流程很少互相影响。转播流程更像是对比赛流程的客观、真实的呈现。

但在电子竞技赛事转播的过程中，赛事的组织与转播的流程经常是紧密联系在一起的。甚至比赛开始、比赛中的各种事件和流程等虽然由赛事裁判宣布，但整体需要等待制作与转播的导播来进行调度。例如，在 MOBA 类比赛中，何时进入比赛、何时进行阵容选择和开赛，都由赛事制作和转播的导播或控制人员根据各模块的准备情况，将各种指令通知给现场裁判，并由现场裁判执行。一旦赛事出现问题，裁判也会将现场情况通知导播，由导播判断赛事后续的流程。这与传统体育比赛中，裁判可以根据自己的判断直接宣布开赛或比赛结束有本质上的不同。

电子竞技赛事转播流程与比赛流程紧密联系的原因有很多。首先，电子竞技发展尚处于初级阶段，各方面的分工没有特别明确，存在交叉重合的部分。很多时候，赛事组织人员与赛事制作人员来自同一个赛事公司。在未来，岗位分工逐渐细化、电竞赛事的转播标准逐步形成，电竞赛事可能能够实现赛事组织与转播流程的分离。

其次，这种紧密联系与电子竞技本质的科技属性相关。电子竞技赛事中使用的游戏设备、赛事服务器、电竞赛事转播的 OB 视角都是高度集成的，没有这些技术和转播的准备工作，电竞赛事无法开始和进行。在电子竞技赛事中，可能发生的网络延迟、设备故障都需要专业的技术团队来及时处理和解决。这些网络延迟、设备故障会严重影响电子竞技赛事的公平性，所以必须及时处理，而转播的流程也要进行相应的调整。反观传统体育，比赛的场地和比赛应用设备产生问题的概率极低，所以比赛的组织流程与转播流程可以互不干扰地正常进行。

5. 信息技术与转播技术的深度融合

传统体育赛事制作与转播大多使用传统的广播电视技术与设备，它们是传统体育赛事呈现效果和安全的保障，经过了长时间的发展已经非常成熟，制作与转播也形成了一套独有技术标准和设备标准。但是广播电视技术和设备行业相对独立和小众，非电视台等转播机构内部的，普通人很难接触到这类专业且专属的广播电视设备。

传统赛事制作与转播的技术应用相对独立，以广电技术为主，应用到信息技术的环节并不多。在传统体育比赛转播中大量使用专业的讯道摄像机，拍摄到的现场画面通过摄像机专属线路传输到导播间的切换台。讯道摄像机拍摄的画面清晰度和颜色对比度远远优于普通设备，而且讯道摄像机的各种参数，包括光圈、颜色对比度等技术参数还可以在后台进行细微的调节，以便达到更好的视觉效果。其他的广电设备也类似，都是专业和专属的广播电视设备，它们有着很高的技术参数和较低的设备运行风险，能够应对各种突发的转播状况。转播过程中使用的通话系统也是专属的通话系统，其响应速度、通话流畅程度、通话清晰度远远高于一般的通话系统。有的大型场馆甚至拥有直通当地电视台的专属传输线路，用于传输赛事制作与转播过程中的各种信号。近年来，传统体育赛事制作与转播虽然也进行了一定的革新，但主要是发生在数据传输的底层。

电子竞技赛事制作与转播因为电子游戏的信息技术属性和转播制作的广播电视属性，天然地需要将信息技术与转播技术相结合。电子竞技赛事制作的过程中，大量地使用网络技术、IT 技术等信息技术，又因为游戏本身的科技属性，游戏中的画面和信息也需要依托于信息技术的方式才能够读取和呈现。电子竞技赛事制作与转播是信息技术与广电转播技术的深度融合。

在电子竞技赛事制作与转播的过程中，信息技术大量融入。首先，游戏终端设备和赛事网络是电子竞技比赛的基础，也是电竞赛事制作和转播的基础。为了保证比赛顺利进行，技术人员需要对游戏终端设备硬件、游戏软件进行检查，并实时监控比赛环境中网络的波动情况，出现问题时及时处理。如果涉及跨区域的电竞比赛，设备和网络的监控会更加复杂，难度也更大。其次，游戏画面的采集也涉及信息技术的应用。游戏画面是电竞赛事画面的重要组成部分，这部分画面无法通过真实的摄像机进行采集，只能通过特殊的采集设备或信息技术手段将游戏世界中的画面采集出来，接入统一的视频画面处理系统。游戏画面采集还需要服务器提供功能强大的游戏 OB 或数据接口。最后，电子竞技赛事的展示也涉及大量信息技术的应用。虽然传统体育或表演也会应用到 LED 大屏幕，但是 LED 大屏上显示的内容多是通过播放一段事先录制好的素材来实现的。例如，演唱会上与歌曲对应的 LED 视频伴奏素材播放。而在电子竞技赛事使用的 LED 大屏或地屏上呈现的内容，都是通过使用信息技术来实时控制显示的。因为电子竞技赛事的大屏显示需要与比赛的内容实时同步，所以无法提前录制素材。在有的电竞比赛中，LED 地屏上会显示整张地图，每当游戏内有队伍摧毁一座防御塔后，LED 地屏上的防御塔也会显示被摧毁，这些功能应用都是通过信息技术研发实现的。很多其他的广电技术和设备应用于电子竞技赛事都需要做特殊功能的开发。

6. 舞美设计、艺术表演烘托赛事氛围

传统体育比赛都是在统一标准的比赛场地进行，根据不同体育项目竞赛规则的要求，场地的面积和布局以及使用的竞赛设备都有明确的规范，使用的场馆也大多都是标准的比赛场馆或运动场地。例如，足球场的长宽及面积、球门的距离和大小、画线的方法、草坪情况等都有明确的要求。而且基本上所有的正规足球场都是一致的，在足球场上也很难看到其他非标准化的设施。

但电子竞技赛事的场馆以及场馆的布置目前没有明确的要求。人们在观看规模比较大的线下电子竞技比赛时，往往会看到制作精良、风格独特、创意奇特的舞台美术和赛场布局。即使是相同的电子竞技比赛项目，每次舞台美术也都不尽相同。与传统体育赛事的标准、功能型赛馆和场地不同，电子竞技比赛的舞台美术更加接近于综艺晚会的舞台美术，巨大的 LED 屏幕、复杂的灯光系统、专业的音响系统是大型线下电子竞技赛事的常见舞美设计。

电子竞技舞美将比赛需要的对战房、对战桌或比赛区域与舞台美术进行了融合，同时又将游戏文化与竞技精神的元素进行了融合。在满足公平竞技的前提下，电子竞技赛事的舞美设计更多是为了体现游戏和竞技的元素，烘托赛事的氛围，提升观众的观看体验。电

子竞技需要庞大舞美的另外一个原因是电子竞技选手在比赛过程中是相对静态的，没有传统体育运动员那样动态的对抗效果，需要通过舞美设计、舞台效果来烘托赛事的氛围。

艺术表演也是电子竞技赛事烘托竞技氛围和提升观众观看体验的常见方式，这一点与传统体育类似。它们的不同之处在于，在传统体育赛事过程中，艺术表演只能在赛场上举办，无法在绚丽的大型舞台上举办。比赛场地瞬间切换成具有绚丽效果的舞台成本太高，或者在技术上很难实现。而电子竞技比赛过程中的艺术表演可以根据表演的特点预先设计相匹配的舞台，并且将比赛区域与表演区域完全融合在一起，实现更好的表演效果。

7. 游戏产品及技术更新快，转播技术持续变化

传统体育赛事制作与转播在技术上不断进步。在目前的体育赛事中，观众可以看到许多新转播技术的应用。例如，为了准确判断越位球，足球比赛中引入了视频助理裁判（Video Assistant Referee，VAR）技术，并且在赛事转播的过程中将 VAR 判断越位球的过程呈现给观众；为了精准判断网球落地点，网球比赛引入了鹰眼系统（即时回放系统），辅助裁判对有争议的落球点做出裁决，同时鹰眼挑战也是网球比赛转播的重要看点之一，观众会觉得这种鹰眼挑战很具有科技感。总之，越来越多的黑科技被应用到传统体育比赛的转播中去，为观众带来了更多的精彩看点。

传统体育赛事的制作与转播基于对现场真实信号的处理，主要的画面内容仍然是比赛场上的选手，这些创新的转播技术和应用，更多的是对原有转播系统的加强和提升，赛事转播技术整体保持稳中求新的突破方式。

反观电子竞技的赛事转播，转播技术经常会发生革命性的巨大变化。总体上，电子竞技赛事制作与转播技术的更新频率是很快的。一方面，由于游戏产品是基于信息技术研发的内容产品，游戏的技术和平台进步较快，电子竞技游戏已经从 PC 电竞扩展到了移动电竞。可以预测到的是随着 VR、AR 技术的不断进步和普及，未来一定会产生基于 VR、AR 技术的游戏和电子竞技赛事。游戏产品的技术和平台不断变化导致电子竞技赛事制作与转播技术必须随之变化。在移动电竞发展的初期，探索制作与转播移动电竞比赛的方法成为很多电子竞技赛事制作方需要突破的重点。基于原有的 PC 赛事转播技术和经验，结合移动电竞平台和游戏特点，做出了相应的技术研发，探索出了既能够呈现精彩赛事，又能够保障转播安全的移动电竞赛事转播方式。

另一方面，即使游戏和平台的技术没有发生改变，在同一个技术平台上也会产生新的游戏产品，并且可能在玩法上与原先所有品类的产品都不一样，这些新的产品也需要电竞赛事的转播技术不断更新和变化。例如，PC 端的《绝地求生》游戏产品与之前的游戏品类都不相同，对电竞转播提出了新的挑战和要求。随着《绝地求生》游戏的出现，一个新的战术竞技电竞品类诞生了。战术竞技品类的选手操作虽然类似于原先的第一人称射击类（First-person Shooting，FPS）电竞产品，但赛事制作与转播完全不同，此类游戏产品有

着地图大、队伍多、战斗爆发点多的特点，给电竞赛事的制作与转播增加了难度。为了适应战术竞技类产品的特点，电竞赛事制作和转播机构进行了多种尝试，增加了 OB 的数量、引入了 AI 辅助 OB、提出了战队线上主场等多种新的转播理念，为了让观众能够看懂这类比赛，也能够呈现出这类比赛的精彩程度。

8. 转播地域跨度大，转播时长不确定

随着电子游戏产品进入互联网化时代，电子竞技自然也能够以互联网化的方式举办，这种赛事举办的方式可以打破地域空间的限制，突出电子竞技赛事的特点。在传统体育比赛中，以目前的技术水平很难实现线上比赛。而人们在玩电子游戏的过程中，可以通过互联网与其他国家和地区的玩家一起组队游戏或者对抗。同理，电子竞技赛事也可以通过线上的方式来组织。在电子竞技发展的早期，由于资金投入的限制，官方无法组织大规模的线下比赛，电子竞技高端玩家和职业选手就是通过线上约战等方式来组织电子竞技比赛，这些选手往往来自不同的国家和地区，比赛具有超大的地域跨度。

随着电子竞技产业逐步发展，赛事投入的资金逐步增加，电子竞技赛事的组织方式从线上比赛转变为线下比赛。这种转变并不是电子竞技反对进步，也不是电子竞技的逆向发展，而是为了促进电子竞技更好更快地发展。从线上转变为线下主要有两个原因。第一，线下比赛可以保证比赛的公平公正。监督线上比赛作弊的手段受到物理空间的局限，很难完全杜绝所有的作弊行为。即使选手诚实守信不存在任何作弊行为，也可能因为服务器位置、网络波动等不可预测的原因造成不公正的结果。而在线下比赛中，所有选手来到统一的物理空间，使用统一型号的设备，在同样的网络情况下对战，可以极大限度地避免不公平的现象发生，有效地保证公平竞技。第二，线下比赛可以获得更好的赛事呈现效果。在线下比赛中，赛事举办方可以搭建具有游戏文化元素的宏大舞台、实现优秀的灯光效果、策划各种仪式和活动、为选手安排统一的着装和化妆，经验丰富的制作转播团队对赛事过程进行制作和播出。这些优秀的赛事效果为观众呈现了 场令人着迷的视听盛宴，让更多的观众和玩家关注电竞、喜爱电竞，促进电竞行业飞速发展。

2020 年，随着新冠疫情的暴发并且在全球范围内传播，传统体育赛事因为只能进行线下比赛，由于抗疫的要求而一度全面停摆，电子竞技可以跨地域举办线上比赛的优势突显出来。各大电竞赛事纷纷采用线上比赛的方式实现开赛，为新冠疫情引发的体育寒冬带来了一片暖色。即使是现在，很多跨国家和地区的电子竞技比赛仍然采用线上比赛的组织方式，线上比赛的效率较高，赛事举办成本低，成为很多中小型赛事或者初期发展型电竞赛事的首选方案。

电竞赛事转播也需要充分考虑和适应电子竞技赛事这种跨越地域的特点，特别要重视网络建设和网络技术，确保各地区的选手能够顺畅连接到比赛服务器，赛事画面也能够顺利传输到赛事制作中心。在举办大型跨区域、跨国电竞比赛的过程中，往往会采用多语言

进行解说，将不同语言的赛事流推送给不同区域的观众，也采用多语言对选手进行组织和管理。

电竞赛事制作与转播在空间上具备跨地域的特点，在转播时长上具有不确定性的特点。一般情况下，电竞比赛很少有明确的每局对战时间，这是游戏产品的设计原理导致的。游戏中对于获胜的判断往往没有时间的限制，所以导致电子竞技的每场对局时间并不固定。这个特点给电子竞技赛事的制作和转播带来了很大的挑战，由于无法预测每局比赛的转播时长，转播团队始终处于不断调整的状态。

相较而言，很多传统体育比赛都有着明确的时间限制。例如，在足球比赛中，上下半场和中场休息的时长都是固定的，即使是伤停补时或点球判罚，时间也基本上可以预测，转播团队只需要根据现场的情况做较小的调整。但是在电子竞技比赛中，由于游戏内胜利条件的不同，一局比赛可能十几分钟结束，也可能三十分钟甚至一个小时左右结束。如果采用三局两胜、五局三胜、七局四胜这样的赛制，具体需要打几局比赛也不确定。有可能比赛一边倒，以最少的局数就决出了胜负，也有可能需要打满到最多局数才能决出胜负。

电子竞技比赛时长不确定的另外一个核心原因是电竞比赛的竞技方式。在传统体育比赛中，很多都是需要全身协调运动的大肌肉运动，对选手的体能消耗比较大，即使是专业的运动员在比赛后期都有可能出现体力不支的情况。但电子竞技更多的是手脑眼协调的小肌肉运动，对选手的体能消耗相对较少，如果是实力均衡的比赛，很容易陷入胶着对抗的状态。

9. 技术应用复杂多样，转播风险性高

绝大多数对电子竞技行业非常熟悉的朋友，会了解和经历电竞比赛转播过程中发生的一些播出事故。在电子竞技行业发展早期，这类赛事制作和播出事故的发生尤为普遍，即使在现在，有时也会发生一些电子竞技赛事的播出事故。这些事故有的导致比赛不能按时开赛，有的延缓了比赛的进程，有的甚至导致比赛中断改期重赛。这些事故的发生固然有电竞赛事转播发展时间短、转播团队经验和专业不足等原因，但主要是由于电子竞技赛事技术应用复杂多样的特点，导致了电竞比赛制作和转播风险性极高。

在传统体育赛事转播中，制作和转播只会使用到广电制作和转播系统。由于发展时间较长，转播技术要求标准化和规范化程度较高，广电转播系统的安全性很高，很少会发生转播事故。即使发生了转播事故，转播的备用系统也会启动，从而保证赛事转播的绝对安全。同时，传统体育比赛中，运动员只使用少量的比赛工具和器械，安全性也很高，通常不会产生影响比赛的风险和问题。例如，在足球比赛和篮球比赛中，几乎不可能因为球的问题而导致比赛中断。比赛的过程风险性较低，转播系统的风险性也较低，所以通常情况下传统体育比赛的转播十分顺畅。

但在电子竞技比赛转播中，应用的系统和技术是复杂多样的。每增加一套系统、每采

用一种技术，就增加了相对应的风险，电竞赛事总体制作和转播的风险显著提高。在电子竞技赛事转播中也会应用到广电转播系统，这类系统单独使用时安全性很高，但是与其他系统配合就会产生一定的风险。电子竞技赛事转播的风险很大程度上来自于游戏服务器、游戏设备和网络。与传统体育不同，电子竞技的比赛必须基于游戏服务器、游戏设备和网络，这其中任何一个环节发生了问题，电竞比赛就无法正常进行。游戏服务器和游戏设备有时可能由于工作时间长、资源占用高、发热量高、程序 BUG 和崩溃等产生各种问题。网络也会因为各种不明确的原因产生一些波动，其影响是全面性的。

另外，电竞赛事的比赛环境复杂也是影响赛事安全性的重要原因。一般情况下，电竞赛事都会搭建宏大绚丽的舞台，舞台和选手周围到处布满了 LED 以及灯光等电子设备，这些设备都有可能对比赛中关键的电子设备产生电磁干扰，从而造成比赛和转播事故。这些风险和问题有时可以通过赛前的反复测试而排除掉，但是有些情况是无法在比赛前测试出来的。例如，电子竞技的大型总决赛一般都在万人体育馆中举办，比赛当天会有超过万名观众入场，这万名观众携带的手机、手机的热点设置以及其他电子设备都有可能对比赛设备造成影响，这种影响几乎是无法避免和预防的。电竞制作和转播团队有时只能增加备份网络和设备，在问题发生时及时调整到备份的网络和设备上，保证比赛的顺利进行。

2.4 电子竞技赛事制作与转播的理念

任何电子竞技赛事的制作与转播都会受到客观条件的限制和制作理念的影响。赛事制作与转播的过程中，会受到地理位置、场地条件、天气情况、时间安排、各种需求、赛事预算、转播设备和技术、转播团队、参赛队伍与选手、安全保障等各种客观条件的限制。同时，有些限制条件会深度影响赛事制作和转播的准备，有些限制条件无法突破和改变，制作团队有时不得不修改赛事的主要策划来适应当时的条件，克服当时的困难。不同的赛事也会因为核心需求、艺术创意、赛事体现的主题等不同而产生不同的制作理念。

几乎没有两次绝对相同的电子竞技赛事制作与转播。每一次电竞赛事的制作与转播对于任何赛事制作团队，即使是经验非常丰富的团队都是一次新的巨大挑战。所有团队都想制作出理想且优秀的赛事来帮助选手实现电竞梦想，为玩家呈现优秀的赛事内容。如何制作与转播优秀的电竞赛事，似乎没有统一的衡量标准，但在实际的执行过程中，有一些制作和转播的理念，可以帮助团队更加明确制作的目标，用有限的资源制作出优秀的赛事。

1. 明确赛事定位，打造正向鲜明的赛事品牌

制作和转播品牌影响力巨大、呈现效果优秀的顶级职业赛事或者其他重要电竞赛事，

几乎是所有转播团队的梦想。顶级赛事的要求很高、资源丰富、预算充足，能够给制作团队，尤其是导演和创意团队充分的发挥空间。创意团队可以根据自己的想象和艺术要求，提出新奇的、甚至有些天马行空的创新型想法。一旦这些创意充分落地实施，能够带给观众震撼的效果并留下深刻的印象。电子竞技赛事制作和转播的历史也都是由这些重大赛事不断书写和更新。

但很多电竞赛事不具备这样的优厚条件，而且即使在重大赛事的制作过程中，也不可能没有取舍地将各部分的要求都以最高标准策划和执行。无论赛事规模和影响力的大小如何，制作与转播电竞赛事首先需要明确的就是赛事的定位，据此确定所有的创意思路、预算分配、制作标准。明确赛事的定位有助于打造正向鲜明的赛事品牌，让这个赛事品牌的意义和内涵给观众留下深刻的印象，自然而然地吸引观众。明确赛事定位的核心是确定赛事的理念和精神，最好能够创作出一句充分体现赛事精神的、响亮且容易传播的标语和口号（赛事 slogan）。

顶级职业赛事的赛事品牌自然是这个游戏圈中最高端、最专业、制作最精良的赛事品牌。除了顶级职业赛事，其他赛事如果能够明确自身的定位，选取有特色的切入点，也能够取得巨大的成功。次级联赛侧重于发掘初期职业选手和为顶级联赛输送人才，制作和内容就应该倾向于发掘选手的故事，体现选手的成长，宣传追逐梦想的奋斗精神。大众赛侧重于更广泛地发掘选手和让普通玩家参与比赛，赛事制作的原则应该是平民化，强调参赛者的多样性与广泛参与性，突出所有人都可以享受电子竞技的魅力。

2. 突出高水平竞技对抗，展现竞技精神的魅力

突出高水平竞技对抗，展现竞技精神的魅力是电子竞技赛事制作与转播的根本性要求。电子竞技赛事的本质是体育比赛，电竞赛事制作与转播的本质是制作与转播体育比赛。体育比赛是高水平的竞技对抗活动，赛事制作与转播的主要工作就是突出这些高水平的竞技对抗活动，用现代制作和转播的技术和艺术表现方式，将这些高水平的竞技对抗充分表现出来、呈现给观众，让观众能够充分了解和欣赏职业选手远超于常人的竞技水平。

有些专业观众观看电子竞技赛事的目的是为了学习技术，提高自己的游戏水平，这点与一些专业观众观看传统体育比赛的目的是类似的。高水平的竞技对抗是非常好的内容，也是很好的学习素材，越是专业的观众越在意选手在场上的策略、战术安排、精彩操作和失误率。职业选手也因为游戏的水平高而获得大量的观众和粉丝。在 PC 电竞时代的 RTS 游戏比赛中，选手和观众都会关注 APM 值，以此来判断选手的游戏水平和天赋。在移动电竞时代，播出能够反映选手手速和操作的画面，观众也很喜欢。

突出高水平竞技的另外一个重点是呈现出赛事的紧张和局势的胶着。实力相近的战队和选手很容易陷入紧张且胶着的对战中，这些对战体现出的紧张气氛也是电子竞技比赛的魅力之一。观众无法预测最终谁会以何种方式获得比赛的胜利，赛场上会上演局势占优情

况下的突然溃败，也会出现完全劣势情况下的惊天逆转，所有这些比赛中的不确定性都是赛事的精彩看点。对赛事紧张气氛的渲染也是赛事制作与转播的重点工作。

电子竞技的核心魅力来源于公平竞技、探索极限的竞技精神，这也是指引选手参加比赛、吸引观众观看比赛的根本原因。任何不遵守竞技精神原则的比赛和选手都会受到社会大众的谴责和抛弃。电子竞技赛场上能够不断出现刻苦努力、奋勇拼搏、永不放弃、团队协作等各种彰显竞技精神的事件，对这些事件的立体呈现，以及对事件背后反映的优秀竞技精神的挖掘和宣扬，是电子竞技赛事制作与转播的精神价值所在。

虽然有时为了调节气氛、贴近观众，赛事制作也会播出一些轻松愉快的节目和内容，甚至有些电竞选手也会参与一些幽默的周边内容录制，让观众认识到职业选手在赛场外、日常生活中的表现和性格。但电竞赛事的制作与转播还是应该以突出高水平竞技对抗、渲染紧张的赛事气氛以及充分展现竞技精神的魅力为主。

3. 打造仪式感，构建立体多元的明星包装体系

评价一个电子竞技产品以及电竞赛事是否成功，一个很重要的指标就是这个赛事是否打造出了具有巨大影响力的电竞明星。与传统体育类似，体育明星是一个体育项目的天然代言人和杰出代表，也是与观众和爱好者联系最为紧密的核心要素。观众们因为体育明星的超凡表现、记录和成绩、拼搏精神而喜爱他们，把他们视作自己的偶像。提起任何一个传统体育项目或电子竞技项目，绝大多数人脑子里浮现出的就是这个项目的明星。明星对于体育项目发展和推广起到了至关重要的作用，有时要宣传和推广一个项目，有效的方法往往不是宣传体育项目本身，而是宣传这个项目中最有代表性的明星。明星有着巨大的感染力和带动效果，可以让观众和粉丝追随他们，因为他们而喜爱一个体育项目。

在电子竞技赛事上塑造明星的一个重要方法就是打造仪式感，用仪式感烘托出现场的气氛，衬托出比赛和明星的分量。举办传统体育赛事需要标准的体育场馆，体育场馆的面积是根据体育项目的规则和特点而设计的，有些体育项目需要巨人的场地才能进行比赛，例如足球和赛车。而电子竞技比赛使用的场地面积并不大，只需要能够摆放电竞选手使用的竞技设备即可。虽然很多电竞比赛也会搭建巨大的舞台，但它们对于电竞赛事本身的作用并不大。只要网络通畅，竞技设备良好，在任何场地都能够举办电竞比赛。巨大的场地和舞美效果虽然对竞技本身没有太多影响，但是会影响到赛事的仪式感，从而影响这个比赛冠军和奖杯在观众和玩家心目中的分量，一个简陋的小舞台很难给人世界巨星出场的感觉，观众也希望在宏大的舞台和背景氛围中见证选手捧杯和传奇书写的那一刻。除了舞美设计外，环节和仪式也可以增加仪式感。在目前的很多电竞比赛中，开幕式、选手出场和奖杯登场等环节都是重要的仪式环节，这些环节能够点燃观众的热情，提升观众对赛事的期待，衬托出选手争夺冠军、获得荣誉的重要性。

在通过仪式感和各种表现力展现选手专业技能、体现选手竞技精神的基础上，构建立体化的明星包装体系也十分重要。超越常人的技能、努力拼搏的竞技精神是职业选手被人

喜欢的基础，但长期吸引粉丝和观众一定离不开选手的个人特点和人格魅力。构建立体多元的明星包装体系的关键就在于发掘选手的职业特点、技术特点、性格特点、人格魅力等，将这些个人特点通过内容的形式充分体现出来，成为职业选手的特色标签。这些特色标签需要不断地被加强，最终让人深刻记忆，形成对于一个选手的鲜明认知。在发掘选手特色、为选手确定人设形象的过程中，一定要基于事实基础、符合选手本身的特点，切勿生搬硬套，为选手打造一些不符合自身性格特点的、理想化的标签和形象。

4. 以产出和宣传优秀内容为工作核心出发点

在赛事策划、制作与转播的过程中，主办方和制作团队经常会面临各种取舍的问题：应该如何确定赛事的重点，如何使用预算，如何分配团队的精力，如何更加科学地将有限的资源投入到最需要投入的模块和部分以产生最大的价值，这些问题是大家始终需要讨论和不断决策的问题。站在不同的角度，对于赛事有着不同的理解，各个团队或者团队中的各个模块往往会产生重大的分歧，令决策者很难决策。难以决策的重要原因是在特定条件和不同角度下，所有模块的主张都是正确的。在很多正确的方案中，如何选择取舍是很多赛事决策者面临的核心问题。

赛事制作和转播是产生内容的过程，在所有模块基本需求和标准满足的情况下，更多的资源应当倾斜于产出和宣传优秀内容这个本质方面，这也是很多赛事制作与转播工作的核心出发点和落脚点。在遇到资源分配和决策问题时，可以以是否产出和宣传优秀内容这个标准来衡量和判断。赛事制作和产出的核心产品就是内容产品，任何的决策和资源使用都应当以提升内容的质量和丰富内容来进行考量。

以内容为核心的制作理念与以活动为核心的执行理念有根本上的不同。前者注重转播和播出的效果，希望产出优秀的内容感染更多的观众，产生内容的自传播或者二次创作效应，非常注重彩排与转播效果。后者注重线下执行的安全顺畅和现场参与者的体验，忽视最终转播呈现出的效果。电子竞技赛事都会搭建宏大绚丽的舞台，以内容为核心的制作理念不仅要搭建舞台，还要在设计舞台之初留出相应的拍摄位置，关注如何能将舞台拍摄得更加绚丽。而以活动为核心的执行理念，侧重舞台的创意和现场观众的体验，没有留出拍摄位置，不太关注拍摄和内容产出的效果。

以内容为核心的制作和转播理念并不是忽视现场观众的体验和赛事的其他方面，而是在所有模块的工作过程中时刻想到拍摄和内容产出的结果，是在所有模块都达到要求、令人满意之后，如何使用富余资源的理念问题。

5. 电子竞技赛事与游戏运营相配合，相互促进

电子竞技赛事起初是一种游戏推广的活动和手段，后来受益于内容产品形式和独特的用户产品体验，获得了巨大的影响力，形成了新的产业链和消费场景，逐步发展成为一个相对独立的产业。电子竞技产业发展到任何时候都无法摆脱与游戏的关联，因为电子竞技

赛事的举办基于某款游戏产品，需要游戏产品的 IP 授权，这是电子竞技产业与传统体育产业最大的区别。一般情况下，除非采用已有的赛事品牌，传统体育赛事的举办不需要授权，传统体育产业中也没有发放授权的机构和主体。而电子竞技赛事与游戏产品的强关联是无法回避的事实，与游戏产品的关联性，对电子竞技既是一种制约，也是发展的助力。举办电子竞技赛事时，要时刻思考如何充分利用游戏的资源，与电子竞技赛事形成协同效应。

电竞赛事的初期用户绝大多数来源于游戏，是电子竞技游戏产品中追求技术和战术的核心用户。在举办电子竞技比赛时最好能够与游戏内的运营和推广活动相关联，实现资源共享，彼此助力发展的局面。对于游戏而言，将电子竞技赛事打造为游戏内最重要的运营活动之一，有利于增加电竞新用户和深度用户，从而增加游戏对用户的黏性。对于电竞而言，与游戏推广活动相配合，也能够最大限度地吸引游戏用户，快速地积累核心用户，形成电子竞技用户社区效应，最终形成完整的电竞生态。

目前通用的做法是将举办电子竞技赛事与游戏内重要的发布活动相结合，双方可以复用场地和舞台，参与的用户和观众也高度契合。在比赛过程中发布游戏重要版本和重要活动信息，充分利用电竞赛事的关注度。同时，也为电竞赛事增添一些内容和要素，让观众和玩家在看比赛之余了解到未来游戏中的重要变化。

电竞赛事的生命周期与游戏产品的生命周期也具有一定的关联性。在游戏发展的前期，游戏的用户多于赛事的用户，这个阶段大部分玩家主要以体验游戏为主，观看赛事为辅。随着电竞的逐步发展，电竞与用户的情感连接越来越多，电竞用户逐渐增加，到游戏发展的末期，甚至达到或超过游戏用户的数量。电竞成为维护游戏用户、延长游戏生命周期的重要手段和方式。

6. 关注用户需求，注重意见与反馈

电子竞技赛事制作与转播的核心目的是呈现精彩的竞技、打造和包装明星、宣传和彰显竞技精神，最终结果是观众收看比赛，欣赏比赛。观众的评价才是衡量一个赛事制作与转播的理念和水平的最终决定性指标。满足观众的需求、适当正向地引导观众的思维和审美，是赛事制作与转播的理想状态。

在赛事制作与转播的过程中时刻思考观众和用户的需求，虽然很容易理解，也看似很简单，但在执行过程中，制作团队常常会曲解这个理念而走向误区。一个误区就是要给观众呈现尽可能多的精彩创意和内容，而不顾观众可能产生的审美疲劳。这个错误常发生在优秀的策划和制作团队，因为创意很多并且都很精彩，舍不得放弃便想都呈现给观众，反而导致观众的审美疲劳。在电竞发展早期，连续多天总决赛的安排就是最贴切的例子。赛事主办方认为进入到四强阶段的队伍都很优秀，能够给观众呈现精彩的比赛，从四强开打直到决出冠军。这种赛事往往需要持续两天，或者一天超过八个小时，导致的结果就是不

符合观众欣赏内容最好在四个小时之内的客观规律，制作转播很累，观众看得也很累。目前，绝大多数电竞赛事的总决赛都是两个队伍的冠军争夺战，将所有的制作资源投入到最受关注的总决赛。总决赛的转播时长也控制得恰到好处，连贯的环节设计能够让观众感受到比赛的精彩、紧张和刺激，及时地结束又能够让观众感到意犹未尽，回味无穷，期待下一次再来观看。

另外一个误区就是导演组自认为精彩的内容，误以为电竞观众和用户也喜欢。这个误区通常发生在非电竞制作团队制作电竞内容的过程中。面向大众的娱乐团队的方案拿到电竞行业生搬硬套，电竞观众不一定会买单。因为电竞赛事和传统体育类似，赛事中体现的竞技专业性是一切制作和转播的基础。传统娱乐产业的导演可能会很诧异地发现，在电竞总决赛的赛场上，顶流的娱乐明星出场获得的掌声和呼喊会少于电竞职业选手的出场。同样，除了电竞比赛之外，很多由传统娱乐导演制作的电竞真人秀和电视剧，口碑普遍很差，就是因为传统娱乐导演和电竞用户在意的内容是不同的。

关注用户的需求，需要在融入电竞用户的前提下，找到真实的观众需求，而不是想象中的观众需求。制作和转播团队应该积极收集观众的意见与反馈，尤其是专业观众和核心电竞用户的意见。目前，很多著名的电竞赛事品牌都通过各种手段收集用户的反馈和意见，并且与观众良好互动，不断地完善制作与转播的流程和内容。有的电竞赛事甚至与观众形成了一定程度的情感连接，让观众感觉到电竞赛事关注他们并且尊重他们的意见，大家是同一个群体。

7. 标准化的流程和管控提高专业度

电子竞技赛事制作与转播的技术应用复杂多样，具有转播风险性高的特点。为了应对这一风险和挑战，需要加强电子竞技赛事制作和转播过程中的标准化管理。电子竞技发展的初期，赛事制作与转播的经验不足，没有形成转播的标准化管理，所以赛事制作和转播的事故比较多。随着电竞产业的不断发展，虽然尚未形成统一的电竞赛事制作转播标准，但是电竞转播制作团队的标准化能力显著增强。

电子竞技赛事制作与转播是复杂的系统工程，整个工作过程包含几十个模块和多个阶段。大型赛事制作与转播需要各类工作岗位配合，上千人同时协作。协调各个模块的需求和工作进程，指挥上千人的团队完成制作与转播的准备需要标准化的流程管理和效果管控。电竞赛事由策划阶段进入现场筹备和执行阶段后，对大型项目管理能力和模块间协调统筹能力的需求显著增加。能够按照时间规划保质保量地完成工作，使所有进程在可控的范围之内，是大型赛事执行成功的关键保证。

在赛事制作与转播过程中，除了流程的标准化管理之外，制作过程中的各种要求和参数标准也需要标准化管理。早期的电竞赛事对这些工作没有明确的要求，但现阶段专业的赛事已经对各种技术参数及制作标准有着明确详细的要求。这些要求包括：采用合适的竞赛设备、灯光的调色和色温、转播设备的型号及参数、选手比赛座椅的高度等。这些标准和要求体现了电子竞技赛事的专业化发展，也最大限度地降低了选手在比赛过程中受到的影响，在标准一致的比赛环境下比赛。

流程和技术的标准化要求也为电子竞技赛事的普及和推广起到了良好的促进作用。电子竞技赛事的发展已经进入了类似于传统体育的主客场模式，即职业电竞俱乐部普遍拥有自己的场馆和场地，比赛在多个俱乐部场馆以主客场比赛的方式交替进行。比赛环境和比赛流程的标准化要求使选手能够很快适应不同的场地环境，不受到场地转换的影响。同时，这些标准化的要求也使得远程制作模式得以实现。所有俱乐部或者比赛场地的制作标准、传输参数都是统一的，在这些标准和规范下制作的信号传输到远程制作中心进行统一的远程制作。

8. 充分准备预案，保障制作和执行的安全

大型电子竞技赛事的制作与转播同时具有赛事直播和大型群众性活动的双重特点，制作与执行时的风险性很高，对安全保障的要求也很高，需要制订翔实的方案确保制作与执行的安全。在常规方案的基础上，还应该制订一系列的预案来应对可能发生的突发事件。

在内容制作和转播领域中，直播节目是对团队专业性、执行力、技术能力、安全保障能力要求最高的节目制作形式。与录播节目不同，直播节目没有充足的时间进行制作和应对处理突发事件，直播过程中发生的任何突发事件都必须现场马上处理，否则就会影响直播过程，造成延迟或断播，进而引发广大观众的强烈不满，造成极差的社会舆论影响。保障直播安全的方法包括制订各种预案、备份设备技术等。在突发事件发生时，立即启动应急预案。涉及设备和技术问题时，在短时间内无法处理的情况下，立即切换到备用的设备和线路上。

大型线下电子竞技赛事的制作与转播一般会涉及上万名现场观众，这已经成为大型群众性活动。对于现场观众一定要按照公安部门和消防部门的要求做好相应的安全保障预案和措施，确保现场观众、工作人员的人身和财产安全。电子竞技赛事比赛时长不固定，这个特点又增加了群众性聚集和疏散的难度。有的电竞赛事因为对战处于胶着的状态，可能会拖到很晚才能结束，这种情况需要工作人员在比赛即将结束时开始提前疏散观众，避免造成交通拥堵等问题。

电竞赛事的安全性一方面体现在制作和执行中人员和流程的安全顺畅，另一方面也包含播出内容的安全性。电子竞技赛事的观众数量较多，赛事需要宣扬正面的竞技精神，一旦播出不合法或不合规的内容，会在观众中造成恶劣的影响，所以电子竞技赛事播出的内容需要严格审核。在保障播出内容安全性方面，一般采用的是延时直播，即播出内容延迟一段时间播出，在这段时间内进行内容的审核，一旦发现不合适的内容，现场及时修改，确保播出内容的安全性。

2.5 电子竞技赛事制作与转播的意义及作用

电子竞技赛事制作与转播在电子竞技赛事和整个电竞产业中发挥了重要的作用，对于电竞产业和用户都有重要的意义。电子竞技赛事制作与转播是电子竞技核心内容的生产环节，是电竞价值创造的重要过程，是电子竞技产业发展水平的直接体现，也是电竞精神的主要呈现和传播方式。

2.5.1 电子竞技核心内容生产环节

在之前的章节中，我们已经论述了电子竞技赛事内容是电子竞技产业的核心产品形式，电子竞技赛事产生的内容是电子竞技内容的主力。电子竞技赛事内容主要是通过电竞赛事转播与制作生产出来的，赛事的转播与制作是电子竞技核心内容的生产环节。

通过电子竞技赛事的组织，电子竞技产业中的诸多主体和元素得到了有效的聚集和整合。赛事品牌方、众多电竞俱乐部和电竞选手、赛事主办方、承办方、制作转播方、媒体及播出平台等众多主体聚集在一起。同时，电竞场馆、转播设备、各种技术等元素也得到了充分的整合。这些聚集起来的主体和元素构成了一个非常庞大且复杂的电子竞技赛事体系，这个赛事体系的重要目标就是举办高水平的电子竞技比赛，通过公平的比赛，产生比赛的冠军和名次。

整个比赛和竞技过程是精彩纷呈、紧张刺激、引人入胜的，也是所有电竞玩家最为关注的。电子竞技赛事制作与转播就是将这些内容和信息环节呈现的生产环节。如果没有电子竞技赛事制作与转播，就没有能够触达千万用户的渠道，电子竞技就无法吸引大量的人群，也就无法爆发式增长和高速发展。

电子竞技赛事制作与传播与其他传统体育比赛的制作与转播类似，都是现代传媒行业发展的重要体现。传统体育赛事之所以能够取得长足的进步和发展，其中重要的原因就是现代传媒行业的发展。没有现代传媒行业的发展和触达力量，再精彩的比赛、再好看的内容，它们的影响力都不可能跨越时间和空间，只能在某个时间和地域范围内影响一小部分人群。现代传媒行业为比赛和内容插上了腾飞的翅膀，打造出了如此多的具有世界范围影响力的赛事品牌和内容 IP，影响了上亿观众。

2.5.2 电竞商业价值创造和实现的重要过程

任何行业想要长久地发展都离不开创造商业价值。通常来说，一个行业创造的商业价值包括本行业的商业价值和其他行业与之合作共赢的跨行业商业价值。在任何行业中，创造商业价值的环节和与创造商业价值相关联的环节都是十分重要的。在电子竞技行业中，电子竞技赛事制作与转播和电子竞技产业的商业价值创造直接相关，它是电竞商业价值创造和实现的重要过程。

电子竞技产业的架构图列举出了诸多商业化模式和方法，其中包括赞助广告整合营销、赛事及内容版权、明星艺人商业化、游戏电竞 IP 衍生品、线上及线下门票、线上虚拟道具收入、线下实体商业收入等。由于电子竞技产业的传媒属性，这其中的很多商业变现环节都与电子竞技赛事制作与转播直接相关，有些甚至必须通过赛事制作与转播来实现。

赞助广告整合营销和赛事制作与转播直接相关，而且实现的过程主要就是在赛事制作和播出的过程中增加广告和内容曝光的机会。赛事及内容版权是电子竞技产业的重要收入来源，也是电子竞技赛事内容价值的直接体现，版权销售的前提是通过赛事制作与转播将比赛的环节制作成电竞赛事内容。明星艺人商业化中的很多电竞明星都是通过赛事的舞台得到了包装和宣传，赛事的选手和解说都是赛事制作和播出内容的重要组成部分。如果没有赛事提供的舞台以及制作转播提供的包装和宣传，绝大部分明星的影响力是很难提升的。游戏电竞 IP 衍生品、线上及线下门票、线上虚拟道具收入、线下实体商业收入等也与赛事的制作和转播紧密相连。如果没有赛事呈现的效果和赛事影响力的提升，这些商业化模式也很难开展。通过对于传统体育产业的研究可以发现，赛事赞助和赛事内容版权是传统体育赛事的核心收入来源，这种趋势在电子竞技产业也愈加明显。

赛事制作与转播也拉动了很多电子竞技的相关产业，这些产业都是因为赛事制作和转播的需求得到了刺激，获得了较大提升和发展，例如电子竞技的场馆、网络及网络设备、转播及内容制作设备。赛事制作与转播为了提高转播效果和转播的安全性需要在多项环节中增加投入，这些投入加快了电竞基础设施的建设，提升了转播设备的水平，加强了相应的技术标准。这些提升和加强确保了赛事呈现的效果和赛事转播过程的安全。

2.5.3 电子竞技产业发展水平的直接体现

一个国家的电竞发展水平、一个电竞赛事的运营水平可以通过赛事制作和转播的效果直接体现。可以说，赛事制作和转播是电子竞技产业发展水平的“温度计”和“晴雨表”，能够综合测量一个国家电竞产业的整体水平。

赛事制作和转播的水平能够充分反映一个国家电子竞技产业发展水平的原因是由传媒行业的突出特色决定的。传媒行业的核心产品和商业逻辑是创造内容，提升内容的影响力，通过影响力实现商业价值。电子竞技赛事的制作和转播打造了电子竞技产业的核心内容产品，同时也是电竞产业商业化的实现方式。通过电子竞技赛事制作与转播的内容和水准能够直接决定电竞行业的发展水平。

电子竞技产业的四大核心模块在赛事制作和转播环节都有直接的体现。赛事比赛中的战队名气和数量、选手水平和表现效果、比赛的激烈程度和比赛结果的不可预测性直接可以反映出这个电竞赛事联盟的管理和运营水平，即赛事组织模块的整体水平。电子竞技赛事的舞美呈现、制作标准、艺术呈现、助兴表演、新技术应用、视听效果可以直接反映出内容制作模块的整体水平。播出渠道的数量和影响力、观众数量、观看参与的热情度以及引发的社会话题数量和热度可以直接反映出宣传播出的影响力。赛事中的赞助商种类和级别、广告收入和版权收入量级可以直接判断电竞商业化价值是否成功实现。

各国通过赛事制作和转播呈现出的水平是这个国家电竞发展水平的直接体现，也是世界电竞影响格局的有力证明。例如，在电竞发展的早期，韩国电子竞技赛事的制作和转播水平最高，全球电竞爱好者都十分关注韩国举办的电竞比赛，韩国也是第一个将电竞文化向全球输出的国家。后来，其他国家和地区的电竞得到了长足的发展，开始逐步形成新的电竞产业格局，一个突出的特点就是部分国家和地区的赛事制作与转播水平、电竞赛事呈现效果显著提升，打破了韩国制作水准的统治地位。

社会上其他行业和其他对电竞不熟悉的朋友了解电子竞技一般都是通过电竞赛事的呈现效果。人们可能无法在短时间内理解赛事的规则、游戏的玩法、赛事的核心看点，但却可以通过对赛事制作和转播的水平、新技术的应用、整体的呈现效果等的直观感受，以及与其他类型竞技娱乐文化内容呈现效果的对比，来评价电子竞技的发展水平。早期的电子竞技赛事制作很不规范、呈现效果不佳也使得很多非电竞的人士认为电子竞技只是非主流的、小孩子们的自娱自乐行为。随着电子竞技行业逐渐发展，电子竞技赛事制作和转播水平不断提高，其他行业的朋友看到电子竞技赛事震撼、优秀的呈现效果，也会感受到电子竞技行业的发展水平和巨大的影响力。

2.5.4 电竞精神的主要表现和传播方式

观众喜欢观看电子竞技比赛的原因有很多，电竞比赛有很多吸引人的元素。观众可以看到知名的俱乐部和明星选手、选手间高水平的竞技对抗、游戏中发生的精彩击杀、精妙的微操作、新奇的战术、紧张且胶着的对抗、比分交替上涨、局势占优的瞬间溃败、出人意料的瞬间死亡、完全劣势的惊天逆转翻盘等。所有这些无不吸引着观众的眼球，刺激着他们的神经，引发他们的强烈共鸣。观众和电竞选手一样，为胜利而喜悦，为失败而懊恼。

表面上，观众喜欢这些元素、内容和它们带来的紧张刺激，而在这些表象背后的是公平竞技、探索极限的竞技精神始终吸引着他们。无论是传统体育赛事，还是新兴的电子竞技赛事，无不遵守和发扬这些竞技精神，所以才能够不断地吸引观众和用户，才能够长期持续地发展。任何不遵守公平竞技原则的赛事必然会受到人们的抛弃，而不公平竞技的行为也是所有赛事中最严重的违规行为和最重大的丑闻。

自古以来，这种竞技精神通过竞技赛事表现，通过文字记录传承。直到现代传媒发展之后，传播竞技精神的方式获得巨大提升，竞技赛事的影响力获得巨大爆发。电子竞技赛事的制作与转播就是电竞精神的主要表现形式和传播方式。赛事制作和转播的核心重点就是客观展现选手的竞技水平和竞技精神，让这种精神获得更加广泛的传播。电竞赛事的制作与转播打破了时间和空间的界限，触达了更多的观众。同时，通过精心的内容策划和准备，高超的转播水平能够将比赛前后的各种信息、台前幕后的各种细节充分地展现在观众面前，使观众感受到选手的竞技精神，使大众受到巨大的鼓舞。同时，由于电竞赛事制作与转播的实时性，能够让亿万观众身临其境地见证冠军捧杯、刷新纪录、创造历史的那一刻，这是竞技精神最好的表现与传播方式。

第3章

电子竞技赛事制作与转播的发展

电子竞技赛事制作与转播是与电子竞技运动一起发展的新兴事物，它的发展过程总体呈现一定的特点，而又因为各个地区制作理念和基础环境的不同呈现一定的不同之处，在电子竞技制作与转播不断发展的背后也隐藏着一些核心的驱动力。本章重点论述电子竞技赛事制作与转播的发展历程和发展规律。

3.1 电子竞技赛事制作与转播的发展历程和阶段

电子竞技赛事制作与转播虽然因地域不同而呈现出各自的特点，但综合各方面的情况整体呈现一定的相同特点和阶段。这些特点和阶段总体反映出电子竞技赛事制作与转播的发展历程。根据赛事制作转播的理念和形式的变化可以将发展过程分为以下 4 个阶段。

（1）重赛事组织和执行，轻赛事转播和内容制作。

重赛事组织和执行，轻赛事转播和内容制作阶段是电子竞技赛事制作与转播的最初阶段。在这个阶段中，赛事工作的重心倾向于赛事的组织和执行，而对赛事制作与转播以及赛事内容制作等方面的重视程度和投入严重不足。

这个阶段典型的赛事制作工作包括组织赛事、执行流程、搭建舞美等，这种类似于撑起电子竞技赛事制作与转播的门面的做法，导致设备和技术落后，人力配置不足，因此无法产出优秀的内容，有的赛事甚至无法达到制作与转播的入门标准。赛事转播过程中问题频发，经常延迟开赛，甚至断流断播。

导致电子竞技赛事制作与转播在一段时间内处于这种初级阶段的原因是多方面的。首先，当时很多人将电子竞技定位为推广游戏和活跃用户的活动而非竞技比赛创造出的内容型产品。电子竞技赛事制作与转播工作的理念是组织公关活动以及活跃现场气氛，而非产生优质的内容。其次，对电子竞技赛事制作与转播工作的认识不够，导致预算投入严重不足。那个阶段很多人认为电子竞技制作与转播的工作很简单，不需要投入特别多的预算。而且很多赛事本质上是各类广告主利用电竞热度开展的公关活动，或者玩家自发组织的行为，也没有足够的预算留给赛事制作与转播。最后，电子竞技赛事制作与转播缺少专业团队，经验和技术无法积累。初期的团队多是以公关服务团队为主，由各类工作人员临时组成。这类团队没有长期的愿景和目标，技术和经验也无法积累，赛事制作与转播的水平和效果自然不高。

这个阶段是电子竞技赛事制作与转播发展的早期阶段，电子竞技赛事转播和制作水平不高，产出内容的品质也不高。虽然有各种各样的问题，但由于电子竞技赛事内容总体比较缺乏，电竞观众凭着对电竞的满腔热爱，仍然愿意观看各类电竞比赛，受到明星选手、竞技精神的感染。

（2）学习传统体育赛事制作与转播和内容制作。

学习传统体育赛事制作与转播和内容制作是电子竞技赛事制作与转播发展的第二阶段。经历了第一阶段的无序发展及野蛮生长，社会对于电子竞技和电子竞技制作与转播的认识都逐渐增强，已经逐步将电子竞技视为与传统体育类似的竞技运动。因此，制作与转播方式开始向传统体育的制作与转播学习，电竞内容制作也开始向传统的传媒行业学习。电子竞技赛事制作与转播逐步进入了正规化的阶段。

在这个阶段中，电子竞技制作与转播的方法和形态发生了巨大的变化。电子竞技赛事从网吧及临时场地逐步进入了正规的体育场馆；赛事制作转播的设备也从之前的民用业余级设备转变为广播级广电设备等专业设备；赛事转播人员和团队也由原来的临时拼凑团队变为长期固定的专业转播团队；传统体育赛事制作与转播中的一些技术也逐步在电子竞技赛事制作与转播中尝试使用；传统娱乐和传媒行业中内容制作和明星包装的方法也逐渐应用到电子竞技中来，开始包装出一些影响力可以与传统明星比肩的电竞明星。伴随着电子竞技赛事制作与转播的升级，电子竞技运动的影响力也不断增强，逐步发展为与传统体育类似的主流竞技运动。

除了电子竞技影响力提升、制作与转播预算增加等直接原因外，电子竞技制作与转播进入到学习传统体育赛事制作与转播和内容制作阶段的原因是多方面的。首先，由于电子竞技与传统体育的高度相似性，电子竞技赛事制作与转播向传统体育学习是自然而然的过程。只要电子竞技制作与转播的投入达到一定的量级，自然就会向之前的前辈学习。电子竞技的慢动作回放系统、各类数据展示面板最开始都是借鉴传统体育。其次，电子竞技制作与转播的专业化程度不断增强，传统传媒及转播人员的大量涌入，也带来了正规的制作转播理念和技术。电子竞技发展早期，赛事制作与转播人员多是游戏玩家或电竞爱好者，但随着电子竞技影响力的不断增强，越来越多传统传媒机构的工作人员不断加入，自然带来了电竞制作与转播模式的标准化。例如，韩国、中国的电子竞技制作团队很多就来源于传统的电视台系统。最后，电子竞技赛事制作与转播的正规化发展是电子竞技赛事规模和影响力扩大的必然选择。早期电子竞技赛事制作与转播只需要业余的做法，并不只是因为预算有限，更重要的是当时的赛事规模和影响力很小，并不需要专业的解决方案。当电子竞技已经发展到线下万名观众、线上千万名观众的规模时，制作与转播急需要高质量且安全的解决方案，广播及广电转播设备、技术成为唯一的选择。

学习传统体育赛事制作与转播和内容制作的过程，是电子竞技赛事制作与转播发展的过程，也是其不断正规化的过程。经历了这个过程，电子竞技赛事内容的质量和水准才能够与其他主流的内容形式相并列，否则始终都是无法登入大雅之堂、无法成为主流文化的小众内容产品。

（3）形成电竞赛事制作与转播特有的方法和体系。

在学习传统体育赛事制作与转播和内容制作并获得一席之地后，电子竞技赛事制作与转播开始逐步形成特有的方法和体系，进入到了下一个阶段。虽然电子竞技赛事制作与转播具有现场画面与游戏内画面相结合的本质特点，且需要采用与传统体育赛事转播不一样的方法来解决，但长时间内电子竞技制作与转播只是针对这些特点进行了一些创新，始终没有系统地总结和分类整理，无法形成电竞赛事制作与转播特有的方法和体系。随着电子竞技运动影响力的不断增大，制作与转播的积累不断增加，电子竞技赛事制作与转播开始显现自身的特点并形成独特的体系。

在这个阶段中，电子竞技赛事转播的独特性开始逐步体现。游戏内的画面处理能力逐步增强，而且形成特色的切换和转播逻辑。游戏 OB（Observer，观察者）和 OB 导播对游戏画面的选取角度和切换逻辑不亚于传统体育赛事的导播切换。电子竞技赛事制作与转播的特色设备也不断产生。例如，英雄体育 VSPO 设计和使用的转播车就是首台电子竞技赛事转播车。转播车针对电子竞技赛事制作与转播的特点进行了独特的设计，与传统的转播车具有明显的差异。在电子竞技赛事制作与转播的过程中也融入了许多信息技术，例如游戏数据交互、游戏事件触发现场表现变化、图片识别技术、AI 自动切换技术等。

电子竞技赛事制作与转播必然进入且正在进入新阶段的原因，绝不是普遍理解的电子竞技是新兴的体育项目这个简单的原因。因为世界上不断产生一些其他的新兴体育项目，那些新兴的传统体育项目的制作与转播并没有形成独特的体系。电子竞技赛事制作与转播形成自身特有方法和体系的原因是多方面的。首先，转播信号源不同，对制作与转播提出新的要求。电子竞技赛事制作与转播包含了游戏内的画面，这是其他传统体育赛事不具备的。对新的信号源的采集、加工和处理提出了新的转播技术需求。其次，电子竞技是信息技术的产品，在信息技术与传统广电技术的结合方面，为制作与转播的技术融合发展提供了前提条件和丰厚土壤。最后，电子竞技游戏的更新迭代比较快，新的电子竞技游戏可能在游戏玩法、技术平台等方面进行不断的创新和突破，这也使得电子竞技赛事制作与转播无法完全学习传统体育赛事的制作与转播，必须形成自己的方法和体系。

电子竞技赛事制作与转播的发展历程正处于形成自己特有的方法和体系的阶段。这个阶段是电子竞技运动和赛事制作与转播独特性不断地彰显和经验理论的总结阶段，也是电子竞技赛事制作与转播体系化、工业化的关键阶段。

（4）突破传统转播形式，创新用户观看体验。

突破传统转播形式，创新用户观看体验不仅是电子竞技赛事制作与转播的未来发展阶段，也是传统体育赛事以及其他形式的内容产品共同探索的未来发展方向。目前，绝大部分品类内容产品的观看模式都是观众观看制作完成的视频流。而且除少数 3D 效果外，绝大部分内容的观看方式都是平面观看。这种观看模式和观看体验可能由于未来新技术的发展产生革命性的变化。

未来的内容产品可能在几个方向产生革命性的突破。首先，观看自由度的革命性增加。用户能够观看到的内容本质上源于信号采集的丰富程度。观众在观看传统体育比赛时看到的自由度都来源于现场的摄像机。未来这种方式可能发生巨大的变化，为用户提供更多的观看自由度，这是所有革命性变化的前提。其次，被动接收内容转变为可主动选择及定制内容。观众不再限制于由制作团队提供最终内容，可以自主选择一些自己感兴趣的内容。目前，有些平台提供了多路流的观看，是这种模式的初级阶段。未来的模式绝不仅限于固定的几路流的切换。最后，平面观看体验转变为立体及沉浸式观看体验。VR 制作就是这种方式的典型代表，未来用户可以通过 VR 进入一个虚拟空间观看内容，而未来的内容形式也不限于平面的视频内容。

电子竞技是信息技术类产品，可以实现虚拟与现实的结合，随着游戏产品的不断升级，游戏转播也会带来突破性的变化。基于电子竞技游戏的科技属性特点，电子竞技赛事制作与转播更容易实现转播模式和观看体验的革命性突破。

3.2 各地区电竞赛事制作与转播的发展历程和特点

电子竞技赛事制作与转播的发展历程离不开电子竞技赛事的发展历程，因为电子竞技赛事制作与转播是对电子竞技赛事的艺术和技术呈现。电子竞技赛事的制作与转播同电子竞技赛事项目、世界及地区的电子竞技发展水平、商业模式等息息相关。在全球电子竞技赛事制作与转播总体发展态势呈现出快速提升和迭代发展的大背景下，各国的电子竞技赛事转播发展历程呈现出一定的特色和规律。

3.2.1 韩国电竞赛事制作与转播的发展历程和特点

具有国际性影响、规模性赛事组织的电子竞技赛事及赛事制作与转播发源于韩国，韩国在相对较早的时间就组织了当时世界上影响力最大的电子竞技赛事，称作世界电子竞技大赛（World Cyber Games，WCG），赛事的制作与转播水准也一度领先全球。韩国将电子竞技的魅力以及电子竞技文化向全球输出，是电子竞技运动的先行者和定义者。韩国在较长的时间内，在电子竞技领域具有先发优势，赛事制作与转播产出的赛事内容也影响全球亿万电竞用户。

韩国电子竞技产业的模式是游戏公司提供游戏产品的 IP 授权，商业赞助商组织电竞赛事，传统电视台制作与转播电子竞技比赛。从电竞赛事制作与转播的角度来看，电视台独立制作与转播电子竞技赛事，并获得广告和赞助收益，无须游戏公司承担赛事制作与转播的费用。这种合作模式和商业模式一度被认为是理想的模式，但随着游戏产品从局域网时代进入到互联网时代，游戏厂商对电子竞技的控制力和控制意愿逐步增强，这种合作模式被迫停止。

韩国著名的电子竞技电视频道 OnGameNet（简称为 OGN）隶属于韩国 CJ 传媒集团，制作和转播了很多自己主办的比赛，例如 OSL 等。同时，OGN 也制作与转播著名的 WCG 赛事。WCG 一度被业内称为电竞奥运会，由韩国著名公司三星集团主办，OGN 承办赛事的制作与转播。当时 OGN 的制作水平领先全球，受到全世界电子竞技用户和爱好者的追捧和关注。OGN 在赛事制作与转播方面，创造了很多个电子竞技历史上的第一，为电子竞技赛事制作与转播的发展贡献了核心力量。在韩国电子竞技制作与转播的引领下，其他国家和地区的赛事制作与转播的水平也不断提升。

韩国电子竞技赛事制作与转播的发展过程呈现出一些明显的特点。首先，韩国电竞赛事制作与转播的基础比较好，起点比较高，这与韩国文化娱乐产业发达密不可分。韩国发达的文化娱乐产业为韩国电子竞技制作与转播提供了优秀的理念、先进的技术和雄厚的人才基础。韩国电子竞技赛事制作与转播人员几乎都是来自于韩国的传统娱乐业，这些专业的从业者具备良好的职业素养和技能，为韩国电竞的制作与转播打下了雄厚的人才基础。

其次，韩国电子竞技水平和选手综合素质比较高，为电子竞技发展提供了用户基础，也为电子竞技赛事提供了大量观众。韩国电子竞技选手管理严格，训练刻苦，电子竞技水平比较高，在国际大赛上总是能取得优秀的成绩。在一些电子竞技项目发展的早期，甚至出现顶级电竞选手在韩国扎堆涌现的情况。在很多电竞项目上，韩国电竞选手被其他国家引进，韩国电竞选手和训练模式也向全球输出。顶级的赛事需要顶级的制作与转播，促进了韩国电子竞技制作与转播的飞速发展。

最后，韩国娱乐明星包装产业链比较成熟，电子竞技选手形象包装比较好。韩国的艺人经纪产业在亚洲和全球都具有较强的竞争力。韩国电子竞技选手从一开始就比较重视形象的包装和打造，技术水平和外部形象俱佳，很容易成为全球游戏玩家心目中的偶像。电子竞技也因为这些明星选手逐渐扩大了自身的影响力，成为了在全球年轻人中普遍流行的新兴体育竞技运动。

将电子竞技打造成传媒产品是韩国电竞赛事制作与转播的突出特点。韩国电子竞技制作与转播的水平在很长一段时间内具有绝对的优势，成为其他国家赛事制作与转播学习的对象。随着其他国家及地区的电子竞技制作与转播水平普遍提升，韩国电竞逐渐失去了主导地位，但仍然是最重要的电子竞技国家之一。

3.2.2　北美电竞赛事制作与转播的发展历程和特点

北美电子竞技赛事制作与转播发展历程的突出特点，是以传统体育的标准将电子竞技打造成新一代全球流行的体育产品。电竞赛事制作与转播的理念和方法也完全参考和对标传统体育的赛事制作与转播。因为传统体育赛事的制作与转播相对成熟，标准也比较高，所以北美电竞赛事制作与转播的起步非常高，赛事呈现的效果与传统体育没有太大的差异。

北美以传统体育的标准来制作与转播电子竞技赛事的原因是多方面的。首先，北美运营着许多全球顶级职业体育联盟赛事，这些赛事制作与转播的方式也被平移到电子竞技赛事制作与转播中。北美著名的职业体育联盟包括美国国家橄榄球联盟（National Football League，NFL）、美国职业棒球大联盟（Major League Baseball，MLB）、美国职业篮球联赛（National Basketball Association，NBA）、国家冰球联盟（National Hockey League，NHL）等。这些体育联盟赛事的制作与转播已经拥有了成熟的经验和先进的技术，是北美电子竞技转播的坚实基础。

其次，由于传统体育联盟的影响，北美率先提出将电子竞技打造成体育的概念，并将创造和搭建电竞职业体育联盟体系和电竞体育商业模式作为目标。在电子竞技赛事转播过程中，将传统体育的运作模式和商业化模式融入新兴的电子竞技赛事中。电子竞技的体育化发展是北美电子竞技对世界电子竞技发展的巨大贡献。在转播的过程中，像传统体育那样，强调赛事的公正公平、与游戏宣传推广活动有显著差异也是北美电子竞技赛事制作与转播的特点。

最后，北美的电子竞技赛事制作与转播逐渐发展为游戏公司以体育赛事的方式运营和转播电子竞技赛事。起初，电子竞技赛事只是作为游戏的一种推广活动，但随着游戏公司对电子竞技实践的增多和理解认识的深入，将电子竞技赛事视作体育成为北美游戏公司的主要思路。很多的北美游戏公司都成立了自己的电竞运营部门，以体育的方式来运作电竞赛事，甚至招聘了很多传统体育联盟的管理者来运营电竞赛事。有的北美游戏公司对于电竞十分重视，甚至成立了自己的赛事制作与转播部门来转播电竞赛事，开创了游戏厂商直接参与电子竞技赛事制作与转播的新模式。

3.2.3　欧洲电竞赛事制作与转播的发展历程和特点

韩国侧重于将电竞打造成新的内容和传媒产品，北美侧重于将电竞打造成新时代体育，而欧洲电子竞技制作与转播的侧重点是选手和观众的参与体验，让更多人的参与和享受电竞比赛的过程是欧洲电竞赛事制作与转播的突出特点。欧洲电子竞技制作与转播发展历程的突出特点表现为打造具有影响力的第三方赛事并注重电子竞技用户的线下参与氛围，其中突出的代表是欧洲电子竞技联盟（Electronic Sports Leagues，ESL）旗下的多个自主赛事品牌。ESL 旗下拥有英特尔极限大师杯赛（Intel Extreme Masters，IEM）、ESL One、ESL Pro League 等多个赛事品牌。其中，IEM 是英特尔与 ESL 合作的赛事品牌，是一个全球规模的电竞精英锦标赛。注重电子竞技用户线下参与氛围的典型代表是 DreamHack，起源于瑞典，最初只是一个小型的计算机聚会，后来发展成为影响力巨大的线下局域网聚会（LanParty）。在 2014 年的 DreamHack 上，总共有 2 万多台计算机接入局域网，参加人数更是达到了 26000 多人。每个参赛选手携带自己的计算机和游戏装备利用主办方提供的电源和网络参加线下比赛，享受电竞比赛的乐趣。

电子竞技赛事的定位会很大程度上影响制作与转播的理念，欧洲电竞制作与转播会更加突出玩家感受和烘托线下的氛围，将玩家喜爱游戏的情感以及参与比赛的真实喜悦有效地表达出来。甚至有些赛事会在保障赛事公平公正的基础上，刻意强调随意、开心的氛围。

欧洲电竞赛事以及赛事制作与转播的特点可能源于当地的文化和环境。首先，欧洲拥有雄厚的物资基础和较高的文明发展水平，人们更加追求生活的舒适和惬意。其次，欧洲人口相对较少，线下聚会规模通常不大，电子竞技聚集的巨大人群和大型电竞线下聚集活动是一种新奇的体验。最后，欧洲商业文化基础浓厚，产业链分工明确，独立的第三方赛事可以长期存在并发展。

3.2.4 中国电竞赛事制作与转播的发展历程和特点

与韩国和北美电子竞技赛事制作与转播发展历程相比，中国电子竞技赛事制作与转播的发展基础较为薄弱。因为发展基础薄弱、商业模式缺乏，中国电子竞技赛事制作与转播从赛事服务起步，经历了曲折的发展，逐步成为世界电竞赛事制作与转播中的一支重要力量。虽然也有一些中国电竞公司独立制作了第三方赛事，但整体上中国电竞赛事制作与转播以服务游戏厂商的电竞赛事需求为主，逐步发展为第三方赛事制作机构与游戏厂商赛事制作机构并存的局面。

中国电子竞技赛事制作与转播的基础较弱，主要有几方面的原因。第一，早期中国电子竞技的制作与转播人员多为游戏的爱好者，并非专业的赛事制作与转播人员，也不是与传媒相关的工作人员。这些游戏爱好者缺乏相应的工作技能，基础也比较薄弱。中国电竞制作与转播起步过程中在人才积累上先天不足。

第二，中国电竞早期缺少成熟的商业模式，导致对于电子竞技制作与转播的投入明显不足。在电竞发展的初期，虽然有一些与韩国类似的电视媒体可以制作与转播电竞比赛和内容，但这些电竞媒体因为政策和身份的原因无法通过广告来创造收入，导致电子竞技赛事制作与转播无法长期持续投入。

第三，早期中国电子竞技的赛事举办无法持续，导致电子竞技赛事与转播无法逐渐发展壮大。虽然举办了很多赛事，但这些赛事大部分是临时性、商业性的推广活动，赛事制作与转播的预算并不高，而且不可持续。缺少周期性、固定品牌的赛事无法支撑中国电竞赛事制作与转播的技术水平长足发展，导致赛事制作与转播服务公司和机构经营存在严重问题，没有资本和实力去提升水平和培养人才。

虽然处于极其艰苦的发展环境下，中国电子竞技赛事制作与转播还是取得了一些进展，赛事制作公司及机构也承接了一些海外赛事，并制作转播了一些自有品牌赛事，为中国电子竞技赛事制作与转播积累了宝贵经验，并为电竞行业培养了一些专业人才，为日后的发展奠定了基础。

随着电子游戏从局域网游戏进入互联网游戏阶段，电子竞技对于游戏收入和游戏生态的影响力逐渐增强，游戏公司开始大规模布局并介入电子竞技领域。依托于游戏公司的资本和资源，以及先进的运营能力，中国电子竞技产业取得了长足的、跨越式的发展，电竞赛事制作与转播行业也得到了迅速的发展。

因为中国电子竞技赛事联盟多由游戏公司组织，赛事也由游戏公司主办，所以很多电竞制作转播公司及机构只承担游戏公司赛事转播服务和业务，而非创建自己的赛事品牌。承接游戏公司的赛事转播服务及业务为赛事转播公司和机构提供了稳定的收入来源，制作与转播能力才有了稳步的发展，中国电子竞技赛事制作与转播的水平和效果有了明显的提升，逐渐达到国际领先水平。

随着电子竞技社会影响力逐渐提升，电子竞技对于游戏公司的重要性逐渐增加。一些游戏公司也开始组建自己的电子竞技管理部门和赛事制作与转播服务部门。中国电子竞技进入了独立第三方制作转播机构与游戏厂商制作转播机构并存的局面。与独立第三方制作与转播机构相比，游戏公司组建的赛事制作与转播服务部门有着资金充足、内部资源丰富和内部沟通便捷的强大优势，对第三方制作转播公司构成强大的威胁。但电竞赛事制作与转播行业内的相互竞争无疑会促进中国电子竞技赛事制作与转播水平的持续进步和发展。

3.2.5 其他地区电竞赛事制作与转播的发展历程和特点

随着游戏的全球化发行以及电子竞技影响力在全球范围的不断增强，其他地区的电竞赛事制作与转播也逐渐发展起来。电子竞技赛事不断在东南亚、南亚、中东、拉美等地区落地举办，电子竞技赛事制作与转播也相应发展起来。

其他地区的电竞赛事制作与转播呈现出的统一特点是外来先进制作与转播经验的引入

和本土制作与转播团队的成长。电竞发展成熟的先进地区举办赛事和制作与转播的经验不断地向电竞发展基础薄弱的地区输出，促进本地团队的不断进步和成长。同时，电竞制作与转播公司的全球化布局也逐渐开始。电竞先进地区的海外分公司与本土制作团队有效地沟通和交流，甚至通过资本并购的方式，加快了电子竞技赛事制作与转播技术的全球推广。电子竞技赛事制作与转播进入到全球加速发展的阶段。

未来，这些地区的电子竞技赛事制作与转播的发展趋势可能会是先进标准的电竞赛事制作与转播标准与本地文化和特色的结合。每个地区的电竞制作与转播会呈现出制作标准趋同但各具特色的、百花齐放的新局面。

3.3 电子竞技赛事制作与转播机构介绍

全球范围内，电子竞技赛事制作与转播的机构很多，且都有自己的特色。这些电竞赛事制作与转播机构可以分为三类，分别是：电视及媒体相关制作与转播机构、独立第三方制作与转播机构、游戏厂商制作与转播机构。随着电子竞技行业的发展，涌现的新兴电竞赛事制作与转播机构也很多。本节列举一些对于中国电竞用户影响力较大的电竞赛事制作与转播机构。

3.3.1 电视及媒体相关制作与转播机构

1. OGN（韩国）

OGN是CJ E&M旗下的一个韩国电子竞技与游戏电视频道，于2000年7月24日建台，是世界上第一个24小时“专业游戏放送台”。OGN主办或承接了星际争霸、星际争霸2、英雄联盟、绝地求生等多个项目的电子竞技赛事。

OGN是世界领先的电竞组织，开创了许多电子竞技历史上的先河。2001年9月，OGN举办了电竞史上第一个在露天体育馆进行的比赛——“可口可乐OSL”；同年11月，OGN开始提供世界上第一个实时播放游戏内容的互联网服务“Ongamenet.com”。2003年3月，OGN播放了韩国国内第一个由职业战队参加的比赛“Ongamenet Proleague”。2004年7月，OGN在广安里举办了“SKY Proleague2004”露天决赛，10万观众云集，这是电竞历史上首个大型露天比赛。2005年4月，OGN启动DMB卫星播放；同年7月，“SKY Proleague 2005”再次于广安里举行露天决赛，聚集了12万名观众，是历史上观众最多的电竞赛事；同年12月，OGN在龙山的专用电竞馆开始营业。2006年，WCG世界总决赛在意大利蒙扎举办，OGN使用了卫星直播，开创了电竞转播史上第一个使用卫星转播的先例。2007 年 4 月，OGN 的有线电视共接通了 1296 万个家庭。2009 年，OGN 陆续启动了 IPTV 播放和卫星 TV 放映，并在 9 月创立了在线互动 TV“Ongamenet Online”。

OGN 制作的赛事、游戏节目开创了电子竞技的历史，使韩国在很长一段时间都是领先世界的电子竞技第一大国，也使韩国至今都处于世界电子竞技发展的前沿地位。但由于各种原因，OGN 在 2020 年 12 月 31 日正式停止所有节目播出。

2. 游戏风云、GTV（中国）

游戏风云和 GTV 是中国最早的电竞内容电视频道，游戏风云曾建立了自有品牌赛事 G 联赛。

游戏风云频道成立于 2004 年，是游戏类内容付费电视频道频道，围绕游戏玩家，定位于有线网络、IPTV 及互联网，依托高新技术的传播手段，以优秀、高质量的游戏资讯、赛事及娱乐视听内容为“产品”，致力于搭建一流的综合类新兴媒体平台，打造中国游戏电视第一品牌。

GTV 是辽宁电视台全资子公司辽宁北斗星空数字电视传媒有限责任公司旗下游戏电视业务的总称，包括三个数字电视频道和一个网站，即 GTV 游戏竞技频道、GTV 电子体育频道、GTV 网络棋牌频道和 GTV 游戏视频网，其中，GTV 游戏视频网转到北京合资公司北京北斗星空文化传播有限公司运营，而 GTV 游戏竞技频道通过中央数字电视传媒（CDM）向全国播放。

GTV 游戏竞技频道是一个游戏产业的大众媒体，面向所有游戏爱好者，包括网络游戏、电视游戏、PC 单机游戏、电子竞技等内容，涉及全面。GTV 电子体育频道面向专业受众，全年直播或转播大量电子竞技赛事，聚焦中国电子竞技产业。

3.3.2 独立第三方制作与转播机构

1. 英雄体育 VSPO（中国）

英雄体育 VSPO 成立于 2016 年，以电竞赛事和泛娱乐内容制作运营为核心，提供电竞商业化、电竞电视、电竞综合体运营、电竞潮流文化 IP 运营等综合服务，助力打造全球可持续电竞生态圈，致力于为全球电竞爱好者提供全新的电竞文化体验和生活方式。

英雄体育 VSPO 核心团队主导并成功承办或举办了雅加达—巨港亚运会以及王者荣耀、和平精英、穿越火线、PUBG、英雄联盟、QQ 飞车、PUBG MOBILE、部落冲突：皇室战争等知名竞技游戏的一系列官方顶级职业赛事，包括 KPL、PCL、LPL、CFPL、CFML 等。同时，英雄体育 VSPO 以全案营销策略支撑了 KPL、PEL 等知名电竞项目。

针对版权平台，英雄体育 VSPO 提供了高价值内容产品，并配合优质的版权运营解决方案，显著拉动了平台用户的活跃度、相关用户付费以及广告收入的增长。

英雄体育 VSPO 业务覆盖亚洲、欧洲、美洲，围绕电竞年轻人的生活方式和场景，为全球电竞爱好者带来从线上到线下的全方位体验，为用户、品牌、行业、城市创造丰富多维的电竞生态，向全球输出中国电竞标准和文化。

2. NeoTV（中国）

NeoTV 是上海网映文化传播有限公司旗下品牌，成立于 2006 年。NeoTV 拥有多年运营和直播国际级大型电竞赛事的经验、专业的节目制作团队、丰富的职业解说主持人和选手资源、独立的媒体网站和移动端平台，以及遍布全国的推广渠道。致力于打造高质量、国际化的电竞游戏综合平台。NeoTV 曾承办 2007—2012 年 WCG 中国区总决赛。

3. ImbaTV（中国）

ImbaTV 是一家以游戏电竞赛事为核心的内容分发平台，致力于成为全球优质的电竞赛事内容创造者。成立之初就创办了玩家众筹形式的大型电竞娱乐赛事 i 联赛，并在 2015 年与知名赛事品牌 Starladder 签署了合作协议，合两家之长，共用优势资源来一起举办大型电子竞技赛事，该赛事被命名为“SL i-League StarSeries”。与此同时，ImbaTV 也是世界范围内实力雄厚的赛事制作方，曾经多次成为 Valve 的 Major 级别赛事的中文直播信号官方授权合作伙伴，并在多个国家自主承办大型电竞赛事，涵盖时下热门电竞项目，面向全世界优秀的战队和选手。赛事之余，ImbaTV 制作了许多原创综艺栏目，受到了不少玩家的喜爱，例如《游戏麦霸我最 6》《倒塔我的锅》《今晚吃鸡》等，在各大直播、点播平台上拥有累计超过数千万的浏览量，并且与赛事内容一起，推向了包括大屏端在内的多个内容平台，使玩家在任何时间都能尽情享受电竞的快乐。

4. MarsTV（中国）

MarsTV 是 2012 年成立的知名电竞赛事运营商，隶属上海耀宇文化传媒有限公司，主营业务范围涉及赛事运营、频道运营、赛事转播、内容定制传播等多个领域，致力于打造服务于游戏行业的第一传媒，曾参与 TI6 的中文转播，有自有品牌赛事 MarsTV DOTA2 League。

5. ESL（德国）

ESL 是世界著名的电竞赛事组织者、电竞内容提供商，拥有 ESL Pro League、IEM、ESL One、EMS One 等多项世界闻名的大型赛事品牌。

ESL 总部位于德国科隆，由德国 SK 战队创始人 Ralf Reichart 于 1997 年创办。ESL 最初通过承办 CPL 旗下欧洲区的一些比赛踏入了电竞赛事组织的行业，而 CPL 由于经营不善最后倒闭，ESL 接过了 CPL 的大旗，直到今天发展成为世界顶级电竞组织。ESL 在德国、俄罗斯、法国、波兰、西班牙、中国和北美等电竞市场繁荣的地区都设有办公室。

2015 年 4 月，瑞典传媒巨头 Modern Times Group（MTG）集团以 7800 万欧元（约合 5.8 亿人民币）收购 ESL74% 的股份成为控股股东。

6. PGL（罗马尼亚）

PGL 是罗马尼亚的电竞赛事制作机构，曾深度参与 Valve 的赛事，是 2021 年 CS:GO Major 和 DOTA2 TI 的承办机构。

7. Starladder（乌克兰）

Starladder 是一家位于乌克兰的老牌电竞制作公司，以制作 CS:GO 和 DOTA2 赛事而闻名，具备承办线下 Major 的能力。Starladder 承办过的著名赛事有 StarLadder Major Berlin 2019、PUBG Continental Series: Middle East/Europe West 等。

3.3.3　游戏厂商制作与转播机构

1. 腾竞体育（中国，腾讯）

腾竞体育是由腾讯互动娱乐与拳头游戏（Riot Games）于 2019 年 1 月联合成立的、专注于推动电竞产业发展的体育运营公司，致力于把英雄联盟电竞打造成为中国最专业、最具影响力和最具商业价值的体育赛事，成为电竞行业的先行者、开拓者和领导者，并持续推动中国电竞产业发展。

2. 天美电竞中心（中国，腾讯）

天美电竞中心是腾讯天美工作室群旗下面向全球的电竞运营机构，主要运营王者荣耀/王者荣耀国际版、QQ 飞车手游等电竞游戏的相关赛事。

天美电竞中心是为满足天美电竞赛事制作需求而设立的制作中台，主要承载王者荣耀、QQ 飞车手游、使命召唤手游等众多热门产品的电竞赛事制作、电竞内容分发、场馆远程传输、电竞教育培训、电竞艺人管理、制播技术预研等业务。通过整合腾讯云联网和 5G 传输能力，天美电竞制作中心可接入全国大部分地区场馆进行远程制作。未来天美电竞制作中心将着力于赛事标准化、电竞专业人才培养、电竞教育实习基地建设等模块重点发展。

3. 网易电竞及网易 CC（中国，网易）

网易电竞及网易 CC 是网易游戏旗下的电竞运营机构，主要运营第五人格、永劫无间等游戏的相关赛事。网易电竞拥有赛事品牌 NeXT X 系列赛，是集合多款热门游戏竞技比赛的专业电竞赛事，通过线上预选以及线下决赛的形式，为网易电竞爱好者提供参与、观赏以及游戏文化沉浸式体验的综合性电竞赛事活动。

网易电竞一路走来，一直致力于推动电竞的全民参与。在国内，网易电竞举办了《决战！平安京》OPL 职业联赛、《大话西游》手游巅峰赛、《实况足球》战队联赛、《第五人格》IVC 精英赛、《阴阳师：百闻牌》大师赛、《率土之滨》周年邀请赛等覆盖不同品类、玩家的电竞赛事。同时，海外地区的电竞种子也在生根发芽，《第五人格》日本 IVC 精英赛、《荒野行动》日本 Champion 等多个赛事都在当地有不俗的影响力。

4. 完美世界电竞（中国，完美世界）

完美世界电竞是完美世界旗下的电竞运营机构，多年来深耕电竞产业链，专注于产品研发、用户运营和专业赛事组织等方向。围绕全球顶级电竞产品《DOTA2》《CS：GO》以及“蒸汽平台”，自主研发了完美世界对战平台 PWA 和移动端社区应用完美世界电竞 App。基于专业的赛事制作和成熟的社区产品运营，完美世界电竞积极拓展与各界在冠名、版权、异业、赛事承办等方面的合作模式。

3.4 电子竞技赛事制作与转播的标准

电子竞技影响力的持续提升，离不开电竞赛事制作与转播效果的持续提升和优化。大量电竞用户和观众都是因为欣赏到电子竞技赛事制作与转播呈现出的竞技魅力和精彩效果而喜欢电子竞技运动。为了保持电子竞技赛事制作与转播的效果持续稳定，不因赛事组织和制作机构的不同而呈现出参差不齐的效果，电子竞技赛事制作和转播的标准至关重要。

如果电子竞技赛事有了统一的制作与转播标准，不同的制作机构可以保持统一的制作和转播标准，新进入电子竞技行业的转播机构也能够快速学习到电竞赛事制作与转播的方法和技巧。参考传统体育赛事制作与转播的标准，电子竞技赛事正在探索自己的制作与转播标准。

3.4.1 传统体育赛事制作与转播标准

传统体育赛事发展的时间比较长，比赛规则、判罚标准、赛事场地、赛事制作与转播等方面相对比较成熟，都有明确的要求和标准。传统体育项目的赛事规则及竞技方式变化相对较小，体育项目的生命周期也比较长，这些特点都有利于各种规则和标准的总结和沉淀。有了各项规则和标准，传统体育项目相当于有了标准的语言，在世界范围内的发展和扩展都比较顺利。

传统体育赛事制作和转播也积累了一整套标准。这些制作标准保证传统体育赛事的制作和呈现方式统一标准化，不因赛事组织机构和转播机构的变化而产生偏差。传统体育赛事制作与转播的标准展现了竞技项目的激烈和精彩，促进了用户观赛习惯的养成，也促进了传统体育赛事在全球的普及。

一些大型的传统体育组织，不仅形成了自己的制作标准，而且拥有专属的制作与转播团队，或与某些电视转播机构达成战略合作，来保证赛事制作与转播的效果。以奥运会为例，国际奥林匹克组委会在 2001 年成立了奥林匹克转播服务公司（Olympic Broadcasting Services，OBS），为夏季奥运会、冬季奥运会和青年奥运会提供主转播商的服务。奥林匹克转播服务公司对于奥运会的制作与转播提出了一整套制作与转播的标准，包括：制作与转播的原则、各参与方的权利及义务、转播信号的格式和技术指标、场地的需求、转播设备的需求、制作与转播的流程、针对每个竞技项目的具体转播要求、制作与转播的工作流程、对工作人员的后勤保障等。在赛事举办前，奥林匹克转播服务公司会对奥运会的制作与转播人员进行统一的培训，确保制作与转播标准的完整落实。

由于传统体育赛事制作与转播的标准成熟且明确，传统体育场馆在建设之初就可以充分考虑赛事制作与转播的需求。很多传统体育场馆都会配备一些制作与转播人员的工作区域、传播车区域、后勤保障区域、场馆内导播间等。有的场馆甚至会预先铺设专业信号传输线路及网络以方便赛事的制作与转播工作。

3.4.2 电子竞技赛事制作与转播标准的探索

与传统体育赛事制作与转播的标准相比，电子竞技赛事制作与转播还没有形成相对成熟和统一的标准。即使是同一个电竞项目，在不同的比赛间，赛事的制作与转播方面也存在较大的差异。不同的赛事转播方也都拥有自己的转播理念、转播技术和转播习惯，没有统一的评判标准。

电子竞技赛事制作与转播尚未形成统一标准的原因是多方面的。首先，电子竞技运动的发展时间较短，电子竞技赛事制作与转播的发展时间更短。赛事制作与转播没有足够的时间及经验的积累难以形成标准，行业内也缺少足够数量的技术专家来制定标准。很多电子竞技早期的制作与转播人员都是游戏的爱好者，而非专业的制作与转播人员，很多电竞赛事的制作与转播技术也是在摸索中不断前进。

其次，电子竞技项目的更迭比较快，项目的生命周期较短。与传统体育项目生命周期较长不同，电子竞技项目随着技术的进步不断地更新换代，可能制作与转播某项目的经验和标准尚未成型，该电竞项目已经被新的其他电竞项目所取代。而且有的电子竞技项目是与游戏技术和游戏平台同步更新的。新的游戏技术和平台产生了新的游戏，这也导致游戏转播技术需要随之更新。游戏项目的更迭虽然促进了电子竞技赛事制作与转播技术的快速进步，但是也无疑地增加了制作与转播技术积累的难度。

最后，电子竞技赛事组织与制作转播一直缺少国际性的权威机构。传统体育中的各类国际性权威组织，在体育项目组织规范和转播技术规范的制定过程中起到了决定性的作用。

反观电子竞技，现阶段很多电子竞技赛事都是由游戏厂商或赞助商举办的，赛事目的也是游戏的推广或商业需求，缺少长期的连贯性和业内广泛的权威性，导致电子竞技的各项工作缺少责任主体，电竞赛事制作与转播的标准无法推进。

虽然有着很多的不利因素，但电子竞技行业还是在积极地探索制定赛事制作与转播的标准，来促进行业的持续、稳定、健康发展。2017 年底，腾讯电竞正式发布《腾讯 2018 电子竞技运动标准》，主要涉及赛事领域、教育领域及产业园领域。优先发布的是赛事领域标准，包含电竞赛事直转播的相关标准。虽然这份标准的内容有待完善，但无疑是整个电子竞技领域的重大进步。一些电子竞技赛事的运营公司也有自己内部的赛事制作与转播标准。例如，英雄体育 VSPO 的核心团队早在 2012 年就制定了公司内部的电竞赛事制作与转播的执行标准和规范。

相信在未来，电子竞技一定会克服各种困难，最终制定出自己的赛事制作与转播行业标准，也会针对各类电竞游戏的特点制定细分的制作与转播执行标准。这些标准会进一步促进电竞赛事制作与转播的发展，提升制作与转播的水平，为电子竞技吸引更多的用户和观众，并进一步提升电子竞技的影响力。

3.5 电子竞技赛事制作与转播发展的驱动力

电子竞技赛事制作与转播从无到有，在极短的时间内能够呈现出不亚于任何内容展现形式的效果，而且逐渐形成了自己独有的方法、技术、体系和理论的原因是受到了强大驱动力量的影响。这些驱动力量包括：游戏产业的模式变化和电竞产业的规模增长、用户观赛水平和需求的持续提升、电竞与其他内容形式的竞争愈加激烈、行业资源增加和配置的不断优化。

1. 游戏产业的模式变化和电竞产业的规模增长

电子竞技赛事制作与转播的发展离不开产业本身的发展，赛事制作与转播也为赛事服务提供精彩的内容、展现电竞的魅力并吸引更多的观众。任何产业的发展都离不开需求和投入，电子竞技产业也是如此。广泛的需求和巨大的投入促进了电子竞技产业的发展，同时带动了电子竞技赛事制作与转播的飞速发展。

电子竞技人群的不断扩大和观赏电竞赛事的需要是电子竞技产业广泛需求的来源。电子竞技已经逐渐摆脱了早期不被认可的窘境，得到了社会的广泛认可，发展为一项新兴的竞技运动。随着电子竞技作为正式比赛项目进入亚运会，其影响力愈加增强，电竞观赛的需求会更加旺盛。逐渐庞大的用户群体对于电子竞技赛事和内容的需求是导致电子竞技赛事制作与转播不断发展的重要原因。

电子竞技赛事制作与转播的发展离不开巨大的投入。随着电子竞技从早期的爱好者电竞时期进入到游戏厂商主导时期，电子竞技的投入方逐渐变为游戏公司，游戏公司对于电子竞技的巨大投入是电子竞技制作与转播发展升级的保障。游戏公司投入电竞的原因是游戏产业商业模式的转变。游戏从局域网游戏发展为互联网游戏，从游戏版权收费模式转变为免费游戏道具收费的新型商业模式，电子竞技对于游戏运营和游戏收入的拉动作用不断增强，电子竞技也有利于活跃玩家社区，提升玩家的游戏黏性，延长游戏的生命周期。

客观且广泛的需求和巨大的投入促进电竞产业飞速发展，脱胎换骨。随着电竞产业不断发展，电竞产业与更多行业合作的连通属性逐渐增强。电子竞技已经开始触达更多行业，对于地方经济发展和就业的拉动逐渐增强。这些都需要电竞赛事制作与转播水平精良，提供优质的内容，展现自身的实力，从而获得更大的影响力。

2. 用户观赛需求和欣赏水平的持续提升

电子竞技赛事是内容型产品，与所有内容型产品一样，必须不断地创新和进步，才能够持续地吸引观众。内容型产品即使做得非常优秀，制作品质非常高，如果长时间没有变化，观众也会觉得索然无味，所以内容型产品必须长期坚持创新。随着内容产品不断创新，内容产品质量将愈加精良，观众欣赏产品的类别也将不断增加，优秀的内容会使观众的欣赏水平不断提高，这又促使内容性产品将内容和模式创新放在首位。

电子竞技制作与转播不断发展的驱动力就是观众的观赛水平和需求的持续提升。最初，在电竞赛事内容贫乏的时代，观众对于电子竞技赛事制作与转播没有非常严格的要求，只要有电竞比赛看就可以。但是随着电子竞技产业的发展，电竞赛事日益增多，观众会倾向于观看制作精良的电竞比赛，这促使电竞赛事制作与转播不断发展。电竞用户欣赏水平不断提升，电竞赛事制作与转播满足了用户的现有欣赏水平，又会刺激用户产生更高的欣赏需求。用户观赛水平的不断提升促进了电子竞技赛事制作与转播的快速发展。

3. 电竞与其他内容形式的竞争愈加激烈

电子竞技赛事逐步成为受全球年轻人群热爱的新兴体育运动，电子竞技赛事内容也逐步成为主流的内容产品形式之一。电子竞技赛事内容与其他内容形式的竞争愈加激烈。用户在观看电子竞技赛事内容时，会不可避免地将电竞赛事内容与其他形式的内容进行比较。如果对比其他内容形式，电子竞技赛事内容制作质量很低，对用户没有极强的吸引力，会导致电竞用户的流失，从而影响电子竞技产业的发展。

目前电子竞技行业还处于高速发展的阶段，未来在电竞行业成为主流的竞技娱乐行业之后，与其他内容形式的竞争将会更加剧烈。面对激烈的竞争，电子竞技需要高水平的赛事制作与转播，从而产出优质的内容。当电子竞技人群达到饱和之后，电子竞技产业进一步发展需要拓展新的电竞人群，而观看电竞比赛往往是非电竞人群接触电竞的第一步，电子竞技赛事的制作与转播水平决定了其他用户对电竞产业的第一印象。

4. 电竞行业资源增加和配置的不断优化

电子竞技赛事制作与转播快速发展的驱动力之一是行业资源、资金、人才、技术等要素的不断增加。电子竞技发展早期，行业十分缺乏这些资源要素。很多电竞行业的从业者都是游戏爱好者，凭着对电竞的一腔热爱加入这个新兴的行业。行业内的资金、技术不充足，与传统体育产业及其他产业相比，资源也严重不足，导致电子竞技赛事制作与转播只能在相对较低的标准下进行。随着电子竞技产业的不断发展，有更多的资金、人才、技术涌入电竞行业，为电竞行业的飞速发展提供了资源的保障。电子竞技赛事制作与转播也随之发展起来。未来，将会有更多的资源要素向电竞产业涌入，电子竞技赛事制作与转播也会越做越好。

在各类资源向电竞行业涌入的同时，电竞行业内资源要素的配置和使用方式也逐渐趋向合理。在电竞发展早期，虽然有的赛事为电子竞技制作与转播提供了大量的资源和资金，但因为产业内其他基础方面非常薄弱，资源和资金不得不使用在场馆改造、功能间搭建、网络租赁与搭建、转播设备租赁等方面，导致资源和资金的使用极不合理，没有将有效的资源和资金用于提升赛事内容制作的水平。随着电子竞技产业的发展，产业本身有了一定的积累，包括专业电竞场馆以及先进的设备，促使赛事举办的基础成本不断降低，资源和资金越来越向影响内容最终呈现效果的要素进行集中和优化配置，从而改变了电竞赛事制作与转播的生产模式。未来随着电子竞技产业更加成熟，资源和资金将会得到更加有效的利用，同样水平的赛事投入，赛事制作与转播的效果也会更好。

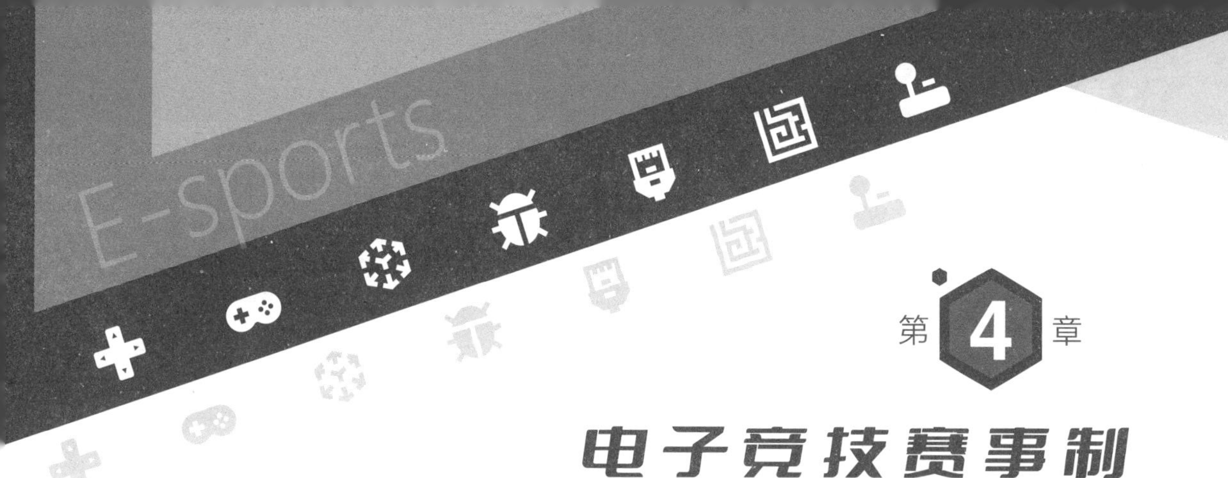

第 4 章

电子竞技赛事制作与转播的架构

4.1 电子竞技赛事制作与转播的架构概述

4.1.1 电子竞技赛事制作与转播架构图

电子竞技赛事的制作与转播是一项复杂的工程，其中涉及的岗位有几十种，大型的电子竞技赛事甚至需要几百人协作共同完成。随着科技水平的进步，电子竞技赛事制作和转播的水平也在不断提高，电影场景级别的华丽舞美、登上舞台栩栩如生的 AR 游戏人物、灵动可爱堪比真人的虚拟解说……越来越多的新鲜元素正在融入电子竞技赛事舞台，新技术和新岗位的增加意味着赛事制作与转播的过程将会更加复杂。

要在应对观众对电子竞技赛事日益增长的多元化需求的同时，持续稳定地制作与转播高品质赛事，仅仅凭借经验是远远不够的。如今，电子竞技赛事的制作与转播已经发展成为一个流程明确、模块清晰的系统化工程，正是靠着系统化、精细化的项目管理方式，那些精彩纷呈的电子竞技赛事才能不断呈现在观众的眼前。

本书的写作目的，就是详尽地展示电子竞技赛事制作与转播这项系统化工程的运作方式，使读者了解到其中每一个模块、每一个岗位在赛事制作与转播中发挥的作用，以及这项庞大的工程是如何被一步步拆解成更细小的模块。学完本书的内容，你将会看到这些琐碎的工作、繁杂的岗位是如何被有条理地组织在一起，去呈现一场令观众流连忘返的精彩比赛。

电子竞技赛事制作与转播的架构图如图 4-1 所示。

本节将从宏观层面介绍电子竞技赛事制作与转播流程的四大模块——创意策划、项目管理、赛事制作与执行、技术支持与保障。这四大模块中更详细的内容，将在后面的章节逐一进行讲解。

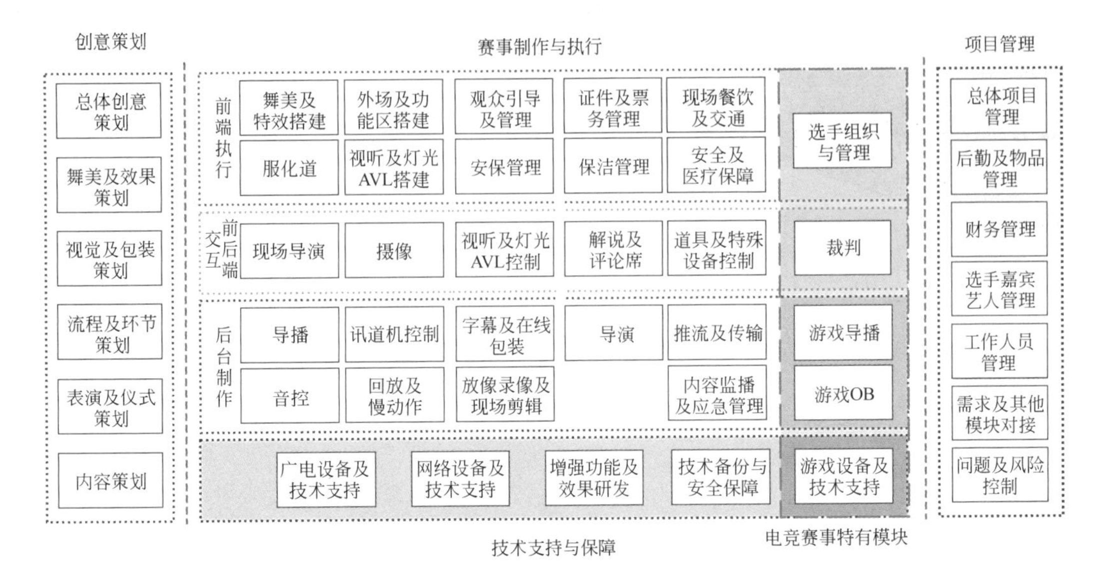

图 4-1　电子竞技赛事制作与转播的架构图

4.1.2　创意策划

在电子竞技赛事制作中，创意策划负责构建赛事蓝图，这是赛事制作流程的第一个模块。在创意策划模块，要解决的问题包括：赛事的主题是什么？要传达怎样的赛事精神？要呈现怎样的视觉效果？要如何包装选手和打造电竞明星？要打造怎样的舞美效果？怎样才能给观众耳目一新的感觉？赛事的流程如何设计？赛事舞台应该加入怎样的表演？在比赛的间隙应该播放什么样的赛事周边内容？在创意策划阶段，赛事总导演和其他策划人员将会确立赛事的基调和风格，大致勾勒出赛事最终的整体呈现效果，并对赛事内容将会引发的观众反应进行预测，确保该创意能够受到观众的喜爱且不包含违规违禁的元素。

创意策划是一项复杂的工作，它的工作成果贯穿整个赛事的始终，决定着整个赛事的高度和深度，是至关重要的一个环节，其中又包括许多不同的工作岗位和工作内容。创意策划模块可以拆分成六个子工作模块，分别是总体创意策划、舞美及效果策划、视觉及包装策划、流程及环节策划、表演及仪式策划和内容策划。

以 2021 年王者荣耀职业联赛春季赛总决赛为例，我们来看一看创意策划在赛事制作中发挥的作用。在视觉效果方面，创意策划人员延续了王者荣耀职业联赛一直使用的红蓝对撞的色彩基调，从赛事宣传海报到舞台灯光效果全部使用了红蓝对撞的色彩主题，这样一以贯之的色彩风格是在创意策划阶段就设计好的视觉效果。

截至 2021 年，王者荣耀职业联赛已经举办了十届，为了将“决胜！新十代”这一年度赛事精神融入春季赛总决赛之中，策划团队制作了标题为《龙》的赛事主宣传片，如图 4-2 所示。在宣传中以“龙”这一元素来象征新一代 KPL 职业选手，表现其越战越强、不断突破自我的职业形象。宣传片以沉静而磅礴的语言传递出了“龙”的状态：清空你的思维；无式，无形，像水一样；入杯成杯，入瓶成瓶，入壶成壶；慢似涓流，快如波澜；如水一般突破自我！决胜！新十代！

图 4-2　2021 年王者荣耀职业联赛春季赛总决赛宣传片《龙》

从图 4-3 中可以看到，赛事宣传海报中以线条细腻、棱角分明的雕塑龙作为海报的主体，两条龙围绕着中间的冠军奖杯蓄势待发，正与宣传片《龙》的主题契合，展现出具有延续性与整体性的视觉风格及主题风格。

图 4-3　2021 年王者荣耀职业联赛春季赛总决赛宣传海报

在舞美效果设计方面，本次 KPL 总决赛的创意策划人员在舞台正中心位置打造了一个巨大的透明立方体，将裸眼 3D 视角与 AR 技术相结合，使得观众们在视觉上更加聚焦画面重心，增强空间凝聚感，如图 4-4 所示。可爱的游戏角色“梦奇”还在赛前为大家带来了暖场表演环节，带领观众们为决赛的两支队伍加油呐喊，带动观众情绪，大战一触即发。

图 4-4　2021 年王者荣耀职业联赛春季赛总决赛现场舞台

暖场过后，雷电透视在立方体核心，游戏角色“司空震”横空出场开始赛前倒计时环节，裸眼 3D 效果配合全场灯光特效，将紧张刺激的氛围瞬间拉满，使得现场观众沉浸感十足，如图 4-5 所示。

图 4-5　2021 年王者荣耀职业联赛春季赛总决赛现场舞台

如今，KPL 已走过十届岁月，新十代的诞生提高了大家对于 KPL 未来的无限想象，但老将们的光辉依然闪耀着曾经的旅途。在比赛正式开始前，一段影片带大家回顾了 KPL 十届比赛中历历在目的名场面，随后 2021KPL 春季赛总决赛宣传片《龙》正式亮相，两支总决赛参赛队伍也随之登上舞台。

从 2021KPL 春季赛总决赛的案例当中，能够看出，创意策划人员结合了赛事的历史和核心主题，围绕主题确立了舞美效果、视觉效果及赛事流程。凡观众目之所见，都是经过创意策划人员精心设计而呈现出的内容和效果，是创意策划阶段所构建的蓝图的具体呈现。

4.1.3　项目管理

管理的定义是有效整合组织资源、协调组织中个人和群体行为，确保组织目标得以实现的过程。这一定义有四层含义：①管理是一个过程；②管理的核心是实现组织目标；③管理的手段是有效整合组织拥有的各种资源；④管理的本质是协调。过程中的矛盾和不协调会成为组织实现既定目标的阻碍，管理就是要努力使成员能够协同行动并消除阻碍。

项目管理是管理学的一个分支学科，对项目管理的定义是：在项目活动中运用专门的知识、技能、工具和方法，使项目能够在有限资源条件下，实现或超过设定的需求和期望的过程。项目管理是对一些成功地达成一系列目标相关的活动（譬如任务）的整体监测和管控，包括策划、进度计划和维护组成项目的活动的进展。

电子竞技赛事制作与执行这个浩大的项目，将其拆分成四个一级子模块和若干个二级子模块，能够大幅度提高工作效率，但是如果没有合适的项目管理人员对整体进度进行把控，还是无法顺利推进。项目管理工作从创意策划开始就贯穿赛事制作与转播的整个过程，包括统筹协调各个模块、有序推进各模块工作的进行、解决模块之间协作产生的种种问题、统一进行预算分配和物资调度。项目管理是一根线，有序地串联起赛事制作与转播过程中的各个子工作模块，将模块化、碎片化的工作内容和工作成果组装起来，不但要解决项目成员内部的沟通问题，还要担负起项目人员与外部工作人员的沟通工作。

项目管理模块的子工作模块包括总体项目管理、财务管理、后勤及物品管理、选手嘉宾艺人管理、工作人员管理、需求及其他模块对接、问题及风险控制。

4.1.4　赛事制作与执行

创意策划模块构建了电子竞技赛事的整体蓝图，而赛事制作与执行模块则负责将蓝图变成现实。将创意从文字方案和效果图变成震撼的赛事现场，比仅仅涉及内容与设计的创意策划还要复杂得多。从比赛开始前的场馆选址、舞台搭建、设备搭建、网络搭建等筹备工作，到比赛进行日的赛事制作与转播以及现场管理，这其中的每一项工作都对赛事能否顺利呈现有着重要的影响。

赛事制作与执行的工程比创意策划更加庞大，按照观众实际接触和感知的程度，我们将其拆分为三个一级子模块——前端执行、前后端交互、后台制作。每个一级子模块又可以拆分为若干个二级子模块。

前端执行中的前端指的是赛事舞台、观赛区域和外场区域，因为这几个区域是选手与观众可以直接接触到的区域，所以称之为前端。前端执行工作是指不涉及电子竞技赛事广电转播后台工作、比赛筹备搭建以及比赛现场管理等相关环节的工作。前端执行模块的子工作模块包括：舞美及特效搭建、外场及功能区搭建、视听及灯光 AVL 搭建、服化道、观众引导及管理、证件及票务管理、现场餐饮及交通、安保管理、保洁管理、安全及医疗保障。

后台制作工作主要是指赛事制作与转播过程中涉及广电转播设备的、在导播间内完成的工作，因为这一部分工作不与赛事舞台、观赛区域、外场区域等直接发生关联，可以在导播间内独立完成，所以称之为后台制作。例如赛事导播，只需要在导播间内适时调度画面，在恰当的时间选取合适的现场画面、游戏画面呈现在直播流中。后台制作模块的子工作模块包括导演、导播、游戏导播、游戏 OB、讯道机控制、字幕及在线包装、音控、回放及慢动作、放像录像及现场剪辑、推流及传输、内容监播及应急管理。

前后端交互模块的工作，同时涉及前端执行模块和后台制作模块的部分工作，是一个连接前端与后台的模块。例如摄像，摄像人员将现场拍摄到的画面传输到导播间内，摄像人员根据导播的需求调度拍摄不同的场景，就建立起了前端现场和后台导播间之间的联系，因此摄像是具有前后端交互性质的工作。前后端交互模块的子工作模块包括现场导演、摄像、视听及灯光 AVL 控制、解说及评论席、道具及特殊设备控制、裁判。

4.1.5 技术支持与保障

赛事制作与执行模块之所以能够顺利地将电子竞技赛事从蓝图变为现实，是因为有技术支持与保障模块的保驾护航。创意策划模块和赛事制作与执行模块是与赛事发生强关联的模块，也是更容易被观众认知的工作模块，而技术支持与保障模块的工作则更偏向于后勤支持，是赛事制作的技术后勤。这一模块的工作，需要具备广电技术、网络技术、IT 技术知识的工作人员来完成。技术支持与保障模块的子工作模块包括广电设备及技术支持、网络设备及技术支持、增强功能及效果开发、技术备份与安全保障、游戏设备及技术支持。

电子竞技赛事的制作与转播中，需要用到大量的广播电视设备、网络设备、存储设备、游戏设备，比赛的进行和赛事的转播需要稳定高速的网络，比赛场馆内的选手、观众和工作人员也需要使用无线网络，比赛场馆内各类设备需要稳定的电力供应……诸如此类的问题，都是技术支持与保障模块所需要解决的。技术支持与保障模块主要负责的工作包括：合理布置广播电视设备、网络设备与游戏设备，实现设备之间的高效连接；合理地排布电缆、电线、网线的线路，保证充足的电力供应，提供高速的网络连接；随时解决赛事进行过程中的各种问题；使用最新技术研发广电设备的增强效果并将其呈现在比赛中；保障赛事直转播的安全；做好技术备份工作。

在特殊情况下，比赛进行时会遇到网络突然中断、突然停电等技术故障，技术支持与保障人员需要立即做出反应，在很短的时间内解决问题，让比赛继续进行，这就要求工作人员具有丰富的经验、深厚的技术知识和临场应变能力。当然，技术支持与保障最重要的工作内容，还是要在赛事筹备阶段就将各种可能出现的突发情况考虑详尽，在技术设备搭建阶段就避免各种风险，最大限度地降低突发技术故障出现的概率。

4.2 工作模块的协作与运转

中国电子竞技行业目前仍然处于高速发展和逐渐规范的时期，从赛事组织、内容制作、宣传播出到商业化，都是在实践中一点点摸索规律，可以说是摸着石头过河。电子竞技赛事制作与转播也是这样，一开始，电子竞技的行业分工并不像现在这样明确，一个小型团队需要包揽赛事组织、赛事制作与转播、宣传播出等多项工作，而技术的进步和产业升级的需求必然会导致行业分工越来越细，当每个人只专注处理某一个小模块的工作时，工作效率和产量都会提高。当一位赛事编导同时负责指导选手组织、赛事策划、转播制作时，他便无法将精力全部集中在赛事的某一项具体工作上，在不停地切换工作身份时疏漏也更容易随之产生。

目前，中国电子竞技赛事制作与转播的流程处于升级和规范当中，赛事转播团队从以经验为导向的、一人身兼数职的全能型团队，逐渐转向模块鲜明、岗位职能划分明确、每人专精一项技能的专家协作型团队。前文已经初步讲解了电子竞技赛事制作与转播架构图，以及电子竞技赛事制作与转播的四大主要模块，本节将对四大模块之间的关系进行重点讲解。

4.2.1　四大模块共同协作

电子竞技赛事制作与转播的四大模块分别是创意策划、项目管理、赛事制作与执行、技术支持与保障。一场赛事从设想变为现实，正是由四大模块共同协作来完成的。这四大模块的划分，是按照电子竞技赛事制作与转播涉及的主要工作类型进行总结归纳而形成的。

从流程的先后来说，在赛事制作与转播时，首先进行的是创意策划，然后是赛事制作与执行，项目管理以及技术支持与保障这两部分是与赛事制作与执行工作并行的。简单来说，电子竞技赛事制作与转播涉及的主要是赛事创意策划与赛事执行。相对于赛事创意策划来说，赛事执行涉及了各个不同领域的工作，许多工作之间的内容相关性与技术相关性并不高，所以赛事执行这一庞大的工作模块需要进一步细分。在赛事执行中，与赛事制作与转播直接相关的工作被归纳为赛事制作与执行模块；技术支持与保障工作并不隶属于赛事制作与转播的某个具体流程或环节，它的性质更类似于技术后勤，并且贯穿赛事制作与转播的全程。

项目管理模块的产生，则是提高工作效率、提升工作质量所必须拆分出的模块。项目管理模块负责的，就是将拆分为一个个的、细小的工作模块组装成为赛事制作与转播的项目整体，解决工作模块之间的矛盾、使不同的工作模块高效对接、协调不同工作模块之间的工作进度、满足不同工作模块的需求，最终呈现出一场优秀的电竞赛事。

综上所述，创意策划模块为一场具体的电子竞技赛事构建蓝图，赛事制作与执行负责将创意策划阶段提出的各种创意一一实现，它是与电竞用户联系最为直接、最为紧密的一个环节。技术支持与保障负责为赛事制作与执行提供强有力的技术支持，解决网络传输、电力传输、通话系统、信号采集及转换传输、设备备份等一切技术性问题。项目管理的主要意义在于，通过持续有效地运用项目管理方法，实现项目成本、进度、投入和收益的优化和整合，使组织能够协调多个项目，提升组织的商业价值。

电子竞技赛事制作与转播的四大模块共同协作，以高效的赛事管理水平和专业度极高的赛事执行能力，呈现精彩纷呈的电子竞技赛事。

4.2.2 细分模块高效运转

电子竞技赛事制作与转播的工作被拆分为几十个子工作模块，正是因为工作的细分化，使得每一项工作岗位的专注度和专业度提高，子工作模块得以高效运转，才能从整体上提升赛事制作转播水平。

在中国电子竞技发展的早期，电子竞技赛事制作与转播并不像现在这样复杂，赛事规模较小，赛事转播也较为简单，在最简单的情况下，只需要几台计算机、一个切换台、一个调音台、一两名摄像人员，就能够完成一场小型赛事的现场制作。随着技术的发展和观众审美需求的提升，电子竞技赛事的规模和制作水平都在提升，赛事制作与转播所涉及的工作岗位越来越多、专业性越来越强。

以摄像为例，以前，几台固定摄像机、一两个移动机位，就能满足赛事制作的需求。而现在的大型赛事大多在面积非常大的场地举办，舞台结构和舞台装置丰富多变，现场拍摄的内容也不仅仅局限于职业选手，舞台全景、选手特写、舞台表演、现场观众等不同类型的现场画面，都是赛事直播中需要用到的素材。尤其是在舞台表演阶段，对摄像和导播的技术水平有着更为严苛的要求，需要通过灵活而富有艺术感的运镜和镜头切换，为观众呈现出舞台表演的精彩之处。因此，在电子竞技赛事制作中，需要用不同种类的摄像设备来呈现不同的场景与画面。为了展现选手比赛时的状态，每一个比赛位都会放置一个专业摄像头，专门用于拍摄每位选手的状态；比赛舞台上，一般会安排几位穿戴斯坦尼康摄像机稳定器的摄影师，用于拍摄更加清晰的选手单人镜头、双人镜头、三人镜头、战队集体镜头等，斯坦尼康摄影师机动性强，能够根据不同状况拍摄出即时画面；在比赛舞台周围的不同位置，通常会设置一些固定机位，拍摄不同角度、不同景别的画面；通常，比赛现场还会有摇臂摄像师，操纵摇臂设备灵活地拍摄全景镜头、运动镜头。

一场电子竞技赛事的精彩性，是由游戏内的比赛画面和游戏外的现场状态结合形成的。电子竞技赛事转播如果只是将游戏内画面简单地传输到观众面前，趣味性和观赏性将会大打折扣。观看赛事转播的观众不仅关心选手在游戏内的操作，也想知道选手在现场的情绪和状态、现场的灯光和氛围，现场观众的热情呐喊同样也会感染屏幕前的观众。正是由于观众这样复杂的观赛需求，赛事摄像的工作才越来越细化、越来越专业，不同工种的摄像师根据各自的长处拍摄到的画面传递了赛事的不同方面，使得人们对于一场赛事的印象变得立体而丰满。如果电子竞技赛事转播时，现场画面只有几个固定机位的画面，势必会让观众产生审美疲劳，也无法传递更多的信息给观众。

工种的细分使得子工作模块的工作质量整体提高，而每一个模块工作质量的提高促成了赛事制作与转播整体水平的提高。在子工作模块不断细分之后，负责每一项具体工作的人员都是该领域的专家，在该工作领域具有丰富的经验和高出常人的水平，不但能够合格地完成工作，更有余力进行思考，在现有的工作基础上进行创新，产出创造性的工作成果，从根本上提高子工作模块的工作效率。

工作效率和工作质量提高的子工作模块，通过合理的项目管理被整合在一起，在制作与转播规模不同、类型不同的电子竞技赛事时，举办方可以从现有的工作模块中迅速整合出所需的关键模块，持续稳定地完成高水平赛事的制作。

4.3 电子竞技赛事制作与转播架构的对比分析

从工作性质和工作流程上来说，电子竞技赛事、传统体育赛事、综艺晚会及演唱会以及线下公关活动的工作架构是类似的，这几类活动的制作与转播工作同样可以划分为上述四个工作模块。但是电子竞技赛事的制作与转播与其他活动有不同之处。本节将以电子竞技赛事制作与转播的架构图为主来分析其他几种活动的制作与执行，通过对比分析，进一步了解电子竞技赛事制作与转播的特点。

4.3.1 电子竞技与传统体育制作转播的对比

传统体育赛事的制作与转播经过多年的发展，已经形成了相对成熟的转播标准与制作流程。与传统体育赛事相比，电子竞技赛事最大的一个特点就是多了游戏内比赛画面。

图 4-6 是传统体育赛事转播与制作的架构图，用斜线划去的是电竞制作架构的独特部分。

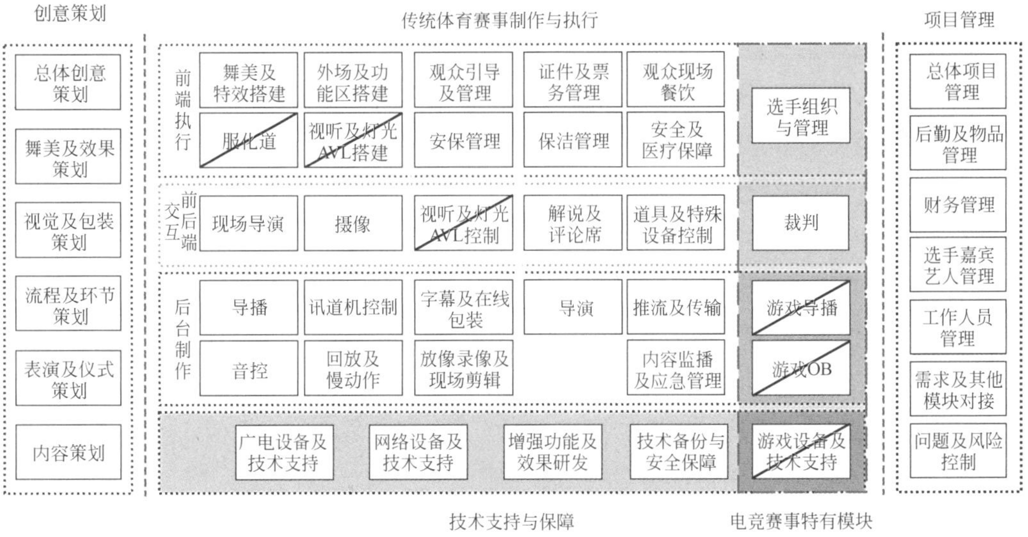

创意策划
总体创意策划
舞美及效果策划
视觉及包装策划
流程及环节策划
表演及仪式策划
内容策划

传统体育赛事制作与执行
前端执行
舞美及特效搭建
外场及功能区搭建
观众引导及管理
证件及票务管理
观众现场餐饮
服化道
视听及灯光AVL搭建
安保管理
保洁管理
安全及医疗保障
选手组织与管理
交互前后端
现场导演
摄像
视听及灯光AVL控制
解说及评论席
道具及特殊设备控制
裁判
后台制作
导播
讯道机控制
字幕及在线包装
导演
推流及传输
游戏导播
音控
回放及慢动作
放像录像及现场剪辑
内容监播及应急管理
游戏OB
广电设备及技术支持
网络设备及技术支持
增强功能及效果研发
技术备份与安全保障
游戏设备及技术支持

项目管理
总体项目管理
后勤及物品管理
财务管理
选手嘉宾艺人管理
工作人员管理
需求及其他模块对接
问题及风险控制

技术支持与保障
电竞赛事特有模块

图 4-6　传统体育赛事转播与制作的架构图

在创意策划方面，除了奥运会、亚运会、顶级职业赛事等大型国际赛事的开幕式、闭幕式需要进行舞美效果策划外，大部分传统体育赛事都在专门的运动场所进行，一般不需要进行舞美及效果策划，观众倾向于全神贯注地欣赏着体育场内运动员的竞技活动。在电子竞技赛事中舞美及效果策划是必需的，因为舞美效果同样也是赛事观赏性的一个方面。当游戏内发生了重大事件，比赛现场的灯光、大屏、音响都会配合游戏内事件做出相应的反应，例如游戏角色被击倒时，红色灯光闪烁、播放轰然倒地的音效并伴随着地屏的震动，可以给观众仿若置身游戏内的震撼体验，提升赛事观赏的趣味性和沉浸感。在部分重大的传统体育赛事中，需要进行表演及仪式策划，但表演及仪式并不是每项体育赛事所必备的环节。在电子竞技赛事中，职业联赛、杯赛的总决赛中，表演及仪式基本上是固定的环节，电竞用户对于制作精美的总决赛开幕式和形式多样的表演活动和特殊仪式也有所期待。

在赛事制作与执行方面，由于大部分传统体育赛事的制作不需要进行舞美效果策划，因此也就不需要进行舞美及特效搭建、视听及灯光 AVL 搭建，与舞美效果策划相关的服化道也不需要准备。由于需要将游戏内画面展示给观众，电子竞技赛事后台制作中诞生了两个特殊的岗位——游戏导播和游戏 OB。游戏 OB 负责观察游戏内角色的一举一动，当游戏内发生值得观看的事件时提醒游戏导播，游戏导播负责从众多游戏 OB 挑选出的游戏画面中，选取最具有观赏性的传输给导播，由赛事导播按照需要插入直播流中。传统体育赛事的制作与转播只需要转播现场画面即可，因此不需要游戏导播和游戏 OB。

在技术支持与保障方面，游戏设备和网络设备是电子竞技赛事进行的必需设备，所有的电子竞技游戏都需要联网并使用游戏设备进行比赛，但是传统体育赛事不会用到需要联网的游戏设备，因此并不需要游戏设备及技术支持。

在项目管理方面，传统体育赛事的制作与转播与电子竞技赛事的工作模块基本相同。

随着时代的发展，传统体育赛事的制作与转播也在不断地进步与发展，除了电视直播外，互联网直播也成为了传统体育赛事播出的重要方式，VR、AR 等技术也应用于传统体育赛事转播中，提升了赛事的观赏性。

4.3.2 电子竞技与综艺晚会及演唱会的对比

电子竞技赛事及传统体育赛事的观赏重点是竞技性，而综艺晚会及演唱会的观赏点则是唯美的舞台效果以及演出人员专业性的表演。图 4-7 是综艺晚会及演唱会转播与制作的架构图。

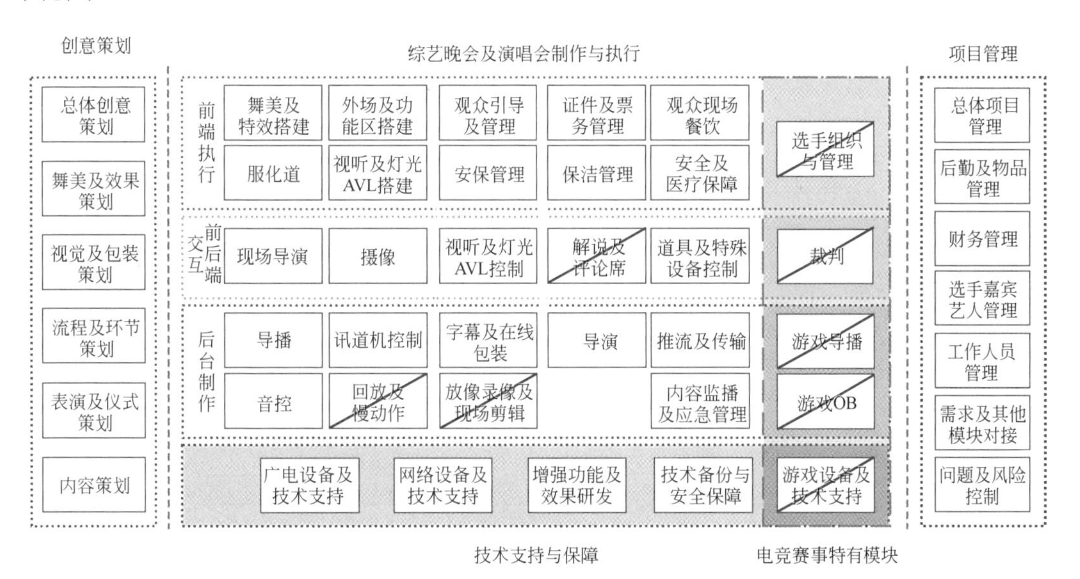

图 4-7 综艺晚会及演唱会转播与制作的架构图

在创意策划方面，综艺晚会及演唱会的策划与电子竞技赛事所需的工作模块相同。

在制作与执行方面，电子竞技赛事中，激烈的团战或其他精彩的游戏内事件往往发生在几秒之间，速度非常快，观众在直播时可能无法完全理解刚才到底发生了什么，因此需要将这样的画面调慢速度重新回放，以便观众理解比赛内发生的事件，看清楚选手是如何使用技能、如何行动的。在比赛间隙，除了赞助商广告之外，还需要播放其他提前录制好的赛事相关内容。有时候针对直播中突发的事件，还要进行现场剪辑视频，在稍后的直播中播出。而综艺晚会及演唱会只涉及演出人员的组织与管理，不需要选手组织与管理、裁判、解说及评论席。综艺晚会及演唱会的后台制作，并不需要游戏导播、游戏 OB、推流及传输、内容监播及应急管理、回放及慢动作、放像录像及现场剪辑这些电子竞技赛事制作必备的工作模块。

在广电设备及技术支持方面，从前的综艺晚会及演唱会较为简单，只需要广电设备及技术支持。随着技术的发展，综艺晚会及演唱会也逐渐开始通过网络直播，使用 AR 技术等增强效果提升观赏效果，因此也需要增强功能及效果开发、技术备份与安全保障。

在项目管理方面，综艺晚会及演唱会的制作与转播与电子竞技赛事的工作模块相同。

4.3.3 电子竞技与线下公关活动执行的对比

线下公关活动的策划与执行，侧重点在于有秩序地完成活动方案，达到活动举办方的举办目的和预期效果。在策划与执行线下公关活动时，并不需要考虑电子竞技赛事中的竞技性，将既定的活动方案按照计划实现，确保流程顺畅、现场秩序井然是其重点。图 4-8 是线下公关活动策划与制作的架构图。

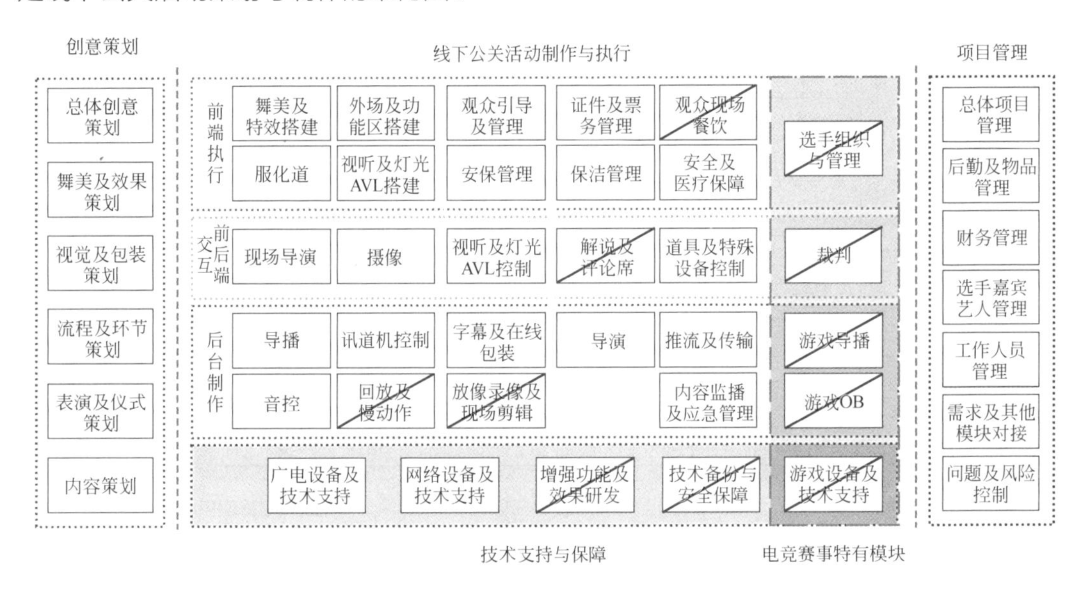

图 4-8 线下公关活动策划与制作的架构图

在创意策划方面，线下公关活动的策划与执行与电子竞技赛事的工作模块相同，都需要进行舞美、视觉、流程、内容等方面的详尽策划。

在制作与执行方面，与电子竞技赛事不同，线下公关活动的观众数量较少或者没有观众，也不需要解说和裁判，进行的时间也不像电子竞技赛事那样长。因此在前端执行部分，线下公关活动只需要进行简单的观众引导及管理或者甚至不需要观众管理，也不需要进行选手组织与管理。线下公关活动一般是不需要直播和转播的，因此在后台制作时不需要回放及慢动作、放像录像及现场剪辑、推流及传输、内容监播及应急管理等工作模块。一般来说，线下公关活动并不需要字幕及在线包装这个环节，但有时候为了特殊的流程及策划效果需要，也会现场制作字幕内容并在大屏幕播放。

在技术支持与保障方面，线下公关活动需要广电设备及技术支持和网络设备及技术支持。

在项目管理方面，线下公关活动的策划与执行与电子竞技赛事的工作模块相同。

随着时代的发展，越来越多的公关活动选择在线上进行播放，吸引线上观众，进一步扩大活动的影响力，这时就需要推流及传输和内容监播及内容管理这两个环节的支持。

4.3.4 线上赛事与线下赛事的对比

与线下赛事相比，线上电子竞技赛事只是少了现场比赛的部分，在其他方面并没有不同。图 4-9 是线上电竞赛事制作与转播的架构图。

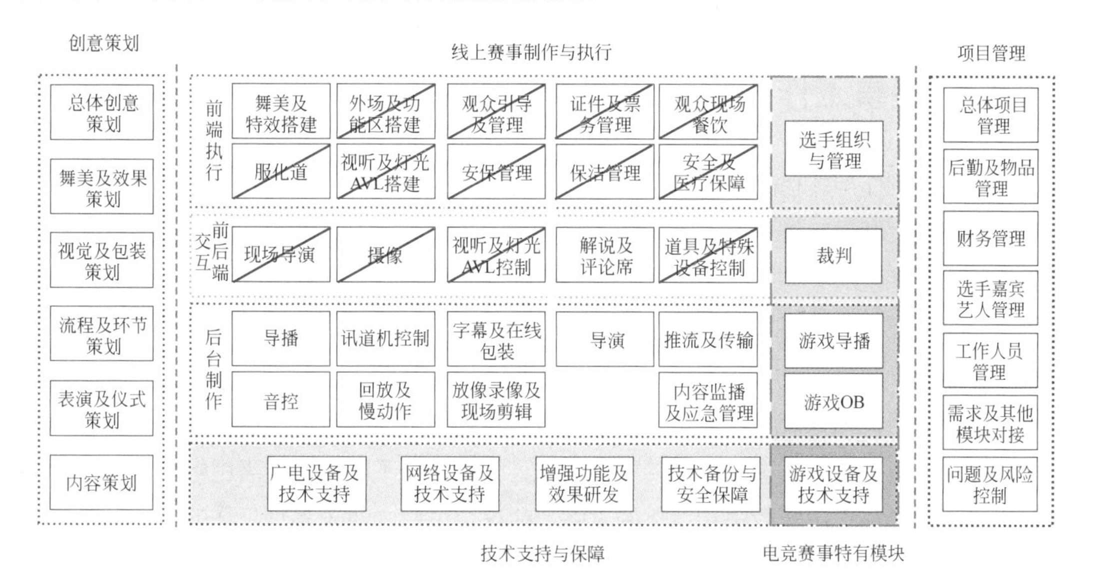

图 4-9 线上电竞赛事制作与转播的架构图

在创意策划、技术支持与保障、项目管理方面，线上赛事与线下赛事完全一致，只是在涉及线下比赛场所的前端执行、前后端交互工作模块方面有所不同。

赛事制作与执行的前端执行环节中，除了选手组织与管理外，其他的子工作模块都是线下电子竞技赛事所独有的工作模块，线上赛事并不需要进行这些现场工作。但是线上赛事也需要进行选手组织与管理，选手资质审核、告知选手参赛的时间及参赛规范、组织选手按时进行比赛等工作，基本上也是在线上进行的。在前后端交互环节，裁判、解说及评论席这两个工作模块是线上赛事必需的，由于没有现场，因此也就不需要现场导演、摄像、视听及灯光 AVL 控制、道具及特殊设备控制这些专为线下赛事设置的工作模块。

一般来说，线上赛事是不需要进行舞美及效果策划的，但随着赛事制作技术水平的提升，越来越多的线上赛事会使用虚拟制作的方式，制作虚拟场景舞美，使真实的选手、解说与虚拟背景融为一体，大大拓宽了线上赛事的制作边界，提升了线上赛事的观赏性。如果需要制作虚拟场景，就需要进行舞美及效果策划。

通过上述的对比分析，我们可以看出，在涉及创意表演、舞台及竞技的内容向活动的策划与执行中，电子竞技赛事制作与转播的架构都是适用的。例如近两年兴起的直播带货活动，也可以运用此架构图进行分析。电子竞技制作与转播的架构图，是将涉及广电技术的竞技内容活动进行工作模块细分并重新整合而形成的，是对活动制作与转播工作的科学性总结，四大模块共同协作，细分模块高效运转。与电子竞技赛事类似的活动执行，都可以在此基础上根据执行需要对工作模块进行增减，并进行工作管理，能够有效地提高效率、提升工作质量。

4.4 赛事工作的目标定位及优先级

电竞赛事制作与转播的工作模块很多，需要很多工作岗位的配合，是一项复杂的系统工程。通过线上赛事与线下赛事的架构对比，可以了解到并不是所有的电子竞技赛事制作与转播都需要完整的架构图，可以根据电竞赛事的实际情况对工作模块进行取舍。架构中的每一个模块都包含很多项具体工作，针对一个模块的不同工作，负责人也可以根据赛事的实际需要进行取舍。

脱离赛事目标和客观情况，空谈电子竞技赛事制作与转播应该包括哪些模块和工作是毫无意义的。电子竞技赛事制作与转播的过程，就是一个不断明确赛事目标和资源，根据已有的资源和预算，不断取舍和优化的过程。在这个过程中对于各项工作的定位和优先级的了解显得尤为重要。不同工作的定位和优先级为科学的取舍提供了重要的依据和参考。对于赛事各项工作定位和优先级的划分不仅是预算分配的策略，同时也反映出赛事制作与转播根本理念。

4.4.1 赛事工作目标定位的分类

赛事制作与转播的各项工作虽然属于不同的工作模块，但有可能属于同一个工作目标和定位，相反地，一个模块中的各项工作却可能涉及不同的工作目标和定位。以工作目标和定位进行划分，可以将架构的各模块以及模块中的各项工作以工作定位的视角进行统一的分类和整理。

电子竞技赛事制作与转播架构中的所有工作可以归纳为几个目标和定位，包括保障赛事人身安全、保障比赛的公平公正、提升制作与转播的质量和效果、提升现场用户观赛体验。不同工作模块的目标和定位可能有所侧重，一个模块的工作可能包括几个目标和定位。

例如，在舞美及特效搭建这个工作模块中，舞美搭建的坚固程度、舞美搭建材料的防火性能等与保障赛事人身安全目标相关；舞美搭建的创意和造型与提升制作与转播的质量和效果目标相关；舞美搭建中防止影响选手发挥以及防止窥屏及暴露比赛信息等设计与保障赛事的公平公正目标相关；优秀的舞美搭建会给现场观众巨大的震撼，与提升现场用户观赛体验目标相关。

针对多个目标和定位以及同一个目标和定位的多项工作中，可以划分优先级，明确目标和定位以及各项工作的重要程度和优先程度。针对四个目标定位所包含的主要工作内容和工作优先级的划分是负责人需要深入了解的。

4.4.2 保障赛事人身安全

保障赛事人身安全包括保障选手及战队、表演人员、工作人员、现场观众等人员的人身安全，该方面的工作包括：工作人员需持证上岗、工作人员按照标准进行施工和工作、工作人员穿戴安全防护服装和用品、保证现场舞美搭建以及外场搭建的坚固和防火性能、严格的安保和证件管理、现场食品和交通安全、防止人群拥挤及踩踏、制定紧急疏散方案、提供人员医疗保障、做好应对极端天气及特殊情况的准备等。针对保障赛事人身安全方面，尤其是针对现场大型活动，管理部门和法律法规都有明确的规定，赛事制作与转播的过程中需要严格执行，落实到位。

在保障赛事人身安全方面的工作没有优先级，所有保障赛事人身安全的工作都是最高优先级，都应该按照法律和制度的规定严格执行。项目管理人员一定要强化安全意识，在项目策划和执行的过程中将保障人身安全放在首位，这也是所有工作和活动的底线和前提要求。保障人身安全的预算及投入应该作为赛事执行的底线要求，按照标准严格执行，不应该缩减预算和投入，更不应该视为浪费。

保障赛事人身安全需要根据应对的实际情况，增加和调整保障方案。例如，随着新冠疫情的全球暴发，保障赛事人身安全工作增加了防范和应对疫情的部分。为了赛事人员的身体健康，根据防疫措施的要求，需要多管齐下，新增很多项工作以确保赛事人员的健康安全和赛事的顺利举办。

4.4.3 保障比赛的公平公正

在传统体育比赛中，保障比赛的公平公正一般由赛事组织部门负责，赛事制作与转播团队只负责制作和转播比赛的内容。虽然一些正规的电子竞技赛事联盟也开始组建裁判团队和制定制裁标准，但由于电子竞技赛事与技术和转播的关联程度过高，在实际的执行过程中，赛事的制作与转播也负责很大一部分保障比赛公平公正的工作。

保障比赛的公平公正方面的工作包括：采用统一的竞赛设备或严格的比赛设备检查、软件和程序插件的检查、统一的比赛服务器、进行网络优化确保网络顺畅、比赛设备及服务器和网络备份以应对突发问题、专业的裁判及判罚规则、选手上场前的穿戴物品检查、战队内通话的顺畅和监听、舞美的配合和隔音手段、对现场人员有可能影响比赛的行为管理等。

在正规的职业电子竞技赛事中，这些技术手段和工作标准是为了保障电竞选手在公平公正的技术环境中比赛，保证选手正常的操作和发挥，展现出选手真正的实力和竞技精神，防止假赛和蓄意操纵比赛等有违体育精神和道德事件的发生。一旦因为技术问题导致网络延迟或影响选手正常的操作发挥都会影响比赛的公平公正。如果因为缺少技术检查和管理不严导致假赛行为的发生，则会造成巨大的舆论影响，严重伤害赛事品牌和整个电子竞技行业的形象。

在电子竞技发展早期，受限于当时的技术环境和赛事预算，很多精彩的舞美设计都要进行一定的妥协。在一段时期内，电子竞技的舞台上会设计两个队伍的比赛玻璃房，这是为了隔绝外部的声音，以免现场人员和观众向选手传递比赛信息，造成比赛的不公平。舞台上两个巨大的比赛玻璃房会限制很多舞美方案的设计，同时也让选手离观众很远。后来，随着电子竞技赛事的发展，采用了专业的隔音耳机，取消了比赛房的设计，实现了保证赛事公平公正的目标，同时满足了现场观众拉近与选手距离的观赛需要。

根据比赛的不同等级，一定要明确执行哪些工作保障比赛的公平公正。保障比赛公平公正是电子竞技赛事制作与转播优先级很高的工作模块。即便比赛制作和转播做得很顺畅并且呈现效果很优秀，但是一旦发生有违体育公平竞技精神的事件，所有制作和转播的努力都将化为乌有。因此，任何比赛的舞美设计、环节设计、技术方案都应该以保障比赛的公平公正为前提条件。

4.4.4 提升制作与转播的质量和效果

提升制作与转播质量和效果方面包含的工作内容比较多，是电子竞技赛事制作与转播的主要工作目标和内容，也是赛事制作与转播水平和能力的核心体现，直接影响制作与转播的结果和观众的收看体验。

在提升制作与转播的质量和效果方面，可以划分出几个工作目标和工作的优先级，包括：播出内容的安全和健康、转播环节和播出信号的顺畅、内容精美和创意精彩、突显竞技精神和造星包装。这些工作目标和优先级会综合影响制作和转播的效果。

（1）播出内容的安全和健康。

播出内容的安全和健康是指制作与转播内容要合法合规，符合社会道德的要求，弘扬积极向上的竞技精神。禁止播出带有错误价值观、恶劣事件、不良倾向、问题人物等不健康的内容，以免对广大观众尤其是青少年观众产生不良影响。更要警惕被不法分子和破坏分子渗透、潜入和利用，禁止播出涉及政治、种族、宗教等方面的内容。

不仅是电子竞技赛事，只要是有影响力的内容形式都要经过严格检查和防范，注重内容播出的安全和健康。世界上很多有巨大影响力的传统体育赛事都有过类似被不法分子破坏和利用的经历和教训。电子竞技赛事目前虽然很少被不法分子利用，但随着电子竞技的影响力逐步增强，一定要注意防范此类事件，保障播出内容的安全和健康，积极弘扬公平竞技的精神。

保障播出内容安全和健康方面的工作包括：制定播出内容安全的工作标准并培训、设置严格的安保、工作人员及观众身份的核实、人员服装和携带应援道具的检查、建立内容审查机制、明星艺人的选择、配备直播内容监播团队、采用内容延迟播出系统、舆情监控等。这些工作从人员身份核实、内容产生源头、播出过程和应急处理等多个方面保障播出内容的安全和健康。

播出内容的安全和健康是提升制作与转播的质量和效果的底线要求，一旦播出了非法、违规、不良的内容可能引发重大的社会舆论，对广大观众产生巨大的不良影响，对赛事品牌和赛事制作与转播造成不可估量的打击，使所有的工作和努力被一票否决。在赛事制作与转播过程中，一定要把内容安全作为工作的底线要求。

（2）转播环节和播出信号的顺畅。

转播环节和播出信号的顺畅是指在赛事制作与转播的过程中，流程环节顺畅且播出信号稳定持续，避免直播过程中因处理各种问题导致大量观众等待内容的情况，或因播出信号异常中断导致观众无法观看内容的情况。赛事制作和转播的过程中，要求能够按照计划顺利完成各个预设环节，并且能够一定程度上应对一些突发事件。同时，播出信号不受干扰、不会中断，即使发生一些信号异常也能够及时妥善处理。

电子竞技赛事的制作与转播和体育赛事的制作与转播类似，大多采用直播的形式。转播环节和播出信号的顺畅是所有直播形式内容的基础要求，因为直播制作形式的内容制作和播出几乎是实时的，无法像录播节目那样可以进行加工处理，对内容进行充分的审核、调整和补救，所以直播制作形式的技术水平和准备工作要求很高。即使进行了充分的准备，现场也可能会发生各种意想不到的突发事件。针对各种类型的突发事件需要提前做好应对预案，才能确保播出环节和播出信号的顺畅。

保障播出环节和播出信号顺畅方面的工作包括：各项工作的充分准备和彩排、针对可能突发事件的预案、完备且适当的技术设备和人员备份及保障、播出环节技术设备及播出信号的备份、其他工作中可能导致转播延迟的应对等。

传播环节和播出信号的顺畅是提升制作与转播的质量和效果的基础要求，一旦出现了环节拖沓甚至播出信号中断，都会给广大观众带来极差的收视体验。其他提升赛事内容精彩程度的各项工作都需要在确保转播环节和播出信号顺畅的基础上开展。

（3）内容精美和创意精彩。

内容精美和创意精彩是指在赛事制作与转播的过程中，制作和播出的内容呈现出较高的制作品质，内容策划充满创意，满足观众对于高端赛事内容的观看需求。内容精美和创意精彩反映出主创团队和导演团队的创作思路、策划能力、组织能力、执行经验和制作水准，是观众观看电竞比赛的核心诉求。无论是线上还是线下观众，都希望能够看到精彩的比赛、新奇的创意，能够见证选手夺冠和创造纪录的历史时刻。这些都需要策划团队和导演团队付出极大的努力来实现和完成。

内容精美和创意精彩包含三部分的工作内容，分别是：制作和播出的技术标准、内容制作标准和品质要求、精彩创意及执行实现。

播出技术标准是指赛事从制作到播出采用的技术标准，这些标准包括编解码方式、码率、分辨率、帧率、清晰度等。这些制作过程中采用的协议和技术标准决定了内容的基础品质，例如，采用标清或高清制作标准是完全不一样的基础观看体验。但是，基础观看体验最终取决于播出端的技术标准和解码能力。即使制作端采用很高标准，如果播出端采用了很低的标准，观众仍然看到的是低质量的画面。目前网络直播平台都有多种观看标准可供选择，可以将制作端的高标准转换成多种不同的播出标准，用户根据网络情况和播出设备情况自行选择。

内容制作标准和品质要求是指在制作技术标准确定的情况下，制作内容采用的复杂度和精细程度以及制作应用的技术水平，这些要求直接决定了内容的精美、品质和精彩程度。例如，制作和转播一个赛前或赛后采访，采访区域是否配有专业的灯光、选手是否化妆、选手是否穿着统一的服装、采用几个机位拍摄、是否应用摇臂摄像机、采用何种收音方式等。制作标准越高且制作过程越精细，画面的基础质量越高，画面选择更丰富，制作出的内容品质更高。同时，在游戏画面的转播过程中，也同样体现出制作标准和品质的不同。例如，制作和转播一场 FPS 类游戏的比赛，采用多少路 OB 视角、OB 视角的分工和配合、OB 切换的自然流畅、OB 抓取精彩画面的质量等体现出不同的制作标准和品质要求，也直接影响观众的观看体验。

精彩创意及执行实现是指在赛事制作与转播过程中的整体创意和重点环节的创意，以及各种创意的执行和实现，最终呈现给线上和线下观众的过程。精彩创意和执行实现体现了创意团队的思路和水平、经验和执行能力，是赛事制作与转播质量和效果提升的重要组成部分。观众在电竞赛事制作与转播过程中看到的宏大精美的舞台艺术、灯光效果、感受到的沉浸式观赛氛围以及精彩的开幕式、表演等各个环节都是精彩创意的体现。很多精彩创意都需要解决很多现实问题，最终呈现效果往往是理想创意与现实条件的融合和妥协。以灯光效果为例，灯光效果在设计和最终呈现时要考虑的因素很多，其中基础的方面包括：采用灯光的品牌和数量、灯光编排、与舞美效果的配合、与环节的配合等。在设计灯光方案时还需要考虑到灯光效果是否影响选手比赛、是否影响观众观看比赛、场馆的顶部承重、场馆顶部的吊点分布、场馆的电力容量、对场馆空调和其他设备的影响等。

（4）突显竞技精神和造星包装。

内容精美和创意精彩方面的工作对电竞赛事的制作与转播在“形”的方面提出了标准和要求，确保赛事内容的制作品质，而突显竞技精神和造星包装则是在“神”的方面对赛事制作与转播提出了内容制作导向以及精神升华层面的需要。突显竞技精神和造星包装是电子竞技赛事制作与转播的内容所要传达给观众的精神内涵。

观众通过观看电竞比赛，能够欣赏高水平的极限操作、精彩激烈的对抗、突如其来的惊天逆转，感受到现场热烈的气氛和氛围，获得一场精彩的视听盛宴。表面上是这些精彩刺激的内容吸引观众流连忘返地观看电竞比赛，但更深层次则是公平竞技的精神不断地吸引观众欣赏电竞比赛。一场比赛无论表现得多么紧张刺激，一旦被观众发现存在有违竞技精神和体育道德的事件，马上就被观众谴责和抛弃。

突显竞技精神和造星包装能够让赛事获得持续吸引用户关注的源动力，主要包括：明确赛事的理念和制作重点、了解赛事的历史和人物关系、发掘赛事的看点、增强叙事和展现能力、通过艺术包装手法使真实的故事更加感人，突显电竞赛事的竞技精神，包装具有正能量的赛事明星。通过打造明星的方式可以最有效地突显竞技精神以及宣传赛事的品牌，同时为赛事带来巨大的商业价值和社会价值。突显竞技精神和造星包装需要制作团队具有很强的策划思维、发掘看点能力以及讲好故事的能力，是电竞赛事制作与转播在宣传赛事精神层面上需要的能力。

4.4.5　提升现场用户观赛体验

提升现场用户观赛体验是指在赛事制作与转播的过程中为现场观众提供安全、舒适、良好的观赛环境，提供参与和互动的环节，使线下观众获得更好的观赛体验。提升现场观众观赛体验主要是针对那些开放现场观众的线下赛事，不适用于线上比赛或线上观众。

提升现场用户观赛体验可以分为保障现场观众基础观赛体验和提供优质现场观赛体验两个优先级。保障现场观众基础观赛体验方面的工作包括：选择良好的观赛场地、观赛场地交通便利、清晰明确的路线指引、保障观赛环境的安全、保障观赛环境的卫生健康、确保现场观赛屏幕的清晰和完整、提供基础安全的食品和饮品等工作。提供优质现场观赛体验方面的工作包括：提供公共交通与场馆之间的接驳车、提供专业的观众座椅、提供良好现场音响系统、提供品类丰富的食品和饮品、提供现场观众体验和互动区域、设置观众现场互动的环节、提供现场表演、设立观众服务中心、提供观众礼品等。

大量的观众在线上观看比赛，能够来到现场观赛的一般都是电竞赛事、俱乐部和选手最忠实的粉丝。应该根据实际需要和赛事预算为现场观众提供更好的观赛环境，注重提升现场的观赛体验。

4.4.6 赛事工作优先级的排序

明确了各个方向赛事工作的优先级，可以将所有工作的优先级综合考虑和排序，进而得出所有赛事工作的整体优先级排序。赛事工作的优先级排序如表 4-1 所示。

表 4-1 赛事工作的优先级排序

优先级等级	保障赛事人身安全	保障比赛的公平公正	提升制作与转播的质量和效果	提升现场用户观赛体验
一	保障赛事人身安全			
二		保障比赛的公平公正	播出内容的健康和安全	
三			转播环节和播出信号的顺畅	保障现场观众基础观赛体验
四			内容精美和创意精彩、突显竞技精神和造星包装	提供优质现场观赛体验

保障赛事人身安全是赛事工作中的一级优先级，是所有工作的底线要求。二级优先级的工作包括：保障比赛的公平公正、播出内容的健康和安全。违反公平竞技的竞技精神和内容健康安全的比赛，没有制作和转播的意义，只能增加观众的不满且会造成恶劣的影响。保障比赛的公平公正和确保播出内容的健康和安全是所有制作与转播工作的基础要求。三级优先级的工作包括：转播环节和播出信号的顺畅、保障现场观众基础观赛体验。如果转播环节和播出信号不顺畅或中断，多么精彩的创意和高品质的制作都不会获得好的效果。如果不能提供现场观众基础的观赛体验且让现场观众体验很好，就没有必要开放现场观赛。四级优先级的工作包括：内容精美和创意精彩、突显竞技精神和造星包装、提供优质现场观赛体验。四级优先级的工作才能够给观众留下深刻的印象和好的观赛体验，这些工作的最终效果与赛事的预算息息相关，但这些工作一定要在满足前三级优先级之后重点策划和实施。

工作优先级的划分并不是说明优先级靠后的工作不重要，它反映的是赛事制作与转播的基础思路和底线思维。忽略安全和底线方面的投入，只加大效果和展现方面的投入是不可取的。一旦发生安全和底线的问题，可能造成不可估量的损失和十分严重的后果。

赛事制作与转播比较科学的决策思路是，根据客观情况、拥有的资源和预算，在满足各种安全和保障的前提下，综合考虑各个方面的投入和预算，做与资源和预算相匹配的适当规模和效果的赛事。简而言之，赛事各项工作要以安全保障优先，量力而行。切不可为了追求赛事呈现效果，不顾客观情况和预算情况，使赛事制作与转播工作陷入巨大的风险和隐患之中。

赛事工作的目标和定位及优先级反映出的是赛事各项工作的目标和定位，以及如何根据优先级分配及使用赛事资源。这种思路适用于所有类型的赛事。

4.5 赛事等级与制作和安全保障的级别

如何针对每一个赛事提供合适的资源和预算是赛事制作与转播过程中面临的另外一个突出问题。简单来说，不同等级和规模的赛事应该配置不同的资源及预算。制作一个影响力巨大的高等级赛事需要更多的资源和预算，这是由赛事等级和影响力所决定的客观事实。计划制作某一等级的赛事就应该预先规划好相应的资源和预算。

针对不同级别的赛事，制作和安全保障的级别也是不同的。这些制作和安全保障级别的差异体现在人力配置、人员技能水平和操作熟练度、设备类型、技术标准、安全保障和制作执行的标准要求等多个方面。相同等级的赛事在制作和安全保障的级别上也应该处于相同的水准，否则就不能称为这个等级的赛事。

科学划分赛事的等级，准备对应的资源和预算，明确赛事制作与安全保障的级别，使赛事的等级与制作与安全保障级别相匹配是保障赛事安全和提升制作质量的有效途径。

4.5.1　赛事等级划分

为了确定赛事的资源和预算以及赛事制作和安全保障的级别，需要划分赛事的等级。根据赛事的性质和特点、组织的方式、参赛的选手以及赛事的影响力可以将赛事等级分为网络业余等级、网络专业等级、现场业余等级、现场专业等级、现场总决赛等级、现场超级总决赛等级、各种赛事等级的组合。这些等级是根据电竞赛事的通常情况进行的约定俗成的划分，在实际工作中，也可以根据赛事实际的特殊需要对等级及要求进行增减和组合。

（1）网络业余等级。

网络业余等级是指赛事的组织方式采用网络线上的方式且参加比赛的选手是业余选手而非职业选手。这类赛事多见于民间组织的业余赛事或正规比赛的海选赛。赛事的专业程度不高，制作标准也不高，有的甚至不需要进行制作和转播。

（2）网络专业等级。

网络专业等级通常是指赛事的组织方式采用网络线上的方式，但参加比赛的选手都是职业电竞选手。这类赛事多见于预算不高的正规职业比赛，或因选手差旅不方便而进行的线上比赛。赛事的专业程度较高，对赛事裁判系统要求较高。但因赛事预算有限，这类赛事的制作标准不是很高。

（3）现场业余等级。

现场业余等级通常是指赛事组织方式采用线下方式，但参加比赛的选手是业余选手而非职业选手。这类赛事多见于民间组织的线下活动，以玩家参与和气氛活跃为主要目标。

赛事专业程度不高，赛事的制作和转播要求不高，通常只在现场播放。

（4）现场专业等级。

现场专业等级通常是指赛事组织方式采用线下方式，参与比赛的选手是职业电竞选手。现场专业比赛是职业电竞赛事的常见赛事等级，多见于职业赛事的常规赛阶段或一些影响力不大的职业赛事的总决赛。这类赛事对赛事的专业程度要求较高，需要完备的赛事裁判系统，选手在线下比赛可以有效杜绝假赛和任何作弊行为，确保比赛的公平公正。这类赛事对制作和转播的要求比较高，是游戏玩家日常主要观看的电竞内容。

（5）现场总决赛等级。

现场总决赛等级通常是指线下组织的具有较大影响力的专业赛事的总决赛。这类赛事多见于职业电竞赛事经历了常规赛步入到总决赛阶段的赛季总决赛，该比赛会产生本赛季的总冠军。这类赛事多在万人体育场馆举行，现场观众过万人，受到玩家的普遍关注，具有巨大的线上线下影响力。这类赛事对比赛的制作和转播要求较高，通常需要现场搭建巨大的舞台，布置专业的转播设备对比赛进行现场直播。同时，这类赛事也会邀请知名的艺人进行开幕式或中场表演以烘托赛事的氛围。

（6）现场超级总决赛等级。

现场超级总决赛等级通常是指线下组织的具有国际影响力的专业赛事的全球总决赛。这类赛事多见于职业电竞赛事的国际重大赛事，或职业电竞赛事体系年度最高级别的赛事，本次比赛会产生国际总冠军或年度总冠军，是电子竞技比赛中级别最高的赛事。这类赛事多在万人体育馆中举办，具有该电竞项目线上线下的最高影响力。这类赛事对制作和转播的要求极高，制作标准和制作质量均超过现场总决赛级别，是该电竞项目年度最高标准的视听盛宴。

（7）各种赛事等级的组合。

各种赛事等级的组合是指根据赛事的情况和特殊需要将不同等级赛事的特点进行组合以满足实际的需要。例如，在新冠疫情的情况下，很多职业电子竞技赛事组织方式转为线上，但又与之前通常意义上的网络专业等级赛事不同。这类赛事在执裁和裁判系统上进行了大力加强，甚至把裁判派驻到俱乐部现场执裁，以确保赛事的公平公正，在制作和转播上也克服各种困难，转播效果明显提升，几乎与现场专业等级无明显差异。

4.5.2 赛事的制作和安全保障级别

赛事的制作和安全保障级别是指在赛事制作与转播的过程中各环节的品质要求和制作标准，以及为了确保这些品质要求和制作标准的落实，在执行过程中采用的安全保障工作的级别。工作标准和安全保障级别主要根据制作指标、人员配置、技术水平、应用设备、容灾和备份等方面的水平来划分。针对赛事各项工作的不同目标及定位，赛事工作的标准和安全保障级别要求和划分有所不同。

1. 保障人身安全方面

在保障赛事人身安全方面，不因为赛事的不同而要求不同，所以没有安全保障的级别和差异，所有的工作和安全保障级别需要按照国家法律法规的要求严格执行，以确保赛事人员的人身安全。

2. 保障比赛公平公正方面

在保障比赛公平公正方面可以根据竞赛应用的设备和技术以及裁判的专业性进行划分，可以分为非专业比赛设备及裁判系统级别和专业比赛设备及裁判系统级别两个等级。

（1）非专业比赛设备及裁判系统级别。

非专业比赛设备及裁判系统级别是指在赛事组织过程中，没有使用统一的专业设备及完备的裁判系统。这种保障极有可能发生影响赛事结果公平公正的问题，因此多用于业余比赛或娱乐赛。

（2）专业比赛设备及裁判系统级别。

专业比赛设备及裁判系统级别是指在赛事组织的过程中使用专业的设备并配备完备的裁判系统。例如，所有选手使用统一的竞赛设备或对竞赛设备进行专业的严格监管；赛事裁判经过统一的培训，具有完整的执裁能力和标准。同时，对于比赛系统中应用的设备、服务器、网络、选手通话系统等进行了专业的管理、优化和备份，确保选手比赛环境的统一和顺畅，使选手能够充分发挥自己的水平。专业比赛设备及裁判系统多应用于专业比赛，确保赛事的公平公正。

3. 提升制作与转播的质量和效果方面

提升制作与转播的质量和效果方面可以根据应用的设备水平以及对应的人力和风险应对配置进行划分，可以分为：集成软件及设备级别、专业广播级广电设备级别、设备技术及传输网络备份级别、制作环境基础设施备份级别、自然条件及突发事件应对级别等多个等级。

（1）集成软件及设备级别。

集成软件及设备级别是指在赛事制作与转播的过程中没有采用专业的制作和转播设备，只采用了集成软件和设备，以及对应这些设备的人力和技术水平。例如，采用计算机上的制作和播出软件进行赛事制作、转播和推流等。集成软件及设备级别包括民用级和专业级。专业级的设备有时在效果上能够与广播级设备持平，但是无法在安全性上达到广播级广电设备的要求。

因为采用的是非专业制作和转播设备，制作的品质和效果较差，制作和转播的过程风险很高，有卡顿、延迟播出甚至断流的风险。这个制作和安全保障级别通常应用于业余电子竞技比赛。

（2）专业广播级广电设备级别。

专业广播级广电设备级别是指在赛事制作与转播的过程中采用专业的广播电视制作和播出的设备以及对应这类的设备的人力和技术水平。专业广播电视设备是指用于电视节目制作与转播的专业设备，这类设备制作内容的品质很高，且具有非常高的稳定性，转播和制作过程中不易出现问题，能够极大程度确保制作内容的品质和制作转播过程的顺畅。例如，制作过程中采用讯道摄像机、切换台、调音台、字幕及在线包装、专业的编解码及推流设备、专业的通话设备、卫星传输等。这些专业设备通常适用于电视台和专业的制作转播机构中，与日常使用的普通摄像设备和制作设备明显不同。

各种专业的广播级广电设备组合构成了专业的广播及广电制作与播出系统，系统功能涵盖了信号采集、信号传输和变化、信号加工处理、信号播出等完整的制作和转播过程，极大程度地保证了制作和转播的品质和播出顺畅。例如，在体育赛事转播过程中应用到的转播车就是广播电视制作与播出系统的重要组成部分。同时，专业的系统也会要求一定的基础技术保障。例如，转播系统通常会配备 UPS 电源（不间断电源）以稳定电压或在突然断电的情况下，维持一段时间的电力供应。

在专业广播级广电设备级别之中，也可以根据制作和转播设备的功能、性能及技术指标划分为多个不同品类的不同级别。各种级别的划分主要体现出专业的广播级广电系统内不同的分类方式、实现方式、设备功能分类等。例如，广播级广电设备可以被划分为标清设备、高清设备、4K 超高清设备等；也可以被划分为基带系统设备（基于数字信号基带传输）和 IP 系统设备（基于网络数据传输）等。

（3）设备技术及传输网络备份级别。

设备技术及传输网络备份级别是指在一套专业广播广电级设备的基础上，增加另外的专业广播广电级设备进行设备和技术备份，以及在已有的专业传输网络基础上增加另外的专业传输网络进行备份，以应对可能突发的制作和转播风险。这种安全保障级别在传统电视台转播过程中经常使用。例如，针对转播过程中的各种广播级广电设备进行充分备份，在问题发生时立刻切换到另外一套转播系统上，保持转播的顺畅。在已有的网络传输基础上，增加其他网络运营商的网络传输作为备份，或增加卫星传输的备份，以便问题发生时能够迅速切换传输网络保证信号的顺利播出。

设备技术及传输网络备份级别主要应用于非日常演播室的制作和转播环境，这类环境多为临时搭建的转播环境，没有进行彻底的技术集成和上时间测试，因此容易产生一些不可预计的突发事件。例如，在大型万人体育场馆转播电子竞技总决赛就可以适当地进行设备技术及传输网络备份。

（4）制作环境基础设施备份级别。

制作环境基础设施备份级别是指针对制作环境中可能影响到赛事制作与转播的基础条

件和情况进行改造和备份。对制作环境基础条件和情况的改造和备份包括场馆情况、基础电力、基础网络、基础空调等，确保这些风险点不会影响到制作和转播的安全。例如，担心场馆的电力不稳或者电力突然中断，将转播车、舞美及灯光的供电改为发电车，甚至采用多台发电车为同一转播车做电力的备份。

制作环境基础设施备份级别是比较高的安全保障级别。这类安全保障级别通常在需要确保制作及转播万无一失的情况下应用。为了尽可能排除一切风险，所有环节采用风险可控以及备份的方式实现。

（5）自然条件及突发事件应对级别。

自然条件及突发事件应对级别是指针对赛事制作与转播过程中可能遇到的天气情况、其他自然条件及突发事件等不可抗力进行的应对。例如，制作与转播系统、户外使用的灯光和电子设备等都需要具备一定的防雨、抗风等安全保障。

一些专业广播级广电设备本身具备一定的应对自然条件的安全保障能力。例如，很多转播车在出厂使用前都要进行长时间的喷淋实验，确保不会漏雨漏水，能够在雨水丰富的地区或季节使用。

很多时候，对于自然条件及突发事件的应对，不但与制作与转播系统采用的技术和方案相关，也与制作与转播系统所在位置的基础条件相关。基础场地的条件所能够实现的对自然条件及突发事件的应对水平是重要的组成部分。在基础场地建设时就应该针对这类安全保障问题和可能的突发事件做规划。

自然条件及突发事件的应对不能违反保障人员安全的基本原则。面对极端的自然条件及突发事件，一定要以保障赛事人员的安全为执行的底线标准，及时停止制作和转播流程并进行人员撤离和疏散。

4. 提升现场用户观赛体验方面

提升现场用户观赛体验方面可以根据赛场提供的服务水平和现场用户的观赛感受和体验进行划分，可以分为现场用户基础体验级别、现场用户提升体验级别两个等级。对于基础体验和提升体验的差别，不同人的理解并不相同。两个级别的划分没有明确的指标和标准，只是根据业务实践划分出的一个相对概念。

（1）现场用户基础体验级别。

现场用户基础体验级别是指在比赛现场为来到现场的用户提供基础的服务和观赛体验。现场用户基础体验包括观赛环境的安检和安全、交通便利的地点、观赛指引清晰、观赛环境整洁、场馆空调及适宜的温度、干净健康的食品和饮品、整洁的卫生间、观赛屏幕和音响系统等。这些设施为观众提供了基础的观赛体验，满足现场观赛的需求和体验。

（2）现场用户提升体验级别。

现场用户提升体验级别是指在比赛现场为来到现场的用户提供优秀的服务和观赛体

验。现场用户提升体验是在用户基础体验的配置上增加公共交通到场馆的接驳车、舒适的观赛座椅、观众体验及互动区域、观众参与现场互动的环节设计、观众应援道具及观众礼品、专业的观众服务中心、现场专业的服务及引导人员、吸烟室、母婴室、存包处、丰富多样的食品及饮品等。这些工作和设施为观众提供了更加优秀的观赛体验，满足了现场用户的观看体验，成为用户享受现场比赛的重要支撑。

提升现场用户观赛体验方面的很多工作都与场地的基础条件和周边配套条件相关，选择合适优秀的场地是提升现场用户观赛体验的重要方面。在基础条件不佳的场地提升用户的观赛体验，即使花费巨大的预算和成本，最终起到的效果也可能会很有限。

4.5.3 赛事等级与制作和安全保障级别的匹配

赛事的等级划分说明了赛事的规模、影响力和重要程度。赛事的制作和安全保障级别是采用的工作标准和保障标准。赛事等级与制作和安全保障级别应该相匹配，才能最大限度地科学调配资源和使用预算，满足用户对不同等级赛事的观看预期。

赛事等级与推荐的制作和安全保障级别的对应关系如表 4-2 所示。

表 4-2 赛事等级与推荐的制作和安全保障级别的对应关系

赛事等级	保障赛事人身安全	保障比赛的公平公正	提升制作与转播的质量和效果	提升现场用户观赛体验
网络业余等级	通常不涉及	非专业比赛设备及裁判系统级别	集成软件及设备级别	无
网络专业等级	通常不涉及	专业比赛设备及裁判系统级别	专业广播级广电设备级别，根据情况可选择集成软件及设备级别	无
现场业余等级	需要	非专业比赛设备及裁判系统级别	集成软件及设备级别	现场用户基础体验级别
现场专业等级	需要	专业比赛设备及裁判系统级别	专业广播级广电设备级别	现场用户提升体验级别，根据情况可选择现场用户基础体验级别
现场总决赛等级	需要	专业比赛设备及裁判系统级别	专业广播级广电设备级别，根据情况可选择设备技术及传输网络备份级别	现场用户提升体验级别
现场超级总决赛等级	需要	专业比赛设备及裁判系统级别	专业广播级广电设备级别、设备技术及传输网络备份级别，根据情况可选择制作环境基础设施备份级别、自然条件及突发事件应对级别	现场用户提升体验级别

赛事制作与转播的过程中，针对不同的赛事等级应该采用何种制作和安全保障级别可

以参考赛事等级与制作和安全保障级别的匹配关系表。在具体的工作中，应该在此对应关系的基础上，根据赛事的特点、制作转播的重点、客观的环境进行一定的调整以适应实际工作的需要。例如，在电子竞技制作和转播的实践中，网络备份的应用情况要远远超过转播设备和电力的备份。

4.6 影响赛事制作与转播效果的重要因素

影响电子竞技赛事制作与转播最终效果的因素很多，可以说几乎所有的工作都会对最终的效果产生影响，只是影响的程度不同而已。在众多的因素中，有一些因素会对电子竞技赛事制作与转播的最终效果产生最直接和巨大的影响。

4.6.1 制作与转播团队的水平和经验

电子竞技赛事制作与转播是一项涉及面很广、复杂度很高、难度很大、技术含量高、风险较高的系统工程。任何一个环节出现了问题都可能影响赛事制作与转播的顺利进行，甚至给赛事制作与转播带来巨大的损害。面对各种复杂的环境以及应对各项复杂的工作，制作与转播团队的水平和经验起到了决定性的作用。

优秀的电竞赛事制作与转播团队应该具备的经验和能力包括：统筹全局和协调各方的综合能力、相关赛事制作与转播的丰富经验、游戏特点和竞赛历史的全面了解、全面掌握制作与转播涉及的技术能力、规范严谨的工作方式、突发事件的处理能力等。这些经验和能力在电竞赛事制作与转播过程中非常重要。

电竞赛事的制作与转播是艺术、技术、管理三者的结合。制作与转播团队具备了这些经验和能力，团队的水平达到了一定的高度，才能制作和转播精彩的比赛，提升赛事最终的呈现效果。

4.6.2 制作与转播应用的技术和设备水平

制作与转播应用的技术和设备的水平也是影响电竞赛事制作与转播效果的重要因素。设备和技术是赛事制作与转播效果的硬件基础和技术保障，是制作与转播的重要工具，因此直接决定赛事内容呈现的品质和效果。“工欲善其事必先利其器”讲的就是这个道理。

应用技术和设备的各项指标是赛事制作与转播所能达到的制作标准。制作标准指标较低的赛事在用户观赏体验上具有天然的劣势，所有用户都希望能够观看画面清晰、色彩绚丽的电竞赛事转播。同时，制作与转播应用的技术和设备水平也是规避赛事技术风险的重要手段。应用的技术和设备档次较高，赛事制作与转播过程中发生问题的风险比较小。最后，制作与转播应用的技术和设备水平也是提升赛事内容制作效率和效果的重要手段。赛事使用的设备水平越高，应用的技术越先进，越能够提升制作团队的工作效率，能够使制作团队将更多的时间用在提升赛事内容策划和制作等方面，从而提升赛事内容的整体水平。

4.6.3 游戏品质、OB 系统和信息接口的支持

电子竞技赛事制作与转播过程中不可避免地需要展现游戏内的画面，而且在绝大多数电竞赛事的制作与转播过程中，游戏内的画面展示占据了绝大部分时间，游戏内画面的精彩程度决定了电子竞技赛事内容的精彩程度。

与摄像机能够拍摄到的现场画面不同，游戏画面只能通过游戏提供的技术手段获取，所以游戏产品对于游戏画面提取的技术支撑程度和游戏画面的基础品质决定了游戏内容的最终效果。影响游戏内容最终效果的因素主要包括游戏品质（游戏画面的基础品质）、游戏提供的 OB 系统以及信息接口三方面。

游戏画面的基础品质决定了观众观看游戏画面的基础体验。游戏画面本身质量不高、画质不清晰，转播的效果自然不佳。同时，有些画面参数和性质也要与转播系统的画面相匹配。例如，游戏画面达到 60 帧，转播系统最终的效果才能够达到 60 帧。即使摄像机参数达到 60 帧，拍摄到的现实画面也达到 60 帧，但是游戏画面无法达到 60 帧，也不能进行 60 帧的转播。

游戏提供的 OB 系统是选取游戏内画面的工具。基于目前的技术手段，电竞赛事转播的大部分游戏画面都是通过游戏提供的 OB 系统来抓取，OB 视角类似于游戏内部的摄像机。OB 系统提供的功能十分强大，OB 操作也十分便利，能够使制作与转播人员高效地抓取和处理更加精彩的游戏画面，为观众提供更好的观赛体验。有些游戏 OB 甚至可以提供一定时间的延迟功能，制作与转播人员可以根据游戏团战的结果，重新设计游戏画面抓取的方式和逻辑，为观众提供预知未来般的理想观赛体验。

游戏提供的数据和信息接口也是提升游戏画面观赏性的重要基础保障。游戏数据接口可以为电竞赛事制作与转播及时提供各类数据，这些数据能够充分展现比赛进程的情况，体现选手高超的竞技水平，提升赛事内容的看点。例如，MOBA 类赛事中的经济和装备情况可以充分反映选手的优势情况。即时的游戏数据接口还可以用来触发现场的各类特殊效果，提升用户的观赛体验。例如，根据游戏的数据可以将已经被击杀选手的背景灯变暗，游戏中击杀重要中立生物触发特殊的视频和音响效果。游戏的数据接口还可以用来重新构建游戏信息的显示界面。有些游戏提供丰富的即时数据，通过这些即时数据可以将电竞赛事相关和方便用户观看的信息优先显示在游戏的界面上。例如，CS：GO 赛事和 F1 电竞

赛事就经常采用这类方法，修改和重构游戏数据的显示界面。

4.6.4 内容创意和艺术呈现的水平

电子竞技赛事本质上是内容型的产品，具有内容传媒的属性。针对所有内容型的产品，创作者的创意、思路、品位、创作及审美水平起到了决定性的因素。同样的赛事预算和资源，同样的设备和技术应用，同样的执行团队，在不同的创作者手中会呈现出截然不同的最终效果。

主创人员的内容创意和艺术呈现的水平直接影响赛事最终呈现的效果。内容创意和艺术呈现水平与很多因素相关。首先，主创人员的眼界、经验和学识很大程度上决定了艺术创作的水准，见识丰富及艺术修养高的主创人员能够结合自身的经历和积累提出更加新颖的创意。其次，主创人员创作的核心思路决定了艺术创意的方向。因为电子竞技赛事具有体育属性的特点，所以公平竞技及力争上游的创作导向是电竞赛事制作与转播中必不可少的元素。再次，主创人员需要将包装赛事中的有正能量影响力的明星作为工作的出发点和落脚点。主创人员不要只满足于场面宏大、创意新颖的赛事制作与转播，要塑造赛事中的电竞明星，用造星的方式去感动观众和吸引观众。最后，主创人员需要具备讲故事和升华精神的能力，善于观察和发现赛事中的闪光点，能够发掘赛事及竞技背后感人的故事，并将这些闪光点升华到精神和价值观的高度。

4.6.5 赛事解说和主持的水平

无论是观看传统体育比赛，还是观看电子竞技比赛，如果没有评论员、解说和主持人的讲解和环节及情绪引导，用户的观赛体验都会大打折扣。用户观看竞技比赛是为了获得赛事对抗胶着带来的紧张刺激、获得冠军分享胜利的喜悦、队伍遭受挫败的失志不渝、陷入低谷共同面对的不离不弃等各种情感寄托和精神刺激。评论员、解说和主持人的重要功能就是将这种情感和节奏不断地渲染和放大，他们是赛事内容效果和观众观赛体验的放大器。

电子竞技赛事解说和主持的重要功能有两点。一是对赛事进行专业的讲解和评论使观众能够更加看懂比赛、了解比赛的过程和局势以及欣赏选手高超的游戏水平。基于游戏的复杂度、游戏版本的变化以及各种组合和打法的演变，电子竞技比赛具备较高的观赛门槛，普通观众很难理解职业电竞选手的高超技巧和战术策略，所以需要游戏解说对赛事的进程进行详细的讲解和重点分析。二是对观众情绪的引导，使观众更加全身心地去欣赏比赛，感受竞技的氛围和魅力。电竞比赛过程中会发生多次激烈的交锋，产生很多影响比赛进程和最终胜负的关键点。这些关键点是比赛过程和节奏的重要看点和转折点，解说和主持的作用就是渲染这些重要的节点，让观众感受到竞技的紧张和刺激，身临其境地体会选手面临的巨大压力，深刻认知选手为了改变局面做出的努力拼搏和勇敢尝试。

4.6.6 准备和彩排的充分程度

电子竞技赛事制作与转播属于直播节目的制作方式。直播制作方式制作难度大、技术要求高，内容制作和播出几乎同时进行，没有时间修改制作中的错误，而且还需要应对直播过程中可能发生的各种情况，所以直播制作的风险高。所有电视台和正规内容机构都对直播高度重视。

电子竞技赛事制作与转播与传统体育类似，又增加了许多特有的模块，具有更高的风险性。为了降低赛事制作与转播的风险，提升最终的内容效果，充分的准备和彩排必不可少。准备与彩排越充分，赛事最终呈现效果越好，赛事执行风险越低。赛事最终呈现效果是建立在准备和彩排效果基础水平之上的。

经验丰富且高水平的制作团队往往会制订详细的赛事执行计划，做好所有准备工作，并及时解决和处理执行中发生的问题和风险，为赛事彩排留出充分的时间。即使是非常优秀的团队也需要一定时间的磨合与配合才能达到预期的效果，优秀的团队可能因为准备和彩排不充分导致最终呈现的效果一般或者很差，甚至发生严重的直播事故。能够按时保质保量地充分彩排，也是衡量电子竞技制作与转播团队水平的重要参考指标。

第 5 章

电子竞技赛事创意策划

5.1 创意策划概述

创意策划模块为一场具体的电子竞技赛事构建蓝图，这是在赛事制作与转播中所发挥的最主要的功能。当观众的视角从某一场具体赛事切换到整个赛事 IP 乃至整个电子竞技行业，再来审视创意策划时，就可以看到创意策划不仅仅是规划设计一场赛事那么简单。电子竞技产业作为文化创意产业，产业的发展升级与创意紧密相关。优秀的创意能够让观众眼前一亮，也能够避免一成不变的内容和形式使观众产生倦怠感，并持续不断地吸引新的观众成为电子竞技用户。

在上一节中简单提及了创意策划在电子竞技赛事制作与转播整体流程中的作用，本节则是从一个更加宏观的角度去审视创意策划这一模块，着重讲解创意策划工作在内容制作这一模块中的重要意义及工作目标，以及创意策划模块重点产出的工作成果。

5.1.1 创意策划的意义

从电子竞技行业发展的角度来看，赛事创意策划的意义主要有两个。首先，创意策划要把控电子竞技赛事的整体品质，从内容制作的角度提升赛事的文化内涵，弘扬健康积极的价值观；其次，创意策划要对观众的直观视觉感受负责，在为观众提供具有美感的视觉享受的同时，要打造出具有创造性、突破性的视觉场景和视觉形象，将优良的视觉感受与赛事 IP 紧密结合，推动电子竞技赛事文化 IP 的建设与升级。

电子竞技赛事的整体品质是由创意策划来把控的，这就要求创意策划人员在进行总体创意策划时，要统筹全局，综合各种因素，合理地策划赛事制作方案。

在进行赛事舞美效果设计时，要结合赛事举办地区的风俗文化、赛事举办场馆、赛事主题等种种因素，设计出既具有潮流时尚美感又具有文化内涵的整体舞美效果，并且能够运用前沿演出科技提升电子竞技舞台的魅力。

创意策划的考量是多方面的，除了在视觉方面尽可能地做到至臻至美，也要满足赛事技术的需求。电子竞技赛事的舞美效果和舞台表演固然是重要，但首先必须保障电子竞技赛事的顺利进行和转播，当舞美设计与赛事技术方案产生冲突时，或者当前的场馆条件无法同时保障创新性的舞美效果与流畅的电竞赛事转播时，创意策划人员需要及时调整方案，优先满足赛事技术整体方案，寻求更加近似的舞美解决方案，或者直接删除无法实现的部分。在赛事进行的过程中，赛事策划人员会全程跟进，监督赛事制作的质量，把控赛事流程的进度，并对赛事进行品牌管理。一般来说，只有赛事宣传片、选手宣传片等与赛事实际情况没有强关联的内容可以在赛事开始前提前制作好，而其他的赛事周边内容则必须根据赛事的进程、赛场上实际发生的故事来进行制作。要想制作出令观众动容的优质赛事周边内容，必须在总体策划阶段就规划好赛事开始后的内容制作方向，例如，对资讯类内容、集锦类内容、访谈类内容、专题片纪录片内容的产出节点、产出数量进行大致规划，与赛事、游戏相关的重要时间节点、重要节日的特别内容策划，可能出现的赛场故事，都是在比赛前能够进行规划和准备的，在赛事开始后，就可以有条不紊地制作和产出内容。

赛事创意策划对观众的直观视觉感受负责，创意策划要能够创造出令人印象深刻的视觉场景或者视觉形象，将这些优质的视觉感受与电子竞技赛事 IP 紧密地融合在一起，助力电子竞技赛事打造优质文化 IP。

IP 与视觉印象紧密地联系在一起。当我们谈起著名的 IP 时，脑海中第一个浮现的是与之相关的视觉形象。提起西游记时，我们的眼前很快就会浮现出经典电视剧《西游记》中身着黄衣的孙悟空形象；提起哪吒，我们立刻就能想象出脚踩风火轮、佩戴乾坤圈和混天绫的少年；提起哆啦 A 梦，我们立刻就会想起那个脖子上挂着黄色铃铛的蓝色猫咪卡通形象……同样的，电子竞技赛事 IP 也需要产出这样令人印象深刻的视觉形象，极具美感的赛事 LOGO、创新的舞台效果、具有特色的色彩风格等赛事相关元素，都可以通过创意策划进一步放大其特点，形成令人深刻的视觉形象。

例如，2017 年英雄联盟全球总决赛（以下简称 S7）开幕式中，屏幕前观看直播的观众可以看到，一条远古巨龙从天而降，盘旋一周后降落在舞台中央。这条远古巨龙通过 AR 技术制作，获得了第 39 届体育艾美奖中的最佳直播画面设计奖。艾美奖是美国电视界的最高奖项，其重要性与奥斯卡奖之于电影界和格莱美奖之于音乐界一样。S7 荣获艾美奖，证明了主流媒体对于电子竞技的关注与重视。这条令观众耳目一新的远古巨龙，与 S 赛的文化符号紧密联系在了一起，是让人印象深刻的视觉艺术形象，构成了赛事文化 IP 的一部分。

5.1.2 创意策划的目标

赛事创意策划的主要目标有三个，分别是充分展现赛事 IP 的特色和目标并传达审美和精神内涵；观众获得艺术和精神上的享受，提升观赛体验；与扩大赛事影响力和观众相关联，提升赛事品牌的影响力。

1. 充分展现赛事 IP 的特色和目标并传达审美和精神内涵

随着电子竞技的发展，各具特色的赛事 IP 不断涌现，要想在众多的赛事中脱颖而出，赢得大量观众的持久关注，必须要将赛事 IP 打造成具有特色和魅力、能够传递自己独有的审美和精神内涵的品牌。

赛事 IP 需要具有审美性和艺术性的视觉特色，通过独特的图形设计、色彩搭配设计创造出属于赛事 IP 的审美风格，以这样的审美风格为基础，持续向观众传递审美价值，让赛事 IP 的艺术风格在观众心目中留下强烈的印象。

从创意策划的最开始，就要以打造最具吸引力的赛事 IP 为目标，充分考虑观众的需求，围绕赛事 IP 构建赛事文化矩阵，将能够打动人心的、正能量的精神内涵注入赛事 IP，在传递赛事文化的同时，以真挚的故事、正能量的赛事精神鼓舞人心。

2. 观众获得艺术和精神上的享受，提升观赛体验

根据赛事主题设计新颖美观的视觉效果和舞美效果，能够为观众带来艺术与精神上的享受。一般来说，某一项目的电子竞技赛事会覆盖全年，包括几个赛季的联赛、赛季总决赛以及几个重要的杯赛。一年之中，每个赛季联赛的开幕式与表演、总决赛开幕式与表演、杯赛及总决赛开幕式与表演都要各有特点，不断考验着创意策划人员的创新能力。从开幕式流程、表演嘉宾、节目类型、视觉风格、舞美技术到舞台道具等方面，都需要根据赛事主题的不同做出区别，进行创新设计。

联赛是持续时间较长、线下观众较少的赛事，在舞台设计和搭建方面可以以功能性和实用性为主，在创新性方面的需求相对较低。但是赛季总决赛、杯赛总决赛作为一年中的玩家与观众欢聚的盛事，通常在能够容纳几千人、上万人的比赛场馆举行，有着广阔的舞台和数量庞大的线下观众，其规模和性质不亚于一场大型线下演唱会，因此在舞台设计、舞台表演方面就有着更加严苛的要求。总决赛在宣传上也会加大力度，拥有更高的曝光量，出彩的舞台创意能够在短时间内引发关注甚至出圈，吸引来自不同领域的新用户。

例如，在腾讯电竞主办，英雄体育 VSPO 承办的 2019 年王者荣耀职业联赛秋季赛总决赛中，为了令广大粉丝们能全身心投入到紧张的对战氛围中，英雄体育 VSPO 在设计本次 KPL 总决赛舞美方案时，专门引入 40m×9m 的升级版国际级舞美御用的“冰屏”，并以此“冰屏”为分界线，将中央舞台一分为二，对战双方彼此背对、面向观众，如图 5-1、图 5-2 所示。冰屏是一种新型的透明 LED 显示屏，具有透明显示、广视角、侧发光、通透率高等特性。该技术曾在张艺谋执导的冬奥会《北京 8 分钟》中作为核心演出土体之一惊艳世界，而后往往被运用于《国家宝藏》、卫视春晚等大型电视节目，这是电竞行业首次运用如此大的冰屏。这块静立时色如冰，动起来则是透明度极高的 LED 屏幕，提高了

整个开幕式的立体效果。另外，本次总决赛还运用光影对穿的手法，实现了视觉影像与真人呈现同屏。随着冰屏上游戏人物的动作，总决赛对战选手也以独特的方式亮相，冰屏配合现场灯光演绎出丰富的视觉交织的画面，为现场观众带来立体式视觉冲击。

图 5-1 2019 年王者荣耀职业联赛秋季赛总决赛舞台冰屏侧面效果

图 5-2 2019 年王者荣耀职业联赛秋季赛总决赛舞台冰屏正面效果

在创意策划阶段，要综合考虑涉及线下观赛与线上观赛的各方面因素，从策划阶段就尽可能避免降低观众观赛体验的设计，不断地提升视觉审美与内容传递方式，利用高科技给观众提供更加丰富的即时信息与历史信息，在欣赏纯粹的竞技之外，让观众获得更多的乐趣。例如，和平精英职业联赛 PEL 从第一届赛事开始，就不断引入新技术。S1 赛季，PEL 上线业界首个电竞赛事观赛插件——战术沙盘系统，通过这个系统，用户可以更直观地了解赛事全局情况，辅助用户实时了解自己关注队伍的处境。S2 赛季，PEL 上线了全新的回放系统，用户通过这一系统，能够自由操控视角来回顾 PEL 的比赛，不错过比赛的精彩时刻，这一系统大大提升了观赛体验。另外，回放系统还为赛事内容创作者打开了一扇大门，包括俱乐部和第三方创作者，都可以在这里产出更多更丰富的赛事内容。

3. 与扩大赛事影响力和观众相关联，提升赛事品牌的影响力

提升赛事影响力是创意策划的终极目标，商业变现是电子竞技的最终目的。赛事的商业价值与赛事影响力息息相关，而创意策划的好坏，对赛事影响力也有着重要的影响。尤其是在内容策划方面，如何将赛事精神有效地传递出去，如何将出彩的人物与团体（电竞选手、电竞教练、电竞解说、电竞俱乐部）进行优质的包装，打造更多明星选手与明星战队，如何将赛事的闪光点进行深度加工包装扩大传播，都是创意策划人员需要考虑的内容。

赛事竞技内容是电子竞技安身立命的根本，赛事周边内容则是电子竞技价值提升的关键。创意策划人员在进行赛事内容策划时，需要以提升赛事影响力为核心原则，进行内容的规划与创作。

5.1.3　创意策划的产出

从广义上来说，整个赛事以及赛事周边内容都可以算作创意策划的产出。从项目执行的角度来说，在创意策划阶段主要产出的是一系列策划方案，包括赛事制作方案、舞美创意方案、舞台表演方案、包装设计视觉方案、流程设计方案、赛事内容规划方案等。在前文已经提及，创意策划描绘了整个赛事的蓝图，这张蓝图是由一个个具体方案构成的。而每一个方案中，又包括了数个相关方案。例如，舞美创意方案，先是需要提出设计理念，用文字方案阐述设计方案，再作出舞美平面图、3D 效果图、灯光效果图，再根据效果图制作舞美搭建施工图。

整个赛事的筹备和推进，都是根据创意策划模块的产出方案来进行的，在策划阶段，必须考虑全面、深思熟虑，避免在执行阶段产生不必要的问题。

5.2　总体创意策划

总体创意策划是赛事制作与转播的第一步，决定着赛事最终的呈现方式以及最终形态。电子竞技赛事既是体育竞技赛事，又是具备创造性的文化内容产品，同时还具有强烈的视

觉和听觉冲击力，给观众以美的享受，也可以视之为综合性的文化艺术产品。在总体创意策划阶段，策划人员会从多种角度进行思考，将竞技性、文化性、创造性融入一场电子竞技赛事中，最终打造出文化内涵超越赛事本身的高质量内容产品。

5.2.1 总体创意策划的定义

在电子竞技赛事制作与转播中，总体创意策划指的是为电子竞技赛事确定主题，并根据赛事主题设计与之相符的舞美效果、视觉效果、流程环节、表演仪式，规划出赛事相关内容与周边内容的制作方案和投放节点。

一般来说，电子竞技赛事是围绕着某一个主题而进行策划与制作的，赛事的主题通常符合赛事的现状，寄托了对过去的总结和对未来的期许，传递出赛事想要表达的积极向上的精神。在进行总体创意策划时，各个方面的策划都是围绕着赛事主题而展开的。在赛事主题确立之后，需要设计一句能够精炼地传达赛事主题的标语，好的赛事主题标语能够激起电竞用户的广泛共鸣，唤起用户心中对电竞的热血与激情。

例如穿越火线职业联赛 CFPL，从举办之初就使用“可以触摸的电竞梦想”作为赛事标语，该标语被 CFPL 使用多年，在广大电竞用户心中留下了深刻的印象。在 CFPL 赛事刚刚建立的 2012 年，电子竞技在中国还是一个小众的爱好与职业，社会大众对电子竞技还有着偏见，电子竞技的职业环境也不像现在这样规范。电子竞技职业选手这个职业，在很多人看来是一件比较“出格”或者没有什么前途的工作。在电竞行业发展尚不规范的当时，很多怀抱电子竞技梦想的人苦于找不到正确的道路，而无法实现电子竞技梦想，对许多人来说，电子竞技像一个无法触摸的梦想，只能远远地憧憬。而 CFPL 的出现，则给了所有拥有电竞梦想的玩家一个圆梦的机会。CFPL 是中国电子竞技历史上第一个以高标准、成熟模式运营的规范化职业赛事，从选手选拔、俱乐部运营、明星打造到商业化都参考国外成功经验，远远超出国内职业赛事普遍水平。第一届 CFPL 的 8 支俱乐部，由 1 支 TGA 冬季赛冠军俱乐部和 WCG 中国赛区冠军俱乐部以及前一赛季的前六名种子俱乐部组成。这些俱乐部中的选手，大部分都是从面向所有人的大众赛事开始，一步一步晋级，最终上升到专业性更强的赛事中，并成为职业选手。在此之前，他们只是从事不同工作的普通人，因为拥有同一个电竞梦想，因为 CFPL 给了所有人一个平等的实现梦想的机会，最终有一部分人通过不懈的努力触及了自己的电竞梦想，实现了从草根到职业选手、再到超级电子竞技明星的转变。

从 CFPL 赛事创办至今，有非常多的草根选手参赛，他们默默无闻，从百城联赛一步一步开始，通过省赛、大区赛进入到 TGA 大奖赛，最终获得晋级 CFPL 参赛资格。曾经的 CF 第一人“白鲨”、国民狙神“70kg”等都是从网吧赛开始，一步一步走上 CFPL 职业联赛的舞台。

根据“可以触摸的电竞梦想”这一主题，每一届 CFPL 在进行总体创意策划时，便有了明确的风向。流程及环节、表演及仪式都围绕主题来进行，在舞美效果和视觉效果上既与时俱进又切合主题展现出热血的感觉，在内容规划时，侧重于展现不同人物“触摸梦想”、经由 CFPL 改变人生和命运的故事。在最终的赛事呈现上，力求能够通过一系列赛事内容，激发观众心中对梦想、对电竞的热情，保持积极奋进的精神，吸引观众持续收看 CFPL 赛事。

主题与核心是总体创意策划中需要确立的最重要的部分，后续的视觉效果、相关内容、宣传方案都需要围绕主题与核心进行。在确立主题与核心之后，在总体创意策划阶段，还需要为舞美效果、视觉效果、流程环节、表演仪式、内容策划确立总体性的策划指导意见，然后各个策划模块的工作人员再根据总体性的策划指导意见进行具体的策划，出具符合赛事主题的策划方案。

总体创意策划最重要的意义，就是确立一项赛事的主题精神与基本风格，指导各策划部门围绕确立的主题与风格进行具体策划，最终呈现出具有整体性和独特创意的赛事策划全案。

5.2.2　总体创意策划的案例

总体创意策划所确立的主题，体现在创意策划的每一个环节。在本节中，我们将以 2020 年王者荣耀世界冠军杯这一赛事，来分析总体创意策划在赛事制作中的重要性。

2020 年王者荣耀世界冠军杯是每年夏季都会举办的、王者荣耀系列赛事中的重要一环，同时也是北京市政府重点支持的“电竞北京 2020”系列活动中“一会一展一赛”三大重磅活动中的一部分。这次赛事不仅仅是广大电竞用户瞩目的年度盛事，也是传播中国文化和东方美学的重要载体，在总体创意策划时除了要考虑既有电竞用户的感受，更要考虑如何以精美的赛事内容打动国内外更多的观众，通过电子竞技赛事实现中国文化走出去的重大使命。

王者荣耀冠军杯的 LOGO 主体是一只凤凰，赛事奖杯也以凤凰形象为主体而设计，通体金色，被称为“金凤凰杯”，与王者荣耀职业联赛冠军奖杯银龙杯相互呼应。凤凰是中国古代传说中的瑞鸟，常用来象征祥瑞。凤凰齐飞是吉祥和谐的象征，自古就是中国文化的重要元素。王者荣耀冠军杯使用凤凰这一元素作为赛事的主要形象，本身就是对中国传统文化的一种传承。

2020 年王者荣耀世界冠军杯的主题为“百炼志问鼎”，传递的主题精神是选手们拥有着百炼成钢的意志，经过了无数的训练与赛事的洗礼，以高超的职业素质与顽强的职业精神朝着冠军的最高荣誉进发，志在问鼎冠军，一个“炼”字巧妙地展现了职业选手历经无数艰辛、仍旧不断努力不断拼搏的进取精神。

如图 5-3 所示，赛事的视觉色彩以金色为主，并以少量的深蓝色点缀在大面积的金色

图 5-3　2020 年王者荣耀世界冠军杯宣传海报

图 5-4　2020 年王者荣耀世界冠军杯赛事赛程海报

当中，整体看上去是金碧辉煌、灿烂炫目的感觉。在视觉包装设计时，同样也延续了大面积的金色与深蓝色搭配的视觉方案。如图 5-4，赛事赛程预告海报依旧是金色与深蓝色为主色调的设计。

赛事宣传片在赛事开始前起到了重要的宣传功能，能够最直接地传递赛事主题精神。2020 年王者荣耀世界冠军杯主宣传片颇具匠心，使用了平行故事结构的表现方式，描绘了王者荣耀战场上新旧势力碰撞产生的激烈火花，传达出世冠的精神内涵：不屈、无畏、拼搏，以及百炼志问鼎的决心，烘托世冠年度总决赛的紧张氛围。宣传片中包含了诸多亮点："猫"到"猫神"的蜕变、不斩无名之辈的 WE、"三流边路"Fly，久诚的影子，穿着世冠出征服的 Cat 和诺言，承载了众多粉丝对战队的满满热爱。其主题曲《Evolve（淬炼）》也以其独特的辨识度广为流传，歌曲在创作中融入了二胡、中国大鼓等具有王者特色的乐器，受到王者荣耀粉丝的热烈追捧。

在舞美及效果策划方面，赛事承办方英雄体育 VSPO 首次将电影级置景搬上舞台，技术难度与花费时间赶超往年。数万支真实芦苇布置在舞台周边，场馆上空营造动态星空与观众席数控荧光棒交相辉映，并将千盏印有金凤纹路的孔明灯错落在场馆半空，打造出实体千灯场景。在全息技术与实景的结合下呈现出游戏内国风经典元素，彰显东方神韵。整个开幕式共分为三大篇章，分别为"遇见神鹿 瑶""浑天"与"百炼志问鼎"。通过全息特效与实物场景相结合，舞台上所有的舞蹈演员与现场音乐老师都处于真实的芦苇丛中，共同呈现出虚拟与现实的完美交互，如图 5-5~图 5-9 所示。

图 5-5 2020 年王者荣耀世界冠军杯舞美整体效果

图 5-6 2020 年王者荣耀世界冠军杯舞美全息特效效果

图 5-7 2020 年王者荣耀世界冠军杯舞美舞蹈效果

图 5-8　2020 年王者荣耀世界冠军杯舞美演出效果

图 5-9　2020 年王者荣耀世界冠军杯舞美凤凰效果

在表演及仪式策划方面，“三分之地”中场秀环节邀请了表演嘉宾周深与阿云嘎献上个唱表演。周深为观众们带来了大乔孙策英雄主打歌《微光海洋》与另一首歌曲《影》，整个舞台伴随着灯光变化与全息技术营造出不同的场景，深歌美如梦，长醉不复醒，如图 5-10 和图 5-11 所示。

综上所述，2020 年王者荣耀世界冠军杯的赛事中，贯穿着总体创意策划所确立的基本风格与基调，在总体创意策划的指导下，各个创意部分围绕着核心主题进行策划，最终呈现出了一场完美的视听盛宴。

图 5-10　2020 年王者荣耀世界冠军杯嘉宾阿云嘎表演

图 5-11　2020 年王者荣耀世界冠军杯嘉宾周深表演

5.3 舞美及效果策划

舞美及效果策划是电子竞技赛事创意策划中极其重要的一环，它决定了呈现给观众的赛事舞台效果。电子竞技舞台的视觉效果是由舞台的布景、灯光、音响、化妆、服装、效果、道具等综合在一起最终呈现出来的。在戏剧和其他舞台演出中，舞台美术是一个重要组成部分，而舞台美术作为一项专业的艺术门类，也是许多艺术类高校的一个专业。舞台美术设计对从业人员的综合艺术素养有着较高的要求，一般来说，只有经过专业训练、拥有较高美学知识与设计知识的专业人员才能够胜任。

5.3.1 舞美及效果策划的定义

在电子竞技赛事制作与转播中，舞美及效果策划是指根据赛事主题，为电竞比赛舞台及演出舞台进行布景、灯光、音响、服装的设计。

舞台美术是对表演艺术中总体视觉创作的统称，它由四部分组成：布景设计（Scenic Design）、服装设计（Costume Design）、灯光设计（Lighting Design）、音响设计（Sound Design）。在舞台演出中，除了演员自身的身体外，其他所有一切都离不开舞台美术的范畴。根据演出的性质和规模大小的不同，在舞台美术的四个基本部门基础上，还可以演化细分出更多的部门。例如在大型演出中，布景部门还可以细分出道具设计、舞台机械设计、威亚设计、视频设计；服装部门可细分出人物造型设计、头饰 / 发型设计、配饰设计；灯光部门可细分出电脑灯编程、特殊灯具设计、投影设计甚至水下工程设计等。舞台美术所属的四个分支既有不同的功能与各自的专业特点，又在统一的框架内，需要统一设计风格，使最终的演出成为风格流畅、完整的艺术作品。

舞美设计又称舞台布景、布景设计、场景设计，是为戏剧打造特定演出空间的艺术。在舞台美术设计的四个部门中，布景设计通常最早接入创作过程。它的主要任务是：①确定观众与表演者的空间关系；②为剧中人物（表演者）提供生活与行动空间；③表现剧本所要求的戏剧环境；④明确演出风格与基调；⑤以特定的视觉符号强化与揭示戏剧的主题；⑥为剧本中的体现难点提供解决方案。

电子竞技赛事对于舞台美术设计的需求，与戏剧或者其他演出有所不同。首先，电子竞技的主要舞台是为了体育竞技而服务的，舞台最主要的功能是为电子竞技选手提供竞技空间，舞美设计必须首先满足竞技功能，然后再考虑美学效果和观赏性。其次，在电子竞技赛事中，一般只有大型的总决赛才会有规格较高的专业舞台表演，大部分规模较小的联赛常规赛等赛事是没有舞台表演的，与戏剧、演出等活动相比，电子竞技赛事舞台所需要的舞台机械、舞台道具等比较少；最后，在舞台美术方面，电子竞技赛事舞台美术的设计重点是布景设计、灯光设计和音响设计。电子竞技赛事舞台上的主要活动人员是电子竞技选手、电子竞技裁判以及电子竞技教练。不同的职业赛事对于参赛人员的服装有着不同的要求，每个电子竞技俱乐部根据联赛要求为职业选手定制统一的比赛队服，如图 5-12 所示，教练通常穿着西装，如图 5-13 所示。裁判也有统一的着装。

与其他体育赛事不同，电子竞技赛事的比赛在虚拟游戏中进行，观众看到的大部分画面是游戏画面。电子竞技赛事舞美设计的一个重点，就是将虚拟画面与声光电效果结合以

图 5-12 EDG 电子竞技俱乐部英雄联盟分部队服

图 5-13 KPL 教练久哲

及虚拟场景的制作，将游戏中具有冲击力的场景通过灯光设计、音响设计、大屏设计等放大化呈现出来，给观众身临游戏环境的体验。例如，在 MOBA 游戏赛事中，一方的防御塔被推倒时，现场灯光快速闪烁，音响播放建筑轰然倒塌的音效，增强观众对于比赛事件的体验感。由于电子竞技赛事制作与转播的特殊性，电子竞技舞台美术需要与游戏内容和比赛进程进行结合，电子竞技赛事舞台美术设计也逐渐发展出了自己的特色。

5.3.2 舞美及效果策划的流程

在总体创意策划和流程和环节策划大致完成后，舞美及效果策划便可以根据需求进行设计了。电子竞技舞美及效果策划的流程，主要包括布景设计、灯光设计、音响设计、大屏设计四部分。

1. 布景设计

布景设计要根据电子竞技赛事举办场所的实际情况，确定好观众与舞台的空间关系之后，再进行设计。当赛事在大型体育场馆举行时，赛事舞台通常是位于场馆正中央的矩形空间，观众座位环绕赛事舞台排列，在布景设计时应当使四面八方的观众都能够观赏到舞台中央的场景，进行 360° 的环绕立体布景，如图 5-14 所示。

图 5-14　立体环绕式的电子竞技舞台布景

当赛事在较小的比赛场馆进行时，赛事舞台通常正对着观众座位，进行布景设计时，只需要着重考虑正面视角的舞台效果，如图 5-15 所示。

图 5-15　正对观众的电子竞技赛事舞台

在总决赛等大型赛事上，一般都会有华丽的开幕式表演及中场表演，舞台布景设计需要同时考虑比赛舞台和表演舞台的不同需要，在同一个场地将二者进行有机地结合，所使用的舞台机械和舞台道具也较为复杂，甚至可以将虚拟造景与真实场景进行结合，给观众亦真亦幻的观赏体验。例如，在 2020 年王者荣耀职业联赛秋季赛总决赛开幕式中，赛事承办方英雄体育 VSPO 以虚拟造景作为表现手法，将国风与科技完美融合，利用舞台分区与机械威亚，创造出一个真实存在的可反转虚拟空间，并使用立体映射的科技手段，展示两个战队、十位选手的 AB 面特征风格，传递出“无论你有多强，都可能成为别人猎物”的设计理念，如图 5-16 所示。

图 5-16　2020 年王者荣耀职业联赛秋季赛总决赛舞台设计理念

2. 灯光设计

灯光设计在电子竞技赛事设计中是非常重要的一部分，在塑造场景氛围、调动观众情绪方面发挥着重要的作用。电子竞技赛事进行的场所通常是封闭的室内，没有自然光，现场的照明全部依赖灯光，在赛事的不同环节，需要不同色彩、不同类型、不同闪烁频率的灯光营造出相应的氛围。在赛事开始之前，观众还未全部落座，这时候场馆内的灯光应当较为明亮，尤其是观众席的灯光，应当确保观众能够无障碍地行走并能够看清重要指示牌和标识。在赛事开始之后，整体环境的灯光比较暗，只有赛事舞台的灯光较为明亮，根据赛事中发生的不同事件灯光做出相应的颜色变化、进行不同节奏的组合闪烁。灯光设计应当与一开始定好的舞美效果相符合，灯光色彩和灯光节奏与赛事主题、背景音乐相配合。在 2020 年王者荣耀职业联赛秋季赛总决赛的开幕式中，现场舞美除了常规灯光以外，另外引入了数控机械技术手段，让灯光跟随舞台仪式与空间变化，产生相应的效果反馈，如图 5-17 所示。

图 5-17　2020 年王者荣耀职业联赛秋季赛总决赛舞台灯光效果

3. 音响设计

电子竞技赛事舞台中使用的音响设备主要由传声器、扬声器与音箱、音频放大器与 AV 放大器、调音台、数字信号处理设备等组成。在现代化的电子竞技赛事舞台上，音响系统逐渐实现了数字化和网络化。数字调音台和数字信号处理技术的广泛使用，使音响系统不仅具备原来模拟设备的性能和功能，而且通过数字化技术与网络技术的结合，使音响系统发生了质的变化，系统的处理能力和管理能力大为增强。音响设计人员通过合理布置音响设备，能够使观众在电子竞技赛场听到震撼的立体声，借助声音的力量将激烈的比赛战况传递给观众。

4. 大屏设计

大屏幕是电子竞技赛事中必不可少的舞台设备，大屏幕用于展示舞美效果动画以及比赛内容。由于电子竞技赛事的竞技发生在游戏虚拟空间内，真实的舞台上只有专心操作比赛设备的职业选手，在比赛进行期间，观众是通过现场大屏幕展示的游戏内画面来欣赏比赛的，比赛场地必须悬挂足够多、面积足够大的观赛屏幕，使坐在最远处的观众也能够看清楚屏幕上的内容。除了观赛大屏幕外，选手座位、地面、主舞台两侧通常也会设置大屏幕，用于展示动态视频和赛事信息。选手座位处的屏幕通常会展示选手 ID 以及选手所选择的游戏角色，而地面屏幕则会配合舞台效果展示酷炫的动态视频，营造出动感华丽的舞台氛围，如图 5-18 所示。

在综合以上四个部门的设计之后，电子竞技赛事舞美及效果策划人员会制作出舞美效果平面图，如图 5-19 所示，请赛事导演、赛事主办方等相关人员进行审核。

在综合各方意见修改舞美效果平面图之后，策划人员会根据平面图制作 3D 效果图 / 灯光效果图，如图 5-20 所示。

图 5-18　电子竞技赛事大屏综合效果

图 5-19　电子竞技赛事舞美效果平面图

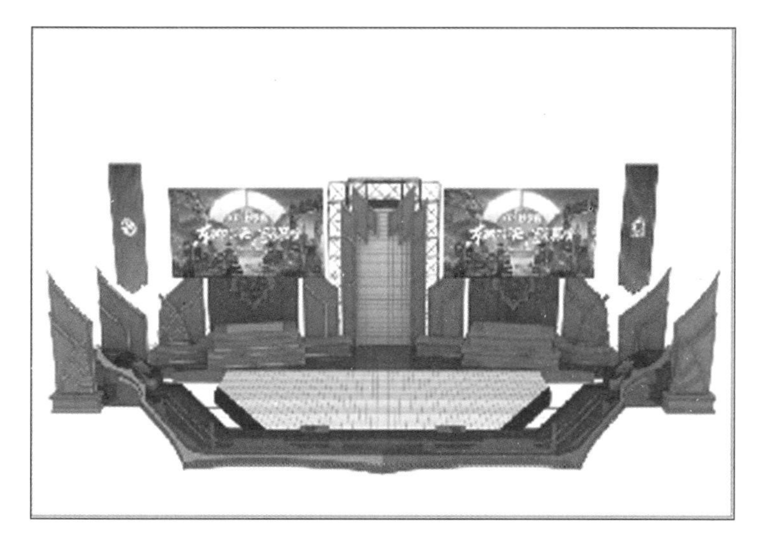

图 5-20　电子竞技赛事 3D 效果图 / 灯光效果图

在 3D 效果图 / 灯光效果图获得各方确认之后，舞台搭建人员则会按照图纸进行舞台搭建。最终呈现出的实景效果如图 5-21 所示。

图 5-21　电子竞技赛事舞美效果实景图

综上所述，电子竞技舞美及效果设计是一项结合了传统舞台美术与数字艺术的工作，赛事的艺术性与观赏性在很大程度上由这一工作环节决定。

5.4 视觉及包装策划

视觉是人接收信息的主要渠道，通过眼睛接收到的视觉信息在很大程度上决定了人们对于事物的基本印象，在第一眼就给人以美的体验和强大冲击力的内容，才能够在第一时间抓住用户的心。电子竞技赛事是一项文化内容产品，而视觉风格也是产品重要的一部分，视觉设计代表着赛事的整体形象，好的视觉设计在有效传达赛事主题的同时也能够通过极具艺术性的设计元素提升赛事的品牌形象。

电子竞技赛事创意策划中，视觉及包装策划主要负责的是包装平面设计、动画制作、物料设计、大屏设计、动画以及整体形象设计等。高质量的视觉设计能够有效提升赛事整体形象、赛事品质以及观赛体验。

5.4.1　视觉传达设计的相关概念

视觉符号是在人类视觉器官中发现的符号，并且可以表达诸如摄影、电视、电影、造型艺术、建筑物和各种事物之类的某些属性。传达是指信息发送者利用符号向接受者传递信息的过程，它可以是个体内的传达，也可能是个体之间的传达，如所有的生物之间、人与自然、人与环境以及人体内的信息传达等。视觉设计是眼睛功能的、主观形式的表示和结果。视觉传达设计包括徽标设计、包装设计、字体设计、图形设计、书籍设计、广告设计、装饰设计、界面设计以及许多其他方面。

视觉传达设计是视觉设计的一部分，主要针对传递的对象而有所表现，并且缺乏设计者自身视觉需求的吸引力。视觉传达设计的含义是在特定目的指导下，向视觉艺术形式传递特定信息并影响传递给其对象的过程。视觉传达设计旨在创造性地组织和传达视觉信息，信息交流的目的是通过视觉媒体管理和组织视觉环境的创意活动，创造出与人类最匹配的视觉交流。视觉传达设计使用眼睛作为表达和设计的主要信息媒介。图形通信设计来自图形设计，随着社会科学技术的发展，视觉传达设计已扩展到互联网、IT 行业、展览业务、环境空间、影视广告、3D 动画、商业广告等许多领域（如数字印刷硬件和耗材、视频设备和技术、互联网和 IT 行业传输技术等）。

视觉传达设计的原则主要有四个：审美性原则、人性化原则、创新性原则、综合性原则。审美性原则是指通过图形化的透视、建模、重叠等手段，以及文本布局和构图等不同方法，提高作品的美观性和趣味性。人性化原则是指视觉传达设计要满足人类的心理需求，秉承平等与尊重的理念，尊重不同年龄、身份、文化、性别的用户的需求。创新性原则是指要不断突破传统设计模式，提升创造力，以独特的见解和创造性手段创造新的视觉体验。综合性原则是指要充分了解视觉元素之间的相关性，通过创造性的设计达到形式美的统一。

5.4.2　视觉及包装策划的核心目标

电子竞技赛事的视觉传达设计，是由视觉及包装策划来完成的。视觉及包装策划的核心目标有三点，分别是提升赛事整体形象、提升赛事整体品质和提升用户观赛体验。

赛事视觉风格与品牌形象有着紧密的联系，赛事可以在不同时间采用不同的视觉形象，根据需要适时进行视觉风格的转换以配合品牌升级。以形象为例，电子竞技赛事的 LOGO 是赛事的标志性形象，用户对于赛事的直接观感和第一印象便是来源于赛事 LOGO。王者荣耀职业联赛（以下简称 KPL）从 2016 年建立到现在，更换了几次赛事 LOGO，以卓越的视觉形象提升配合品牌升级行动。

图 5-22 是 KPL 的初始 LOGO，双龙对抗的立体浮雕形象构成了 LOGO 主题，以红色为主要视觉色彩，LOGO 的边缘和主体部分均由带有金属特质的红色构成，文字部分也加上了红色光晕，给人以热血的直观感受。

2017 年，KPL 更换了赛事 LOGO，如图 5-23 所示，以清晰的线条和浮雕的形式勾勒出主体部分相互对抗的两条龙的剪影，同时以高饱和度的红色和蓝色作为底色，传达了

MOBA 赛事中红蓝对抗的概念，整体视觉色彩以黑色、红色、蓝色以及字体的银色为主。升级后的LOGO使用全英文来展示赛事名称，配合赛事的全球化推广进程和文化传播目标。

图 5-22　王者荣耀职业联赛初始 LOGO

图 5-23　2017 年王者荣耀职业联赛 LOGO

之后，为了配合 KPL 的品牌升级和战略调整，KPL 对赛事 LOGO 进行了调整，如图 5-24 所示。LOGO 由原来的立体形象改为完全扁平的形象，线条简单清晰，看上去更加简洁、主体更加突出。主体部分双龙对抗的形象宛若中国传统剪纸，与《王者荣耀》游戏及 KPL 赛事致力于融合、传播传统文化的运营思路不谋而合。整体视觉色彩仍然由四种颜色构成，分别是蓝色、红色、白色、灰色。更新后的 LOGO 在文字部分只留下了赛事简称“KPL”三个字母，少了赛事英文全称，传递的信息更少，让信息重点停留在“KPL”上，使人对 KPL 印象更加深刻。

2021 年，为配合腾讯电竞赛事品牌整体升级和全民电竞战略，KPL 的 LOGO 再次进行了改变，如图 5-25 所示。扁平化的 LOGO 再次变为立体化的 LOGO，但是 LOGO 的整体轮廓、元素都有所改变。原来的 LOGO 长与宽是较为接近的，新的 LOGO 则变成了竖长形状，整体呈现出高度立体化的、金属质感徽章的感觉。LOGO 内除了原有的双龙对抗形象、赛事英文简称外，还加入了一个新的视觉元素——王者荣耀游戏内基地水晶的形象。双龙对抗形象由原来的简单剪影，变成了雕刻精致的威猛之龙，形象更加接近中国传统文化中的龙形象，龙的牙齿、眼睛、头上的角、龙鳞、龙须都刻画得非常传神，龙口微

图 5-24　王者荣耀职业联赛第三代 LOGO

图 5-25　2021 年王者荣耀职业联赛第四代 LOGO

微张开，展示了激烈的对抗感。这次升级后的 LOGO，在精致度、美观度和视觉冲击力方面都有了巨大的提升，展现出赛事对卓越和完美的不懈追求。

综上所述，KPL 的 LOGO 从一开始线条和色彩都较为简单的立体 LOGO，逐渐走向扁平化，最后再变为华丽精致的立体 LOGO，反映了 KPL 赛事在各个不同阶段的品牌策略。LOGO 形象的不断升级中，也能够看出赛事整体形象和品质的不断提升，KPL 赛事在视觉美学方面一直在进行转变与探索，将艺术化的视觉风格与激烈紧张的赛事结合起来，创造出了专属于 KPL 的视觉风格，吸引了越来越多的用户。

5.4.3 视觉及包装策划的工作内容

在赛事制作与转播中，涉及视觉传达设计的具体工作是视觉及包装策划。赛事制作视觉及包装策划的主要工作内容包括平面设计和视频包装设计。平面设计内容是指直播包装设计、大屏包装设计、物料设计以及其他设计，视频包装设计内容则包括直播包装动画制作、大屏包装动画制作、宣传片制作、片头制作、LOGO 演绎制作等。平面及视频包装是对赛事、赛事栏目整体形象进行的一种外在形式要素的规范和强化。其主要目的是：突出赛事个性特征和特点；确立并增强观众对赛事的识别能力；确立赛事的品牌地位；使包装的形式和赛事、栏目融为有机的组成部分。

目前，赛事制作已经趋于标准化，大部分赛事的包装内容需求是类似的，根据赛事类型和赛事规模的不同，包装内容的需求会有一些差异。例如，MOBA 类赛事常规赛包装内容需求如表 5-1 所示。

表 5-1 MOBA 类赛事常规赛包装设计清单

序　号	包装设计内容	类　型	序　号	包装设计内容	类　型
1	KV（主视觉图）	平面 / 动画	12	游戏内 UI	平面
2	开场倒计时	平面	13	胜利条	平面 / 动画
3	开场信息条	平面 / 动画	14	本场最佳	平面 / 动画
4	人名条	平面 / 动画	15	赛手数据	平面
5	今日赛程	平面 / 动画	16	今日赛果	平面
6	选手介绍	平面 / 动画	17	积分排行	平面
7	队伍介绍	平面 / 动画	18	竞猜	平面
8	选手数据对比	平面 / 动画	19	大屏胜利	平面 / 动画
9	队伍数据对比	平面 / 动画	20	大屏失败	平面 / 动画
10	B/P	平面	21	大屏首发阵容	平面 / 动画
11	B/P 阵容展示	平面	22	选手桌摄像头框	平面 / 动画

表 5-1 中的包装设计清单，基本上能够满足一场 MOBA 类赛事制作与转播的需求，其中包括了平面与动画两种形式。下面将分别介绍赛事制作中所需的平面设计内容和视频包装内容。

1. 平面设计内容

平面设计内容包括直播包装设计、大屏包装设计、物料设计。

直播包装设计是指赛事直播所需的包装设计内容，主要包括 KV、开场倒计时、开场信息条、人名条、今日赛程、选手介绍、队伍介绍、选手数据对比、队伍数据对比、B/P、B/P 阵容展示、游戏内 UI、胜利条、本场最佳、赛手数据、今日赛果、积分排行、竞猜等。

表 5-2 中，以 2017 年 KPL 赛事直播为例，展示并介绍了赛事直播所需的部分平面设计内容。

表 5-2 赛事直播所需平面设计内容（部分）

序号	平面包装内容	简 介	图 例
1	KV	代表赛事的整体形象以及整体的设计风格	
2	开场倒计时	全屏开窗设计，中间内容一般为 VOD、栏目、广告等，用于比赛开场前 1 小时	
3	开场信息条	比赛名称、比赛地点信息	

续表

序号	平面包装内容	简　　介	图　　例
4	人名条	解说、主持人、嘉宾、选手、教练等名字信息	
5	今日赛程	全屏板，展示当天对阵队伍和比赛时间	
6	选手介绍	全屏板，队员的个人基本信息展示，包括定妆照、ID、姓名、籍贯、位置等	
7	队伍介绍	全屏板，队伍集体展示，包括队伍 LOGO、五人定妆照	
8	选手数据对比	全屏板，挑选关键选手进行对比，包括定妆照、各项数据等	

续表

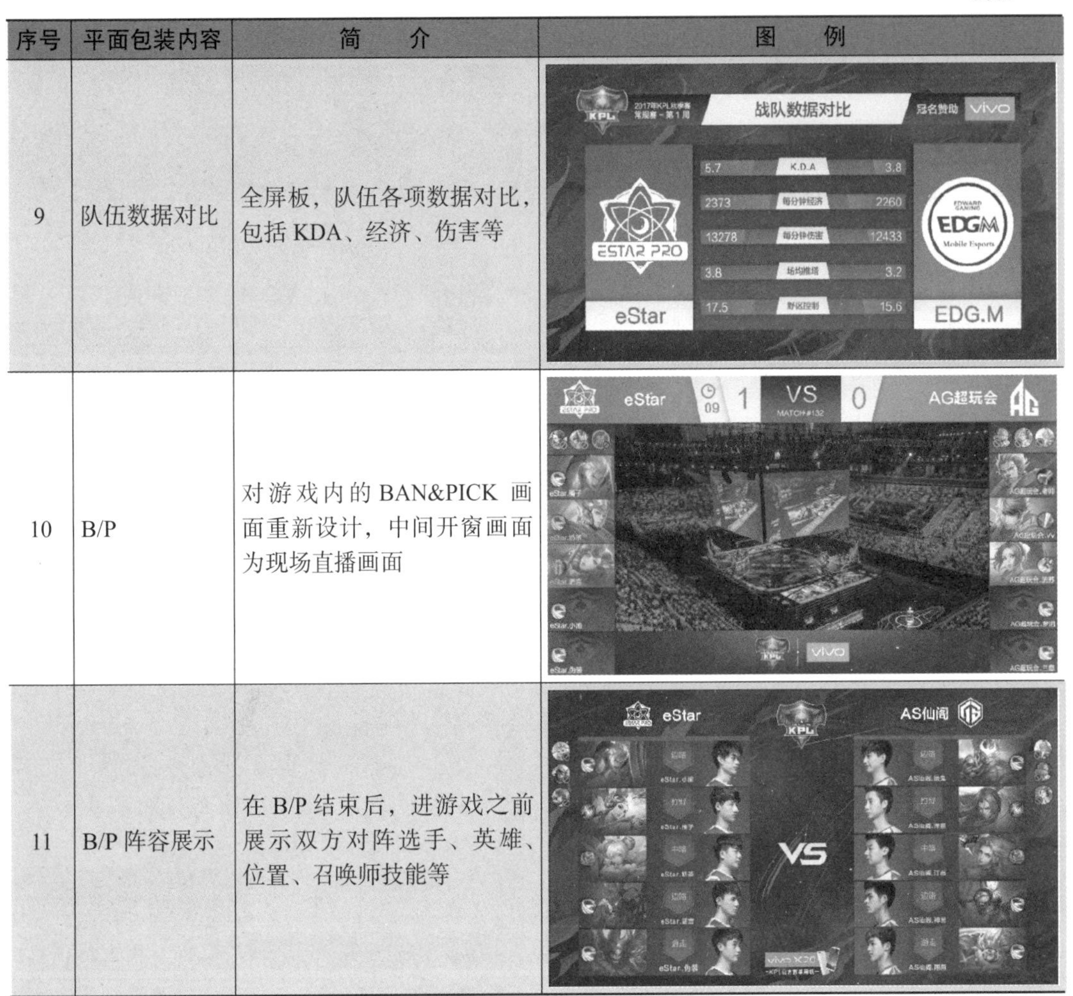

序号	平面包装内容	简　介	图　例
9	队伍数据对比	全屏板，队伍各项数据对比，包括 KDA、经济、伤害等	
10	B/P	对游戏内的 BAN&PICK 画面重新设计，中间开窗画面为现场直播画面	
11	B/P 阵容展示	在 B/P 结束后，进游戏之前展示双方对阵选手、英雄、位置、召唤师技能等	

大屏包装设计是指在比赛现场的大屏幕上展示的平面设计内容。电子竞技赛事比赛场馆中，除了展示比赛内容的大屏幕外，在选手桌、选手身后通常都会设置大屏幕，用于展示赛事相关信息。如图 5-26 所示，2021 年英雄联盟全球总决赛现场，选手桌的大屏幕展示了战队名称信息，而选手身后的大屏幕则展示了选手选择的英雄形象。

物料设计是指赛事相关物料的平面设计，这些物料通常包括工作证、话筒贴牌、观赛指示牌、战队战旗、主持人手卡、椅背贴、饭盒贴纸等。根据赛事规模和具体需求的不同，赛事物料有所区别。在赛事物料设计中，必须延续赛事视觉包装的设计风格，对赛事 LOGO 和主视觉形象进行展示。例如图 5-27 和图 5-28，分别是 2017 年 KPL 赛事工作证和指示立牌的平面设计。

2. 视频包装内容

视频包装内容包括直播包装动画制作、大屏包装动画制作、宣传片制作、片头制作、LOGO 演绎制作。

图 5-26　2021 年英雄联盟全球总决赛现场

图 5-27　2017 年 KPL 赛事工作证

图 5-28　2017 年 KPL 赛事现场指示立牌

直播包装动画制作是指赛事直播所需的动画类包装内容。表 5-3 以 2017 年 KPL 赛事为例，展示了赛事直播所需的部分动画类包装内容。

表 5-3　赛事直播所需平面设计内容（部分）

序号	平面包装内容	简　介	图　例
1	人名条	以动画形式展示解说、主持人、嘉宾、选手、教练等名字信息	琪琪

续表

序号	平面包装内容	简　介	图　例
2	胜利条	以动画形式展示获胜队伍信息	
3	循环背景	5~10 秒循环动画，是展示其他信息的动态背景	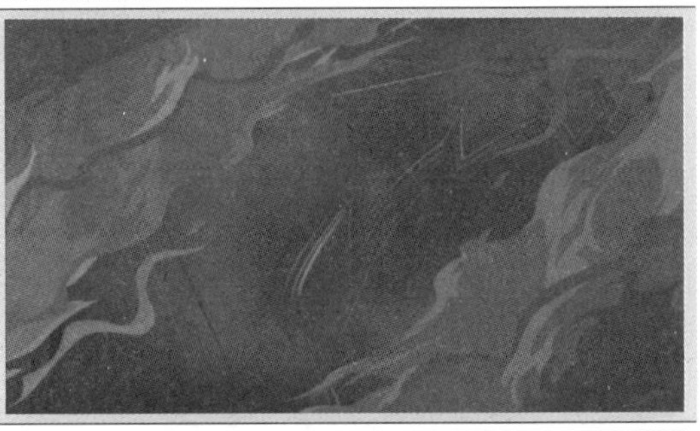
4	个人及团队介绍	以动画形式展示的个人及团队介绍	 
5	转场	画面切换时的衔接动画	

大屏包装动画制作是指用于展示在比赛现场大屏的动画内容。在现场容纳人数相对较少的常规赛比赛现场，现场大屏通常包括主屏幕、左右侧屏、选手屏、通道屏这几类。在赛事开始前，主屏幕通常会展示动态的赛事主 KV，动态赛事主 KV 会延展到左右侧屏和选手屏上。在观众会经过的场外通道上，通常也会设置一些屏幕，展示当天比赛队伍的 LOGO 动画。根据现场大屏设置的不同，需要定制设计不同的展示类动画，以提升观赛体验和赛事整体形象。

除了直播包装动画制作和大屏包装动画制作外，视觉及包装策划部门通常要负责宣传片包装制作、赛事栏目片头制作、LOGO 演绎制作。在制作这些动画类包装时，要根据宣传片、栏目制作人员的特殊需求，结合赛事主视觉风格进行设计，与赛事直播包装保持统一性。

5.5 流程及环节策划

在赛事制作与转播当中，每一个环节、每一个具体工作流程，都需要许多工作人员共同协作来完成。因此，合理的环节规划以及清晰的流程表对于赛事的顺利执行来说至关重要。例如在赛事直播开始前的倒计时环节，在前端执行部分，音频师需要播放暖场音乐、灯光师需要将灯管节奏调整为暖场节奏、现场管理人员需要引导观众有序落座；在后台制作部分，在推流到网络的直播流中，需要展示提前制作好的倒计时动画、赛程信息画面，同时播放相应的暖场音乐。

在流程及环节策划环节确定的赛事环节和赛事流程，是比赛当日所有工作人员的工作依据。当赛事环节及具体流程确定后，所有工作人员都会按照既定的流程来进行工作准备。

5.5.1 电子竞技赛事的流程与环节

在电子竞技赛事创意策划中，流程是整体赛事制作与转播工作按照时间顺序排列的各项细分工作的工作步骤表。环节是指赛事中某个时间段内，基于某个主题或目的而形成的多个工作步骤的总称。赛事整体流程包含多个主题环节。

以电子竞技职业联赛的总决赛为例，通常总决赛的环节包括观众入场、开场表演、明星表演赛、明星表演、开幕式、总决赛上半场、中场表演、总决赛、颁奖仪式、观众退场。根据赛事策划的不同，环节会有所增减。当赛事环节确定后，工作人员需要制作出赛事环节表，如图 5-29 所示。

赛事环节表			
#	时间	环节	描述
1	13:00—15:00	观众入场	内外场互动
2	15:00—15:05	开场秀	歌曲：明星A《歌曲1》
3	15:05—16:00	明星赛	明星队1 VS 明星队2
4	16:00—16:20	英雄主题曲	歌曲：明星B《歌曲2》、明星A《歌曲3》、明星C《歌曲4》
5	16:30—16:45	总决赛开幕式	开幕式舞台剧表演&选手亮相
6	16:45—18:30	总决赛上半场	正赛 前三场
7	18:30—18:40	中场秀	歌曲：明星B《歌曲5》、明星C《歌曲6》
8	18:40—20:50	总决赛下半场	正赛 至决出冠军
9	20:50—21:10	冠军时刻	冠军&年度MVP 颁奖典礼

图 5-29　某总决赛环节表

与流程表相比，环节表较为简略，只标注了每个环节的大致持续时间、环节名称以及非常简单环节内容提示。对于选手、表演嘉宾、赛事观众来说，只需要知晓赛事环节表的内容，便可以合理地安排好自己的时间，进行比赛、表演、观赛等活动。但是对于赛事制作人员来说，环节表过于简略，不足以让各个工作岗位的工作人员了解自己的工作应当在哪个具体时间开始，如果没有统一的流程表让工作人员参考，就很有可能发生表演嘉宾已经开口唱歌而音乐伴奏却没有播放这样尴尬的情况。

因此在环节表制定好之后，必须根据环节表制作详细的流程表，作为所有赛事制作人员的工作参考。总决赛的流程表如图 5-30 所示。

可以看出，在流程表中，九个赛事环节被拆分成了三十六个具体的工作流程，每个流程中的工作细节更为具体，并且清晰地注明了每个时间段需要展示在直播当中的平面包装内容、视频包装内容以及视频短片。根据流程表，各个岗位的工作人员能够对时间有更精确的把握，更好地协同工作。

5.5.2　流程及环节策划的意义

流程及环节策划的意义，就在于高效调动各个岗位的工作人员协同工作，在最大程度上避免失误。一场赛事的顺利进行，仰赖于合理的流程及环节策划。策划人员要根据赛事的具体需求，规划好本场赛事从头到尾的每个环节，并预估每个环节所需的时间，制定详

×××流程表—官方							
#	时间	持续时间	信号	环节	描述	图片	视频
1	13:00:00	1:00:00	无包装字幕视频信号	直播倒计时	今日赛程 （内容：开场秀、明星赛、开幕式、正赛、颁奖典礼）	距离直播开始：01:00:00	今日赛程
2	14:00:00	0:59:45			1小时视频list，根据视频压缩今日赛程时间	距离直播开始：01:00:00	1小时视频list
3	14:59:45	0:00:15		冠名赞助TVC	冠名赞助TVC		冠名赞助TVC
4	15:00:00	0:00:17		LOGO演绎	LOGO演绎		LOGO演绎
5	15:00:17	0:01:00		城市航拍	城市航拍	正在直播:×××比赛	城市航拍
6	15:01:17	0:00:07		××体育中心空镜	××体育中心 全景 环境交代	地点:××体育中心体育馆	
7	15:01:24	0:00:15			应援区 观众欢呼空镜一组		
8	15:01:39	0:04:30		开场秀	歌曲1-明星A	歌曲1-明星A、歌曲歌词	
9	15:06:09	0:01:00		主持人 报幕	登台报幕（西南角上场）	主持A、兜兜	
10	15:07:09	0:00:30			冠名赞助口播串词	Vivo banner	
11	15:07:39	0:01:00			今日流程介绍 引出世际交锋明星赛		
12	15:08:39	0:00:20			OS：让我们隆重有请 明星队1 队长 嘉宾A		
13	15:08:59	0:00:10		明星队1队长亮相	嘉宾A 动画包装		嘉宾A 动画包装
14	15:09:09	0:00:30			6名Coser形成通道，嘉宾A 亮相（东北角登台）	嘉宾A名条	
15	15:09:39	0:00:30			主持A 嘉宾A寒暄 主持人站台中央，嘉宾A站主持A左手边		
16	15:10:09	0:00:10		主持人串场报幕	OS：让我们隆重有请 明星队2 队长 嘉宾B		
17	15:10:19	0:00:10		明星队2队长亮相	嘉宾B 动画包装		嘉宾B 动画包装
18	15:10:29	0:00:30			6名Coser形成通道，嘉宾B亮相（西南角登台）	嘉宾B名条	
19	15:10:59	0:00:30			兜兜 嘉宾B寒暄 主持人站台中央，嘉宾B站兜兜右手边		
20	15:11:29	0:02:00		明星队长互动	嘉宾A、嘉宾B互动		
21	15:13:29	0:00:10		主持人串场报幕	OS：让我们隆重有请 明星队1明星选手 亮相		
22	15:13:39	0:00:10		明星队1明星亮相	嘉宾C 动画包装		嘉宾C 动画包装
23	15:13:49	0:00:30			6名Coser形成通道，嘉宾C亮相（东北角登台）	嘉宾C名条	
24	15:14:19	0:00:30			主持A 嘉宾C寒暄 主持人站台中央，嘉宾C站嘉宾A左手边		
25	15:14:49	0:00:10		主持人串场报幕	OS：让我们隆重有请 明星队2明星选手 亮相		
26	15:14:59	0:00:10		明星队2明星亮相	嘉宾D 动画包装		嘉宾D 动画包装
27	15:15:09	0:00:30			6名Coser形成通道，嘉宾D 亮相（西南角登台）	嘉宾D名条	
28	15:15:39	0:00:30			兜兜 嘉宾D寒暄 主持人站台中央，嘉宾D站嘉宾B右手边		
29	15:16:09	0:02:00		4位明星互动	4位明星互动 引出双方队员出场		
30	15:18:09	0:00:10		主持人串场报幕	OS：让我们隆重有请 明星队1选手 亮相		
31	15:18:19	0:00:20		明星队1 队员一同亮相	东北角登台，站在嘉宾C左手边		A队选手一动画包装
32	15:18:39	0:00:10		主持人串场报幕	OS：让我们隆重有请 明星队2选手 亮相		
33	15:18:49	0:00:20		明星队2 队员一同亮相	西南角登台，站在嘉宾D右手边		B队选手一动画包装
34	15:19:09	0:01:30		亮相收尾	舞台中央，双方狠话环节		
35	15:20:39	0:00:30			主持人引导 双方入座准备		
36	15:21:09	0:00:30			主持人收尾转解说席		

图 5-30 某总决赛流程表

细的流程表，安排好各环节涉及人员的出场、道具的准备等工作。

流程表是如何指导赛事制作与执行不同岗位工作人员的工作的呢？以总决赛开场秀为例，在开场秀环节明星 A 将进行四分三十秒的歌唱表演。前端执行、前后端交互、后台制作等不同模块的工作人员，都会按照流程表中开场秀的提示信息进行工作。

在前端执行模块，化妆师需要根据表演开始的时间，提前预留两个小时的化妆时间；服装师应当准备好演员的服装；道具人员在表演开始前要在舞台上放置妥当表演道具。在表演开始前，演员应当完成化妆、造型和演出服装更换，提前在休息室候场。

在前后端交互模块，道具及特殊设备控制人员要根据表演的需要，在合适的时间使用道具、操控设备，营造相应的舞台氛围，例如释放干冰、燃放烟火。灯光师应当提前编排好开场秀环节的灯光，在表演开始时，灯光师要根据音乐的氛围和节奏让灯光有序变换，大屏管理人员要在屏幕上播放提前准备好的动态视频素材，调音师要配合表演人员准时播放音乐伴奏，做好调音工作。摄像师要根据导播的调度进行不同角度的拍摄，拉近或拉远镜头，根据需要调动镜头，拍摄出具有美感的表演画面。

在后台制作模块，导播要根据音乐表演的节奏，适时切换不同角度的摄像画面，以艺术性的画面转换增强表演的感染力。字幕及包装人员要根据表演人员的演唱节奏，将歌曲信息、表演者信息、歌词等内容及时展示在直播当中。

综上所述，流程表能够有效地指导不同工作模块的工作人员，在同一个流程内高效协同工作。流程策划越详细，赛事执行时出现的失误就会越少。因此，每一场赛事都必须做好细致的环节及流程规划。

5.6 表演及仪式策划

在许多大型电子竞技赛事中，表演及仪式的分量变得越来越重。电影级别的置景、高科技的舞台设备和舞台道具在电子竞技赛事表演仪式中有了越来越多的应用。电子竞技重大赛事的开幕式表演和场间表演，是电子竞技艺术与音乐、舞蹈、戏剧等不同艺术融合而呈现出的一种艺术形式，既具有传统艺术的特征，又带有电子竞技这种新兴文化的艺术特点。

5.6.1 表演及仪式策划的意义

表演及仪式策划是整个赛事创意策划的点睛之笔。电子竞技赛事中的表演及仪式，既是具有观赏价值并体现电子竞技文化的艺术作品，又承载着电子竞技的精神内核。在电子竞技赛事中，主要的表演及仪式包括开幕式表演、入场仪式、场间表演、颁奖仪式。电子竞技赛事表演及仪式策划的意义主要有三点，分别是提升电子竞技赛事的观赏性、扩大电子竞技赛事的影响力以及传递电子竞技的进取精神。

仪式是一种社会性的行为，它反映了某种共同的社会道德秩序或者集体精神。通过举行仪式，能够产生让人与人之间联系变得更加紧密的群体精神，让群体更加具有凝聚力，使群体中的个人更加具有群体归属感。仪式具有社会功能，它能够在人群中间创造暂时或永久的凝聚关系。

在重大的体育赛事中，具有象征意义的体育仪式已经成为了赛事密不可分的一部分。奥运会中，圣火传递、开幕式上的升国旗奏国歌、运动员入场仪式、点燃圣火仪式等传承许久的仪式，体现着以和平、团结、友谊为宗旨的奥林匹克精神。

体育所倡导的积极价值，能够通过仪式传递给大众。通过仪式强化体育运动和运动员拥有的勇往直前、不懈拼搏等积极精神，再将体育仪式与媒体传播相结合，便可以放大仪式的价值传递和精神凝聚作用，发挥体育的教育功能。

电子竞技作为一种体育运动，与其他传统体育运动具有一样的精神内核，继承了体育运动的仪式，将传统的体育仪式与电子竞技的特点相融合，发展出了独具特色的电子竞技仪式文化。

电子竞技赛事中的表演及仪式能够提升赛事观赏性。电子竞技赛事的总决赛持续时间较长，短则三四个小时，长则五六个小时，在如此长的一段时间中，如果只有不间断的比赛内容，选手和观众都会感觉到疲惫。在比赛开始前，可以用融入电竞文化和诸多艺术元素的开幕式表演燃起观众的热情，让观众在观赏艺术表演的同时感受到电子竞技的精神。在开幕式表演之后的选手入场仪式，提升了赛事的庄严感，强化了电子竞技运动员坚毅拼搏、勇往直前的形象，展现了电子竞技运动员的精神风貌和必胜的决心。在比赛进行到一半时进行场间表演，能够让运动员充分地进行休息，恢复体力和精神。对长时间观赛的观众来说，场间表演不但能够缓解观赛的疲惫感和紧张感，也能够再次获得审美体验。

电子竞技赛事中的表演及仪式能够扩大赛事影响力。电子竞技的传播范围越广，其影响力就会越大。对于不了解电子竞技的人来说，纯粹的竞技内容很难引起他们的关注和兴趣，因为游戏和电竞对于他们来说完全是陌生的领域。但是好的艺术作品能够引起人们的广泛共鸣，富有创意和艺术性的电子竞技开幕式表演，即使是不了解游戏和电子竞技的人也能够看懂，并感受到表演中传递出的精神。当电子竞技赛事表演在人群中有了讨论度和传播度之后，电子竞技赛事本身也会得到更加广泛的关注。例如，2008 年北京奥运会开幕式表演中，具有两千多年历史的奥林匹克运动与五千多年传承的灿烂中华文化交相辉映，获得了国内外一致好评，在体育史和文艺表演史上留下了浓墨重彩的一笔。在 2018 年平昌冬奥会闭幕式上，由张艺谋执导、名为“2022，相约北京”的文艺表演就大获成功，并以“北京 8 分钟”的名字引起了轰动。2017 年英雄联盟全球总决赛（以下简称 S7）开幕式中，通过 AR 技术制作的远古巨龙降临比赛现场，这场 AR 表演获得了第 39 届体育艾美奖中的最佳直播画面设计奖，让英雄联盟全球总决赛赢得了更多的关注。

电子竞技赛事中的表演及仪式能够有效地传递电子竞技的进取精神。在表演与仪式中，电子竞技赛场上发生过的故事、选手们努力拼搏的历程，会以各种各样的形式呈现出来，选手昂扬的斗志、观众心中的热情也会被激发出来。公平竞技、追逐梦想、不懈的努力、拼搏与汗水……这些蕴含在电子竞技文化中的正能量将会通过表演和仪式传递到观众的心中，激励着他们以同样的态度在人生的道路上奋力前行。

5.6.2　表演及仪式策划的类型

电子竞技赛事中的表演及仪式，主要有开幕式表演、入场仪式、场间表演、颁奖仪式这几种。

开幕式表演是重大电子竞技赛事中的必备环节，是整场赛事表演中最为隆重、最为精彩的表演。开幕式表演的形式多样化，可以是歌唱、舞蹈、舞台剧或者多种艺术形式的结合，具有极高的观赏性。例如，2019 年英雄联盟全球总决赛 S9 的开幕式表演，使用了四面全息投影的技术与演员的表演相互配合，游戏元素和舞台表演完美融合，营造出虚实相间、亦真亦幻的舞台效果。开幕式表演的第一个表演是 Valerie Broussard 演唱的 S9 宣传曲《Awaken》。接下来表演的是英雄联盟推出的真实伤害乐队，该乐队由游戏中的亚索、赛娜、艾克、阿卡丽、奇亚娜五位游戏人物组成，Becky G、Keke Palmer、(G)-DLE 的 SOYEON、DUCKWRTH 和 Thutmose 五位歌手代表对应的游戏角色在 S9 舞台上完成了乐队首支单曲《Giants》的表演。借助大屏幕和四面全息投影技术，五位歌手与五位游戏人物虚拟形象进行了充分的互动，给观众带来了一场视觉盛宴，如图 5-31 所示。

图 5-31　S9 开幕式表演《Giants》

最后表演的是 S9 的主题曲《涅槃》，MV 场景通过全息投影在舞台还原，给观众带来了极为震撼的视听享受，如图 5-32 所示。

图 5-32　S9 开幕式表演《涅槃》

入场仪式是参与比赛的电子竞技选手登台亮相的环节。在入场仪式中，选手庄严地登上比赛舞台，主持人一般会对参与比赛的战队及每一位选手进行介绍，某些比赛中的入场仪式中，还会在大屏幕上播放视频，对战队及选手的过往经历进行回顾和总结。在入场仪式中，让观众看到电子竞技选手庄严地亮相，是对电子竞技运动员所象征的拼搏、努力、奋进、追求卓越的精神的再一次强调，表情坚定、面容肃穆的电子竞技运动员在此刻象征的是自强不息的体育精神。在 2019 年王者荣耀职业联赛秋季赛总决赛开幕式中，使用冰屏这一舞台道具，呈现了独特的入场仪式。入场仪式中运用光影对穿的手法，实现了视觉影像与真人呈现同屏。随着冰屏上游戏人物的动作，总决赛对战选手也以独特的方式亮相，冰屏配合现场灯光演绎出丰富的视觉交织的画面，为现场观众带来立体式视觉冲击，令现场所有观众为之沸腾。

场间表演是在电子竞技比赛进行到一半时进行的舞台表演。与盛大的开幕式表演相比，场间表演的规模较小，持续时间不会太长。场间表演往往是歌曲演唱、舞蹈表演或歌舞结合的形式，在风格上延续开幕式表演，让观众在长时间的观赛后获得轻松愉悦的娱乐体验。

颁奖仪式是在电子竞技比赛结束时，为获得冠军的战队和选手进行颁奖的仪式。在颁奖仪式上，冠军奖杯将会被授予胜利的队伍，由相关人员为冠军选手颁发奖金、奖牌，并由主持人对冠军选手进行采访。颁奖仪式强化了冠军的荣誉感，冠军选手捧起象征着荣耀的冠军奖杯时，他们付出的努力和汗水都被赋予了神圣的意义，体育的竞技拼搏精神再一次传递给观众。在观众与选手们共同享受冠军的喜悦时，也同样能够感受到冠军身上这份不懈努力、奋进拼搏、永远向上的电竞精神。

电子竞技赛事上的表演及仪式，不仅为观众带来了颇具美感的艺术观赏体验，也是电子竞技艺术的升华，是体育运动仪式感的体现。通过表演及仪式，电子竞技赛事不断向大众传递着积极向上的电子竞技精神。

5.7 内容策划

5.7.1 内容策划的意义

电子竞技赛事制作与转播中的内容策划，主要指的是与赛事紧密相连的内容产品的策划。电子竞技是文化内容产业，电子竞技赛事是其中产出的最核心的内容产品，赛事相关内容则是重要程度仅次于赛事的内容产品。电子竞技的影响力除了体现在赛事本身以外，还能够通过赛事相关内容产品传播到更广泛的人群当中。电子竞技赛事展现的是选手高超的竞技水平、战略战术，而赛事相关内容则能够从各种不同的角度，为观众展示赛事的不同方面，通过采访、纪录片等形式展现选手及战队的竞技精神，让观众看到有血有肉的人物形象，被赛场背后的故事所打动。

内容策划的主要意义是增强直播赛事的观赏性，帮助赛事在非直播时间持续传播，提升赛事影响力，并通过有影响力的深度内容打造电子竞技明星。与此同时，赛事相关内容能够更直观地传递出赛事精神与竞技精神，让观众直接地感受到选手的魅力和选手身上不懈拼搏、积极进取的精神，让电子竞技的正面价值得到更广泛的传播。

大众对于某项体育赛事、某项体育运动的印象，往往是与体育明星紧密相连的。从体育赛事中脱颖而出的体育明星，能够以个人独特的魅力和超强的影响力促进赛事的传播，提升赛事的整体影响力。电子竞技赛事内容策划，正是通过制作赛事相关内容，深度挖掘选手的闪光点，放大选手的个人魅力，多角度展现选手的竞技精神，将其打造为具有影响力的电子竞技明星。

5.7.2 内容策划的类型

内容策划中的内容，是指电子竞技赛事相关内容，这些内容的制作与播出，都需要配合赛事的进程，促进赛事在更大的范围内进行传播，提升赛事的影响力。在内容策划阶段，整个赛季需要播出的赛事相关内容都需要提前做出规划。不同类型内容的播出时间节点、播出频率都要提前策划好，在比赛日和非比赛日都要不间断地产出与赛事相关的各类内容，持续吸引观众的注意力。

赛事相关内容的类型主要有六类：赛事主宣传片，拆条、集锦类，赛事专题类，纪录片类，新闻和话题以及采访类和周播综合类。

1. 赛事主宣传片

赛事主宣传片是赛事形象的代表，也是赛事精神的承载者，在很大程度上影响着赛事品牌的形象。在赛事正式开始之前，赛事主宣传片承担着重要的宣传任务，它将在不同平台大范围地传播，持续吸引用户的注意力。主宣传片以赛事主题为核心，为了传递赛事精神、反映赛事面貌而有重点、有针对性地进行策划，在拍摄、录音、剪辑、配乐等方面都有着很高的要求。制作精良的主宣传片，能够有效地提升赛事品牌形象、诠释赛事文化，并引起观众的广泛共鸣。

一般来说，主宣传片在策划制作时，会从不同的参赛战队中各选择一名或数名选手，参与宣传片的拍摄。在主宣传片中，每个队伍的形象和标志都会被展示，选手以昂扬的精神面貌迎接接下来的比赛。也有一些赛事的主宣传片会采取 2D 动画、3D 动画的形式或者实景拍摄与动画相结合的制作形式。

电子竞技赛事中，以英雄联盟全球总决赛的主宣传片最具代表性。每年一届的英雄联盟全球总决赛开始之前，赛事方都会推出一首赛事主题曲，并制作相应的主题曲 MV 作为赛事主宣传片，宣传片的情节往往融入了全球各赛区英雄联盟职业选手的故事，引起全球玩家和观众的强烈反响。例如，2018 年英雄联盟全球总决赛 S8 的主题曲宣传片《登峰造极境》便融入了韩国选手 Faker、中国选手 Uzi、欧洲选手 Perkz 等选手的形象，如图 5-33、图 5-34 所示。宣传片将选手的形象和他们最擅长使用的游戏人物结合起来，讲述了主角一路披荆斩棘打败强敌，登峰造极成为冠军的历程，而这一切还没有结束，新的挑战者已经出现，而登峰造极者只能有一人，下一个冠军将在即将展开的全球总决赛中诞生。

图 5-33 《登峰造极境》中的 Faker 形象

图 5-34 《登峰造极境》中的 Uzi 形象

2. 拆条、集锦类

视频拆条是因互联网视频和新媒体短视频内容平台的需要，对赛事内容进行二次加工，将原来完整的、长时间的比赛内容，按照某种逻辑思维或特定需要，拆分成多条视频。视频集锦是围绕某个主题，将不同时间的相关赛事内容剪辑汇总起来形成的视频内容。

在赛事开始之后，拆条视频和集锦类视频将成为赛事传播和宣传的主要内容。在非比赛日阶段，广泛传播的赛事拆条视频和赛事集锦视频，能够使用户对赛事持续保持关注。在赛事开始之前的内容策划阶段，就应当设定好不同的主题，根据赛事日程定期制作产出系列集锦内容。每次比赛直播结束后，要立刻开始制作赛事拆条视频，将赛事的精华部分剪辑出来，传播到各个平台，加强赛事的影响力。在策划阶段，要规划好视频时长以及上传时间，上传频率，并按计划严格执行。

拆条、集锦类视频在制作上的重点是大量地产出，并不要求精良的制作，最重要的是保证赛事内容的海量传播，维持赛事热度。

3. 赛事专题类

赛事专题类内容，是指根据不同的专题、按规定时长和频率制作的视频。赛事专题类内容是对一段时间内赛事的总结和回顾，例如，本赛季出场最多英雄 TOP10、本周赛事最佳操作 TOP5 视频等。

赛事专题内容在本质上是集锦内容，但是在策划和制作上要比集锦内容更具专业性和难度。策划人员需要时刻关注比赛的战况和观众热议的话题，选取观众讨论度高的专题进行制作，以观众喜闻乐见的方式对赛事内容进行独到的分析和解读。集锦类内容只是简单地将赛事精华内容汇总在一起，并不会对赛事内容进行过多的解读。而赛事专题类内容则需要策划者以专业的视角、通俗易懂的叙述方式对赛事内容进行解读分析。

4. 纪录片类

纪录片类内容通常以赛事、战队、选手作为主角，在赛事的某个阶段、整个赛季或全年赛事期间对主角进行长期跟踪，从多个角度展现赛事、战队、选手的形象。在所有赛事相关内容中，纪录片是最能够引起观众共鸣、激发观众内心情感的内容。纪录片能够深入解读赛事相关个体——选手、教练、解说、主持人的心路历程，向观众讲述赛事背后不为人知的故事，这些故事通常是艰辛与困难的，展现了人物心里的挣扎和纠结，以强大的情感冲击力感染观众。

纪录片类内容的制作周期较长，制作难度也比较高，尤其是大型国际赛事的纪录片，要以独特的视角反映出十几个战队在赛事中的历程，需要许多工作人员在战队选手身边不间断地跟踪拍摄，从大量的拍摄素材中提炼出最能打动人心的故事，最终形成反映赛事全景的纪录片。

例如，2019 年英雄联盟全球总决赛 LPL 官方纪录片《英雄，新生不息》，记录了 LPL 赛区战队从小组赛一路征战到总决赛最终夺冠的历程，纪录片中贯穿了观众、解说、选手等不同人群的采访，全景式、多维度展现了 FPX 战队排除万难脱颖而出夺得世界总冠军的过程，如图 5-35 所示。

图 5-35　2019 年英雄联盟全球总决赛 LPL 官方纪录片《英雄，新生不息》

5. 新闻和话题以及采访类

新闻类内容的重点是挖掘与赛事相关的新闻，例如赛事资讯、观赛重点等，具有很强的时效性，要能够及时传递资讯。话题类内容是主动挖掘赛事中的素材，主动制造热门话题，引发观众的广泛讨论，维持赛事热度。采访类内容则包括赛前采访、赛后采访这样的常规采访内容，以及以访谈为主要形式的节目，这类内容的重点在于挖掘选手或解说的独特魅力，提升其影响力。

王者荣耀职业联赛 KPL 的《观赛指南》就是一档新闻类节目，每期邀请解说、嘉宾分析赛况，为大家解读比赛详情，并预测赛事走向，如图 5-36 所示。

图 5-36 《观赛指南》示意图

王者荣耀职业联赛 KPL 的访谈节目《荣耀大话王》是一档轻松幽默的选手采访类节目，如图 5-37 所示。节目内容以选手回答幽默问题、选手之间互相放狠话为主，展现了选手青春活泼的一面。

图 5-37 《荣耀大话王》示意图

6. 周播综合类

周播综合类内容，是选取有人气的解说或者选手制作的综艺类节目，每周定期播出，增强解说或选手的曝光度，提升其影响力，也是打造电子竞技明星的有效途径。这类节目的策划非常需要创意，要能够从意想不到的角度，挖掘出赛事和选手的另一面，以轻松娱乐、幽默搞笑的方式将其展现出来，放大选手的个人魅力。

例如，王者荣耀职业联赛 KPL 的综艺类节目《王者炸麦了》，将选手赛场沟通的语音内容重新剪辑，配上趣味花字，以搞笑的方式展现了选手赛场上不为人知的一面，有效地拉近了选手和观众之间的距离，如图 5-38 所示。

图 5-38 《王者炸麦了》

在内容策划环节中提前规划好的形式各异、重点不同的各类赛事相关内容，能够在赛事前、赛事中、赛事后有效地配合赛事宣传，不断提升赛事的影响力。

第 6 章

电子竞技赛事项目管理

6.1 赛事项目管理概述

一场大型电子竞技赛事的成功举办，需要优秀的项目管理进行支持。电子竞技赛事的每一次制作与转播，都可以视为一个独立的项目，项目管理水平的高低，对赛事的完成度有至关重要的影响。高效的项目管理要求对项目进行模块化拆分、精细化管理，各模块沟通顺畅、高效协同，充分调动每个模块的积极能动性，解决模块进度不同步所产生的各种问题，不断推进项目的整体进度，直到整个项目完成。

电子竞技赛事制作与转播涉及百余个工种、几百名工作人员，如果管理不得章法，那么赛事的制作必然也将陷入一团混乱。每个阶段的工作成果由谁来确认？物资由谁进行管理？项目预算如何分配？不同模块之间的工作如何对接？项目出了问题该如何处理？如何规避可能出现的风险？工作人员如何调度安排？这些复杂的问题，都是项目管理人员所必须考虑的。项目管理人员在赛事制作与转播中负责的不是模块中的具体工作，而是从宏观层面对各个模块的工作进行统筹与协调。各个子模块的具体工作成果，经过项目管理人员的协调与组合之后，合成为更高一级工作模块的工作成果，最终推动整个项目的前进。

6.1.1 项目管理的意义

项目管理的主要意义在于，通过持续有效地运用项目管理方法，实现项目成本、进度、投入和收益的优化和整合，使组织能够协调多个项目，提升组织的商业价值。

项目是为创造独特的产品、服务或成果而进行的临时性工作。每个项目都会创造独特的产品、服务或成果，项目的产出可能是有形的，也可能是无形的。每一场电子竞技赛事的举办，都是一个项目。作为一个项目，电子竞技赛事的制作与执行创造出的是具有观赏性和版权价值的内容产品。

项目管理就是将知识、技能、工具与技术应用于项目活动，以满足项目的要求。项目管理通过合理运用与整合多个项目管理过程得以实现。可以根据其逻辑关系，把这些过程归类成五大过程组，即启动、规划、执行、监控、收尾。管理一个项目通常包括（但不限于）：①识别需求；②在规划和执行项目时，处理干系人的各种需要、关注和期望；③在干系人之间建立、维护和开展积极、有效和合作性的沟通；④为满足项目需求和创建项目可交付成果而管理干系人；⑤平衡互相竞争的项目制约因素，包括范围、质量、进度、预算、资源、风险等。

电子竞技赛事制作与执行的项目管理过程，按照项目管理的方法进行总结和归纳，可以具体地分为以下几个模块：总体项目管理、财务管理、后勤及物品管理、选手嘉宾艺人管理、工作人员管理、需求及其他模块对接、问题及风险控制。赛事制作方接到客户提出的赛事举办需求，一个赛事制作项目便启动了。项目管理人员首先要对赛事制作项目进行总体规划，识别项目涉及各方——赛事主办方、赛事赞助方、参赛方的需求，在规划项目方案时，应当处理好各方的需求和期望。在项目进行的过程中，项目的各个方面与最初规划会有一定的差距，项目管理人员需要实时地调整计划，不断形成更加具体细致的项目执行方案。在项目推进的过程中，不同工作模块工作人员的需求往往也会发生冲突，这时候就需要项目管理人员发挥沟通协调的作用，解决冲突与矛盾，顺利推进项目。例如，舞美设计人员规划的舞台置景方案超出了预算，那么项目管理人员就需要和导演进行协调，是否有办法通过改变方案或者替换道具的方法减少预算，如果舞美方案是客户指定需求的、不可更改，那么项目管理人员就要想办法与其他模块的管理者进行协商，压缩其他部分的预算，以保障整个项目的正常运行。

在有效的项目管理之下，赛事制作与执行能够有条不紊地顺利进行，满足赛事主办方、赞助方、参赛方的期望与需求，并合理地规避可能出现的风险。

6.1.2 项目管理的目标

在电子竞技赛事制作与执行中项目管理的主要目标有 3 个，分别是合理地配置资源、促进模块间形成积极的沟通合作关系以及最大程度地规避风险。

1. 合理地配置资源

在项目管理中，资源配置是很重要的一项工作，资源包括财力、人力、物资等，只有合理配置资源，提高资源的利用率，才能使项目进行得更加顺利，获得更大的收益。

每一项赛事制作项目，都有着固定预算，财务管理人员必须根据各个模块的需求与实际情况，制定合理的预算方案，在项目的推进过程中，需要按照预算方案来进行资金分配。要呈现一场精彩的赛事，在各方面都能做到尽善尽美当然是最好的，但是在现实情况中，赛事的预算是有限的，在某一方面消耗过多的预算，会造成其他方面预算不足，严重的情况下甚至可能导致项目无法进行。赛事制作与执行的每个部分都有着不同的诉求，舞美及效果策划人员期望使用多重舞台道具，进行华丽的布景，打造视听盛宴；内容策划人员期望能够有更多的拍摄预算，在拍摄宣传片时能够前往更多风景优美的地方实地取景，或者搭建精致美丽的室内拍摄场景，以拍摄触动人心的作品；摄像人员则希望使用高级的摄像装备，以满足不同角度的拍摄需求；导播希望能够使用功能更多、制作能力更强的顶级切换台设备，在赛事转播时能够制作更加精彩的画面……每个模块的工作人员都会提出他们所认为的最优秀的方案，而最终，这些诉求和方案被送到进行决策的项目经理面前，项目经理会综合考虑客户的核心诉求，也会聆听各个模块负责人的建议，在保障项目完成的情况下，决定在哪些方面给出较多的预算，在哪些方面给出较少的预算。经过项目经理的重新规划，各个模块的工作计划和方案会按照重新制定的预算方案进行适度的调整。经过项目管理人员的合理规划，项目中的人员、物资、资金都能够被高效利用。

2. 促进模块间形成积极的沟通合作关系

若没有积极良好的沟通，一个大型项目根本无法有效地运转起来。项目进行过程中的每一个需求，从需求发出、到需求被理解、再到执行，中间要经历好几个不同的工作模块，如果沟通不顺畅，很有可能会造成误会，对需求理解不到位，提供不符合要求的工作成果，造成不必要的返工和时间与资金的浪费。

在需要几个工作模块同时协作完成的工作里，不同模块之间的工作人员，出于各自的工作需求，可能会发生冲突，项目管理人员需要及时协调，解决各种冲突和矛盾，推进工作的顺利进行。

赛事各方的需求都是由项目管理人员来接收的，而在收到需求后，项目管理人员也需要考虑项目的实际情况，与需求方有效地协商，使其修改不符合项目实际情况的需求。例如，如果在项目总体规划制定之后，赛事主办人员希望在赛事舞台加上某种特殊的装置，以实现更好的效果，但这种装置所需要的花费超过了预算，并且无法保证在规定的时间节点内制作出来，如果项目管理人员直接将这个需求传递给相关工作人员，势必会引起项目的混乱。这时候，项目经理需要和相关工作人员进行讨论，了解新的需求能够在何种程度上被实现，然后将结果反馈给需求方，请需求方根据实际情况调整需要，或者放弃需求。

对项目整体进度和进行状况最了解的人是项目的总负责人，项目负责人要促进各个工作模块之间的相互理解与良好沟通，聆听各方的需求之后，在不影响项目进度的情况下做出决策。

3. 最大程度地规避风险

电子竞技赛事的举办，可能会面临各种各样的问题，在赛事执行的各个阶段会遇到不同的风险。例如，在舞美搭建阶段，要做好安全防护措施，规范施工，避免施工人员出现意外事故；在赛事进行时，面对巨大的观赛人流，要做好观众引导工作，避免人群拥挤、踩踏事故的发生；要规划好消防逃生路线，并对工作人员和观众进行说明，一旦发生火灾，要有序引导观众和工作人员按照设计路线有序离场；要考虑赛事场馆的电力情况，在设备布置时避免发生短路的情况，同时也要做好电力设备的备份，一旦主电源出现问题，备用电源可以随时使用，避免因为意外停电导致赛事中止……

项目管理者必须考虑到各种各样的情况，制定全面的风险应急预案。项目进行中曾经出现过的问题与意外情况，都需要进行充分的准备，坚决杜绝同样的问题再次发生。而未曾发生但可能出现的风险，都应当被纳入应急方案当中。有时，一个小小的问题就可能造成整个赛事的崩盘，必须考虑到可能出现的最坏的情况，并为之做好充分的准备，才能在事情发生时迅速地解决问题。

6.1.3 项目管理的产出

赛事项目管理的产出主要有规范的项目管理流程和标准化的工作文档。

根据具体电竞项目的不同，赛事制作与执行时可能会有微小的差别，但是整体来说，电子竞技赛事制作与执行的流程是相同的。赛事制作可以被拆分成多个模块，各个模块可以根据实际需要组合和调度。赛事制作的总流程以及赛事制作子工作模块的工作流程都可以被规范化。在制作不同的赛事时，遵循规范化的工作流程，可以达到事半功倍的效果。每一个具体的岗位，都有其明确的职责与工作规范，无论是导播、OB 还是现场导演，所有的工作都可以被总结成规范化的工作手册。

标准化的工作文档能够让不同的工作人员在进行工作对接时清晰明确地接收到全部的工作成果，避免工作交接不明确而产生的各种问题。在同一个项目内，文档的书写格式、文档及文件夹的命名方式都要进行统一，工作文档命名要注明责任人、日期及版本号，当文档有所修订时，及时更新文档版本号码，避免新旧文档的混淆。根据不同的工作需要，为不同的文档设定统一的格式要求和书写规范，可以有效地提升工作效率，避免因为书写格式的混乱产生的误解。

当工作流程被精细拆分，形成规范的工作流程、工作手册和统一的工作文档，赛事管理的效率将大大提高。有了标准的工作流程规范，一个工作岗位的人员发生变动时，新的工作人员加入，便可以依据工作流程和工作手册的指引迅速了解到自己的职责，使用标准的工作文档与其他工作成员快速进行工作交流。

规范的项目管理流程和标准化的工作文档，使得赛事制作与执行不再仅仅依靠经验，而是成为一个依靠科学的管理手段高效运作的工程。

6.2 总体项目管理

电子竞技赛事项目管理分为许多部分，总体项目管理负责统筹赛事项目管理之下的各个细分模块。总体项目管理是项目的总舵手，项目的总体规划、时间管理、成本管理、人力资源管理、沟通管理、风险管理等各个方面的管理目标和总体原则，都由总体项目管理来制定并监督实施。

6.2.1 项目管理的过程

电子竞技赛事的制作与转播，从本质上来说是一个周期性的项目。要制作高规格、高质量的赛事，就必须遵循项目管理的原则，对电子竞技赛事项目进行高效管理。

前文已有提及，项目管理就是将知识、技能、工具与技术应用于项目活动，以满足项目的要求。为了实现对这些知识的应用，需要对项目管理过程进行有效管理。过程是为创建预定的产品、服务或成果而执行的一系列相互关联的行动和活动。每个过程都有各自的输入、工具和技术及相应输出。

在总体项目管理中，必须考虑项目团队在进行项目时所涉及的各项因素，例如预算、人力、环境等。为了有效配置各项资源，在项目管理的过程中，要为项目管理的各个方面制定准则、提供指南，在满足项目特定要求的情况下，最大化地利用有限的资源高质量地完成项目。

为了取得项目成功，项目团队应该：①选择适用的过程来实现项目目标；②使用经过定义的方法来满足要求；③建立并维持与干系人的适当沟通与互动；④遵守要求以满足干系人的需要和期望；⑤在范围、进度、预算、质量、资源和风险等相互竞争的制约因素之间寻求平衡，以完成特定的产品、服务或成果。

根据项目过程间的整合和相互作用，以及各过程的目的等方面，来描述项目管理过程的性质。项目管理过程可归纳为五类，即五大项目管理过程，分别是启动过程组、规划过程组、执行过程组、监控过程组和收尾过程组。

（1）启动过程组是包含定义一个新项目或现有项目的一个新阶段，授权开始该项目或阶段的一组过程。在启动过程中，要明确项目的初步范围并落实初步财务资源，识别将会影响项目总体结果的内部干系人和外部干系人，选定合适的项目经理，并将以上信息记录在项目章程中。在项目管理中，干系人是指积极参与项目实施或者在项目完成后其利益可能受积极或消极影响的个人或组织（如客户、用户、发起人、高层管理员、执行组织、公众或反对项目的人）。在启动过程中，必须划定明确的项目范围和项目完成时间，明确各干系人的职责，以保证按时交付符合质量的项目。大型的复杂项目会被划分为若干阶段，项目的不同阶段也要各自进行启动过程，以便与最早的项目章程和规划保持统一。

（2）规划过程组是包含明确的项目范围、定义和优化目标，为实现目标制定行动方案的一组过程。规划过程组负责制定用于指导项目实施的项目管理计划和项目文件。项目管理是非常复杂的过程，一开始就制定好完备的项目管理计划是比较困难的，随着收集和掌握的信息不断增多，项目计划需要进一步分析并规划。如果项目周期发生了重大变更，可能会需要重新进行一个或者多个规划过程。项目规划的制定和项目文档的编制是反复进行的持续活动。项目规划组的主要作用，就是为成功完成项目确定战略、战术以及行动方案。

（3）执行过程组是包含完成项目计划中确定的工作，以满足项目规范要求的一组过程。执行过程组需要按照项目计划来协调人员和资源，管理干系人期望，以及整合并实施项目活动。在项目执行的过程中可能会产生与规划不符的偏差，偏差会影响项目管理计划或项目文件，当出现偏差时，需要重新分析并制定适当的应对措施。项目的大部分预算将花费在执行过程组中。

（4）监控过程组是包含跟踪、审查和调整项目进展与绩效，识别必要的计划变更并启动相应变更的一组过程。监控过程组的主要作用是，定期对项目绩效进行测量和分析，从而识别与项目管理计划的偏差。

（5）收尾过程组是包含完结所有项目管理过程组的所有活动，正式结束项目或阶段或合同责任的一组过程。当收尾过程组完成时，标志着项目正式结束。

电子竞技赛事项目总体管理的过程，就是由启动过程组、规划过程组、执行过程组、监控过程组和收尾过程组这五部分构成，逐一完成的过程。

6.2.2 项目整合管理

项目整合管理是包括识别、定义、组合、统一和协调各项目管理过程组的各种过程和活动而开展的过程与活动。项目整合管理负责的是整合、统一、合并、沟通和集成性质的工作，包括选择资源分配方案、平衡互相竞争的目标和方案以及管理项目管理知识领域之间的依赖关系。

项目整合管理包括六个过程，分别是制定项目章程、制定项目管理计划、指导与管理项目工作、监控项目工作、实施整体变更控制和结束项目。

（1）制定项目章程是指编写一份正式批准项目并授权项目经理在项目活动中使用组织资源的文件的过程。制定项目章程的主要作用是，明确项目开始和结束的时间以及项目范围，建立项目执行方与项目需求方的良好伙伴关系。

（2）制定项目管理计划是指定义、准备和协调所有的子计划，并把它们整合为一份综合项目管理计划的过程。项目管理计划包括经过在整合的项目基准和子计划。制定项目管理计划的主要作用是生成一份核心文件，这份核心文件将作为所有项目工作的依据。

（3）指导与管理项目工作是指为实现项目目标而领导和执行项目管理计划中所确定的工作，并实施已批准变更的过程，它的主要作用是为项目工作提供全面管理。项目经理应当与项目管理团队一起指导实施已经计划好的项目活动，并管理项目内的各种沟通和对接。在项目内容有变更时，指导与管理项目工作还需要对变更产生的影响进行审查，然后再批准实施项目变更内容。

（4）监控项目工作是指跟踪、审查和报告项目进展，以实现项目管理计划中确定的绩效目标的过程，它的主要作用是，让干系人了解项目的当前状态、已经完成的工作，以及对预算、进度的预测。监控工作贯穿项目始终，不断地收集、测量并发布项目绩效信息，预测项目趋势，识别可能出现的风险，使项目一直健康有序地运行。

（5）实施整体变更控制是指审查所有变更请求，批准变更，管理对可交付成果、组织过程资产、项目文件和项目管理计划的变更，并对变更处理结果进行沟通的过程。当项目文件、交付成果或者项目计划有所变更时，都需要向实施整体变更控制的管理人员提交变更申请，变更得到批准后方可实施。实施整体变更控制的主要作用是，从整合的角度考虑项目变更，降低项目风险。

（6）结束项目是指完结所有项目管理过程组的所有活动，正式结束项目的过程。在结束项目时，项目经理需要审查以前各阶段的收尾信息，确保所有项目工作都已完成，确保项目目标实现。

电子竞技赛事总体项目管理的过程，遵循着项目管理的原则和项目整合管理的规范，为赛事项目的顺利进行奠定了坚实的管理基础。

6.3 财务管理

电子竞技赛事制作与转播项目的财务管理过程，本质上是预算管理与控制成本的过程。每一场赛事的制作预算都是有限的，要使用有限的预算达到理想的赛事效果，就必须有所取舍，控制各部分的成本，在需要呈现的亮点上花费更多预算，利用各种可以利用的资源，在其他方面节省成本，避免发生预算超标导致项目无法进行下去的情况。高效的财务管理对于电子竞技赛事的制作来说是至关重要的。

6.3.1 财务管理的过程

财务管理，也就是项目成本管理，包含为使项目在批准的预算内完成而对成本进行规划、估算、融资、筹资、管理和控制的各个过程，从而确保项目在批准的预算内完工。财务管理的过程包括四个，分别是规划成本管理、估算成本、制定预算和控制成本。财务管理的四个过程之间彼此相互作用，也与项目管理中的其他过程相互作用。

（1）规划成本管理就是为规划、管理、花费和控制项目成本而制定政策、程序和文档的过程，它的主要作用是，在整个项目中为如何管理项目成本提供指南和方向。

（2）估算成本是对完成项目活动所需资金进行近似估算的过程，它的主要作用是确定完成项目工作所需的成本数额。成本估算是在某特定时间点，根据已知信息做出的成本预测。在估算成本时，需要识别和分析可用于启动与完成项目的备选成本方案；需要权衡备选成本方案并考虑风险，例如，比较自制成本与外购成本、购买成本与租赁成本及多种资源共享方案，以优化项目成本。进行成本估算，应该考虑向项目收费的全部资源，包括但不限于人工、材料、设备、服务、设施等。

（3）制定预算是汇总所有单个活动或工作集合的估算成本，建立一个经批准的成本基准的过程，它的主要作用是确定成本基准，以此为准监督并控制项目绩效。项目预算包括经批准用于项目的全部资金。成本基准是经过批准且按时间段分配的项目预算，但不包括管理储备。

（4）控制成本是监督项目状态以更新项目成本，管理成本基准变更的过程，它的主要作用是发现实际与计划的差异，以便采取纠正措施，降低风险。在成本控制中，应当重点分析项目资金支出与应完成的实际工作之间的关系。有效成本控制的关键在于，对经批准的成本基准及其变更进行管理。

6.3.2 电子竞技赛事项目的成本与预算

在电子竞技赛事制作与转播项目中，成本支出涉及九大模块，分别是场地及舞美成本，道具及制作物成本，设备、账号、电力、网络成本，服装造型费用成本，奖金、补助及邀请费成本，选手、嘉宾及客户后勤成本，内部工作人员后勤成本，外包及外聘人员成本和公关市场宣传成本。

（1）场地及舞美成本主要是与赛事举办场所相关的成本，主要包括场馆租金、使用场馆产生的能源费用、舞台设计费用、舞美搭建费用、公安消防保安保洁相关费用、保险费用、票务平台服务费用、会展签到系统服务费用等。大型电子竞技赛事举办时，往往需要很大的场地，搭建华丽的舞台，相应的能源费用与人员费用也会花费更多，在场地及舞美方面的支出要超过中小型赛事。

（2）道具及制作物成本是赛事相关的物品制作费用，主要包括大型道具和小型道具制作费用、展板条幅等展示物制作费用、观众礼品及赠品制作费用等。大型道具和小型道具是用于赛事舞台的道具，舞美搭建完成的只是涉及建筑结构的舞台主体搭建，而完整的舞台装置往往包含许多建筑结构之外的道具，例如，用于装饰古风舞台的亭台楼阁立体背景。

赛事举办期间，场馆四周都会悬挂赛事宣传海报、旗帜、指示立牌等展示物。许多赛事会为前来现场观赛的观众提供免费的应援物品，例如应援手幅、手环、充气棒以及其他赛事纪念品。

（3）设备、账号、电力、网络成本，主要包括转播设备租赁费用、计算机及游戏设备、游戏账号费用、电力费用、网络费用、特殊效果设备租赁费用等。

（4）服装造型费用成本，主要包括化妆费用、服装费用以及定妆造型费用。在许多电子竞技赛事中，选手、解说、主持人等在上场前进行化妆造型已经成为惯例。选手一般穿着队服进行比赛，只需要简单的化妆及造型。解说、主持人、特邀评论嘉宾以及表演嘉宾，则需要进行精细的服装搭配和化妆造型。

（5）奖金、补助及邀请费成本，主要包括比赛奖金、俱乐部选手补助费用、嘉宾邀请费以及补偿金。近年来电子竞技赛事的奖金越来越高，例如王者荣耀职业联赛 KPL，在常规赛、季后赛、总决赛三个阶段都分别设置了高额奖金。2021KPL 春季赛常规赛奖金池为 900 万元，2021KPL 春季赛季后赛奖金池为 280 万元，总决赛奖金池为 700 万元，持续三个月左右的一个赛季，奖金池总计 1880 万元。奖金成本在电子竞技赛事中所占的比例逐年上升。

（6）选手、嘉宾及客户后勤成本，主要包括差旅费用、住宿费用、餐饮费用、市内交通费用、商业保险费用、节日招待费用、证件办理费用、保险费用、餐饮供应商协议费用、旅行社供应商费用等。选手、嘉宾及客户在后勤方面会有一些特殊的需求，后勤规格也会比内部工作人员高一些，因此在估算成本时要将这部分后勤成本与内部工作人员的后勤成本分开来。

（7）内部工作人员后勤成本，主要包括餐饮费用、差旅费用、住宿费用、团建费用、证件办理费用、保险费用、加班交通费用、市内交通费用等。

（8）外包及外聘人员成本指雇佣外部团队完成部分项目内容所产生的费用。在整个赛事制作与转播的流程中，某些专业性比较高且与赛事制作联系不那么紧密的工作，雇佣外聘人员更为节省成本。例如摄影、宣传片拍摄、表演等，并非赛事制作项目的核心工作，在项目团队内部培养并雇佣专业的宣传片导演、平面摄影人员成本比较高，宣传片拍摄、定妆照拍摄、节目表演等工作，大部分情况下会雇佣外部团队来完成。

（9）公关市场宣传成本是指赛事宣传所产生的费用，主要包括媒体差旅、媒体住宿费用、媒体餐饮费用、媒体车马费用及纪念品、宣传软文及材料推广费用、推荐位公关费用等。

根据上述九大成本模块和以往的经验，便可以进行成本估算，并得到一个各部分成本汇总后形成的项目预算表。在项目执行过程中，各部门都应当根据经过财务管理人员批准的预算表进行成本支出。

上述的九大成本模块，基本上涵盖了赛事制作成本涉及的各个方面，绝大部分赛事的成本估算及预算管理都可以此为根据，进行有效的财务管理。

6.4 工作人员管理

电子竞技赛事制作与转播的工作人员管理，实际上就是为完成赛事项目而组建项目团队、管理项目团队完成该项目的过程。由于每场赛事的规模和需求不同，因此不同的赛事制作项目所需要的工作人员数量和团队规模也不同。项目管理人员需要根据项目的需求进行人力资源配置，力求以最少的人力成本维持项目的良好运转。

6.4.1 规划人员管理方案

在开始赛事制作与转播项目之前，项目管理人员要先根据项目状况规划人员管理方案。一个规模较大的赛事制作团队或公司，同时进行的赛事制作项目往往有多个，若不精心考虑人员配置方案，在每个项目都投入绝对充足的人力，就会造成人力资源的浪费，导致其他项目无法开展，如果在各个项目投入的人力都不够，让一名工作人员身兼数职、超负荷工作，也容易造成项目的失误。因此，合理的人力资源配置对于赛事制作项目的顺利进行是至关重要的。

工作人员管理的整个过程，包括组织、管理与领导项目团队的各个过程。项目团队由为完成项目而承担不同角色与职责的人员组成。项目团队成员可能是全职或兼职的，可能随项目进展而增加或减少。即使项目成员被分派了特定的角色和职责，但是让项目人员全员参与项目规划和决策对项目是有益处的。团队成员在规划阶段就参与进来，既可以使他们对项目规划工作贡献专业技能，又可以增强他们对项目的责任感。

规划人员管理方案，就是要识别项目需求，分析项目所需的工作技能和工作角色，编制人员配备方案和管理计划的过程。在 4.1.1 节中已经讲过电子竞技赛事制作与转播的架构图，如图 4-1 所示。

这里将赛事制作与转播所涉及的工作模块和工作职责进行了精细划分，电子竞技赛事制作与转播架构图包含了此类项目有可能涉及的所有工作角色，它是规划人员管理方案的依据。根据赛事需求的不同，可以从电子竞技赛事制作与转播架构图中选取需要的工作模块，并为此配置适当数量的工作人员，最终形成项目团队。

例如，组建某场高校赛事的线上选拔赛项目团队时，要删减赛事制作转播与架构图中的一些工作模块，精简人员组成团队。考虑到赛事是线上赛事，因此创意策划模块只需要保留视觉及包装策划、流程及环节策划、内容策划三个工作模块；前端执行模块是应用于线下赛事的工作模块，可整体删除；在前后端交互部分，只需要保留解说及评论席部分；后台制作模块是所有电子竞技赛事制作与转播的必要模块，需整体保留；技术支持与保障模块，则需要保留广电设备及技术支持、网络设备及技术支持、技术备份与安全保障模块，游戏设备由参与线上选拔赛的选手自行准备；项目整理模块，也是需要整体保留的，由于没有线下赛事，后勤及物品管理的工作内容相对轻松，项目整体人员减少，因此项目管理所配备的人员也可以相对减少。一般来说，10~20 人的项目团队便可以顺利进行需求较少的线上选拔赛事。

而在组建像 DOTA2 国际邀请赛、英雄联盟全球总决赛这样的顶级国际赛事的项目团队时，赛事制作与转播架构图中的每个工作模块都要包括进来。在某些项目内容上，还要雇佣专业的外部团队，内部团队成员和外部团队成员加起来，最多能达到几百人。

最终制作完成的人员管理规划方案，应当罗列项目中所有的角色、职权、职责和工作能力，并画出项目组织图，展示出项目团队成员的报告关系。人员管理规划方案中还应当包括人员配备管理计划，用以说明何时、以何种方式招募团队成员，需要团队成员在项目中工作多久，人员招募计划、人力培训需要、安全工作须知等内容也要体现在方案当中。

6.4.2 管理项目团队

人员管理方案规划完成、团队组建完成后，就要进行团队建设和团队管理了。一个好的项目团队，团队整体氛围很好，团队成员之间互动频繁，成员和小组之间沟通顺畅，协作能力和专业能力都比较强。

建设项目团队的目的是提高成员的工作能力，促进团队成员之间的互动，改善团队整体氛围，最终提高项目绩效。建设项目团队的任务主要由项目经理来负责，作为项目领导人员，项目经理必须具备激励、领导并鼓舞项目团队的能力，使项目团队持续高效运行，并成功实现项目目标。项目成功的关键因素是团队协作，项目经理的主要职责之一就是建设高效协作的项目团队。项目经理应当为团队成员创建一个促进团队协作的良好环境，给予团队成员挑战和机会，为成员提供及时的反馈和所需的支持，对于表现突出的成员，要给予绩效奖励，建立合理的奖励机制，不断激励团队努力奋进。大型项目进行过程中，成员与成员之间的摩擦、工作组与工作组之间的矛盾是难以避免的，当出现冲突时，项目经理要以建设性、创造性的方法管理冲突，加深团队成员之间的信任，鼓励合作型的问题解决和决策指定方法。在全球化的项目当中，项目的团队成员可能有着不同的专业背景、来自不同的国家和地区、说着不同的语言，项目管理人员应该考虑不同文化的差异，促进多元化背景的团队成员之间的团队协作。

团队建设的主要目标包括：提高团队成员的知识和技能，提高团队成员完成项目可交付成果的能力，并有可能通过创造性的工作降低成本、缩短工期并提高项目的整体品质；提高团队成员之间的信任和认同感，提升成员对于项目的认同感，提高团队的士气，减少团队内部冲突，增进团队协作；创造有凝聚力、协作性的团队文化，最终提高团队成员和整个团队的生产率，促进团队合作、促进团队成员之间的知识经验分享。

项目团队的管理，就是要建立一套完整的工作绩效追踪和评估体系以及奖励体系，以便跟踪团队成员的工作表现、给予及时反馈、管理冲突，最终优化项目绩效成果。团队绩效评价、问题日志以及工作绩效报告能够帮助项目管理人员更好地进行人员管理。

（1）团队绩效评价是提升团队工作效率的有效方法。项目管理团队需要持续地对项目团队的绩效进行正式或非正式的评价，不断地评价项目团队绩效，对高效解决问题、调整沟通方式、解决冲突和改进团队互动都有益处。

（2）问题日志是解决项目问题的有效手段。在管理项目团队的过程中，会出现各种各样的问题，有一些问题是普遍性的问题，而部分问题则是基于项目的特殊性或者团队成员的特殊性而产生的新问题，将这些问题记录下来，设定好某个问题由谁负责在规定日期内解决，并监督解决的情况，是及时有效的处理项目问题的方法。问题日志的另一个价值是为其他项目提供参考，在开启新项目时，从前类似项目的问题日志能够帮助项目管理人员对项目可能出现的问题有一定的预期，提前准备好解决方案。

（3）工作绩效报告反映的是当前项目状态与预期项目状态的比较。某些赛事制作项目的进程会持续数月，必须实时监控掌握项目的当前状态，才能防微杜渐，及时发现问题并解决问题。定期举行项目会议并进行工作绩效报告，有助于控制项目的进度、成本和质量，根据项目执行的具体情况，进一步整合资源。而绩效报告中体现的现有数据和预测信息，有助于确定未来一个阶段内的人力资源需求，以便及时更新人员配备计划。

项目管理团队在进行工作人员管理时，常用的工作技能包括：观察和交谈、项目绩效评估、冲突管理方法、人际关系技能。管理人员可以通过观察和交谈，随时了解团队成员的工作进度和工作态度，通过这种方式可以直观地了解团队成员的心态和想法。项目绩效评估则能够理清团队成员的角色与职责，通过定期的沟通和绩效评估，让团队成员明确自己的任务和目标，以便个人根据项目需求和自身能力制定合理的工作计划。冲突管理方法是项目管理团队最常用的工作技能之一，在项目进行的过程中，由于资源短缺、进度差异或个人工作风格差异等原因，必然会产生冲突。成功的冲突管理可以提高生产力、改进工作关系。人际关系技能是项目经理必须具备的一项技能，项目经理应当综合运用人际关系技能来分析形势，与团队成员有效互动，恰当地使用人际关系技能，从而激发团队成员的工作热情，发挥全体团队成员的优势。为此，项目经理必须具备领导力、影响力以及做出有效决策的能力。

6.5 选手、嘉宾及艺人管理

在电子竞技赛事制作与转播项目中，人员管理的工作主要分为两部分，一部分是工作人员管理，上一节已经讲过；另一部分就是选手、嘉宾及艺人管理。与内部工作人员不同，在接待选手、嘉宾及艺人时，需要考虑每个人不同的需求，提前收集需求并准备相应的接待流程。选手、嘉宾及艺人管理应当考虑各种情况，准备充分，在接待过程中出现问题不可慌乱，要随机应变、及时处理，在接待完成后总结问题并积累经验。

从管理流程来说，选手、嘉宾及艺人管理分为两个阶段，即准备阶段和执行阶段。在准备阶段所做的工作是收集人员需求，并根据不同需求提前安排好酒店、餐饮、市际交通、市内交通，处理好证件申领工作，准备好详细的行程规划。在执行阶段，即接待选手、嘉宾及艺人当天，重点工作是布置好为相应人员准备的功能间，按照接待指引一步步引导人员前往相应区域参与活动。

接下来，本节将分别讲解选手管理及嘉宾艺人管理的流程和注意事项。

6.5.1 选手管理

选手是指参与电子竞技赛事的电子竞技职业选手，他们的身份是运动员，与其他嘉宾艺人不同，选手的赛事参与度更高，在管理和接待方面的标准也更加严苛，必须全方位保障选手的健康与安全，让选手得到充分的休息和训练，以饱满的精神状态迎接比赛。选手管理的主要流程包括 4 个，分别是收集需求、根据需求反馈表安排后勤准备工作、提前发送比赛通告和比赛当日接待引导工作。

选手需求收集方面，除了要了解餐饮、交通、住宿等需求外，还要了解赛事相关信息，例如首发阵容。在比赛开始前，提前发需求收集表给选手所在的俱乐部和战队。至少提前两天以正式邮件的形式发送选手通告，通告内容需要明确比赛时间、对阵信息、游戏版本。

酒店方面，选手的住宿标准以赛事主办方的要求为准，同等标准的酒店则优先预定距离较近的。选手住宿的酒店不宜距离场馆过远，距离场馆两千米以内为佳。如果选手在楼层、房间布置以及房间网络方面有特殊的要求，应当提前联络酒店准备妥当。在国际性赛事中，选手提前来到比赛地，需要在酒店住宿较长的时间，那么在酒店就应当配置好训练设备和训练网络，以便异地参赛的选手每日进行训练。如果没有特殊情况，应当在一天内完成住宿需求收集及反馈，并完成酒店预订工作。

餐饮方面，如果没有特殊需求，可按照与其他工作人员同等的标准进行安排。如果选手有忌口或者由于身体原因需要特殊的饮食，则另行安排。

交通方面，国际交通应当提前为选手预订飞机票并安排专车接送。市际交通则根据需求提前预订飞机票、高铁票并安排专车接送。市内交通按照人数选择车辆型号，4 或 5 人安排商务轿车，10~20 人安排中巴车，20 人以上安排大巴车。

证件申领方面，选手证件采用一人一证的制度，每张选手证的编号对应一名队员。战队及选手可申领的赛事证件有选手证、选手管理证，不同的证件在赛事场馆的活动区域和权限不同。

选手动线分为外场动线和舞台内动线。选手的外场动线涉及的区域主要是休息室、化妆间和舞台，舞台内动线是指选手上台、入座，比赛结束后握手、退场的路线。在比赛当日，应当安排选手管理人员全程陪同战队选手，及时引导选手按照通告到达各区域。

在比赛当日，选手在抵达比赛场馆后，由选手管理人员引导进入休息室进行休息，稍后前往化妆间进行化妆造型，在化妆完成后再次返回休息室。用餐时间，选手管理人员按照战队上报的餐食数量准备好餐食，送入选手休息室。比赛开始前，选手管理人员陪同引导战队选手走向舞台区域，并按照接待指引提前告知选手舞台内动线。如果没有特殊情况，选手不得离开场馆。选手离开休息室的活动，都需要由选手管理人员陪同。

6.5.2 嘉宾及艺人管理

在本书的定义中，嘉宾是指前来出席电子竞技赛事的重要人员，例如政府领导、游戏公司重要管理人员、赛事品牌重要管理人员、赛事品牌其他工作人员等；艺人是指在赛事中担任演出、解说、主持等工作的演艺人员，例如歌手、演员等。

1. 嘉宾管理

嘉宾管理方面，需在开赛一周前完成嘉宾信息收集，需要收集的信息包括嘉宾个人信息、订票需求、用车需求、住宿需求、餐饮需求。嘉宾个人信息包括姓名、身份证号码、联系方式；订票需求包括出行方式、出行时间、具体行程、航班号或车次、是否接机；用车需求包括车辆规格、使用时间、使用人数、接机航班号、接送地、车辆信息；住宿需求包括酒店名称、住宿日期、房间规格、住宿要求等。嘉宾的住宿按照赛事主办方的标准进行安排。根据嘉宾需求不同，餐饮分为工作餐及周边餐厅用餐，餐饮标准按照赛事主办方的要求执行。若嘉宾不用公司提供工作餐，则需提供周边餐厅信息供嘉宾选择，嘉宾在相关工作人员陪同下去周边餐厅用餐。在餐饮需求表中，应当统计嘉宾的餐饮类型、食品要求以及用餐地点。嘉宾的交通标准一般是飞机商务舱或高铁商务舱，嘉宾随行人员则是飞机经济舱或高铁二等座。市内用车安排普通轿车或者商务轿车接待，司机需要穿着正式服装到达指定地点接送嘉宾，保证车辆内外整洁。证件申领方面，负责嘉宾具体行程的工作人员向证件管理人员申请领取嘉宾证，并做好证件领取登记表，在活动结束后及时回收证件，并交还给证件管理人员。

嘉宾的行程与动线是根据每个嘉宾领导的行程和到达场地不同所规划的，需根据实际情况调整。例如，有的嘉宾需要在比赛开始前上台演说，这时就需要提前告知嘉宾舞台动线；有的嘉宾只是来观看比赛，并无特殊活动，只需要在比赛开始前将嘉宾引导至专属席位就坐即可。

在比赛日当天，根据嘉宾类型不同，休息室和观赛区的房间配置也有所不同。嘉宾休息区是位于比赛舞台之外的功能区，一般无法看到比赛舞台，供嘉宾休息放松使用。嘉宾休息区的配置物品一般包括沙发、茶几、纸巾、湿巾、桌花、饮料、甜点及电视，纸巾需要硬壳包装，桌花宽度不超 90 厘米，每种饮料摆放 6 瓶，成三角状；大房间甜点摆放 10 人份，小房间摆放 5 人份。观赛区位于比赛现场的观众席，可直接看到比赛舞台，观赛区域的配置物品应当包括沙发、茶几、纸巾、湿巾、桌花、饮料及甜点。嘉宾管理人员按照接待指引，全程陪同引导嘉宾入场、化妆、出席活动、观赛、离开场馆，在就餐时间将餐食送进嘉宾休息室。

2. 艺人管理

艺人管理方面，在开赛前两周就应当与艺人经纪人联系并完成艺人信息收集。需要收集的艺人信息包括嘉宾个人信息、订票需求、用车需求、住宿需求、餐饮需求，与嘉宾信息收集相同。需要特别注意的是，在赛事中进行表演的艺人如果需要提前到达场馆确认表演动线、提前摆放乐器等，应当提前告知艺人管理人员具体到达场馆的时间，以便提前安排接待。

酒店住宿方面，艺人的接待标准按照赛事主办方的要求进行安排，为艺人及其随行人员安排不同等级的房间。在需求收集阶段，需要尽可能详细地征询入住艺人对酒店的要求，例如，是否需要包含早餐？对楼层、景观、房间位置有无特殊要求？房间布置有无特殊需求？随行人员是否需要与艺人住同一家酒店？艺人餐饮根据艺人团队的要求以及赛事主办方的标准来安排，赛事期间艺人用餐由工作人员统一送到艺人休息室。非比赛期间，艺人用餐可选择工作餐或外出前往周边餐厅用餐。在交通方面，与艺人经纪团队对接后，按照对方要求为艺人及随行人员预订机票或高铁票，市内交通则根据艺人需求的不同安排普通轿车、商务轿车或者保姆车接待艺人团队。艺人管理人员需要提前和艺人团队确认好对方需要的工作证件数量，与证件管理人员联络申领证件并做好证件领取登记表，并在活动结束之后回收证件。根据艺人演出内容和工作内容的不同，工作人员需要为艺人提前规划好行程和动线，并提前将艺人行程表发送给艺人经纪团队。

比赛日当天，艺人休息区和艺人观赛区的物品配置和具体要求与嘉宾休息区和观赛区大致相同，这里不再赘述。比赛期间，艺人的餐食由艺人管理人员送入休息室，艺人入场、进入休息室、进入化妆间、前往舞台区域表演、离场等活动均由艺人管理人员陪同引导。如果艺人是粉丝量庞大的知名艺人，其动线还需要报备公安，提前做好应急方案。知名艺人的粉丝可能会在比赛前后聚集在艺人酒店和场馆周围，为了保障艺人和粉丝的人身安全，可能需要特别配备安保人员维持秩序。

6.6 后勤及物品管理

电子竞技赛事制作与转播的项目，是一个涉及大量物资采购与管理的项目。各个工作模块都有着一定的物资需求，大到广电设备，小到电池、别针，都是物资采购的对象。项目所需物资的采购与管理，是赛事项目管理中的重要一环。对物资采购流程进行规划并有效监督，能够起到控制成本的作用；大量物资采购完成后，对其进行合理分类、不断提高仓库管理水平，能够对其他工作部门提供高效的支持，使项目的推进更加顺利。

在电子竞技赛事制作与转播的后勤及物品管理工作中，核心内容是工作人员后勤保障、物资采购、仓库管理以及仓库管理应急预案。

6.6.1 工作人员后勤保障

工作人员后勤保障是能够提高整个项目团队工作效率的重要工作。在电子竞技赛事项目进行期间，后勤团队要充分考虑工作人员的工作任务和项目进度，满足工作人员在工作、餐饮、住宿、交通等方面的需求，为工作人员提供全方位的支持，保证工作人员能够以精神饱满的姿态高效工作。

在工作支持方面，后勤保障应做到提供充足的办公用品和办公支持，营造良好的办公环境，为每一次会议安排好会务工作，做好会议记录和会议总结。在餐饮方面，为了提高团队工作效率，可为团队工作成员在工作场地提供统一的营养餐食，减少工作成员就餐的时间成本；同时，可为工作成员在工作场地提供饮料、零食与水果等食品，使工作人员在高强度的工作之下能够随时补充能量与营养。前往异地举行赛事时，要为工作成员提供舒适安全的酒店，安排从酒店到工作场地的工作人员专车，或者为工作人员的交通出行及时报销。在医疗与健康方面，要时刻关注工作人员的心理健康与身体健康，避免工作人员因高强度的工作或难度较高的任务而产生心理或生理健康问题，并且要配备常用药品与急救药品，一旦工作成员出现紧急健康问题，可及时进行现场处置，并联系医务人员。

有了良好的后勤保障，工作人员才能够以最高的效率进行工作。

6.6.2 物资采购

物资采购就是项目团队从外部采购所需产品的过程。

物资采购的整个过程包括制定采购计划、实施采购、控制采购以及结束采购。制定采购计划是指在采购之前明确采购方法和采购策略，根据工作部门的需求预估总体采购量，制定合理的采购计划的过程。实施采购是指与卖方进行沟通、从多个卖方中选择卖方并授予卖方采购合同的过程。控制采购是指管理采购关系、监督采购合同的执行情况，并根据实际需要调整采购计划的过程。结束采购是指完成单次项目物资采购的过程。

采购人员采购物资时，要根据市场行情波动，做好购价、比价、议价工作，采购的物资必须质优价廉；应当掌握各工作小组物资的需求及消耗情况，熟悉各种物资的供应渠道和市场行情，与物资供应方建立良好的关系，按照《合同法》的规定签订购货合同；还要熟悉掌握各类物资的名称、规格、型号、用途和生产厂家，以及有关材料性能、质量、标准。

制定采购计划时，采购人员需要根据项目整体计划来规划采购方案。项目进度计划对采购计划的规划有着重要影响，制定采购管理计划时所做出的决定，又会反过来影响项目进度计划。一般来说，在项目正式开始至少二十天前，负责采购的工作人员要从各个工作小组提前收集采购需求，各小组将采购清单表填好之后交给采购人员，由采购人员统一安排采购。采购清单上的信息包括申请人、申请人所属部门、申请采购物品的名称、采购数量、单价、购买原因以及备注信息。将所有采购需求进行汇总并分类后，便可以开始搜寻卖方、实施采购。

实施采购时，要先根据物资需求查看仓库库存数量，从采购清单中减去库存已有的数量。进行采购时，可按照事先制定好的选择标准，选择一个或者多个符合要求的卖方进行沟通。对于大宗采购，要反复向卖方确认产品性能、使用方法及售后等各项细节，可要求多个卖方提交对于其产品具体、详尽的说明文件以及样品，综合比较样品之后，选择性价比最优的卖方，与卖方签订标准采购合同。涉及金额较少的采购项目，则可以通过线上或线下零售渠道购买，优先选择能够开具增值税发票的卖方。在完成采购后，要在每一项采购项目中备注快递单号、卖方联系方式等信息，以便跟踪产品配送情况。

控制采购的主要作用是，确保采购人员与卖方切实履行合同，满足采购需求。采购行为涉及多个采购合同的管理及供应商管理，项目管理团队需要对采购行为进行监督，确保采购过程中的各项行动都符合法律法规，检查核实卖方的产品是否符合要求，降低采购过程中的风险。当某项采购任务出现问题时，例如，产品不符合要求或者产品不能及时送达，项目管理人员需要立刻变更采购计划并监督计划变更的审核流程，使相关人员都了解计划的变更。

当采购物品送达，采购人员确认产品完好、符合要求，便可以安排产品进入仓库，办理物资入库手续。办理入库手续时，在保证数量相符的情况下，需持产品的合格证、资质证、发票、合同等四证交保管员验收。产品入库完成后，采购流程便结束了。之后的物资管理交由仓库管理人员负责。

物资采购与仓库管理在作业流程上是上下游的关系，在工作过程中也是紧密相连的。对于物资需求而言，采购需根据库存确定采购量；对于物资管理而言，采购的结果必须得到仓库的认证，包括质量、数量、时间。采购和仓库管理的工作都需要非常细心，物品的消耗速度及采购时间需要把控得恰到好处，需要双方相互协作来达到。

上面所述是在比赛日之前，项目筹备及进行阶段所进行的物资采购工作流程，在比赛当日，往往还会产生临时的采购需求。产生临时采购需求时，采购人员可酌情进行采购，大型固定资产类物品（如空气净化器、打印机等）则需向上级申请确认后，再进行采购。

6.6.3　仓库管理

在电子竞技赛事制作与转播项目中，物品管理涉及的产品主要可分为三类：固定资产、低值易耗品以及消耗品。

固定资产是指企业为生产产品、提供劳务、出租或者经营管理而持有的，使用时间超过 12 个月的，价值达到一定标准的非货币性资产，包括房屋、建筑物、机器、机械、运输工具以及其他与生产经营活动有关的设备、器具、工具等。电子竞技赛事项目中，常用的固定资产包括电视机、空气净化器等。低值易耗品是指劳动资料中价值较低，或者使用年限在一年以内，不能作为固定资产的劳动资料。低值易耗品跟固定资产有相似之处，它们在生产过程中都可以多次使用不改变其实物形态，在使用时也需维修，报废时可能也有残值。电子竞技赛事项目中，常用的低值易耗品有插线板、HDMI 线等。消耗品是指用过以后不能回收、更不可能重复使用的物品。电子竞技赛事项目中，常用的消耗品有纸巾、电池、瓶装水、透明胶等。

仓库管理岗位的设立目的是提高项目资源管理效率、杜绝浪费、控制成本、优化资源配置。同时，物品集中存放、统一出口，为项目人员使用物资提供了便利，有利于项目的顺利推进。

仓库管理的工作职责是：①做好仓库物料的收发存管理，严格按流程要求收发物料，协助财务人员进行成本控制和监督；②及时反馈短缺或过量采购等异常情况；③对物料管理的有序性、安全性、完整性及有效性负责；④实行分区存放管理，确保库容库貌良好；⑤做好仓库各种原始单证的传递、保管、归档工作。

当采购物品抵达时，仓库管理人员在确认产品数量和产品完好，采购人员提供产品的合格证、资质证、发票、合同等四证之后，便可办理入库手续。物品入库后仓库管理员要在入库签收单上签字确认。仓库内物品的入库和出库都需要进行记录，在出入库记录上应当反映产品名称、产品型号、原始库存以及不同日期的出库和入库情况。

仓库管理人员需要定期盘点库存。库存是仓库中实际储存的货物，是为了满足未来需要而暂时闲置的资源。盘点是指定期或临时对库存物品的实际数量进行清查、清点的作业，即为了掌握货物的流动情况（入库、在库、出库的流动状况），将仓库现有物品的实际数量与保管账上记录的数量相核对，以便准确地掌握库存数量。

在盘点时，要将物品按照固定资产、低值易耗品、消耗品进行分类。盘点时若发生库存记录数量与实际数量不相符的情况，则要对相应物品的出入库情况进一步核查。固定资产遗失或被盗的可能性较小，但它们长期存在，可能出现物质实体同账面记录不一致的情况，或者物质实体已处于不正常使用的状态，被遗忘的可能性也较大。因此，定期盘查固定资产也是保护财产的一种必要控制手段。

在进行仓库整理时，应当做到以下几点：①仓库不可有散货直接存放；②仓库物品整理必须是原装箱存放，非原装箱存放物品必须贴储存标签，签名必须齐全，必须按要求张贴在箱子的左下角；③堆放物品时，必须符合物品外包装要求，耐压及大包装的物品放在下面，易碎的物品放在上面；④不可有物品摆放阻塞消防通道；⑤物品放置必须安全和稳定，离灯管 / 喷淋的距离必须大于 50 厘米，避免安全隐患；⑥取物品时必须由上而下取货，将挪动的物品及时还原，避免从中间抽取物品。

6.6.4　仓库管理应急预案

仓库是物品集中的场所，盗窃、火灾、洪涝灾害、地震等各种各样的突发状况都有可能损害仓库安全，造成财产损失。因此，在进行仓库管理时，为了防止发生安全事故，确保人财物得到及时救治，防止和控制事故蔓延，使事故损失降到最低，应当制定基本的应急预案。

1. 火灾应急预案

发现火情后，第一目击人应立即向仓库应急领导小组报告，视情况拨打 119，并采取有效措施灭火。仓库应急领导小组迅速组织人员利用仓库现有灭火器材扑救，转移存放的物资，同时切断可燃物燃烧路线，阻止火势蔓延。对于存放危险品的仓库，一旦发现火灾，视情况要第一时间拨打 119。如火势较大，仓库应急领导小组应组织疏散人员，并将车辆撤离至安全区域，加强现场警戒，杜绝闲杂人员进入，并协同相关部门对附近情况进行盘查，以防止蔓延，同时派专人引导消防车辆，以保证消防车辆快速到达现场。仓库应急领导小组应在规定的时间向办公室报告，及时将损失情况以及相邻库房情况反馈给办公室。火情解除后，仓库应急领导小组要迅速清理现场，对库存物资进行盘点，核实损失，配合办公室人员做好恢复重建和财产理赔工作。

2. 洪涝灾害应急预案

发现水情后，仓库负责人应立即切断总电源，并迅速向仓库应急领导小组组长报告。仓库应急领导小组应及时做出相应计划，迅速赶到现场，对需要防水的物资快速做出调整计划，以保证快速转移。情况紧急，危及人员生命安全时，应急小组应组织人员迅速撤离安全地带，并第一时间通知办公室人员，以便作出新的调整计划。灾情结束，仓库应急领导小组组织人员清理现场，核实损失情况，在灾情结束后 1 天内以书面情况上报到办公室。

3. 地震灾害应急预案

按照地方政府地震灾害速报管理办法的规定，若发生 3.0 级以上地震，仓库负责人要将仓库内的危险品和人员迅速撤离现场至附近较安全地点，避免人员伤亡；在安全距离以外观察危险品库房周围的震后反应，必须确保人员的安全。对于 3.0 级以下的地震，仓库值班人员要在地震发生后 5 分钟以内将初步了解的灾情报告给仓库应急领导小组，做到“有灾报灾、无灾报安”。如发生破坏性地震，仓库及库区其他建筑物有倒塌、陷裂、爆炸等危险时，仓库值班人员要立即向仓库应急领导小组报告，并及时开展先期救援处置。

4. 仓库被盗应急预案

发生盗窃事件，仓库管理员应保护好现场，并立即向仓库应急领导小组报告。仓库应急领导小组立即组织人员对仓库物品进行清查，向办公室报告，并积极配合有关部门做好调查取证工作。发现窃贼正在行窃，仓库值班人员应立即通知保卫科，并采取相应的措施保证人身安全。在条件允许的情况下，应尽可能记住盗窃嫌疑人的相貌、体态特征及逃逸方向和使用交通工具的车种、车型、颜色、牌号等。

5. 停电应急预案

区域内大范围停电时，若遇到紧急情况需要使用仓库物资，仓库管理员要做好应急照明准备，以保证相关部门在停电情况下，物品正常出库使用。对于仓库突发性停电，仓库管理员应及时上报，并安排专业电工迅速查明停电原因，如属设备故障，应组织维修人员及时抢修。

仓库发生事故（事件）后，第一目击者应首先采取紧急措施开展先期处置，并及时向仓库应急领导小组报告。仓库应急领导小组迅速组织人员开展救援活动，同时做好应急处置现场记录。重大事故（事件）在事发后 10 分钟内向公司领导报告。

仓库事故（事件）应急处置结束后，仓库应急领导小组应迅速清理现场，核实损失情况，协助有关部门进行调查、取证和理赔工作，提出整改建议，并按办公室指令组织整改，迅速恢复正常工作秩序。

6.7 需求及其他模块对接

电子竞技赛事制作与转播项目涉及许多不同的工作模块，模块之间沟通顺畅，各模块的工作需求及时得到满足，项目才能够有序推进。在项目进行过程中，大部分问题都是由于沟通不畅而导致的，工作模块之间的对接出了问题，团队成员的工作需求得不到及时的解决，信息传达不到位，严重的情况下甚至能够导致整个项目停滞不前。因此，让各工作模块之间形成良好的沟通关系和对接模式，对提高项目整体效率来说至关重要。

6.7.1 需求及模块对接规划

需求及其他模块对接的工作，本质上是沟通的管理。为了确保项目信息能够及时且恰当地规划、收集、生成、发布、存储、检索、管理、控制及监督，最终解决团队成员的工作需求，项目经理绝大多数的时间都是用于与团队成员、其他工作模块干系人、外部干系人的沟通。有效的沟通能够在项目干系人之间、项目各个工作小组之间架起一座桥梁，把具有不同文化和背景、不同技能水平、不同观点和利益的各类干系人连接起来，使各个工作小组能够高效合作。

要想使需求及模块对接顺畅无阻，就必须建立高效的沟通模式。根据干系人的信息需要和要求以及公司的可用资产情况，规划合适的项目沟通方式，明确沟通及需求对接的规则。提前规划项目沟通，对项目的最终成功非常重要，能够确保信息及时传递、各干系人准确无误地理解信息，所有工作需求都能得到有效处理。如果沟通规划不当，可能会导致各种各样的问题，例如信息传递延误、信息理解错误、与干系人沟通不足等。

在项目管理计划编制阶段，就应当进行沟通规划的工作，以便给沟通活动分配适当的时间和预算。提前进行沟通规划，可以使后续项目进行时的大部分沟通都变为有效沟通，最大限度地避免无效沟通的发生。有效沟通是指以正确的形式、在正确的时间把信息提供给正确的受众，并且使信息产生正确的影响。

在进行需求及模块对接规划时，首先要确定工作模块可能产生的沟通需求、各干系人的信息需求、所需信息的类型和格式、信息对于干系人的价值等。项目资源只能用来沟通有利于项目成功的信息，以及因缺乏沟通就会导致项目失败的信息。在确定沟通需求时，需要确定和限制谁应该与谁沟通，以及谁将接收何种信息。用于识别和确定项目沟通需求的信息包括：①项目组织结构图；②项目组织与干系人之间的责任关系；③项目所涉及的部门和专业；④内部信息需要；⑤外部信息需要；⑥干系人信息和干系人的沟通需求。

最终完成的需求及模块对接规划方案，应当包括有关项目沟通的详尽信息，清晰地描述将如何在项目进行时开展有效沟通，使沟通过程结构化并且可监控。需求及模块对接的规划方案应当包括以下信息：干系人的沟通需求；需要沟通的信息，包括沟通所用语言、格式、内容、详细程度；发布信息及告知收悉或做出回应的时限和频率；负责沟通相关信息的人员；负责沟通相关信息的人员；负责授权保密信息发布的人员；将要接收信息的个人或小组；传递信息的方法，例如电子邮件、备忘录等；为沟通活动分配的时间和预算；项目信息流向图及工作流程；会议规划，会议的开展形式及频率，包括整体项目会议、小组会议等。

根据需求及模块对接规划方案，负责沟通的人员将会对沟通需求、需要沟通的信息以及沟通规则有清晰的了解。在项目进行过程中，沟通人员将按照规划方案，积极地与各干系人进行沟通，确保各工作模块能够及时接收信息并准确理解信息。

6.7.2　管理并控制沟通过程

项目开始进行时，需求及模块对接即沟通过程便同步展开了。项目管理人员和负责沟通的人员将根据需求及模块对接规划方案，实现各工作模块之间的高效对接。项目进行中的沟通活动，可以从不同维度进行分类。

按照沟通对象的组织属性，沟通活动可以分为内部沟通与外部沟通。内部沟通是指一个项目内成员之间以及工作小组之间的沟通，外部沟通则是指与客户、供应商、其他组织、公众等项目外对象的沟通。

按照沟通的严肃程度，可以将沟通活动分为正式沟通和非正式沟通。正式沟通的形式包括书面报告、会议记录、项目简报等。非正式沟通的形式包括电子邮件、备忘录、即兴讨论等。

按照沟通对象之间的关系，可以将沟通活动分为垂直沟通与水平沟通。垂直沟通是指上下级之间的沟通，水平沟通是指同级之间的沟通。

按照沟通面向对象的不同，可以将沟通活动分为官方沟通和非官方沟通。官方沟通是指以新闻通讯、年报等形式开展的沟通活动，而非官方沟通则是指通过非公开方式进行的私下沟通。

在进行沟通管理时，可以使用一些通用的沟通技能，提升沟通的效率。这些通用沟通技能包括：主动倾听和有效倾听；通过提问、探询意见和了解情况，确保更好地理解对方；开展教育，增加团队知识，以便更有效地沟通；寻求事实，以识别或确认信息；设定和管理期望；说服个人、团队或组织采取行动；通过激励来鼓舞士气或重塑信心；通过训练来改进绩效和取得期望结果；通过协商，达成各方面都能接受的协议；解决冲突，防止破坏性影响；概述、重述，并确定后续步骤。

控制沟通是在整个项目周期中对沟通进行监督和控制的过程，它的主要作用是随时确保所有沟通参与者之间信息流动的最优化。在控制沟通的过程中，可能会引发重新规划沟通或沟通管理的过程。对某些重要特定信息的沟通，例如问题或关键绩效指标，可能会立刻引发修正措施，而其他信息的沟通则不会引发修正措施。因此，在控制沟通过程之前，应当仔细地评估和控制项目沟通的影响和对影响的反应，确保在正确的时间内把正确的信息传递给正确的受众。

通过需求及模块对接的详尽规划以及管理并控制沟通过程，能够在电子竞技赛事制作与管理项目中建立有效沟通的渠道和模式，及时发现问题并进行修正，确保项目最终成功。

6.8 问题及风险控制

电子竞技赛事制作与转播的过程中，可能会遇到各种各样的问题与风险，例如电力故障、网络故障、人群拥堵以及各种不可预测的突发状况。在比赛执行日，如果对问题及风险处置不当，一个很小的问题都有可能导致比赛停摆，甚至引发播出事故和现场混乱。因此，比赛执行日之前，就应当针对可能出现的问题及风险进行提前规划，避免问题出现，并准备好各类突发事件的应急预案，以便事件出现时能够从容有序地应对，大部分问题及风险都能够通过合理的项目管理规划提前规避。本节将分别讲解赛事转播和赛事执行中可能出现的问题及风险，以及如何控制风险。

6.8.1　赛事转播中的问题及风险控制

赛事转播中可能会出现的两个主要问题是直播突然中断以及直播中出现违规敏感内容。直播突然中断，会让正沉浸在激烈比赛对战中的观众不知所措，极大地损害观众的观赛体验；而直播中出现违规敏感内容，则会带来十分恶劣的社会影响。两者都会对赛事的品牌形象产生极大的负面影响，因此，在比赛日之前就应当针对这两个可能出现的问题，制定详尽的风险预案，避免此类情况的发生。一旦问题发生，要在最短的时间内解决问题，安抚观众情绪。

在比赛当日，后台制作模块的工作人员将比赛现场的直播信号传输至网络，让广大观众可以通过各类平台收看到赛事实时直播。赛事转播时，如果直播信号突然中断，将会给观众带来极其糟糕的观赛体验，也会严重影响赛事的形象和口碑。直播中断是赛事转播可能面临的最严峻的问题。许多原因都有可能造成突然的直播中断，例如网络故障、电力故障、转播设备故障、游戏设备故障等。

网络故障是导致直播突然中断的主要原因之一。网络质量对电子竞技赛事制作与转播的质量有着重要影响，选手进行比赛、现场信号采集、直播信号上传等都仰赖于高速、稳定、流畅的网络。电子竞技比赛对网络的要求十分严苛，细微的网络波动都有可能造成选手操作延迟或者误操作，不仅影响选手发挥出真实水平，也极大地损害了赛事公平。确保每位选手在同样的网络条件下进行比赛，是电子竞技公平竞技性的一部分。在电子竞技的历史上，曾经出现过因为网络不佳而导致部分选手操作卡顿、掉线的情况，导致比赛被迫中断。即使目前已经能够通过技术手段，复原出比赛中断前的战况，但是选手的心理和精神状态都会受到影响。如果在比赛进行时出现了较大的网络波动，不仅比赛难以进行，甚至直播信号都有可能中断，造成严重的播出事故。比赛当日的网络需求激增，除了现场比赛、赛事转播制作以及工作人员沟通交流要使用网络外，数量庞大的观众也会同时使用无线网络。在比赛开始之前，应当对整个赛事的网络使用状况有一定的估计，根据实际的网络需求来设计网络搭建方案。为了确保网络高速稳定，电子竞技赛事一般都会使用网络专线，为了防止突发状况，还会同时准备几条备用线路，一旦主要网络线路发生问题，便立刻启用备用线路。

电力故障也是导致直播突然中断的原因之一。在比赛进行日，比赛场所的电力压力是比较庞大的，尤其是能够容纳万人以上的体育场馆。照明设备、空调设备、舞台设备、网络设备、转播设备、游戏设备以及其他工作设备突然密集用电，有可能导致瞬时电流过载，引发电力故障。局部的电力故障，例如化妆间照明断电，可以在不影响赛事进行的情况下进行解决，如果转播设备用电受到影响，则会导致直播中断。因此，为了防止电力故障的发生，在赛事开始之前应当结合场馆的规模、结构、电力承载能力与比赛时用电状况，制定合理的电力网络搭建方案，既要实现电力的稳定供给，又要防止短路故障、断路故障、过电压故障、欠电压故障等电力系统故障。除了完善的电力网络搭建方案之外，还应当准备备用电源，现场配备经验丰富、技术高超的电力维修人员，一旦主供电系统出了问题，要立刻启用备用电源，一边抢修主电源一边维持比赛的正常进行。

转播设备及游戏设备故障也有可能导致赛事直播的中断。赛事转播使用的主要设备包括切换台、调音台、音频采集设备、视音频矩阵、讯道机、VCR 放像机、回放及慢动作设备、图文字幕设备、AR 及 XR 设备等。赛事可能使用的游戏设备包括主体设备计算机、手机，以及外接设备鼠标、键盘、显示屏等。一般来说，转播设备或者游戏设备故障的情况较为罕见，但是一旦发生就会对比赛造成不可估量的影响。因此，在赛事开始之前，要对转播设备、游戏设备进行多次测试和检查，排查设备故障，并确保技术人员对设备熟悉，操作熟练。

直播中出现违规敏感内容也属于直播事故。随着电子竞技影响力的不断提高，电子竞技在内容制作方面应当勇于承担社会责任，要输出积极正面的内容，向整个社会传递正能量和正确的价值观，避免涉黄、涉暴、反人类、反社会的内容，以及有损于国家安全、人民利益、社会安定和人民团结的内容出现在比赛当中。为了避免赛事直播中出现违规内容，对提前准备好的视频内容以及所有演艺人员的台本、歌词都要进行严格的审核，删除或者修改不当内容。与此同时，要对将会在赛事中进行公开发言的选手、教练、解说、主持人等人员进行语言规范指导，避免相关人员在公共场所发出不当言论。最后，还应当有专门的工作人员全程追踪赛事直播内容，对内容进行监督，使用延迟播出内容的技术。因此在后台制作工作模块，还专门设置了内容监播及应急管理的岗位，对直播内容进行全程监督，一旦出现引起争议或者不当内容，引发相关舆情，相关工作人员将会立刻联系转播人员以及宣传人员及时解决问题，处理舆情。为了更好地对直播内容进行监督，过滤不良信息，还可以开发专门的直播内容监测软件，利用软件精准过滤不良内容，提高内容监播的效率。

6.8.2 赛事执行中的问题及风险控制

赛事执行涉及主要问题包括：消防安全问题；治安问题；现场秩序维护及人员疏导问题；车辆停放与疏导问题；票证查验及安全检查问题。

线下电子竞技赛事是现场人群密集的文化性活动，尤其是大型电子竞技赛事，通常在能够容纳万人的场馆举行比赛，属于大型群众性活动，赛事执行面临着消防、安保等许多方面的问题及风险。在比赛进行当日，数量庞大的观众将会聚集到比赛场馆。人群的聚集可能引发多种突发状况，例如人群拥挤踩踏、交通拥堵、交通事故等；除此之外，还有其他突发状况，如火灾、盗窃、比赛场馆人员突发疾病等，这都给赛事执行带来不小的压力。要避免上述问题的发生，有效控制风险，提前制定应急预案、做好赛事执行时的安保工作是行之有效的方法。

安保工作是大型赛事活动安全秩序的重要保障。要提前做好安保规划，在比赛场馆各区域分配数量适当的安保人员，专人专岗，维持现场秩序、及时解决纠纷。除了完善的安保工作外，针对可能出现的火灾、人群拥挤踩踏、打架斗殴等突发状况，应当制定相应的风险应急预案，以便出现状况时从容应对，及时处理，尽快恢复正常秩序。电子竞技赛事中，应当提前制定的风险应急预案主要包括消防安全应急预案、观众人数较多时的应急预案、发生拥挤踩踏情况的处理预案、发生打架斗殴事件的处理预案、发生盗窃、抢劫事件时的处理预案、发生酗酒滋事时的处理预案、发生参观人员意外受伤、突发急病事件时的处理预案、发生交通事故时的处理预案。

通过安保工作和风险应急预案的准备，赛事执行人员能够避免许多问题的发生，并在遇到突发状况时临危不乱地进行处理，维护现场秩序，确保人民群众的生命与财产安全。

第 7 章

电子竞技赛事制作与执行：前端执行

7.1 赛事制作与执行概述

赛事制作与执行负责将创意策划阶段提出的各种创意一一实现，它是与电竞用户联系最为直接、最为紧密的一个环节。赛事制作与执行水平直接影响用户体验，也决定整个行业的发展态势。近年来中国电竞行业发展迅猛，DOTA2 国际邀请赛、英雄联盟全球总决赛等全球顶级电子竞技赛事纷纷选择中国作为举办地，就是对中国电子竞技赛事制作与执行水平的肯定。除了将创意策划阶段提出的赛事蓝图变为现实之外，赛事制作与执行阶段还需要解决许多琐碎细小的问题。一场电子竞技赛事的举办，从创意到实际执行的过程中，面临着许多能够预料和不可预料的问题，高效解决这些问题，尽可能地贴近创意策划的方向将赛事呈现出来，是赛事制作与执行阶段工作的重点。赛事制作与执行能力是电竞运营团队的核心竞争力，中国电竞企业赛事制作与执行的水平高低，决定中国电竞行业在世界电竞体系中能否占据有利地位，对整个产业的升级与全球化拓展来说，赛事制作与执行水平至关重要。

7.1.1 赛事制作与执行的意义

从电子竞技行业发展的角度来看，赛事制作与执行的意义主要有两个：首先，赛事制作与执行需要全面考虑电竞用户的实际需求，并充分考虑用户的潜在需求，给予用户优质的观赛娱乐体验；其次，赛事制作与执行需要与时俱进，综合运用先进的广电技术、IT 及技术与舞台技术，不断提升赛事制作与执行水平。

赛事制作与执行水平直接影响用户体验。对前往线下场馆观赛的观众来说，赛事现场的屏幕大小是否合适、现场灯光设计会不会影响观众观赛、赛事现场各功能区划分和动线安排是否合理、餐饮服务是否到位、卫生间是否够用、场馆交通是否便利等诸多因素都会影响观赛体验；而对线上观赛的用户来说，赛事转播是否流畅、赛事画面是否高清、平面及动态包装是否美观、视觉特效是否酷炫、比赛间隙播放的内容是否丰富等因素，都决定用户体验的好坏。因此，从前端执行模块、前后端交互模块到后台制作模块，赛事制作与执行的每一个环节都要以提供最优质的观赛体验为目标。

前端执行阶段与观众线下观赛的体验联系最为紧密。首先，电子竞技场馆的选址尤为重要。大型电子竞技赛事的举办场馆，要选择符合舞美搭建需求、基础设施与配套设施完善且交通便利的场所。场馆应当尽可能地靠近地铁站、公交车站，场馆及附近的停车场还应当有充足的停车位，方便乘坐公共交通和开车前往场馆的观众前来观赛。在进行外场及功能区搭建时，要根据场馆的实际情况，安排好各个区域的位置，设计出合理的动线，设置足够多的路标，让观众进入比赛场馆外场区域体验完休闲娱乐活动之后，能够很快进入观赛区域找到自己的位置。在比赛场馆的入口处，最好设置多个检票入场通道，避免大量观众滞留在某个入场通道排队过久。寒冷的冬天要考虑在安检排队通道设置取暖设备，炎热的季节则要在排队通道设置降温设备。如果在入场环节就因为排队过久而产生了不好的体验，那么接下来的观赛体验也会大打折扣。赛事执行的每一个细小的环节，都可能影响观众的观赛体验与心情。现场还要有充足的观众引导人员，及时指引观众去目的地，解答相关疑问。

前后端交互和后台制作阶段则与赛事内容的呈现联系更为紧密。赛事的总导演按照事先设计好的直播流程持续推进赛事，根据比赛时实时发生的重要事件，可现场制作内容素材进行播放，放大经典事件的效果引发观众的共鸣。整个赛事过程应当是流畅的，赛事中呈现的内容应当是充满竞技精神、健康向上的，富有体育精神且具备一定休闲娱乐功能。

赛事制作与执行不仅需要高效的执行力和完成度，更需要与时俱进。时代在不断地发展变化，新的技术、新的文化热点层出不穷，不出差错、中规中矩地完成一场赛事的制作与转播只是基础，赛事制作与执行也必须跟随科技与文化的进步，不断提升赛事制作与转播的水平。例如，在电竞赛事转播中，利用 AR 技术将虚拟的角色或者物体与真实世界融合。在七八年前，AR 技术在电子竞技中的应用还没有像现在这样广泛，偶尔有赛事用 AR 技术将游戏场景和角色搬到现实舞台上，能够给观众带来极大的视觉震撼。DOTA2 是最早频繁运用 AR 技术的电竞赛事。2016 年，DOTA2 国际邀请赛 Ti6 运用了 AR 增强现实和全息投影技术，让观众们可以清晰地看到被选中的英雄栩栩如生地“降临现场”，感觉整装待发的英雄们都快要在比赛现场打起来了，整个现场气氛都被炫酷的 AR 视觉效果所点燃，如图 7-1 所示。

2017 年，英雄联盟全球总决赛使用 AR 技术制作的远古巨龙也同样使观众大为震撼。AR 巨龙是电竞 AR 技术“破圈”最成功的一次展示，主办方通过两台摄像机实现了远古巨龙降临北京鸟巢体育场的壮观画面。王者荣耀职业联赛 KPL、世界冠军杯和冬季冠军杯同样多次使用 AR 和 MR 技术，展示过“鲲翔于天”的场景，如图 7-2 所示。

图 7-1　Ti6 中的 AR 技术运用

图 7-2　2018 年 KPL 春季赛总决赛中的 AR 巨鲲

2020 年，英雄联盟全球总决赛在上海举办，受疫情影响，除最终总决赛开放了一定线下观赛名额外，其他比赛均无现场观众。为了弥补观众的遗憾，增强比赛的氛围渲染，《英雄联盟》开发商拳头公司（Riot）的赛事制作团队在本次赛事直播中大量采用了增强现实（AR）、混合现实（MR）以及混合实时渲染技术，并将其称为“XR”，将原本朴实的比赛房间“装饰”成了充满科幻元素的竞技场，如图 7-3 所示。

与此同时，国内科技公司 Rokid 与腾讯游戏合作，共同在上海打造“城市峡谷 AR 观景台”，在观景台戴上 AR 眼镜 Rokid Vision，看向上海东方明珠塔，即可在 AR 中观看 S10 现场比赛直播，也可以在 AR 中看到《英雄联盟》里的远古巨龙，仿佛置身于游戏中的召唤师峡谷。

图 7-3 S10 在直播中运用 XR 技术制作的画面

如今，AR、VR、MR 技术在电子竞技赛事转播中的应用日渐广泛，逐渐成为赛事转播的标配。从前被观众视为“黑科技”的技术成为赛事转播的常规转播技术，这就是赛事制作与执行的进步性。除此之外，在广电技术、IT 技术的综合应用方面，电子竞技赛事制作与执行也在不断地进行技术更迭和新技术的开发，力求呈现更好的视觉效果，给观众身临其境般的震撼体验。

7.1.2 赛事制作与执行的目标

赛事制作与执行的目标主要有 4 点，分别是高效运作确保赛事顺利、艺术与科技结合制作赛事内容、产出优质的赛事及周边内容和提升现场观赛体验。

1. 高效运作确保赛事顺利

赛事制作与执行最基本的一个目标就是，通过高效的团队合作，推进赛事顺利进行，并及时解决突发状况。

赛事制作与执行横跨前端执行、前后端交互、后台制作三个大的工作模块，包括舞台搭建、观众引导、现场导演、导播等几十个小的工作模块，一场大型电子竞技赛事，往往需要几百名工作人员相互配合共同完成。如此多的工作岗位、工作人员，工作小组之间、工作人员之间的工作沟通和对接能否做到顺畅无误，一项任务能否快速准确地传达并执行下去，关系着赛事能否顺利地呈现在观众眼前。电子竞技赛事制作与执行有其规律和特点，因此，根据工作流程和工作内容建立一套适用于所有模块的工作标准，确保日常工作的有效进行，并根据实际情况随机应变解决突发状况，才能够实现赛事制作与执行的高效运作。

2018 年 6 月底，王者荣耀邀请六大赛区角逐王者荣耀冠军杯预选赛，地点选在澳门。然而，留给赛事主办方腾讯、赛事承办方英雄体育 VSPO 的筹备时间却只有短短的一个半月。对于澳门政府、腾讯和实际操作的英雄体育 VSPO 而言这都是一个显而易见的困难。作为赛事承办方，英雄体育 VSPO 以高效的团队协作能力完成了赛事的筹备和举办。

通过澳门电子竞技竞赛产业总会的引荐，英雄体育 VSPO 在短短的一个月时间里接洽了大量的澳门政府机构，其中包括了中联办、经济局、旅游局等政府高层，也接洽了澳广视、澳门电讯这样涉及具体合作的机构，当然还有澳门大学、澳门城市大学和学生社团等年轻人聚集地。

当电子竞技商业化程度越高之后，因为涉及了更多的商业利益，所以进入不同市场的难度也随之增大。一方面，对于赛事落地澳门而言，取得当地政府支持，解决劳工证是先决条件。另一方面，移动电竞对于网络的要求也是急需解决的难题。最终，劳工局的支持解决了前一个问题，而后一个问题则由腾讯的员工亲自将服务器运送至澳门，以及在英雄体育 VSPO 协同澳门电讯的深度合作下得到了解决。在顺利的筹备下，英雄体育 VSPO 的模块化内容制作能力有了发挥的空间，将“仓促执行”变成了“精心筹备”。

2. 艺术与科技结合制作赛事内容

赛事制作与执行要用丰富的艺术手法和科技手段制作赛事内容、在突出竞技精神，给予观众美的体验。

电子竞技与其他体育赛事不同，有其特殊性。电子竞技游戏原本就色彩炫丽、画面精致，在赛事制作与转播时，不仅要原汁原味地还原精致的游戏画面，更要结合游戏美术元素，给予观众更好的视觉体验。前文已有提及，精心设计的舞台表演和 AR 技术的运用，使电子竞技赛事内容具有了更强的观赏性。而 AI 技术在电子竞技赛事中的广泛应用，则能够制作出更加精彩的电子竞技内容。例如，虚拟解说的出现，就给电竞舞台增添了一抹独特而鲜亮的色彩，给予观众全新的新奇体验。

在观看一场电子竞技赛事时，除了选手的精彩表现之外，赛事解说也对观众体验有着很重要的影响。赛事解说不只是讲解整个赛事的主要进程和内容，还可以活跃整个比赛的气氛，很多精彩激昂的游戏画面，通过赛事解说的讲述，观众们才能够准确地了解赛场上的实际情况。如果没有赛事解说，观众只是单纯地观看比赛画面，享受到的乐趣将会大打折扣。2021 和平精英职业联赛 PEL S3 总决赛上，虚拟解说“占乐乐”首次登上舞台，与官方解说屈涛搭档解说了两场比赛，给观众带来了惊喜与乐趣。

3. 产出优质的赛事及周边内容

赛事制作与执行的另一个重要目标，就是产出优质的赛事及周边内容，为内容传播提供宣传素材。

赛事影响力的扩大是通过内容传播来实现的，但是内容传播的前提是制作精良的赛事内容以及赛事周边内容。赛事内容的精彩与否，一方面与选手和战队息息相关，另一方面也与赛事制作水平紧密相连。除了比赛内容以外，在进行赛事转播时，还有许多类型丰富的内容可以提供给观众。例如，在比赛前和比赛间隙，在第二现场请来赛事相关KOL和主持人，以不同于赛事解说的、更加娱乐化的方式对赛事进行解读，发掘赛事相关的"梗"和"金句"，产出与赛事紧密相连的、具备娱乐性和传播爆点的内容。又例如，为选手佩戴生命体征监测设备，在比赛中实时展现选手的心率、呼吸频率等因素，可以使观众对选手的状态更加了解，也让选手们不同的性格特点通过这一数据被挖掘出来。

总之，赛事制作与执行的每个环节，都可以为了更加精湛的视觉效果和娱乐效果而进行升级与优化，最终产出更加优质的赛事及周边内容。

4. 提升现场观赛体验

观赛体验的良好与否，影响着赛事能否进一步扩大受众群体、提升影响力。观赛体验包括很多方面：对前往线下观看赛事的观众来说，大屏幕悬挂的位置、现场灯光音响效果设计、音量的大小、观众席座位的舒适度、解说的专业性、餐饮服务是否到位、比赛场馆的交通便利与否、引导支持服务是否到位等，都会影响观众的观赛体验；对通过网络收看赛事转播的线上观众来说，转播流程是否合理、赛事视觉包装是否美观、直播中播出的赛事周边内容是否精彩有趣、弹幕内容是否健康且有趣、广告内容出现的频率与方式等，都是影响观众观赛体验的因素。

为了提升现场观赛体验，比赛日赛事制作与执行的工作必须十分细致，充分考虑观众的需求，让每一位观众都获得宾至如归的良好观赛体验。

7.1.3 赛事制作与执行的产出

赛事制作与执行的产出主要有两点，分别是赛事内容及赛事周边内容与赛事内容版权。

通过高效协作和多元化的艺术制作，赛事制作产出了精良的赛事内容以及赛事内容版权。除了电子竞技游戏客户端内这一收看渠道外，其他平台要想转播某一项电子竞技赛事，必须购买赛事版权。电子竞技赛事内容及其周边内容在传媒渠道的传播及二次传播，也都需要获得赛事版权方的授权。媒体版权收入是电子竞技产业营收的主要收入之一，版权价值的高低，反映了一项电竞赛事影响力的大小。

赛事制作与执行必须以高效的方式制作出内容精良、广受观众喜爱的赛事内容及周边内容，不断提高赛事内容的影响力和版权价值。对于电子竞技商业化来说，赛事制作与执行的标准化、模块化非常关键。

7.2 前端执行概述

在赛事制作与转播的工作中，根据工作区域的不同，以及工作内容与观众关联程度的不同，可以将赛事制作与执行分为前端执行、前后端交互和后台制作三部分。本章将对前端执行部分的工作进行详细的讲解。

7.2.1 前端执行的定义

在电子竞技赛事制作与执行中，前端执行是指在舞台、外场等观众可接触区域进行的、与观众及选手直接接触较多的工作。前端执行的工作分为两部分，一部分是活动前的准备工作，另一部分是赛事执行日的工作。

前端执行中对于“前”的界定是以舞台为基础的，前端的范围是与观众和选手有直接联系的区域，包括选手可以活动、观众可以看见但无法触达的舞台区域，以及观众可以直接到达并活动的场馆出入口、活动及互动区域、观赛区域、餐饮区、卫生间、停车场等区域。前端执行工作是整个赛事制作与执行中，与人接触、互动最多的工作，与其他模块的工作有很大的不同，这部分工作的核心性质是服务，服务观众、服务选手，有序引导选手参与比赛，为观众提供舒适的观赛体验。

对于前往线下场馆观看电子竞技赛事的观众来说，他们对于赛事的印象，很大程度上取决于前端执行工作。场馆附近的公共交通与停车是否便利，进入场馆的程序是否烦琐，现场环境是否整洁，现场的餐食是否可口，舞台置景是否美观，现场音效和灯光是否震撼，观赛大屏幕数量与距离是否合适……这些细节决定了观众对于一场赛事的直接评价。因此，前端执行工作是提升线下观赛体验的关键，需要处理好前端执行中的各项工作，让每一位观众遇到问题时得到及时的帮助与指引，得到放松、愉悦、顺畅的观赛体验，乘兴而来，高兴而归。

前端执行工作中，活动前的准备工作包括舞美特效、外场、视听及灯光搭建、服化道等内容，也就是除后台区域和工作区域之外观众可接触区域、可活动区域的构建。前端执行的准备工作主要是对观众的视听体验负责，美轮美奂的舞台场景、富有节奏感的灯光编排、震撼的大屏效果与音响效果、精致的服化道，都能够让观众在观赛时获得美的体验。而赛事执行日的工作，包括观众引导及管理、安保管理、现场餐饮及交通等，主要是对观众的消费体验负责。电子竞技赛事是一项文化内容产品，观众作为文化产品的消费者前来观看比赛，理应得到周到的服务与良好的观赛体验，获得舒适的消费体验。

前端执行在很大程度上影响了赛事在观众心目中的印象，是建立赛事良好口碑、树立赛事品牌形象的关键性工作模块。

7.2.2 前端执行的工作内容

前面已有提及，前端执行的工作内容分为比赛前的准备工作与比赛日的执行工作。

1. 比赛前的准备工作

前端执行比赛前的准备工作包括舞美及特效搭建、外场及功能区域搭建、视听及灯光AVL搭建、服化道。

（1）舞美及特效搭建是指赛事舞台区域的舞美搭建和特殊的效果装置搭建，为选手提供比赛空间和烘托比赛氛围，为舞台表演提供具有艺术感的舞台置景。当观众在观赛区域坐定，首先映入眼帘的便是宏大的舞台，优美的舞美效果能够在第一时间给观众视觉冲击，大大提高观众对于接下来的比赛和表演的期待。与之相反，如果观众看到的是简陋的舞台场景和粗糙的舞台道具，不仅无法体验到美感，甚至还会影响观赛的心情，让他们对赛事的印象大打折扣。

（2）外场及功能区域搭建是指选手房间、采访间、工作间等功能性房间的布置及比赛场外的互动体验区、宣传区布置。在比赛进行当天，选手、观众、媒体、嘉宾、艺人、工作人员等不同身份的人员都会聚集在场馆，他们的需求各有不同，为了能让不同群体在比赛日获得良好的体验，需要在场馆搭建不同的功能区，以满足不同的需求。化妆间是为选手及艺人化妆而准备的专门场所；采访间是为方便媒体采访而准备的专门场所；互动体验区是为了丰富观众的观赛体验，让其在比赛正式开始之前进行娱乐的区域；宣传区是面向观众和嘉宾，传递比赛相关信息的区域。

（3）视听及灯光AVL搭建包括大屏幕、灯光、音响等，烘托比赛氛围并与比赛环节产生互动，为现场观众打造极致的视听盛宴。在比赛开始之后，舞台区域与观赛区域，影响着观众感官的便是大屏幕、灯光以及音响效果，通过声、光、电的有机组合，营造出紧张激烈的观赛气氛，能够让观众获得极致的观赛体验。例如，在MOBA类赛事中，如果爆发了激烈的团战，这时灯光节奏变快，游戏中的角色被击倒时，音响发出震耳欲聋的音效，沉浸在赛事中的观众也仿佛进入游戏场景中，身临其境地感受激烈的对战。

（4）服化道包括选手、解说、主持人、表演人员的造型设计和妆容设计、服装搭配，以及小型舞台道具的准备等。经过适当的化妆和服饰搭配，选手、解说、主持人以及表演人员将以良好的精神面貌登上舞台面对观众，将积极的情绪传递给观众。

2. 比赛日的执行工作

前端执行比赛日的执行工作包括安保管理、观众引导及管理、证件及票务管理、现场餐饮及交通、安全及医疗保障、保洁管理、选手组织与管理。

（1）安保管理是大型赛事活动安全秩序的重要保障，在开展工作的过程中会涉及观众、参赛选手、工作人员、演艺人员、嘉宾等各类人员，有效地疏导人流动线、维持区域秩序、控制证件出入权限、保障比赛现场的安全是安保工作的重点。根据场馆及功能区域的不同，在各区域应当配备数量不同的安保人员，以维持比赛场馆的正常秩序。

（2）观众引导及管理人员负责有序引导观众进场和散场，防止因人群拥挤而引发的安全事故。较大的比赛场馆往往地形复杂，即使设置了指引路牌和路标，也会发生观众找不到路的情况，在人流量较大时，一旦某个区域有人静止不动，便会造成人流拥堵，引发安全隐患。为了保持观众在各个动线上的流畅移动，应当在其动线上设置一定数量的引导人员，明确地告诉观众移动的路线，引导观众快速通过当前区域，到达目的地。

（3）证件及票务管理人员负责工作人员证件的制作、发放、管理、验证，以及比赛门票的验票、检票工作，阻止无关人员进入比赛场地和工作区域。比赛场馆是人群聚集之地，为了防止不法分子进入场馆，要通过严格的证件及票务流程审核入场人员身份。观众进入场馆前必须验证门票、身份证，经过严格的安检。工作人员、选手、嘉宾、艺人则凭证件从专用通道进入场馆，证件实名制，一人一证，不同的证件有不同的通行区域。

（4）现场餐饮由经过赛事方和场官方筛选考核的供应商提供，通常在比赛现场提供汉堡、三明治、薯条、饮料等方便食用的快餐。现场交通需要设立交通指示标识引导观众，在公共交通与场馆间提供接驳车等，方便观众来到场馆观赛。

（5）安全及医疗保障人员在比赛场馆待命，一旦选手、工作人员或者观众出现健康问题，医疗人员将及时施以医疗救助。

（6）保洁管理人员负责组织保洁人员，在比赛进行期间和比赛之后对比赛场馆进行打扫清洁，保持比赛环境干净整洁。由于人群的大量聚集，以及现场提供餐饮，比赛日场馆内外会产生大量的垃圾，若不能及时清理垃圾、保持环境的整洁，便会极大地影响场馆环境，影响观赛体验。

（7）选手组织与管理人员负责在比赛日组织选手参加比赛，引导选手有序前往化妆室进行化妆造型，选手每局比赛间上场下场、场间休息以及参加比赛日其他活动等，都需要选手管理人员全程陪同。选手管理人员的存在，让选手能够在比赛日专注于比赛，比赛之外的活动与安排，全部由选手管理人员引导参与。

7.3 比赛前前端执行工作

前面已有介绍，前端执行工作分为两个阶段，分别是比赛前前端执行工作及比赛日前端执行工作。比赛前前端执行工作的重点是各区域的搭建与准备工作，主要涉及区域包括场内表演及观看区、场内其他区域、外场区域以及后台区域。本节将详细讲解比赛前前端执行的各项工作。

7.3.1 赛前准备及环境布置

比赛前前端执行工作的核心内容是，根据赛事制作与执行的需求，搭建好不同的工作区域，准备好相应道具。比赛前前端执行工作涉及的区域以及各区域的细分区域如图 7-4 所示。

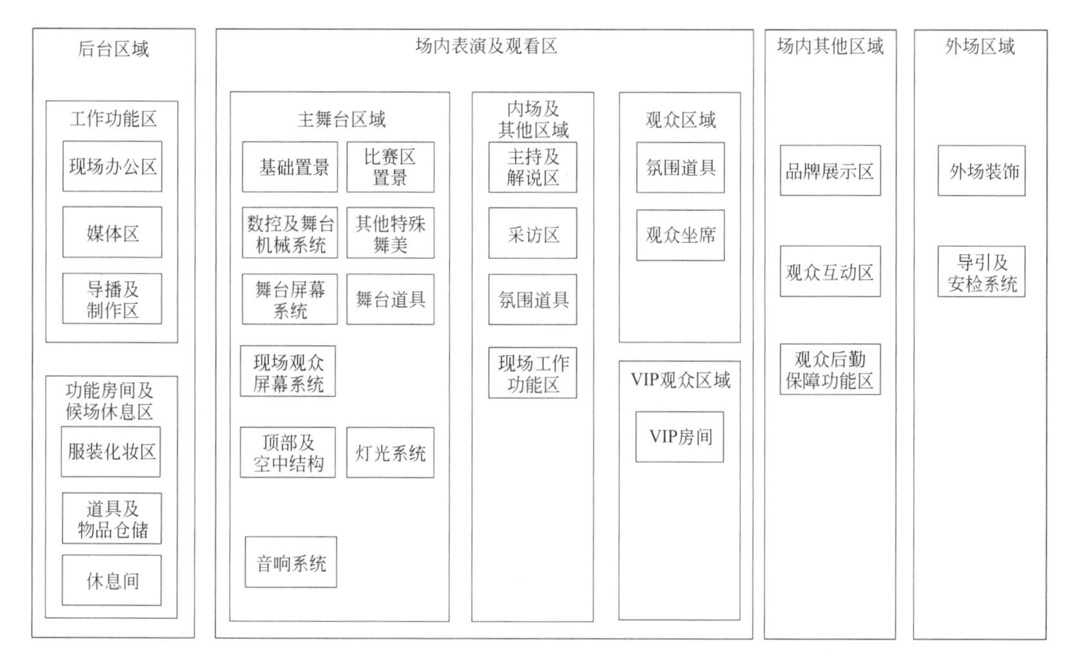

图 7-4 赛前准备及环境布置示意图

从图 7-4 中我们可以看到，赛事制作与执行所涉及的场景主要分为四大区域：后台区域、场内表演及观看区、场内其他区域、外场区域。

后台区域的主要功能是办公、候场休息及仓储，使用者主要是赛事工作人员、职业选手、艺人及嘉宾等。后台区域又可分为工作功能区与功能房间及候场休息区两部分，工作功能区包括现场办公区、媒体区域以及导播及制作区；功能房间及候场休息区包括服装化妆区、道具及物品仓储、休息间。

主舞台区域是选手及表演嘉宾活动的区域，也是观众观赏的核心区域，设计图上的舞美效果将在这里通过前端执行工作逐一实现。主舞台区域的准备工作涉及基础置景、比赛区置景、数控及舞台机械系统、其他特殊舞美、舞台屏幕系统、舞台道具、现场观众屏幕系统、顶部及空中结构、灯光系统、音响系统。可以看出，电子竞技的舞台设计已经与大型晚会、演唱会相差无几。虽然电子竞技舞台的核心功能是为选手提供竞技场所，但是随着赛事制作水平的不断提升和观众审美需求逐渐多元化，电子竞技舞台也逐渐转变为集竞技、表演为一体的、具有高观赏性的演出舞台，电子竞技赛事输出的不仅仅是高质量赛事内容，同时输出的还有涉及游戏美学、舞台美学以及音乐、舞蹈、表演等其他许多艺术领域的文化内容。电子竞技舞台既是体育竞技的舞台，也是承载着电竞文化、传统文化等多元文化的艺术舞台。

内场及其他区域与主舞台有着紧密的联系，其主要功能是配合主舞台完成比赛日的现场工作，包括主持及解说区、采访区、氛围道具区、现场工作功能区。内场及其他区域一般设置在舞台的周围，距离舞台很近的地方。

观众区域分为普通观众区域与 VIP 观众区域两部分。普通观众区域的工作内容包括氛围道具准备与观众坐席准备；VIP 观众区域则是比普通观众区域私密性更高、视野更好的观赛空间，一般为独立的房间，房间内准备沙发、饮料、零食、纸巾等物品。

场内其他区域包括品牌展示区、观众互动区和观众后勤保障功能区。品牌展示区是专为电子竞技赛事赞助商露出品牌信息而准备的区域，在该区域会展示或者售卖品牌产品，还有大幅品牌形象图露出。观众互动区的设置，是为了让提前到达场馆的观众能够在赛前休闲娱乐，放松心情，互动区常见的活动包括合影背景板、与游戏角色 cosplayer 合影、游戏及赛事周边售卖等。观众后勤保障功能区是为了满足观众突发需求而准备的功能区，在此区域会准备常用药品、急救工具、常用生活物品等，以满足观众的不时之需。

外场区域是指安检门之外的区域，观众在通过比赛现场安检门之后进入的区域就属于内场区域了。外场区域包括场馆附近的广场、步道与公路，在外场区域会布置与比赛相关的装饰，利用海报、易拉宝、旗帜等各种装饰物营造比赛氛围。导引及安检系统的布置，也是外场区域的一部分。

7.3.2 舞美及特效搭建

比赛前前端执行工作中，舞美及特效搭建工作是最为重要的。在舞美及策划环节已经产出了舞美效果图，舞美及特效搭建负责按照效果图进行舞台场景搭建和布置，将舞美效果图变为真实的舞美效果。

根据舞美效果的复杂程度不同，舞美及特效搭建的周期短则一天至三天，长可达一周至两周。观赛人数在五百人以下的中小型赛事，舞美及特效搭建往往较为简单，舞台规模较小，主要包括比赛竞技区域和选手亮相展示区，亮相展示区可兼作采访区或者进行简单表演。这样的舞台结构简单，在舞台特效和置景方面的要求较低，因此搭建速度较快，几天之内便可以搭建完成。

大型电子竞技赛事的举办场所，一般是超大型体育馆或演艺中心，可容纳几千甚至上万名观众。这样的大型赛事，其舞美设计艺术性较高、舞美效果观赏性较高，与此同时，搭建难度也比较高，搭建周期较长。由于电子竞技舞台的特殊需要，对顶部承重、层高有一定的要求，如果场馆自身条件不理想，还需要进行额外的改造，以满足电子竞技舞台的需要。

大型电子竞技舞台的舞美及特效搭建，涉及置景、机械、道具、音响、灯光等多个方面，主要包括基础置景、比赛区置景、数控及舞台机械系统、其他特殊舞美、舞台屏幕系统、舞台道具、现场观众屏幕系统、顶部及空中结构、灯光系统、音响系统。其中屏幕系统、灯光系统及音响系统的搭建，又被称为视听 AVL 搭建，将在后面“视听灯光 AVL 搭建”部分细讲，这一部分将会着重讲解视听灯光 AVL 搭建以外的部分。

舞台分为固定舞台和可移动舞台两种，可移动舞台的舞台底部带有滑轮，可以根据演出需要移动舞台，达到更好的演出与互动效果。使用较多的是拼装式舞台，也称为快装式活动舞台，这种舞台可灵活拆装，高度可以均匀调节，安装拆卸快速，运输方便，如图 7-5 所示。

图 7-5 拼装式舞台

将拼装式舞台按照舞美效果图进行整体组装，地面舞台的主体便完成了，如图 7-6 所示。

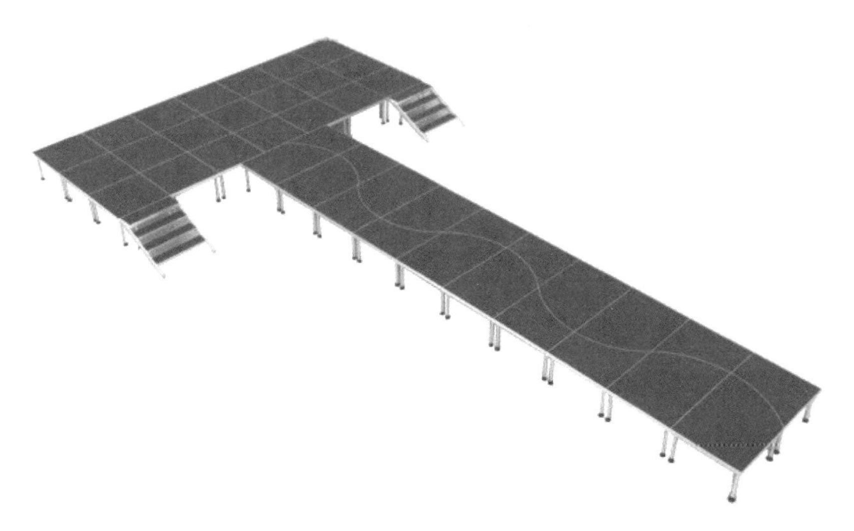

图 7-6 拼装式舞台主体示意图

地面舞台主体完成之后，便可以进行立体结构的搭建。舞台的立体结构，一般使用金属或木制桁架进行搭建。桁架是一种由杆件彼此在两端用铰链连接而成的结构，如图 7-7 所示。

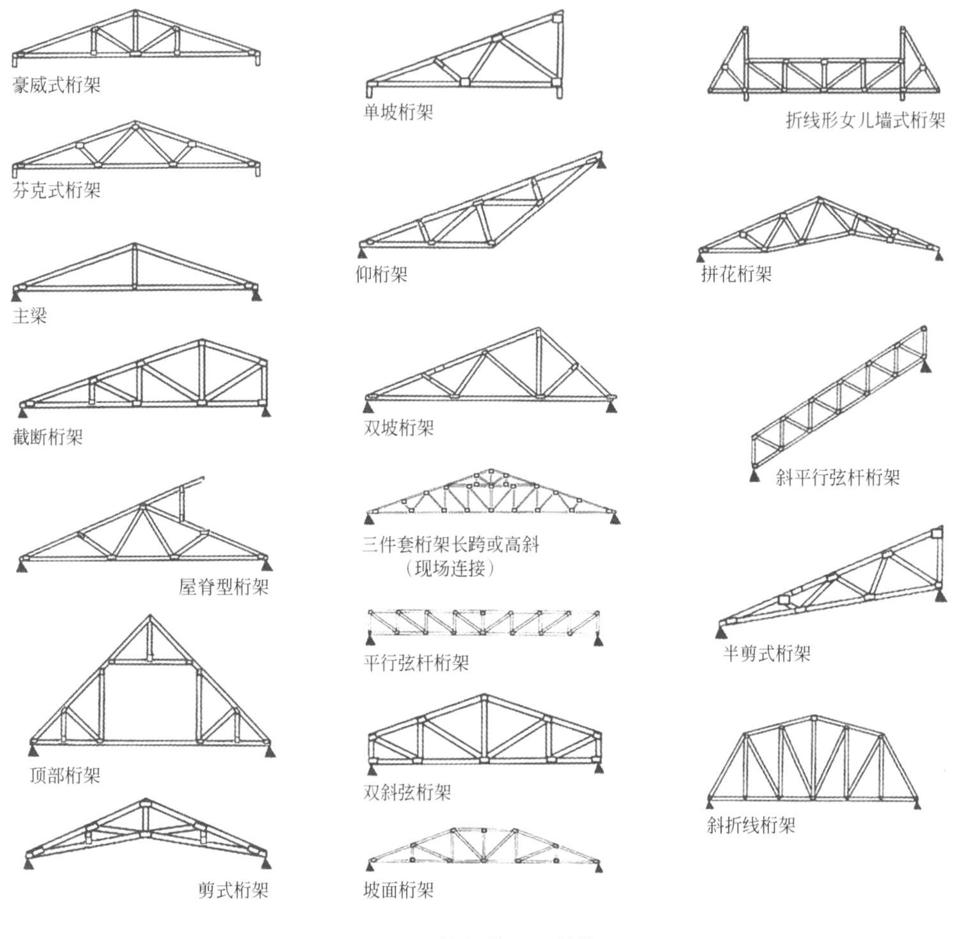

图 7-7　桁架的不同结构

将不同结构的桁架组装起来，就可以搭建出呈各种形状的舞台立体结构。舞台立体结构主要用于悬挂灯光设备、大屏幕设备、音响设备、其他设备或装饰物。较为简单的舞台立体结构组装完成后如图 7-8 所示。

地面舞台及舞台立体结构搭建完成后，便可以进行置景和舞台道具准备，以及视听及 AVL 搭建。电子竞技赛事舞台比赛区的置景，需要在舞台两侧搭建比赛用桌，比赛桌面对观众一面悬挂大屏幕，同时选手身后也需要悬挂大屏幕，大屏幕用于展示选手及队伍信息、赛事主 KV 等。除此之外，还可根据需要使用不同材料对舞台进行装饰，利用灯条、灯带等营造紧张激烈的竞技氛围。比较经典的比赛区舞台置景如图 7-9 所示。

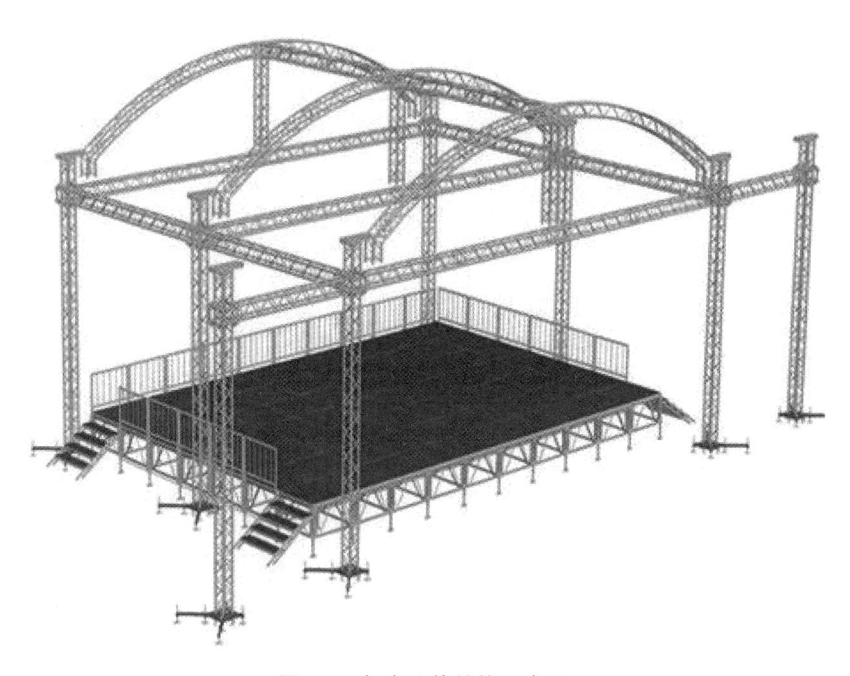

图 7-8　舞台立体结构示意图

图 7-9　电子竞技舞台比赛区置景

主舞台区域的置景比比赛区更为复杂，需要用到不同的舞台设备，搭建数控及舞台机械系统，并辅以制作精美的舞台道具。如图 7-10~ 图 7-12 所示，2021 年 KPL 王者荣耀职业联赛秋季赛总决赛的舞台主体为多面体构成的拱形结构，现场舞美除了常规灯光以外，还引入了数控技术手段，让灯光跟随舞台仪式与空间变化，产生相应的效果反馈。整个舞台利用真实的水面链接呈现出更加完美的镜像效果，运用 AR 技术将虚拟世界中的英雄画面与现实舞台上的选手相结合。

图 7-10　电子竞技主舞台区——选手展示

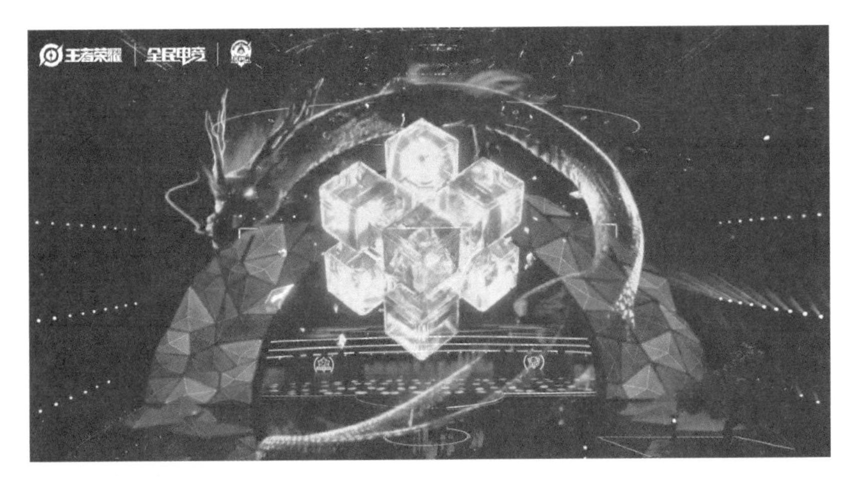

图 7-11　电子竞技主舞台区——空间特效

图 7-12　电子竞技主舞台区——AR 技术

舞台顶部及空中结构主要用于悬挂灯光设备、灯光设备及大屏幕设备，承重较大，如图 7-13 所示。观众可以看到舞台顶部结构悬挂的各种灯光设备，营造出如梦如幻的舞台氛围。

图 7-13 电子竞技主舞台顶部结构

主舞台及比赛区舞台的地面舞台、立体结构、顶部结构完成后，舞台便初具雏形了，接下来便要进行视听灯光 AVL 搭建。

7.3.3 视听灯光 AVL 搭建

视听灯光 AVL 搭建是指舞台音响系统、大屏幕系统、灯光系统的搭建。前一节讲到的舞美及特效搭建，重点在于静态舞台结构及舞台外观的搭建，而视听及灯光 AVL 搭建涉及的则是舞台上实时变化的大屏幕效果、灯光效果及音乐效果。静态舞台只是搭建出了理想的外形，而要让舞台真正活起来，具有震撼人心的舞台效果，则要靠大屏、音响和灯光三者结合，渲染出触动人心的舞台效果，从视觉和听觉上给观众强烈的刺激。

舞台灯光是一种用灯光作为造型方法，在舞台上对演出进行照明和造型的艺术，是舞台美术的造型手段之一。在舞台上，不同颜色、不同类型的灯光能够营造出各种各样的情绪氛围，按照一定的节奏和规律，对不同颜色、不同类型的灯光进行编排，根据演出的节奏和现场展示灯光效果，是舞美效果中的重要部分。舞台灯光会对舞台上展现的布景、服装、化妆、道具进行二次着色，统一和协调舞台画面的色彩，光的色彩能够有效地渲染气氛。舞台灯具按光学结构可分为泛光灯、聚光灯和幻灯三类；按舞台上安装的部位则又有面光、耳光、脚光、柱光、顶排光、天排光、地排光以及流动光之分。

灯光系统由灯光控制设备以及灯具组成。在进行灯光系统搭建之前，要根据舞台和场馆的情况绘制灯光设计图，包括灯位总图和灯光管理资料。灯位总图中要标明各灯位使用的常规灯灯具种类、功率、色标号、灯号、并联状况、电脑灯的灯号、种类、换色器的编组等。图纸的绘制应尽可能采用国际照明学会所推荐的符号。灯光管理资料主要是指灯光管理总表，后附有常规灯具配接表、分组表、电脑灯具的简明灯位编号表、换色器的编组表。图 7-14 是某个舞台灯光系统设备布置平面图的示例。

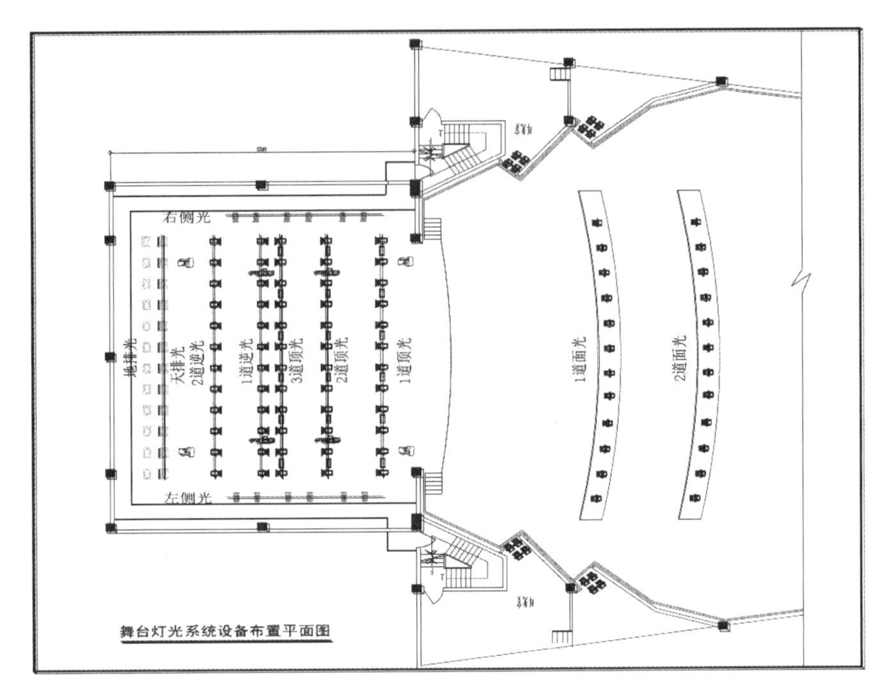

图 7-14　舞台灯光系统设备布置平面图的示例

在电子竞技赛事舞台，主要使用灯光控制台控制灯光，如图 7-15 所示。灯光控制台是以国际通用的 512 信号来对灯光亮度和各种效果进行编辑、记录、控制的计算机调控设备或手动控制设备，通常可分为数字调光台和模拟调光台。

图 7-15　灯光控制台

在电子竞技赛事舞台，舞台屏幕是用于展示比赛画面、赛事相关信息以及特殊视觉效果的道具。舞台屏幕使用一块块小的 LED 拼接而成，如图 7-16 所示，工作人员根据不同区域的需求拼接成合适大小的屏幕。

图 7-16　舞台 LED 屏幕

通常，比赛区会设置大面积的舞台屏幕，置于选手身后，展示选手及比赛相关信息，在比赛开始后，比赛画面将投射到巨大的屏幕上，方便观众观看。如图 7-17 所示，舞台正中央以及左右两侧比赛区共有三块大面积屏幕，两个比赛桌正面也布置了屏幕，该区域总共由五块矩形屏幕构成。这样的屏幕布置方式是电子竞技赛事舞台比赛区经常使用的常规屏幕布置方式。根据场馆的不同情况，比赛现场可能会悬挂更多的屏幕，用于展示比赛画面，以保证每个区域的观众都可以观看到清晰的赛事画面。

图 7-17　比赛区 LED 屏幕示例

表演舞台的大屏幕，则是根据舞台表演的需求，在地面和空中的不同区域布置 LED 屏幕。例如，在 2021 年 QQ 飞车手游 S 联赛秋季赛总决赛当中，赛事承办方英雄体育 VSPO 首次使用超长投影幕进行舞台搭建，如图 7-18 所示。

QQ 飞车总决赛舞台设计理念来源于游戏内的赛车 ECU 元素，结合场馆的场地基础，整体采用四面台的舞台形式。因场地观众席座位较陡且无吊点结构，为满足观众的观看体验，在本次秋季赛总决赛现场，英雄体育 VSPO 第一次启用超长投影幕。舞台中 2 条延长线还摆放着 2 台车模，奖杯置于地台中心，两侧对战席箭头指向中间奖杯，营造出更加强烈的紧张感与冲击感。

图 7-18 比赛区超长 LED 屏幕示例

舞台上的 LED 屏幕由大屏幕控制系统进行控制，通过大屏系统可以实现对每一块 LED 小屏幕的精确控制，在不同的区域显示相应内容，制作方便，播放灵活。

音响系统也是视听灯光 AVL 搭建中的重要部分。专业的舞台音响器材包括监听调音台、功放调音台、便携式调音台、功率放大器、话筒、监听音箱、功放音箱、超低音箱、均衡器、混响器、效果器、延时器、压缩器、限幅器、分音器等众多设备。音响师根据舞台表演及赛事的具体需要，结合舞台及观赛区的空间位置关系，将音响设备布置在舞台的不同区域。音响系统的搭建，要保证音色质量，使现场呈现的声音悦耳动听、音色优美。

在比赛日之前，舞美及特效搭建的工作必须全部完成，并且提前进行彩排，检验舞美效果，以便在比赛日呈现出最好的舞台效果。

7.3.4 外场及功能区域搭建

外场区域的搭建，主要是指外场装饰、导引及安检系统的搭建。重大电子竞技赛事举办时，会使用赛事相关元素装饰场馆外围及场馆附近，或者在外场设置互动区域。2017 年英雄联盟全球总决赛 S7 的半决赛在上海东方体育中心举办，场馆外的旗杆悬挂各个战队的战旗，排队入场区域设置了选手照片大幅背景板，在场馆前的广场设置了互动区域以及 cosplayer 合影区，如图 7-19~ 图 7-22 所示。丰富多彩的外场装饰和活动区域，充分调动了观众的积极性，让观众在赛前获得了更多的休闲娱乐体验。

导引及安检系统设置在内场入口处，根据观赛人数对人流量进行合理估计，设置合适的入场排队流程，要保证观众能够快速入场，防止人员拥堵。设置在户外的入场排队区域，要根据天气情况设置凉棚、暖棚，或者加装制冷、取暖设备。规模较大、观赛人数较多的赛事，要设置多个安检入口，加快观众入场速度。

图 7-19　场馆外悬挂战队旗帜

图 7-20　入场排队区域照片背景板

图 7-21　互动区域

图 7-22　cosplayer 合照区域

功能区域主要是指后台区域的工作功能区、功能房间及候场休息区以及内场区域的现场工作功能区。一般来说，较为成熟的演艺中心或体育场馆会配备比较多的功能房间，以满足后台制作、仓储、候场、休息、化妆等多重需求。在这样的场馆举办比赛，不需要进行额外的功能区搭建，只需要将不同的功能房间划分区域，进行布置，相关工作人员即可直接使用。如果赛事举办场馆的功能间比较少，或者在露天举办比赛，就需要搭建临时功能区。

后台区域必须具备的工作功能区是现场办公区、媒体区和导播及制作区。现场办公区是除现场和导播间工作人员之外的赛事制作人员的办公区域。媒体区是前来进行赛事采访的媒体人员的工作区域。导播间及制作区是赛事制作的核心区域，赛事现场制作、推流传输等工作都在这里完成。

后台其他功能区包括服装化妆区、道具及物品仓储区以及休息间。比赛当日用到的大量物资及道具，例如赠予观众的应援棒、手幅、现场售卖的周边产品等，都需要储存在比赛现场，在后台区域必须分配一定的空间用于物资存储。休息间是选手、艺人及嘉宾临时休息的区域。在比赛时间之外，选手基本上都是在休息间度过的，因此休息间的布置既要舒适，又能够满足选手讨论战略战术的需求。通常在电子竞技选手的休息间，会配备舒适的沙发、白板、游戏地图等物品。艺人和嘉宾的休息间除了沙发、桌椅、纸巾等基本配置外，可根据需要额外添加家具及电器。服装化妆区用于存放舞台表演人员的服装、道具，为选手及演艺人员化妆造型。

7.3.5 服化道

服化道指的是服装道具准备以及化妆造型。服装准备包括电子竞技选手、教练、解说、演艺人员的服装准备；道具是指舞台相关道具的准备；化妆造型是指在上台之前，专业的造型师将会为选手、教练、解说及演艺人员进行化妆造型。

随着电子竞技赛事的制作越来越精良，赛事对于服化道的要求和标准也越来越高。在大部分电子竞技赛事中，选手上台前都会进行化妆造型，选手良好的精神面貌和造型也是赛事观赏性的一部分。在含有舞台表演的电子竞技赛事中，演艺人员的化妆造型任务与晚会、演唱会无异，需要专业的造型人员进行服装搭配及化妆造型。

在举办电子竞技赛事的场馆中，会安排专门的房间用于服装储存及化妆造型，舞台相关道具也会放置在专门的道具间，由相关人员负责管理。比赛当日，选手需提前来到场馆进行化妆和造型。一般情况下，一间化妆间及几个化妆台便可满足电子竞技赛事化妆造型的需求。当选手数量较多时，例如有几十名选手同时比赛，为了提高化妆造型的效率、避免选手等待时间过长，化妆间及化妆台的数量都需要增加，可能会有四五名甚至更多化妆师同时为选手化妆造型。

比赛日前端执行工作

比赛日前端执行工作十分庞杂，涉及数量庞大的不同人群，因此需要提前进行精细的规划和设计。在比赛日，大型赛事能够吸引数万名观众聚集到比赛场馆，除此之外还有选手及俱乐部人员、演艺人员、现场工作人员等都会在场馆进行活动。

为不同人群提供引导、服务与支持，防止比赛场馆出现人群拥堵及拥堵可能导致的恶性事件，时刻保持场馆内外行动通道的畅通无阻，让比赛当天各参与群体都能获得良好的比赛体验、观赛体验，是比赛日前端执行工作的重点。

7.4.1 比赛日前端执行工作的目标及要求

比赛日前端执行工作主要分为两部分，一部分是观众及嘉宾体验相关工作，另一部分是组织保障相关工作。

观众及嘉宾体验相关工作主要包括观众引导及管理、选手组织及管理和嘉宾及媒体的引导。前往线下场馆观看及参与比赛的观众、选手、嘉宾在比赛日的体验如何，关乎赛事的品牌形象及口碑。一场成功的电子竞技赛事，不仅要产出精彩的比赛及赛事相关内容，也要让参与比赛的相关人员体会到宾至如归的感觉。无论是选手、观众、嘉宾还是演艺人员，各方的需求都需要被满足，大家各得其所，才能获得舒适的体验。为此，要针对选手、观众、嘉宾及演艺人员的不同需求，提前策划，为他们设计不同的动线、规划不同的引导管理方案。

组织保障相关工作主要包括证件及票务管理、现场餐饮及交通、安保管理、保洁管理、安全及医疗保障。对于大型线下赛事来说，组织保障工作的压力十分巨大。数万人聚集在比赛场馆，在人员疏导和动线设计方面稍有差池，就有可能引发人群拥堵，继而引发群体性突发事件，造成人民群众的健康和财产损失。在人群聚集的地方，不法之徒也有可能趁机混入，实施盗窃、抢劫等侵害群众利益的不法行为，因此要加强安全保障工作，将危险因素排除在比赛场馆之外。另外，场馆的医疗保障也要跟上，一旦有人员突发疾病，要在黄金时间内进行初步救治，最大限度地保障人员的生命健康。

比赛日前端执行工作的目标及要求是：选手、观众、嘉宾及演艺人员在引导之下，井然有序地进行活动，体验良好，合理诉求都能得到满足；比赛现场秩序井然，各通道畅通无阻，没有人员车辆聚集拥堵的情况；保持比赛场馆内外环境的洁净；若发生突发事件，安保人员要能按照应急方案，及时疏散人群、保护群众生命财产安全。

7.4.2 观众引导及管理

观众引导及管理的工作内容繁杂，头绪众多，工作区域主要集中在外场及内场观赛区，可见度高，能够对观众的观赛评价产生重要影响。在观看赛事期间，与观众直接接触最多、互动最多的就是观众引导及管理人员，他们对待观众的态度、引导工作完成的质量，直接决定着观众能否有一个愉悦、舒适的观赛体验。

观众引导及管理工作主要包括：外围观众引导协调、安检协查、座席区及场内其他区域观众引导与秩序维护、观众需求处理、观众信息咨询等。

观众引导及管理工作的基础是完善的动线设计方案，并放置足够多的指示牌。观众进入场馆的动线、撤场动线、就餐动线、商品购买动线等，要在实地考察场馆及场馆周边状况后，根据场馆的地图进行设计。在设计好动线之后，从场馆周围，甚至是从地铁站、公共汽车站开始，就要按照设计好的动线放置显眼的指示牌，确保观众能够按照指示牌的引导顺利抵达场馆、通过安检、顺利入座。观众进入场馆的动线从场馆附近的下车点开始，一般是：地铁站 / 公交车站—场馆外围安检口—外场—内场环廊—观众看台就坐。观众的撤场动线与进场动线相反，一般来说，检票口安检设备在规定安检时间结束后撤除，所有场馆出入口改为纯出口。

外围观众引导协调是指在场馆外围引导观众到达互动区域和入场安检通道，防止大量人群滞留在场馆外围堵塞通道。当观众来到陌生的场馆后，即使看到指示牌，也不一定能够准确地找到位置，往往需要位于场馆外围的工作人员指引，才能较快抵达目的地。

安检协查工作人员是指在安检口附近协助安检人员，并引导观众按照安检要求快速通过安检的工作人员。在安检之前，观众经安检协查人员的提醒，可提前将不符合安检要求的物品从背包中取出，做好安检准备，快速通过安检。为了保障场馆和比赛的安全，必须对入场人员进行仔细的安全检查，这样一来入场的速度也势必会减慢。为了防止队伍拥堵，需要安检协查人员辅助安检工作，提前告知观众安检须知，解答观众对于安检的疑惑，让观众在抵达安检口时可以顺利通过，尽量不在安检口滞留。

座席区及场内其他区域引导观众与维护秩序的工作人员，主要负责引导观众快速落座或抵达其他目的地，维持各观众动线的畅通无阻，在比赛开始时提醒观众遵循场馆要求文明观赛，阻止情绪激动的观众在赛场做出不理智的行为。观众从安检口进入场馆内部之后，可活动的区域相比场馆外围缩小了许多，也更容易发生人群拥堵的情况。该区域内的工作人员要时刻注意引导观众前往目的地，防止观众在通道停留。在比赛开始之后，座席区的工作人员要维持现场秩序，阻止观众在座席区走动、大声喧哗、辱骂、吵架、打架等不文明观赛行为。

除此之外，观众引导工作人员还肩负着观众需求处理、观众信息咨询的工作。各负责区域的观众引导工作人员应当对场馆及比赛情况、观众可能产生的疑问了然于胸，及时告知观众所需的信息。当观众有特殊需求、需要帮助时，工作人员也应当及时满足观众的诉求、提供帮助。

在观众引导及管理工作中，要尊重观众、理解观众、第一时间帮助观众，以真诚友爱的态度和耐心细致的服务，为观众提供良好的观赛体验。

7.4.3 证件及票务管理

在比赛日，证件及票务管理工作人员主要负责在各出入口，检验进出场馆人员的资质，防止闲杂人等混入比赛场馆。观众凭纸质票或电子票进入比赛场馆，选手、嘉宾及工作人员凭工作证进入场馆相关区域。

在比赛日当天，证件及票务管理人员承担着观众门票检验、相关人员工作证检验的重要任务。大型赛事的票务工作涉及上万名观众购票入场观赛，因此需要做到严密监管，对票务系统提供充分保障，对检票人员进行严格监管，避免系统故障以及人员舞弊情况发生。负责检票、检证操作的工作人员，多数为临时招募的志愿者，以手检与机检两种不同形式从事检票、检证工作。现场还会有一名票务主管，负责监督、指挥检票志愿者进行工作，与赛事工作团队进行对接。

比赛场馆按照使用功能被划分为不同区域，不同的工作证件通行区域也各不相同。一般来说，会将比赛场馆划分为舞台区、观众席、外场、媒体区、休息区、包厢区、转播区、转播车等区域，然后按照赛事相关工作人员的工作性质，为其发放相应区域的通行证。例如，应主办方邀请前来观赛的嘉宾，可为其发放通行区域包括观众区和外场的工作证件，满足其观赛需求。针对职业选手，则为其发放可在选手休息室、化妆区、舞台区、媒体区等区域通行的选手证。对于赛事制作与执行团队的主要负责人，则为其发放可在全部区域通行的工作证，以便随时掌控赛事进程、处理突发状况。在各出入口，检票志愿者应当查验工作证上的通行区域后再予放行，避免没有通行权限的人进入相关区域，扰乱秩序。

一般来说，大型赛事都会设置两道检票口：第一道检票口为粗检，安排人员较少，仅要求观众以及持证人员提供门票或证件，凭肉眼识别真伪；第二道检票口为正式检票通道，安排人员较多，且每个入口均要安排 4 名以上检票志愿者进行作业。除了检票口以外，还要安排专门的纠纷处理区域。

检票志愿者如发现观众所持票有污损，二维码扫描不通过等情况，需将观众带至通道外，由纠纷处理人员核对观众购票信息及支付信息，如有必要则需要查验观众身份证等信息，信息核对无误后，按照检票处理。对于拒不接收处理的观众，情节严重者交由安保人员处理。如现场观众无票，则禁止入场并将观众请离检票通道外，劝离场馆，如有情节严重者交由安保人员处理。在检票过程中如确认观众所持票为假票，则将假票予以没收，并将观众请离检票通道外，劝离场馆，如有情节严重者交由安保人员处理。如观众票丢失，统一按照无票处理。如遇到极端观众拒不认同则将观众带至纠纷处理处协调各方管理人员另行商定处理。

7.4.4 现场餐饮及交通

完整地观看一场大型电子竞技赛事通常需要 3~5 小时，有时甚至需要更久，因此在条件允许的情况下，可以在比赛现场为观众提供餐饮服务。部分大型体育场馆或演艺场馆原本就提供餐饮服务，赛事制作与执行团队无须另外寻找餐饮供应商，观众可以直接在场馆内的餐饮区购买食品并就餐。对于不提供餐饮服务的场馆，则需要寻找符合场馆要求的餐饮供应商，在场馆内临时搭建餐饮区，为观众提供方便食用、干净卫生的美味餐食。

比赛当天数万名观众通过不同的交通方式来到场馆，如果交通管理不当，会造成场馆周边交通大面积拥堵，对观众的观赛体验和周边交通带来不好的影响。在比赛开始之前，就应当通过各种渠道告知观众前往场馆观赛需要注意的交通信息，包括公共交通信息、场馆及周边停车场信息、车辆禁停区域等情况，避免比赛当天观众因为不熟悉交通状况而滞留在场馆周围，阻塞道路。根据票务销售情况，可对比赛日前往场馆的观众数量进行预估，如果观众数量过于庞大，则需要交通部门协助在场馆附近的道路和地铁站、公共汽车站进行人流疏导，指导观众有序入场、退场，缓解交通压力。

7.4.5 安保管理

安保工作是大型赛事活动安全秩序的重要保障，在开展工作的过程中会涉及观众、参赛选手、工作人员、演艺人员、嘉宾等各类人员，有效地疏导人流，维持区域秩序，控制证件出入权限是安保工作的重点。

设立安保岗位是为了保障赛事举办安全平稳，确保各模块人员动线无误，在人身、财产、消防安全等方面进行监管，防患于未然。在比赛正式开始之前，应当根据场馆平面图、场馆座位图、内场通道等场馆相关资料，制定完善的安保方案，方案中要包括详细的人员动线规划和安保区域点位及职能规划。观众、直转播团队、工作人员、演艺人员、媒体、嘉宾的动线要根据实地情况分别规划，制定动线原则为：①观众与演艺人员、嘉宾动线分离；②场馆外围安检口以及场馆检票口需要设置专门的检证检票通道，以便持证人员、持贵宾包厢票观众快速通过排队进入场馆内；③使用物理隔绝以及安保点位隔绝两种方法，确保各模块人员动线正确。在规划安保区域点位和职能时，要根据区域的特点、可能经过的人员性质配备适当数量的安保人员，并明确规定其岗位职责和岗位形态。例如，出入口及疏散通道这一区域，其细分区域通常包括外围检票口、场馆入口检票口、内场演职人员检票口。这一区域安保人员的职责主要是：疏导人流，引导持票观众与持证人员进入不同入场通道；协助检票、检证；快速执行安检工作，以保证人流的安全畅通；劝阻观众携带易燃易爆易碎危险品入场，演出现场禁止一切瓶装及听装饮料入场。如遇突发事件快速打开紧急逃生门，该区域安保人员要疏导人员从安全通道有序撤出。该区域的安保人员岗位形态为定岗，无特殊情况不得擅自离开工作岗位，如需要离开则要安排相应人员接替其岗位。

安保人员必须聘用持有国家从业资质证书的专职人员，一般可委托给职业安保服务公司来进行招募。安保人员资质一经确认，需要进行各类岗前培训，大部分安保岗位为固定岗位，因此需要专人专岗，对岗位环境以及职责牢记于心，如无特殊情况不更换人员，尤其是主管人员。安保人员并不具有执法权，仅能在国家安全法律条例的规定下提供安全保卫服务。因此安保人员监管观众行为的本质是提供服务，而非强制执行命令，在与观众交流过程中需要注意语气态度礼貌端正。

7.4.6 保洁管理

在比赛日，众多人员聚集在场馆，会产生大量垃圾，必须有细致负责的保洁人员及时打扫，才能够使场馆一直保持干净整洁。在长期举办赛事的常规赛比赛日中，保洁工作的重点在选手休息室、内场、观赛应援区以及餐饮区，要保证这些地方整洁干净，容易沾灰的地方应提醒保洁至少每半小时清洁一次，并且在战队、观众到达场馆之前完成清洁工作。总决赛类短期执行日的保洁，每日的功能区保洁是比赛开始之前每日的工作重点，比赛执行日当天，舞台内场区的打扫为重中之重，进行保洁工作时应注意内场地上铺设的各类线材以及各类设备，给比赛队员一个干净整洁的比赛环境，给观众一个舒适的观赛环境。

赛事制作与执行团队一般会选取经验丰富、资质良好的保洁服务团队进行合作。根据场馆各区域的实际情况，赛事团队将保洁工作的标准和要求传达给保洁公司，由保洁公司组织保洁人员按时完成相应工作。保洁员统一穿着带有公司标志的衣服或佩戴胸牌，制服要求整洁无异味，注意个人卫生，工作时间必须穿工作服，工作服要整洁，纽扣要扣齐。保洁人员根据场地实际情况携带工具，具体为吸尘器、尘推、抹布、水桶、鸡毛掸、刮水器、清洁液、百洁布、扫帚畚箕等。除了例行保洁工作外，如遇紧急情况，如饮料打翻、应援区活动后留下垃圾较多等情况，保洁应及时清理干净；如饮料等翻倒在地毯上的印记无法及时清理，应先将翻倒在地毯上的饮料擦净后，待比赛结束时再仔细清洁地毯。

保洁工作到位与否，也能在一定程度上影响观众的观赛体验，赛事制作团队有义务为观众提供洁净良好的观赛环境。

7.4.7 安全及医疗保障

在比赛当天，可能会发生各种意外的情况，例如火灾、盗窃威胁群众安全的恶性事件、现场人员突发疾病等。为了保障场馆人员的安全及生命健康，赛事制作及执行团队应当提前制定完善的安全及医疗保障方案，准备好应对各项突发事件的应急预案。

在大型赛事活动中，一般会配备医疗保障人员和救护车辆，承担赛事进行期间的医疗救治任务，提前做好人员药品、设备仪器的准备工作，预留备用病床，设立急诊绿色通道，快速有效处置突发事件和救治危急重症患者，为观众和其他人员提供及时的医疗服务。

7.4.8 选手组织与管理

与综艺晚会及演唱会和线下公关活动执行相比，选手组织与管理工作是电子竞技赛事制作与执行中的独有模块。传统体育赛事制作转播中虽然也涉及选手组织与管理工作，但通常选手组织管理由赛事主办方负责，而转播制作人员只是负责赛事的转播。而在电子竞技赛事当中，选手组织管理与赛事转播制作通常由一个团队负责。电子竞技赛事选手组织与管理的相关内容，将在第 11 章电子竞技赛事制作与转播的独特模块中详细介绍。

第8章

电子竞技赛事制作与执行：前后端交互

8.1 前后端交互概述

8.1.1 前后端交互的定义

在电子竞技赛事制作与执行中，前后端交互是指与观众和选手相关区域以及后台制作区域都有紧密联系的工作。

前后端交互的工作区域主要是舞台区域及观众座席区。前后端交互与前端执行工作的区别在于，前后端交互的工作人员需要时刻与后台制作人员保持联系，配合后台制作的需要，确保舞台区域和观众坐席区域的工作有序进行。前端执行工作人员不需要与后台制作人员进行联系，只需要专注于前端执行的工作，让选手、观众、嘉宾等各方赛事参与者获得愉快舒适的观赛体验。

前后端交互工作人员要在与后台技术人员沟通顺畅的前提下，做好比赛现场的安排调度工作，维持比赛现场的公平与秩序，保证舞台效果能够良好地呈现。

现场画面是电子竞技赛事制作与转播的过程中的一部分，现场画面、游戏内画面、提前制作的视频及平面素材共同构成了完整的赛事直播内容。在进行转播时，后台制作的工作人员必须在导播间专注于制作工作，无暇顾及现场状况，只能靠前后端交互工作人员来推进现场工作、反馈现场情况。例如，当观众席出现了令人感动的或者形式新颖的粉丝应援，现场导演就可以通过语音通话设备将此情况反馈给导播间，然后导播调度摄像师进行拍摄，调取该画面在直播中播出。

在比赛进行的过程中，选手及教练上场、下场、互相握手致意等流程，都需要在前后端交互人员的引导下，按照导演组设计的动线来进行。前后端交互人员要时刻注意现场的状况，按照设计好的流程，适时调度视听 AVL 工作人员和摄像师，确保现场灯光、大屏、音响素材播放无误，摄像师将机器架设在正确的机位，各个角度的画面都能够被捕捉到。

前后端交互是现场和后台之间沟通的桥梁，是后台制作的“眼睛”，能够及时将前端区域的状况反映给后台制作人员，保证现场赛事稳定、有序地进行。

8.1.2　前后端交互的意义

前后端交互是在比赛执行日进行的工作，包括现场导演、摄像、视听及灯光 AVL 控制、解说评论、裁判、道具及特殊设备控制。

现场导演负责按照赛事流程及时调度选手、裁判、解说、选手管理人员、视听及灯光 AVL 等现场相关工作人员，确保赛事顺利进行，是前后端交互工作的总负责人。摄像负责对整个赛事过程进行录像，通过不同的摄像设备，全景式反映赛事现场的全貌。摄像师听从后台制作区域导播的调度，按照导播的需求拍摄合适的画面。视听及灯光 AVL 控制人员负责现场大屏内容的播放和现场灯光效果的切换。解说评论员负责在赛事现场进行赛事的解说点评工作。裁判负责在整个比赛对选手进行监督，防止影响赛事公平的行为发生。道具及特殊设备控制人员负责烟雾机、干冰机、威亚等特殊道具及设备的控制。后文将会逐一详细介绍前后端交互中的各项工作。

可以看出，前后端交互的工作紧密围绕着赛事制作流程，其实也可以将其称为后台制作工作在比赛现场的延伸，因为前后端交互的工作是遵循赛事直播流程而进行的。由于电子竞技这一体育项目的特殊性，前后端交互这一具有电子竞技特点的工作模块随之诞生。电子竞技赛事进行的过程中，需要同时用到声、光、电等广电转播设备以及高科技软硬件设备，它既是一场严肃的体育比赛，又像是一场微型的舞台表演。大篇幅展示的游戏画面，如果没有声、光、电设备放大游戏内的元素，用心营造现场氛围，辅之以趣味横生的解说，即使是对游戏了解很深的电竞观众，也难免会在几个小时的赛事观赏过程中感到无聊。

在其他的体育赛事中，即使观众不了解规则，也能够大致看明白场上的状况。谁进了球，谁和谁发生了肢体碰撞，谁犯了规，这些都是一目了然的、能够调动观众热情的、具有冲击力的画面。然而在电子竞技赛事中，观众长时间面对的是游戏内画面，他们无法像正在比赛中的选手一样身临其境地感受到对战的紧张感，游戏内角色的冲突通过屏幕传达出来，其紧张感和冲击感都有所削弱。前后端交互的工作，则是通过各种方式强化赛事的紧张感和冲击感，无论是调动灯光和音响，还是调动现场应援气氛，都有助于增强赛事的趣味性和观赏性，让观众获得更好的观赛体验。

对于电子竞技赛事的制作与转播来说，后台制作与现场制作是同步进行缺一不可的，前后端交互承担的正是现场制作这一重要职责。

8.2 现场导演

8.2.1 现场导演的职责

现场导演的职责是，在电子竞技赛事执行日，负责配合导播组织彩排、调动比赛现场气氛、安排选手及演员定位等相关事务，保证当天比赛良好运营，并营造热烈的观赛气氛。现场导演是前后端交互工作模块的总负责人，摄像、视听及灯光 AVL 控制、道具及特殊设备控制、解说及评论席、裁判等现场相关工作人员，都要听从现场导演的调度安排。

电子竞技赛事的制作转播与执行，后台制作与现场执行是同步进行、缺一不可的。在直播流程表当中，既有宣传片、采访短片等提前制作好、由后台制作人员播出的内容，也有入场仪式、舞台表演等现场拍摄的内容。与进入直播画面的现场内容相关的工作，都由现场导演总控。

现场导演的工作区域包括舞台区域、观众座席区及解说评论区。现场是瞬息万变的，可能会发生各种意想不到的状况。现场导演需要眼观六路，耳听八方，组织前后端交互工作人员严格遵照流程表推进赛事流程。

8.2.2 现场导演的分类

按照工作内容的不同，现场导演又分为现场执行导演和现场氛围导演。

1. 现场执行导演

现场执行导演主要负责按照流程表调度工作人员、有序推进现场赛事进程，其工作内容与后台制作人员联系紧密。现场执行导演的工作是围绕着赛事直播进程而展开的，是赛事直播中的一部分，关系着赛事直播的成败，至关重要。

现场执行导演的主要工作包括：沟通、协调赛事当天各种事宜；负责与现场供应商协调沟通，保证摄像、大屏、灯光、音响、特效等按照流程有序进行；负责活动总控，调度现场人员定位；负责把控现场赛事流程和进度，灵活应对突发状况，保证赛事顺利进行。

沟通与协调工作是指与舞台区域、观众座席区域、解说评论席区域的各类工作人员之间的沟通，确保他们了解赛事直播过程中对现场的要求，以便各自开展工作，避免影响直播进程的事件出现。

与现场供应商的协调沟通极为重要。在赛事制作转播与执行的工作团队中，摄像、大屏、灯光、音响、特效等工作人员通常是外包供应商，与原有工作团队之间的默契与配合都要差一些，要花费更多的耐心和沟通时间，确保外包工作人员清晰明了地接收到现场制作流程的具体要求和执行细节。赛事开始前、赛事进行中、赛事结束后，大屏、灯光和音响各自展现的内容要在沟通和彩排时一遍遍确认，直到能够按照直播流程表顺利推进。现场有哪些摄像设备，安放在哪些位置，哪些机位是固定的，哪些机位是灵活移动的，不同的阶段需要拍摄怎样的画面，现场执行导演需要在比赛开始前提前告知每一位摄像师。当赛事中有舞台表演需要使用特殊道具时，道具的使用时机关系到舞台表演的效果，现场执行导演要与表演人员、道具人员在彩排中沟通好细节，确保道具能够按照流程准时准确地被使用，营造相应的舞台氛围。

在比赛执行日，现场导演是舞台区域及紧邻舞台的观众座席区域工作人员的总负责人，该区域的部分前端执行人员以及所有前后端交互人员，都有既定的工作区域和职责。现场导演根据赛事流程，合理调度各模块工作人员，确认各工作人员的工作区域和职责范围，保证现场井然有序、活动流程顺利进行。

现场导演是现场活动流程的把控者，必须有应对各种现场突发状况的能力，及时处理突发事件，保证赛事顺利进行。在现场活动执行中，会发生各种各样的状况，可能会导致既定流程超时，现场导演要按照流程时间表推进活动，尽量避免意外状况。例如，在舞台表演环节开始前，要提醒工作人员检查表演设备是否佩戴齐全，耳返、麦克风等工作是否正常，电池电量是否充足。如果表演人员上台后才发现设备有问题，临时更换设备就会耽误时间，导致直播延误。与现场活动有关的所有细节，都在现场执行导演的管控和考虑之中，这是一项需要耐心、细心和灵活应变能力的工作。

2. 现场氛围导演

现场氛围导演主要负责带动现场气氛，其工作内容与现场观众联系紧密。现场氛围导演的主要工作包括：与战队粉丝运营人员做好沟通，管理并组织观众手牌、灯牌等物料的发放；比赛开始前、过程中，带动现场气氛；负责活跃观众气氛，调动观众情绪。图 8-1、图 8-2 展示了战队应援物品，图 8-3 展示了观众现场应援的情况。

图 8-1　电子竞技战队应援周边产品

图 8-2　电子竞技战队应援礼包

图 8-3　电子竞技赛事观众现场应援

现场观赛的气氛，既是观众观赛体验的一部分，又是赛事直播流程的一部分。活跃的现场气氛，能够让观众感到更加娱乐和放松，而观众充满热情的现场应援和观赛反应被拍摄进直播画面，又能够感染到屏幕前的线上观众。在台上比赛的职业选手，看到台下观众的热烈反应和热情应援也能受到鼓励。

8.3 摄像

电子竞技赛事的主要内容由游戏内画面和现场画面两部分构成。现场画面由不同的摄像设备进行拍摄，经过导播挑选后出现在赛事直播当中，向观众实时传递现场情况。在赛事中，摄像的工作分为主动摄像和自动摄像两种，主动摄像工作需要摄像师操作摄像设备进行拍摄，自动摄像工作则由提前架设好的摄像头来完成，本节将着重讲解主动摄像的工作。

8.3.1 多讯道录制系统

电子竞技赛事制作与转播采用多讯道录制系统。

讯道是指一种现场多机位拍摄的方式，采用多台摄像机同时拍摄，再通过切换台现场切换选择，录制到录像机上。与普通的摄像机不同，讯道摄像机没有带仓。讯道摄像机拍摄的信号通过信号线传输到导播间的切换台上，然后再录制到录像机上。讯道机摄像师在比赛现场操作讯道摄像机，配合导播拍摄符合赛事直播需求的画面。

多讯道切换系统录制是电视节目传统制作方式之一，新闻直播、综艺节目录制、访谈节目录制等都会采取这种制作方式。多讯道切换系统录制用到的多讯道导播系统，就是在固定区域设置导播间，外景录制中会用到转播车，或使用便携式导播切换系统（EFP）。使用多讯道切换系统，能够多角度、全方位、立体地呈现现场画面，这就需要摄像师有扎实的基本功，并能够完美配合导播的相关指令。导播与摄像师的默契配合，对呈现优质的现场画面起着重要作用。

电子竞技赛事转播时，中小型比赛、职业联赛的常规赛一般配备 6~8 台讯道机，制作精良的职业联赛常规赛则可能用到十几台讯道机，在规模超大的、规格极高的总决赛中，则可能用到 20 台以上的讯道机。

8.3.2 摄像师的职责

摄像师的职责就是对自己负责区域的环境和人物进行详尽的拍摄，按照导演和导播的要求拍摄不同景别的画面，真实、客观地传递出比赛现场的情况。在比赛进行时，导播在赛事现场之外的导播间进行工作，摄像就是导播的眼睛。摄像师把现场看到的场景用摄像机拍摄下来，呈现在导播面前的监视器上，导播筛选画面并适时调度机位、切割画面，完成整个录制过程。

电子竞技赛事转播采用多讯道录制系统，需要导播和摄像的默契配合，也对摄像提出了更高的要求，具备扎实的基本功和较强的适应能力，并提前做好准备。

摄像师应当具有扎实的基本功，能娴熟运用推、拉、摇、移等技术动作，对不同品牌、不同型号的摄像机都有一定的了解与操作经验。不同品牌型号的摄像机虽然操作起来大致相似，但是一些键位布局和功能仍有较大区别，如果不能熟悉各种类型的摄像机，连基本的摄像机调整和参数设置都可能遇到问题。

摄像师应当具备较强的适应能力，不仅要能适应不同类型的节目与赛事形态，还要有能够迅速融入新团队、与陌生合作伙伴达成共识、形成默契的能力。不同的摄像师有自己独特的拍摄风格和拍摄习惯，不同的导播也有各成一派的切换风格和语言指令，不同地域也有自己的方言和特殊语言习惯。在跨区域合作时，尤其要注意提前沟通，以便导播与摄像师、不同摄像师之间尽快熟悉、相互适应，顺利开展工作。

摄像师应当在赛事录制工作开始之前，做好充分的准备工作。摄像师要对电子竞技赛事有一定的了解，提前熟悉赛事流程表，与导播一起进行彩排和讨论，根据不同的机位做好镜头运用的思考和准备，这样才能和导播建立默契，顺利完成赛事转播任务。有经验的摄像师常常会在自己的机位上拍摄其他机位拍不到的画面，供导播选择和切换，要做到这一点，就必须在赛事开始之前对赛事内容的制作形式有充分了解，找到自己机位的死角和具有美感的构图角度，以便在录制中能随时配合导播的各项指令。

8.3.3 摄像工作的分类

在电子竞技赛事转播中用到的摄像设备包括摄像头、讯道机、摇臂摄像机、索道摄像系统（又名飞猫）等，除了摄像头以外，大部分摄像设备都需要摄像师操作进行拍摄。

按照摄像设备的类型，电子竞技赛事转播中工作的摄像工作可分为固定机位摄像、游机摄像、摇臂摄像、斯坦尼康摄像、索道摄像系统摄像与轨道摄像机器人、摄像头摄像等类型。

1. 固定机位摄像

固定机位摄像是指摄像师操作电子竞技赛事现场安放的讯道摄像机，按照导播的指令对固定区域的环境和人物进行拍摄。一般来说，电子竞技赛事转播时，现场会设置数台固定机位讯道摄像机，用于拍摄赛事评论席、解说席、战队全景等。

电子竞技赛事的评论席通常设置在赛场之外的演播间，会邀请资深电竞主持人、解说以及职业选手对赛事进行预测和点评，评论席画面在赛事开始之前进入直播流当中，供观众观看。图 8-4 是 KPL 常规赛的评论席画面。

图 8-4 KPL 常规赛评论席

赛事开始之后，解说席画面便会穿插到赛事直播之中，图 8-5 是 2022 年 KPL 常规赛解说席画面。解说席画面的拍摄，通常是设置一个固定机位，拍摄解说的中景、近景画面。

图 8-5 KPL 常规赛解说席

在比赛舞台选手座席附近，会设置固定机位专门拍摄整个战队的画面。图 8-6 就是 2022 年 LPL 常规赛中的战队画面，图中导播将两个战队的画面拼接到一起，让观众能够同时看到所有选手的状态。

图 8-6 LPL 常规赛选手席

2. 游机摄像

游机在多讯道节目制作方式中指位置可以进行游动的机位，它通常是由摄像师手持或肩扛进行拍摄。固定机位的讯道摄像机无法满足所有的拍摄需求，拍摄范围也无法覆盖场馆的所有角落，因此需要游机对固定机位摄像无法拍摄到的部分进行补充，游机的机动性与灵活性，使其能够及时捕捉到很多转瞬即逝的精彩画面。在应对特殊情况方面，游机也有着很强的优势，能够比固定机位摄像机或者其他摄像设备更快地调整拍摄对象、拍摄角度和拍摄范围，及时拍到赛事需要的画面。

3. 摇臂摄像

摇臂是一种大型的摄像器材，是摄像机的承托设备，在拍摄时能够全方位地拍摄到场景，不错过任何一个角落，摇臂既可以固定机位、调节水平以方便摄影师推拉摇移，还具有升降的功能。使用摇臂拍摄可以做出大幅度摇镜头的动作，能够拍摄出宏伟大气的场面。图 8-7 是一台大型摇臂，使用摇臂的摄像师需要具备一定的技术知识和技术训练，才能利用好摇臂拍摄出精美的画面。

图 8-7 大型摇臂

在电子竞技赛事转播中，摇臂也是现场摄像的必备器材，用于拍摄舞台全景、跟踪拍摄移动人物等。图 8-8、图 8-9 是 2022 年 LPL 春季赛中使用摇臂拍摄出的画面，将舞台的恢宏大气一览无余地展现了出来。

图 8-8 LPL 舞台正面全景

图 8-9 LPL 舞台 45° 斜角全景

4. 斯坦尼康摄像

斯坦尼康是摄像机稳定器的一种，是摄像机减震器的专业型号，适合电视剧制作、文艺晚会、运动节目。如图 8-10 所示，斯坦尼康由 3 个主要元件构成，分别是：一只具有关节的等弹性弹簧合金减震臂；一个专门设计的平衡组件，用于支持相机设备；一件辅助背心。

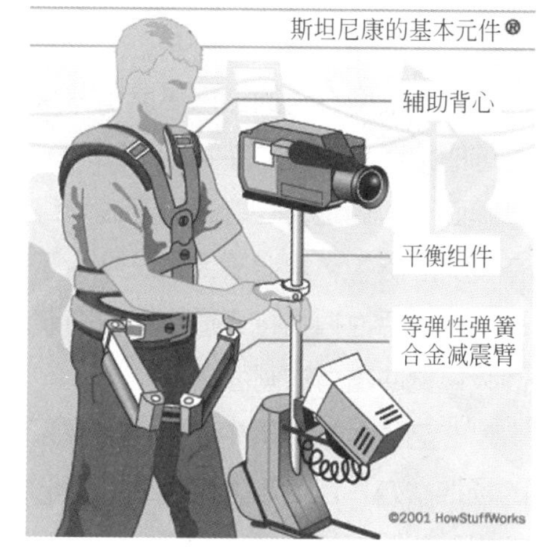

图 8-10 斯坦尼康的基本元件

抖动的画面容易使观众变得烦躁、疲劳和反感，因此拍摄出稳定的画面对提升节目质量和观赏度来说极为重要。斯坦尼康有着极大的灵活性和便利性，在移动拍摄时，使用斯坦尼康可以拍摄比摇臂时间更长的长镜头，也可以适应山地、台阶等更多的复杂环境，完成更为复杂的移动镜头拍摄。

操作斯坦尼康是具有难度的工作，摄影师必须按照预设程序来操作，一边调整摄影机以避免镜头中出现任何障碍物，一边还要支撑分量不轻的摄影设备。这项工作需要摄影师具备充沛的精力并掌握各种摄影技能，同时还要求其具有良好的镜头组合能力。

在电子竞技赛事中，也会用到斯坦尼康对移动的电竞选手、舞台表演者进行移动拍摄。斯坦尼康摄像师根据导演设计的镜头完成拍摄，提升赛事的观赏度。

5. 索道摄像系统摄像与轨道摄像机器人

索道摄像系统又名飞猫，是专业影视制作中使用的一种高科技拍摄手段。索道摄像系统的特点是能够拍摄大范围的高空全景镜头，并且灵活性、操控性极佳。在影视拍摄、天安门阅兵、奥运会等大型仪式活动中，都会用到索道摄像系统。图 8-11 即是设置在大型演出场馆的索道摄像系统。

图 8-11 索道摄像系统

索道摄像系统的拍摄高度落差从几十米到几百米，跟踪拍摄主体能够达到上千米甚至更远的距离，拍摄镜头可以 360° 旋转，使用独特的减震系统，镜头在高速运动时能够保障画面清晰稳定，并能通过无线网络进行控制，通过监视器实时查看拍摄到的画面。在高空镜头拍摄中，索道摄像系统综合了摇臂、航拍和轨道拍摄的优点，能够轻松实现多镜头拍摄，灵活性很强，索道平稳没有震颤，拍摄高度落差大，能够拍摄出立体感极强、具有很大视觉冲击力的画面。

在电子竞技赛事中，索道摄像系统一般用于规模较大的总决赛中。总决赛通常在很大的场地举办，包括宏大的仪式、精彩纷呈的舞台表演和舞台场景布置，使用索道摄像系统拍摄，能够将恢宏大气的舞台和表演淋漓尽致地呈现在观众眼前。

轨道摄像机器人一种演播室的摄像装置，可以弥补人工移动拍摄时出现的画面易抖动、拍摄精度低等问题。智能轨道摄像机器人系统包括云台、升降机构和轨道车，摄像机置于二轴云台上，摄像机可以实现全方位的拍摄，升降结构设有几个升降柱，可以调节轨道摄像机器人的高度，用于不同高度的拍摄场合。

6. 摄像头摄像

摄像头是一种无须摄像师操纵的摄像设备，在电子竞技赛事中，通常会在每位选手面前、战队待机室等处放置摄像头，用于记录选手状态。

图 8-12 是 KPL 赛事的现场画面，可以看到每位选手面前都架设了一个摄像头。而图 8-13 则是选手面前的摄像头拍摄到的选手画面，全程记录了选手的比赛状态，将这样的画面呈现在观众眼前，能够让观众更加了解选手的竞技状态，拉近选手与观众之间的距离，提升赛事的观赏性。

图 8-12　KPL 赛事中选手面前架设摄像头

图 8-13　KPL 赛事选手摄像头画面

8.4 视听及灯光AVL控制

在 7.3.3 节中已经阐述过，视听灯光 AVL 是指舞台音响系统、大屏幕系统及灯光系统。电子竞技赛事的现场氛围，是通过声音、画面、灯光的综合效果营造出来的，音响、大屏及灯光控制人员按照现场流程的需求，在适当的时间节点控制设备做出变化。随着电子竞技舞台的规格提高，制作人员和观众对于舞台效果的要求也越来越高，如何将视听 AVL 设备与电子竞技赛事的特点结合，做出更加丰富多彩的现场效果，让视听及灯光设备的调控达到高度统一、有机融合，是视听及灯光 AVL 控制工作模块的技术人员一直在思考的问题。

8.4.1 视听及灯光的效果融合

与其他体育赛事不同，电子竞技赛事的现场氛围渲染主要依赖视听及灯光 AVL 设备。在电子竞技赛事的比赛过程中，观众所能看到的只有大屏幕上的游戏内画面，以及舞台上坐着的选手们一脸严肃地操作设备的场景。如果比赛现场只有简单的照明灯光，音响只播放游戏内比赛的声音，那么观众很快就会感到疲惫和无聊。电子竞技的特殊性，决定了它在肢体运动方面无法呈现精彩的、吸引人的画面，但它的长处在于能够结合声、光、电效果将游戏内绚丽多彩的世界展现出来，塑造动感十足、酷炫潮流的电子竞技赛事氛围。

以 MOBA 赛事为例，在 MOBA 赛事中能够引起观众关注的事件包括第一滴血、英雄击杀、大型野怪击杀、防御塔击毁、小规模战斗、大规模团战等。这些事件的发生，会让游戏内画面变得充满爆发力和冲突感，绚丽的技能特效在短时间内不断释放，多彩的画面和瞬息万变的紧张局势，不断刺激着观众的神经。如果仅仅是观看大屏幕上的比赛画面，游戏内事件的吸引力很快就会过去，只有合理运用视听及灯光，将声、光、电效果与游戏内事件充分结合，才能将观众带入竞技比赛的热烈氛围之中。

第一滴血（First Blood）通常指在游戏中的第一个击杀，在 MOBA 赛事中，哪个战队能够拿下第一个击杀是观众十分关注的事件。每局战斗中，第一个完成英雄击杀的人就可以获得第一滴血，获得第一滴血后得到的经济奖励高于其他的英雄击杀，能够让自己的装备和等级领先其他人，在比赛中取得良好的发展，帮助队伍取得领先优势。尤其是在顶尖电子竞技选手之间的对局中，一血的优势可能会保持很久。在第一滴血出现后，游戏内会以文字、图片、语音及特殊音效来展示这一重要事件，以加强这一事件的仪式感，突出表现事件的重要性。在电子竞技赛事现场，为了渲染这一事件的紧张感，也会采用声、光、电联动的方式，让观众身临其境地感受到游戏内事件的仪式感。例如，在某些 MOBA 赛事现场，当第一滴血出现后，比赛舞台的灯光会大部分变为红色，以红色灯光快节奏地交替闪烁渲染紧张激烈的氛围，与此同时舞台地面屏幕显示干脆利落的动画效果，再通过音响播放具有冲击力的、富有击打感的音效，便能够将第一滴血事件的激烈氛围推到高潮。

不同类型的电子竞技赛事，根据竞技游戏类型和游戏内容的不同，比赛时游戏内会发生多种多样的紧张事件，这让视听及灯光现场效果创作有了很大的发挥空间。根据游戏内事件的独特性，将多样的灯光节奏及色彩编排、令人眼花缭乱的动态视频效果，以及冲击耳膜的震撼音响效果结合起来，打造综合立体的视听效果，是电子竞技赛事转播视听及灯光 AVL 控制最为重要的目标。

除此之外，随着电子竞技赛事的制作规格不断提升，大型赛事中舞台表演的精彩程度也在不断提升，与大型文艺晚会、演唱会的表演毫无二致，以精彩绝伦的视听效果让观众获得极致的娱乐体验。在舞台表演中，视听及灯光效果之间的有机融合对于舞台效果的呈现来说也是至关重要的。并且，比起电子竞技比赛，舞台表演的形式更加多样、舞台事件更加变化多端，对声光电的精准配合、有机融合要求更高。

8.4.2 智能化控制系统

在现代电子竞技赛事转播中，为了最大程度地发挥大屏、音响和灯光的作用，将声光电效果与比赛、舞台表演天衣无缝地融合起来，通常使用智能化控制系统对视听及灯光 AVL 设备进行控制。

传统的电子竞技赛事转播与舞台演出中，舞台灯光、音响和 LED 大屏通常是分开控制的。灯光师使用灯光控制设备控制舞台灯光，音响师控制音响设备掌控舞台音效，而大屏幕工作人员则使用大屏控制系统，控制不同的屏幕播放相应画面。虽然经验丰富的灯光师、音响师、大屏幕工作人员能够通过良好的配合营造出梦幻的视听效果，但舞台灯光、音响和 LED 大屏由不同的工作人员分开控制，当遇到十分复杂的舞台效果、需要在短时间内同时频繁调动多台设备时，在设备联动配合和效果呈现方面，就不尽如人意了。单一的控制无法满足舞台灯光、音响、LED 屏的完美联动和效果呈现。根据不同场景对灯光、音响、LED 屏效果进行多样化的排列组合和场景化控制，一键触发多重效果，才能完美地呈现视听及灯光效果。

在这种情况下，就亟需一套系统性的视听及灯光 AVL 解决方案，将舞台灯光、音响和 LED 大屏诸多设备集成到一个智能控制系统中，利用智能控制系统调动视听及灯光 AVL 设备以及其他舞台相关设备，将灯光、音响、视频效果融合起来，营造如梦似幻的舞台效果。

视听及灯光 AVL 设备智能化控制的难点在于，不同类型、不同型号的设备，在接口、信号传递协议等方面各有不同，有的设备使用专用的接口，根本无法接受第三方设备控制。智能化控制系统设备必须具有完整系统架构、第三方扩展以及协议转换的接口，预备针对舞台设备控制的解决方案。首先，灯光设备、音响设备、LED 屏要选择带有通用接口、可以接受第三方控制的设备。然后将所有视听及灯光 AVL 设备接入智能控制设备，在智能控制设备中根据不同的使用场景，对灯光、音响、LED 屏效果进行不同的组合，将组合效果集成到一个按钮上。当电子竞技赛事开始时，随着时间的推移，需要展现相关舞台效果时，只需要点击智能控制设备中的按钮，通过智能控制设备调动其他设备，瞬间触发多个设备，展现立体丰富多层次的舞台效果。

例如，在智能化控制系统中可以制作 MOBA 赛事中第一滴血事件发生时的舞台效果。将红色灯光的快节奏变换、震撼音效、动态地屏效果集成到第一滴血事件按钮上，当第一滴血出现时，便会自动触发声、光、电多个设备，展示相应的效果。

使用智能化控制系统，不仅能够创造出更加丰富、精美的舞台效果，也大大提高了赛事的精彩程度、降低了错误操作的发生率，由智能化程序调动舞台设备比人工手动操作更加精确。不仅是视听及灯光 AVL 设备，游戏设备、舞台机械设备等也可以接入智能化控制系统，当游戏内事件发生时，自从触发智能化系统中的事件相应程序，该程序调动其他设备完成现场氛围的营造。未来，配合其他高科技智能设备，利用智能化控制系统，甚至有可能将电子竞技赛事的现场观赛，打造成如 3D 电影、4D 电影一般的效果。例如，将味觉、触觉设备引入比赛现场，如果比赛时发生了团战，观众座位也会发生震动、倾斜，尽可能逼真地还原紧张激烈的游戏内竞技场景。

8.5 解说及评论席

8.5.1 体育解说与评论

体育解说与评论，是指体育比赛中，在现场报道比赛实况的播音活动，也包括根据其他来源的电视信号转播比赛情况的播音活动。体育解说与评论分为广播体育解说和电视体育解说两种，使观众身临其境并获得有关比赛的详细情况。

由于无法看到画面，对体育赛事广播听众来说，广播体育解说必须生动详细地描述赛场上的关键场面，对现场气氛、运动员的具体情况、比赛规则、赛事相关背景资料等进行详尽的说明和评论。电视观众能够通过画面了解比赛现场的大致情况，但由于摄像角度或者场地和规则的限制，电视画面也无法全面地展示比赛的全部细节，电视体育解说要在现有的赛事画面基础上，对比赛情况加以说明、解释和评价，以补充画面的不足。

体育解说与评论是一种专业的观赏服务，体育解说评论的三大根本原则分别是服务性原则、新闻性原则、倾向性原则。

1. 服务性原则

服务性原则是体育解说评论的首要原则。体育解说评论的本质是观赏服务，从服务营销的角度看，体育解说评论实际就是一种商业服务行为。作为观赏服务，体育解说评论也应当符合一般服务的基本特性和质量标准，它不能离开受众的感受与利益独立存在，必须使绝大部分受众感到满意，令他们产生精神上的愉悦与满足。央视著名解说员贺炜于 2012 年 10 月在武汉体育学院参与体育解说评论论坛交流时指出，“作为体育解说员，要有服务者的心态，还要有比赛为主的理念。解说员应该有这样一种意识：解说是为比赛本身服务的，体育解说是伴奏，比赛本身才是主旋律。”

2. 新闻性原则

新闻性原则是体育解说评论必须坚持的根本性原则。新闻是对于新近发生和正在发生的重要而有趣的事实的报道。体育解说评论相当于即时性的新闻评论，是一种扩大的现场报道，因此，体育解说评论应当遵循新闻报道的原则。新闻报道的基本原则，是新闻工作的基本理念，是新闻工作者职业道德的基本要求，是全世界新闻工作者公认的准则，也是体育解说评论员所必须遵循的。新闻报道的原则包含五个子原则，分别是真实性原则、客观性原则、公正性原则、全面性原则、快捷性原则。

真实性原则要求体育解说员与评论员真实地说明比赛信息，比分情况、选手行动、局势概况都要真实、清晰地描述。不真实的体育解说与评论，会令观众反感，影响媒体的公信力和解说员、评论员的公众形象。

客观性原则要求体育解说员与评论员做到把事实与意见分开。体育比赛的事实是指时间、地点、人物、事件、结果、原因等，将这些信息描述清楚就是陈述事实。根据比赛事实提出话题并发表见解，就是表达意见。无论解说还是评论，都应该把少评价裁判员、教练员、运动员作为一项基本要求，特别是不能对裁判员的执法水平妄加评论，这不仅仅是新闻报道客观性原则的要求，也是很多体育组织的纪律要求。

公正性原则要求体育解说员与评论员站在第三方的角度，对新闻事实持不偏不倚的中立立场。体育比赛与一般的新闻事件不一样，在新闻价值判断方面，除了常规的时效性、重要性、显著性、接近性、趣味性等五个要素外，冲突性是一个十分突出的特殊要素。体育比赛的过程是一个由竞争、冲突、悬念等环节组成的戏剧化过程，具有一定的故事性，解说员与评论员应该站在独立于比赛双方进行客观报道，不能厚此薄彼，偏爱某一方。

全面性原则要求体育解说员与评论员向受众全面提供体育比赛的事实与情况，保证新闻传播的真实性、客观性与公正性。新闻传播的全面性，指新闻传播中提供各方面的事实、情况、意见，不片面报道和隐匿事实。对于体育比赛中发生的各种事件，体育解说与评论员都应当将事件的全貌传达给观众，全面报道事实，让受众对事件做出自己的独立判断。

快捷性原则要求体育解说员与评论员能够将现场情况快捷清晰地传递给受众。体育比赛中视直播的画面稍纵即逝，解说员必须口齿伶俐，语速比平常更快一些，同时表达要清晰入耳。

3. 倾向性原则

体育解说与评论的倾向性，是指解说员或评论员在解说评论比赛过程中，对特定参赛对象所持的情感偏向，通常表现为对一方的支持力度明显超过另一方。体育解说与评论不可避免倾向性，但倾向性的度需要精准把握。

一般的新闻报道由于强调客观性和公正性，往往会淡化倾向性，但是在体育解说与评论当中，倾向性是一个很难回避的问题。重要比赛关乎荣辱，解说员无法完全摈弃国家、民族、地域等方面的影响，做到绝对公正和客观。解说员和评论员应该保持客观公正，不偏不倚地评价比赛，但作为社会人他们难免有个人的偏好，在解说对象是自己的崇拜对象时，其倾向性会在无形中放大。体育竞技比拼的是实力，而实力越强的一方就越受关注，在解说与评论中也比较容易成为讨论的重点。在体育解说与评论中，遵循公众倾向性原则、公正倾向性原则、专家倾向性原则、适度倾向性原则、积极倾向性原则等几个原则，站在大多数受众的立场，尽量客观地描述现状，对于有争议的问题可以将话题抛给专家、咨询专家，保持积极的态度传递正能量，有助于帮助解说员与评论员正确表达对比赛的情感倾向。

8.5.2 电子竞技解说与评论席

电子竞技赛事作为体育赛事的一种，解说与评论在赛事中也发挥着重要的作用。

电子竞技赛事的观赏性不仅仅局限于纯粹的比赛对局，解说需要实时分析选手的精妙操作，用充满激情与活力的状态调动观众情绪。评论员对整体赛事、近期赛况、战队和选手背景进行纵向剖析解读，帮助观众深入了解比赛的方方面面，这些都是提升赛事观赏性的内容。在电子竞技赛事中，解说及评论员是提升赛事观赏性和精彩程度的、必不可少的存在，也是电子竞技赛事不可分割的一部分。

电子竞技解说员必须具备一定的采访能力、写作能力和现场应变能力，以及电子竞技专业、电子竞技游戏项目的理论知识。除此之外，敏捷的思路、丰富的词汇量、简练准确的语言也是电子竞技解说员不可或缺的基本素养。在解说时，解说员要始终秉持播音员的媒体身份，将自己与一般的电子竞技观众区分开来，切忌因为情绪激动而丧失客观的解说立场甚至失去理智。大部分观众的游戏竞技水平与职业选手有着巨大的差距，职业选手在比赛中所展现的游戏操作和战略战术，观众无法直接通过观看比赛心领神会，经过解说的分析之后，比赛的精妙之处才能完全传递给观众。

电子竞技赛事中的解说席一般设置于比赛现场或者远程直播间中。在比赛现场设置解说席时，在解说台的背后通常能够看到赛场的全景或者舞台的局部，能够直观地反映现场热烈紧张的观赛气氛，有助于调动观众的情绪。图 8-14 是设置在 Ti9 比赛现场的解说席，通过画面可以看到举着应援手幅和灯牌的观众，能够感受到现场观众的激动与兴奋之情。

图 8-14 Ti9 比赛现场的解说席

目前，许多电子竞技赛事选择将解说席设置在比赛场地之外，对解说直播间进行有特色的装饰，采取远程解说的方式。远程解说的优点在于解说可以在独立的直播间专心进行解说工作，不会被现场的状况影响，解说席的美观度有了很大的提高，提升了观赛的体验。图 8-15 是 KPL 赛事中设置于远程直播间的解说席，由于空间的扩大、摆脱了赛事现场场地的限制，使得整个解说空间能够得到多样化的设计和装饰。

图 8-15　KPL 远程直播间的解说席

电子竞技赛事评论席一般设置于赛场之外的独立直播间中，与着眼于传递比赛客观事实的电子竞技解说员不同，电子竞技赛事评论员会发表更多关于赛事的个人见解，各有所长的评论员往往能够通过视角独特的分析，给观众带来新鲜有趣的体验。电子竞技运动员、电子竞技解说、游戏电竞领域 KOL、热爱电子竞技的跨界艺人等，都有可能作为评论员出现在评论席中，以自己的经验和见解对比赛进行多方面的解读。

与体育赛事解说与评论一样，电子竞技赛事解说与评论的本质也是一种观赏性服务，其存在的根本目的是提升电子竞技赛事的观赏性，让观众更直观地了解赛事、被赛事吸引，获得精神上的愉悦。

8.6　道具及特殊设备控制

在大部分电子竞技赛事中，比赛舞台通常不需要使用道具和特殊设备。只有大型赛事的开幕式、闭幕式以及舞台表演中，才会用到道具及特殊设备。为了打造更加华丽的舞台表演，电子竞技赛事使用的舞台设备越来越多样化。

8.6.1　道具及特殊设备的类别

电子竞技赛事舞台表演中常用的道具及特殊设备主要是指舞美特效类设备。舞美特效类设备是为了营造特殊的舞美效果而使用的设备。常用的舞美特效设备包括：花瓣机、彩虹机、气柱机、烟花机、火焰机、烟雾机、干冰机、泡泡机、雪花机等。

图 8-16　悬挂式花瓣机

1. 花瓣机

花瓣机是用于营造气氛的特效设备，可以将彩纸或者无纺布材质的仿真花瓣自动抛撒在舞台上。图 8-16 为某种自动抛撒花瓣机的照片。一般来说，花瓣机在电子竞技赛事中的使用场景大多是为冠军举行的颁奖仪式，当获得冠军的选手上台领取奖杯时，金色的彩纸从花瓣机中缓缓飘落全场，营造出热烈的氛围。

2. 彩虹机

彩虹机是一种能够将彩纸瞬间喷射到高空中以渲染场景氛围的舞台设备，如图 8-17 所示。彩虹机能够将五彩缤纷的彩纸在一瞬间吹向 10~20 米的高空，覆盖面积可达 200~700 平方米，并且彩纸在空中停留时间较长，能够有效地烘托舞台气氛。

3. 气柱机

气柱机也是一种渲染舞台气氛的设备，其主机由一只贮气罐构成，其内储有液态二氧化碳。在舞台演出中，由手控或遥控开关控制罐口的电磁阀开启阀门，罐内二氧化碳由喷管以雾状气体高速喷出，达到渲染舞台效果的目的，如图 8-18 所示。

图 8-17　彩虹机

图 8-18　气柱机

4. 烟花机

烟花机是在舞台上制造烟花燃放效果的舞台设备，使用效果如图 8-19 所示。根据设备制作原理的不同，烟花机又分为传统火药烟花机、冷光无烟焰火机等。传统火药烟花燃点在 1000℃左右，燃烧时容易对人体造成伤害。冷光无烟焰火机采用燃点较低的金属粉末，经过一定比例加工而成，可产生冷光无烟焰火，其燃点一般低于 80℃，而外部温度一般低于 50℃，使用起来较为安全。

5. 火焰机

火焰机是在舞台上制造火焰喷发效果的舞台设备，其使用效果如图 8-20 所示，真实的火焰营造出热烈的舞台氛围。

图 8-19 烟花机使用效果

图 8-20 火焰机使用效果

6. 烟雾机

烟雾机是用于在舞台上制造烟雾效果的舞台设备，其使用效果如图 8-21 所示。使用烟雾机可使舞台处于轻烟缭绕的氛围中，舞台上的人物和景致如同腾云驾雾一般，能够营造出具有浪漫色彩的氛围。

7. 干冰机

干冰机是一种能在舞台上制作人造云的舞台道具，让人产生置身仙境般的感觉，使用效果如图 8-22 所示。干冰就是固态的二氧化碳，二氧化碳由固体变为气体升华时吸收大量热能，会使周围的空气温度迅速降低，然后把水蒸气冷凝为无数的小水点，在舞台上用喷洒干冰的方法，瞬间就会产生大量云雾。

图 8-21 烟雾机使用效果

图 8-22 干冰机使用效果

8. 泡泡机

泡泡机是一种能够产生透明泡泡的舞台设备，能够营造出抒情、浪漫的舞台氛围，其使用效果如图 8-23 所示。

9. 雪花机

雪花机是一种能够产生人造雪花的特殊设备，其使用效果如图 8-24 所示。在进行具有特定情节和特定场景的舞台表演时，可能会使用雪花机来展示冬日的氛围或者渲染舞台情绪。

图 8-23 泡泡机使用效果

图 8-24 雪花机使用效果

上述舞台效果设备，是在舞台表演中运用较多的设备，在具有特色的舞台表演中，还可能会用到其他特殊设备，此处不再一一阐述。

8.6.2 道具及特殊设备控制及综合运用

舞台道具及特殊设备陈列在电子竞技比赛舞台及表演舞台上，各设备由专门的工作人员进行操作，工作人员由导演进行调度。舞台道具及特殊设备是烘托舞台氛围、营造演出效果的重要道具，必须在适当的时间点、配合音乐或者表演的节奏使用，才能营造出良好的舞台效果。各舞台道具及特殊设备的控制人员须在彩排时牢记设备的开启时间，正式表演时听从导演的指令，及时启动设备配合渲染舞台气氛。

在电子竞技赛事中，舞台表演的复杂程度和制作难度都在不断提高，各种舞台道具及特殊设备的综合运用，打造出具有时尚感、科技感、现代感和电影感的电子竞技表演，不断提升着电子竞技舞美艺术的价值。

在 2018 年 KPL 秋季赛总决赛中，开幕式的第一个节目是由中国歌剧舞剧院带来的定制主题舞蹈表演。中国歌剧舞剧院是隶属于中华人民共和国文化部、规模最大、历史最悠久的国家级艺术剧院，本次为开幕式舞台专门设计了专业、优雅、古典而富有张力的定制舞蹈。身着古典服装的舞者在台上翩翩起舞，她们脚下是烟雾机制造出的袅袅青烟，如图 8-25 所示，整个舞台如梦似幻，令人动容。

图 8-25 2018 年 KPL 秋季赛总决赛

歌舞表演过后，选手登场，伴随着双方队伍的 VCR 播放，场馆突然发生了变化，只见舞台正中央缓缓裂开，隐藏在舞台下面的河道显现出来。全场灯光转暗，伴随着舞台上方的数控水帘显示的“3、2、1”倒计时字样，两支总决赛队伍“Hero 久竞”和“BA 黑凤梨”乘坐精致逼真的龙舟从舞台两侧的河道登场。同时，舞台上高 18.8 米的大门前，一道水幕飞流直下，象征着最高荣耀的银龙杯在水幕后惊艳亮相。随着队员登上对站台，现场数控香氛开始投放香气。数股氤氲香氛过后，总建筑面积约 9.9 万平方米的演艺中心顿时被竹林清香环绕，让人不禁想到诗词“竹怜新雨后”中的唯美意境。整体舞台效果如图 8-26、图 8-27 所示。

图 8-26 2018 年 KPL 秋季赛总决赛视觉效果图

图 8-27　2018 年 KPL 秋季赛总决赛总体效果图

综上所述，通过运用多样化的舞台道具及特殊设备，电子竞技舞台正在以越来越精良的制作回馈着观众的期待。

除上述工作模块外，电子竞技赛事制作与执行前后端交互还包括电竞裁判，这部分属于电子竞技赛事制作与转播的独特工作模块，将在第 11 章展开讲解。

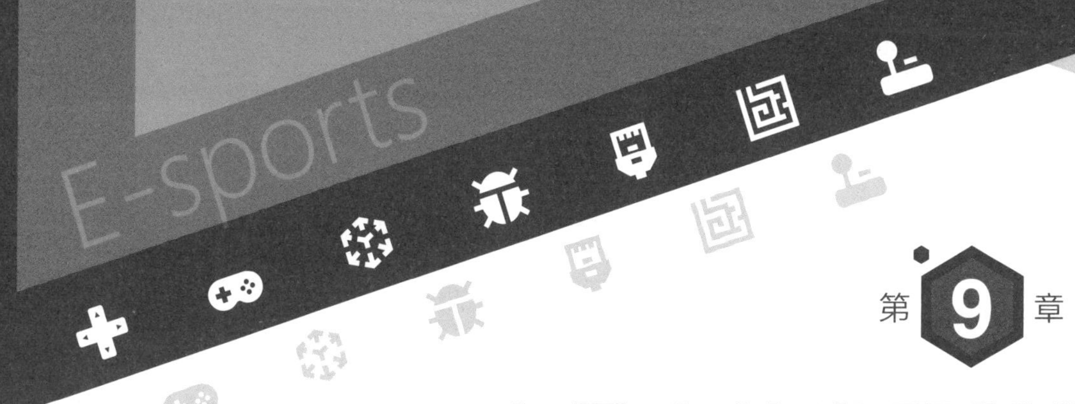

第 9 章

电子竞技赛事制作与执行：后台制作

9.1 后台制作概述

9.1.1 后台制作的定义

在电子竞技赛事制作与执行中，后台制作是指在舞台和观众席之外专门的工作区域进行的赛事转播相关工作。

在舞台表演中，后台是指幕后区域，是演员上台之前等待的地方，也是导演、化妆师、服装师及相关工作人员的工作区域。这里的后台是相对于作为前台的演出区来说的。

电子竞技赛事制作与执行中所说的“后台制作”中的“后台”，与舞台表演中的后台是不同的概念，这里的后台是与前端制作中的前端相对应的，专指赛事转播区域。前端的范围是与观众和选手有直接联系的区域，而后台则是选手、观众及表演嘉宾都没有直接关联的区域，主要负责赛事转播相关的技术工作，将现场采集的游戏内画面及场馆内拍摄画面进行加工和制作并传输出去，其工作成果是呈现给现场观众及线上观众的赛事画面。

后台制作的工作模块包括导演、导播、游戏导播、游戏 OB、讯道机控制、音控、字幕及在线包装、回放及慢动作、放像录像及剪辑、推流及传输、内容监播及应急管理。各工作模块具体内容将在之后的章节进行讲解，这里不再展开讨论。

需要注意的是，与一般的体育赛事转播不同，电子竞技赛事后台制作工作中较为特殊的两个工作模块是游戏导播与游戏 OB。在电子竞技赛事转播中，游戏内画面占据了很大的篇幅，比赛开始之后，观众看到的几乎全部是游戏内画面了，场馆内现场画面只是在比赛开始前后及比赛间隙出现。游戏导播与游戏 OB 这两种新的职业岗位，是随着电子竞技赛事的诞生和发展而产生的，他们负责将比赛时游戏内最具感染力和具有故事性的画面挑选出来供观众观赏。游戏 OB 是以旁观者身份进入游戏的工作人员，他们可以任意切换视角，在游戏地图内游走，将具有冲击力和故事性的游戏内画面选取出来，这些画面经过游戏导播选择后传送至赛事总导播处，最终呈现在观众面前。游戏竞技内容具有专业性，只有具备高超的游戏水平、对游戏理解十分透彻的人，才能够胜任游戏导播和游戏 OB 的工作。

后台制作的工作区域一般是在舞台附近的导播间或转播车，从现场采集的画面与声音传输至后台制作区域，被制作成赛事视频信号传输至网络。近年来，随着网络技术和转播技术的发展，高度集成化的远程制作中心也成为了后台制作的工作区域，比赛现场的信号通过网络传输至千里之外的远程制作中心，在远程制作中心处理制作完毕后传输到网络上。

9.1.2 后台制作的意义

在电子竞技赛事制作与执行中，后台制作的意义在于，它是整个赛事的指挥中心，是赛事内容的制作中心，更是提升赛事观赏性的关键环节。

1. 整个赛事的指挥中心

比赛执行日期间，后台制作区域是整个赛事的指挥中心。前文已有提及，比赛当日所有的执行工作都是按照赛事流程表来进行的，而后台制作就是赛事流程的最终把控环节，确保所有部门按照既定时间准时准点完成工作。

后台制作区域的工作，在比赛正式开始之前就已经开始。一般来说，在比赛开始前一小时左右，赛事官方直播间便会播放赛事相关内容，例如宣传片、纪录片、采访短片、评论席实时互动等内容，并开启倒计时。提前制作好的成片由放像人员按照赛事流程表进行播放，在演播间现场制作的评论席互动画面，其信号采集到后台制作区域输入切换台之后，经过包装制作传输至网络。

比赛正式开始后，在导演的指导下，后台制作工作人员按照赛事流程表的规划，与前后端交互区域工作人员保持及时的沟通，确保直播流中的画面按照计划逐一呈现在观众面前。比赛执行的所有工作，都必须首先保障后台制作区域的赛事转播工作畅通无阻，以后台制作区域为中心，各部门按照赛事流程表有条不紊地展开工作。

2. 赛事内容的制作中心

后台制作区域是赛事内容的制作中心，呈现在网络上和现场大屏幕上的赛事画面，其最终形态是由后台制作来决定的。

观众看到的赛事画面，是添加了字幕及特殊包装效果的，并非单纯的游戏内画面或者比赛现场画面。现场画面及游戏内画面信号采集到后台制作中心后，由工作人员添加包装效果，在其中插入提前制作好的视频内容、精彩画面回放等，以多样化的内容制作手段，将纯粹的内容信号制作成具有观赏性和故事性的赛事直播画面。

图 9-1 是 2022 年 KPL 春季赛某场比赛的 B/P 环节，画面下方展示了战队及选手英雄

选择的情况，这一画面是由后台制作人员制作后加入到现场画面中的。此时选手在进行英雄的选择和禁用，如果没有下方的后期制作画面，观众便只能看到选手的动作和表情，无法得知英雄选择的具体情况。经过后台制作的工作，在 B/P 环节，观众既能够看到现场的情况，又能够随时掌握战队的英雄选择、大致了解战队的战略战术，极大地丰富了赛事的观赏性。

图 9-1　2022 年 KPL 春季赛

3. 提升赛事观赏性的关键环节

由于后台制作水平决定了赛事画面的质量，因此后台制作成为了提升赛事观赏性的关键环节。能够来到赛场亲自观赛的观众只是少数，绝大部分的观众只能通过网络或电视来收看赛事直播内容，无论现场舞台效果多么华丽震撼，如果不能尽可能将其真实地转播出去，观众便无法感受到电子竞技赛事的魅力。

超高清转播能够提升赛事内容的真实度、给观众以身临其境的感觉，而前沿科技在转播中的应用，则能够给网络转播带来无限可能，大幅度提升赛事内容的美感与精彩性。

例如，AR 技术在赛事转播中的广泛应用，大大拓宽了赛事制作的空间，游戏中的场景和角色都可以通过 AR 技术登上赛事舞台，通过网络转播呈现在观众眼前。2021 和平精英城市赛总决赛，以全景 AR 舞台实现全程直播。赛事开幕便是充满科技元素的 AR 动画，动画中一辆快艇从蓝海驶入和平精英的科技之岛，伴随倒计时，“空投箱”“三级头”等和平精英的元素依次在城市建筑群中展现，总冠军奖杯在一束光柱中亮相。随后，镜头从虚拟演播室转向 AR 主舞台，各支战队照片附在空投箱从天而降，如图 9-2 所示。

随后开始乐队表演，乐队成员在全景 AR 场景中演绎了和平精英主题曲等歌曲，如图 9-3 所示。

除了 AR 技术，其他科技成果的运用，以及广电设备的各种增强功能及效果研发，都将给赛事内容带来不断的变革和品质的提升。

图 9-2　AR 动画

图 9-3　乐队在 AR 场景中表演

9.2 导演

在电子竞技赛事制作与转播中，比赛执行日之前，导演及其团队的工作重心在创意策划方面，这部分内容在第 5 章已有提及。在比赛执行日，前期创意策划中的项目将会在赛事执行日一一落实，导演是赛事效果呈现的总负责人。

9.2.1　导演的职责

从前期创意策划到中期项目推进，再到后期赛事执行，电子竞技赛事总导演都扮演着至关重要的总舵手角色，决定着赛事的最终面貌。本节着重讲解的是电子竞技赛事总导演在比赛执行日的工作职责和工作内容，下文中提到的“导演”是对电子竞技赛事总导演的简称。

比赛执行日当天，导演的主要职责是：把控内容制作方向和赛事看点、把控赛事流程、保证赛事质量、解决赛事内容方向突发事件。

1. 把控内容制作方向和赛事看点

导演最重要的职责是把控内容制作方向和赛事看点。在创意策划阶段，对于赛事内容的总体面貌、赛事将会产生的看点、如何强化与放大赛事看点等关乎内容制作方向的问题，由导演来把控。

赛事内容的制作方向对于赛事的精彩性、赛事对观众的吸引力、赛事品牌 IP 的塑造都有着重要影响，是整个赛季的赛事内容制作的总方针。好的内容制作方向，不仅能够有效传递赛事的精神内涵、展现赛事魅力和选手魅力，也能够以丰富多彩的赛事内容持续吸引观众，让赛事获得持久的关注。

赛事看点的把控对于提升赛事观赏性、帮助观众更好地理解赛事有着重要作用。对于观众来说，要完全接受大量赛事产生的所有信息，是一件较为困难的事，尤其是对于新的观众来说，他们需要知道赛事最精彩的部分是哪里，优先去观看这一部分。整个赛季的看点、每一天比赛的看点、每一场比赛的看点，这些精彩看点只有被提炼出来，融入赛事评论员、赛事解说的解读之中，转换为图文、视频内容，引导观众去关注赛事重点，观众才能够更加高效地观赏赛事、理解赛事，从而提升赛事观赏的愉悦感。

导演对于内容制作方向和赛事看点的把控，对于赛事质量、赛事观赏性、赛事影响力都有着重要影响。

2. 把控赛事流程

导演重要职责之一是把控赛事流程，合理地调度资源，确保赛事按照计划顺利进行。在前期创意策划阶段，导演及其团队已经策划好了完整细致的赛事流程，在比赛当天，导演要带领整个赛事执行团队，按照既定的赛事流程表一丝不苟地推进流程，把握好赛事的整体节奏。

赛事执行涉及众多不同岗位的工作人员及资源的调动，要做到让上百人的工作团队有序配合，有条不紊地推进赛事流程，是一项难度很高的工作。在赛事进行的过程中，作为全局负责人的导演要有的放矢，抓大放小，以赛事的顺利转播为核心目标，牢牢掌握住赛事执行的节奏，避免因为影响不重大的细节偏差而拖慢赛事节奏。

赛事执行各个岗位的工作人员关注的是自己手上的局部工作，因此容易做到尽可能多地考虑各种因素，努力将局部的工作做到尽善尽美。而在赛事执行当天，由于各种各样的原因，计划中的某些工作流程可能无法完全实现。导演需要合理调度各部门工作人员，使部门之间适时做出调整后依然能够配合无间，确保赛事核心流程顺利推进。

3. 保证赛事质量

把控赛事流程保障了赛事执行的顺利平稳，但这并不是赛事制作与执行的终极追求。在赛事制作与执行的过程中，最高的目标一直是为观众呈现精彩刺激的赛事，赛事的平稳播出只是基础，不断提高赛事的精彩性和观赏性，保证赛事的质量，才是导演的另一个重要职责。

独特的整体视觉风格、精致的舞美、激烈的赛事对局、高完成度的舞台表演、触动人心的赛事周边内容……赛事的最终质量是由各种因素综合决定的。比赛执行日，在保证赛事质量方面，导演必须做到的是高效调度人员和资源，将比赛现场制作和导播间后台制作的功能发挥到最大限度，尽可能地将创意策划阶段的设想充分实现。

不仅如此，导演还要善于发现和捕捉发生在比赛现场的故事，将其呈现在观众眼前。例如，当某战队状态不佳持续挫败时，支持他们的观众在台下自动自发地集体为他们加油，最终受到鼓励的选手逆转局势取得胜利。如果能够及时发现这样令人动容的现场故事，并通过摄像机记录下来，让这样的画面进入赛事转播之中，整个赛事就会显得更加有故事性和人情味，让观众产生更多的共鸣。

在保证赛事平稳运行的基础上，导演要从各方面考虑，不断提升赛事质量。

4. 解决赛事内容方向突发事件

导演是比赛执行日各项事务的总决策人，当赛事直播过程中出现突发事故时，例如，选手掉线导致赛事中断、网络波动等情况，导演需要当机立断，迅速处置不利情况，让整个赛事能够顺利推进下去，保障直播的顺利进行。

影响程度较小、在局部工作模块内可以解决的突发状况，可以由具体工作模块的负责人处理，当突发状况带来的不确定因素可能会影响赛事进程时，例如，网络波动造成的直播中断这种特殊情况，就需要由导演来决定如何处理。

导演应当具备临危不乱、能够迅速果断地处理突发状况的能力，作为赛事制作与执行的主导者保证赛事的顺利执行。

导演的需要解决的突发事件还包括，在制作和转播的过程中出现的新的看点和内容亮点。在赛事开始前，导演已经对赛事制作的流程和可能产生的内容和看点有了充分的预测和预期。根据导演赛前的预测和预期，各个岗位紧密合作，按照制作计划执行各项工作。但是在赛事过程中，可能也会产生一些重要的看点，导演要根据产生的看点，随时调动制作资源和各个岗位的工作，将精彩瞬间记录和转播出来，并且为后期制作留下珍贵优质的素材内容。

9.2.2 导演的工作内容

比赛执行期间，导演的工作内容主要有五项：舞美及道具确认、彩排及问题排除、现场的有序组织、导播间良好运行、赛事看点的准备。

1. 舞美及道具确认

舞美搭建的质量和舞台道具的齐备与否，对舞台效果的呈现有着重大的影响，导演作为舞台效果的总策划人和总负责人，要在比赛正式开始之前进行舞美及道具的确认工作。在彩排之前，导演要综合考虑舞台呈现效果，对舞美搭建效果、舞台装置和舞台道具进行检验和确认。

比赛执行日前几天，舞美搭建完成、舞台相关道具准备妥当之后，导演要到场进行最终检验，查看舞美搭建效果是否符合舞美设计，是否能够在实际使用时达到相应的舞台效果。从舞美设计效果图到舞美搭建的实际成果，完全按照设计图进行搭建是比较困难的。实际上，在舞美搭建的过程中，受限于比赛场馆的实际条件、消防安全保障、预算、工期等诸多因素，舞美搭建成果并不能完美地 1：1 还原舞美设计效果图，虽然在细节方面会有所出入，但是整体视觉风格和色彩搭配不会有太大的偏差。那些由于限制因素而不得不做出的舞美搭建调整，就需要导演进行思考并做出决策，在现有的状况下调整方案，以其他方式实现原定的舞美效果，使整个舞台的综合效果无限贴近理想效果。

2. 彩排及问题排除

比赛正式开始前几天，导演要带领整个团队进行彩排，及时发现并解决问题。没有舞台表演的常规性赛事，进行几次彩排，调整好灯光、走位、比赛设备即可。而那些流程复杂，有开幕式、闭幕式以及多项舞台表演的重大赛事，则需要进行好几天的彩排，才能一一排除舞台演出和仪式中的问题。

大型演出需要众多演职人员及道具人员的通力配合，才能呈现出完美的舞台效果，在彩排时要重点解决演职人员之间的配合问题以及演职人员与道具人员的配合问题。尤其是大型舞蹈表演，演职人员的准确走位、灯光与音乐节奏的紧密配合、屏幕背景素材的及时切换、舞台道具的及时启动……各部门在同一时间都准确无误地完成各自的工作，才能呈现出完美的舞台效果。彩排的目的，就是为了排除人员及设备协同中的各种问题，以便最终演出时最大程度地协同配合。

除了人员及设备的协同问题，彩排的另一个重点是排除设备故障。不同型号、不同通信协议之间的各类舞台设备、网络设备、广电设备、游戏设备等，必须在比赛时不出差错地流畅工作。不同协议之间的设备通过集成平台连接到一起之后，在协同工作时可能会出现问题导致设备无法顺利工作，游戏设备和广电设备之间的连接、与游戏服务器之间的连接也可能会出现问题，诸如此类的细节问题，只有通过多次彩排才能一一发现，并及时解决。

3. 现场的有序组织

比赛执行日当天，舞台及内场区域将会聚集大量的演艺人员和工作人员，导演应当合理规划赛事流程，有序地组织现场人员，避免因流程不合理而产生的现场秩序混乱、人员在舞台附近拥堵、选手及演艺人员等候时间过长等问题。

例如，两个大型表演节目之间应当穿插一个或几个较为简单的节目，否则置景人员和道具人员无法在短时间内做好充分的准备工作。选手、主持人、表演人员的舞台动线，上场动线、退场动线、表演动线等应当进行合理的设计并执行，在赛事流程各个环节交替的过程中，所有人员的动线应当通畅无阻，能够迅速抵达相应位置。

导演要在遵循赛事流程的基础上，严格地把控仪式和演出的时间，按照流程时间表来推进赛事流程。当某些环节超出了流程规定的时间时，要通过调整其他环节并压缩时间，来保证后续环节的有序推进。赛事流程中每一个具体环节的顺利完成，都离不开有序的现场组织。不断提升现场人员组织的效率，减少不必要的操作和流程，也是保障赛事顺利进行的重要方法。

4. 导播间良好运行

比赛执行日，导播间是赛事舞台之外的另一个核心工作区域，导演的核心工作内容之一，就是要确保导播间的良好运行，协调组织导播间各工作人员，让赛事顺利转播。赛事舞台的表演及赛事呈现只是完成了赛事转播及制作的一半，而导播间则肩负着另一半核心工作——将赛事内容转播出去，让成千上万的场外观众通过网络和电视实时收看赛事内容。

在比赛正式开始之后，导演大部分时间是在导播间监督并指导着赛事流程的推进。现场的视频、声音等信号通过不同设备收集汇总到导播间之后，经由导播间工作人员的处理，再制作合成为适合观看的赛事直播画面，通过网络设备传输到观众的面前。

通过不同讯道机拍摄并传输至导播间的画面，以及现场各部门工作人员的对讲机交流，导演在导播间内能够及时掌握现场的状况，并做出指示和决策。导播间的工作直接决定了赛事直播的质量，所有画面的处理和输出都是在导播间完成的，因此导播间的良好运行、工作人员之间的有序配合，是赛事直播顺利完成的重中之重。在现场发生突发状况时，例如网络波动造成赛事中断时，导演可以在导播间及时调度放像人员在直播流中播放提前准备好的赛事周边内容，并通过现场制作的字幕和包装来说明突发状况，再调度解说及评论人员随机应变，继续对比赛局势进行合理分析，安抚观众情绪。

导播间的良好运行，是导演的合理调度及工作人员的通力配合完成的。在接下来的章节中，将会详细讲解导播间各工作岗位的工作内容及流程。

5. 赛事看点的准备

比赛执行日，根据今日的赛程，导演对于赛事中可能出现的看点要进行提前准备工作，在赛事数据展示、赛事解说、赛事评论、赛事采访方面提前准备好数据和文案，当预想的看点发生时，及时展示数据或信息给观众。例如，对战的两支战队实力悬殊，实力较弱的战队能否改写历史战胜实力较强的战队，就是可能产生的看点，能够引起观众的关注与讨论，针对这个看点可着重展示两支战队的历史对战信息、实时胜率等数据，对于实力较弱的一方最近产生的进步与变化进行分析与讨论。一般来说，在赛事开始前，对于赛事中可能产生的精彩看点，导演都能够做出大致的预判，将几个精彩看点作为引导观众观赛的重点线索，做出充分准备吸引关注，并结合比赛实时状况对内容进行调整。

导播

9.3.1 导播的职责

导播是多讯道电视节目制作中的一个工种。前文对多讯道录制系统已有介绍，多讯道制作方式的核心在于必须有切换系统，通过切换台对多个讯号来源随时进行选择、切换，并输出一路信号以供直播或录制。导播需要深入了解直播或节目内容、全面控制多讯道拍摄现场、并精确掌握直播或节目时间。导播随时掌握着直播内容或节目成片的全貌，是体育赛事转播和电视节目制作中的核心人物。

在电子竞技赛事转播中，多讯道的直播拍摄现场决定了导播工作的复杂性。多讯道拍摄现场的工程岗位繁多，作为导播，除了自己的本职工作以外，还需要对整个讯道制作流程的其他技术环节有深入的了解。电子竞技赛事转播是直播性质的节目，具有不可重复性，其拍摄现场和制作过程都是一次性的，无论现场出现任何问题，都不可能停止直播去解决问题。这就要求导播具备强大的心理素质和随机应变的能力，当直播出现问题时，既要保障直播的流畅不间断，又要及时解决问题。赛事规模越大、场面越大，多讯道制作的难度就越大，导播需要处理的镜头和画面越多，这对导播的职业素养有很高的要求。面对制作规模宏大的电子竞技赛事，导播要做到的不仅仅是赛事的常规转播，更要利用自己的专业知识，通过画面的选取与切换、合理的镜头调度，提升赛事直播内容的美感和观赏性。

导播的岗位承担了多讯道画面的调度及选择、切换工作，其核心职能是监看和调度各个讯道摄像机拍摄的画面及其他来源的画面信号，利用切换台选择并且播出画面。

导播的主要职责有五项：演播室调试与机位布局；画面选择与切换；保证画面质量；调度摄像人员；监控设备状态。

1. 演播室调试与机位布局

在直播或者节目播出之前，导播应当在演播室对演播设备进行调试，确保设备能够正常使用，并提前熟悉直播流程或者节目录制流程。除此之外，还应当确认好现场摄像机的布局，熟悉并掌握现场各个机位的位置及画面摄取范围，与摄像人员提前做好沟通工作，以便直播时能够准确获取符合需求的画面。

机位设置的能力是导播重要的职业技术，它是导播对演播现场的空间感及镜头画面的想象力、对摄像设备功能与表现力的经验、对直播及节目内容性质了解程度的综合体现。在进行机位设置时，首先需要想象画面，要能够想象在直播和录制中取得的画面效果，还要考虑如何获得这些画面、需要哪些拍摄位置角度、需要哪些摄像辅助设备。导播要做出详尽的机位示意图并列出摄像器材的技术清单，在直播和演播现场搭建完成后，导播要亲临现场确认每个摄像机的具体位置和摄像辅助设备的辅助方式。

2. 画面选择与切换

画面选择与切换是导播的核心职责，在直播或录播过程中，导播需要操作视频切换台并组织协调相关人员和其他技术工种完成直播或录播节目的录制。画面选择是指从多台讯道摄像机拍摄的画面以及其他来源的画面中选择需要的画面；切换是指借助切换台的帮助，实现从一个视频素材到另一个视频素材的转换，也称为即时编辑。

切换台是导播进行画面选择、对视频素材进行即时编辑的设备。切换台的基本功能是：①从几个视频画面输入中选择一个合适的视频素材；②在两个视频素材之间执行基本转换；③创造或接入特技。特技是指使用各种划像、字幕嵌入、形状或颜色转换等其他方式进行画面处理。

切换台的主要类型有：①现场制作切换台；②后期制作切换台；③主控制切换台；④线路切换台。在电子竞技赛事转播中，主要使用的是现场制作切换台。现场制作切换台的主要功能是挑选具体的视频素材并播出，通过切、叠化或划像来连接所选择的特技，创造和应用嵌入及其他特技。现场制作切换台的主要功能是给即时制作提供方便，选择各种视频素材并通过过渡技巧将它们依次连接起来，但是由于观众审美的提高，人们期望在现场直播中也能看到具有审美性的后期制作特技。昂贵的现场制作切换台不再局限于画面的连接，设备中通常内置了数量可观的数字特技，利用它们能够非常方便地与用作后期制作切换台的复杂数字特技设备相连，在直播中制作出精美的画面。

3. 保证画面质量

在直播或者节目录制过程中，导播要保证画面切换的质量，控制失误率，保证镜头切换的主题及合理性。

为了保证画面切换的质量、提高工作效率，导播应当对直播流程、节目内容以及观众期望都有深入的了解。不同的直播或者节目，对导播技术、导播风格有着不同的需求。综艺晚会的导播要能够将宏大的场景、优美的歌舞展现给观众，体育赛事转播中的导播则需要及时捕捉赛场上不可复制的精彩瞬间，将动感的、具有冲击力的运动画面传递给观众。导播应当不断提高自己的技术水平，针对不同的导播场景设计合适的导播方案，在机位设置、调机技术、画面切换、特技应用等方面下足功夫，熟练地运用导播技术，不断提升直播或节目制作的画面质量。

4. 调度摄像人员

导播要熟知摄像人员的拍摄手法和拍摄风格，控制直播或节目制作过程中视频画面，确保能够获取符合需求的视频画面。

在直播或节目制作开始之前，导播已经在进行机位设置时，确认过各个机位所能拍摄的画面范围，和摄像人员进行沟通，了解摄像人员的拍摄风格，为直播或节目制作时合理调度摄像人员打下了基础。直播或节目录制正式开始时，由于现场情况的不断变化，为了捕捉到新鲜的视频画面，导播需要和摄像人员保持实时畅通的交流，调度摄像人员及时调整摄像机镜头，改变取景框的大小和焦距，以拍摄符合需求的画面。

5. 监控设备状态

导播应当监控播出设备的状态，若直播时突发紧急状况，出现设备故障等问题，要组织工作人员进行及时的应急处理，确保安全播出。

总导播要对直播或节目录制的质量负责，对于设备状态、人员状态都应当有充分的了解。在直播或节目录制开始之前，导播应当进行数次设备调试，确保所有设备能够正常运行，不同设备之间的串联配合畅通无碍。针对直播或节目录制中可能出现的故障问题及紧急情况，应当制定应急备案，确保在问题出现时能够及时采取措施，避免直播或节目录制中断。当遇到应急备案中没有的问题时，要以强大的心理素质和灵活的应变能力及时处置，保障直播安全。

9.3.2 导播的工作流程

导播的工作流程，从参与节目策划到直播，主要分为 11 部分。

1. 参与节目策划编排或研读节目脚本

导播策划画面的选切对于节目的最终呈现效果有着重要影响，而要做到准确掌控画面、控制时间，导播必须对直播流程或节目流程有深度了解，因此在直播或节目的策划阶段导播就应当参与进来。

节目脚本一般是文学脚本，需要标示节目的流程、主持人的语言、插播片的位置内容等，是对节目做文学性的描述，通常没有具体的声音画面设计与相关录制技术要求的说明。直播脚本一般是直播流程表，在流程表当中精确规划了每个环节以及插播视频的时间，并且注明了大屏幕、音频、灯光、现场演出设备等各技术设备的具体技术要求。在直播开始之后，各技术部门都按照直播流程表有序开展工作。

2. 考察拍摄现场

拍摄现场的状况影响了机位设置和最终画面的呈现，因此在直播或节目录制之前，导播要实地考察拍摄现场，根据场馆和舞台的具体情况设计画面，思考机位及摄像机辅助设备如何设置。

3. 组建工作团队

组建工作团队的重要性在于找到适应直播或节目录制需要的各岗位人员，人员之间要能够默契配合。导播团队的工作人员一般包括导播、音控人员、字幕人员、在线包装人员、回放及慢动作人员、放像及录像人员、现场剪辑人员、推流及传输人员、内容监播及应急管理人员等。

4. 制定相关技术清单

技术清单包括场地舞美技术清单、视频技术清单、音频技术清单、灯光技术清单、通讯技术清单等。直播或节目录制开始之后，由导播掌控流程、把控时间，引导各技术部门人员开展各自的工作。对于可能影响到内容及画面质量的因素，要在技术层面进行把控，设定符合直播或节目录制的标准，并具体规定各部门的技术设备及技术执行标准。

5. 制定导播工作台本

导播工作台本是直播或节目录制的基础，它应该能够非常全面地体现导播关于播出方式、转播技术、时间、流程、画面、声音及特殊效果的详细设计，是各技术工作部门未来工作所依据的蓝本。

6. 组织召开导播工作会议

导播要召开的会议除了各工种部门参加的总会以外，还要与不同的工种部门分别召开具体技术工种的会议。导播团队整体参加的总会主要是明确直播或节目录制流程，统筹规划；各技术工种的具体会议则要进一步细化该岗位的技术工作，保证该岗位的工作在准备和执行阶段都能做到尽善尽美。

7. 验收各种技术工种前期工作

电竞赛事转播团队会以导播为主制定一个各工程实施工作进度的日程表，以便大家掌握时间，也有利于导播合理分配精力去验收各部门的工作。

8. 指导排练和组织演练

任何场景都会因为镜头展现和镜头组合方式的不同而带来不同的解释，其实这就是镜头叙事方式的问题。导播指导排练或组织演练，就是把镜头叙事方式的概念带到现场，让导演、演员、相关部门的工作与镜头呈现相互配合的过程。

指导排练和组织演练是针对录播和直播两种不同的情况来说的。对于录制节目来说，导播在这个环节的工作就是指导排练；对于直播来说，导播在此环节的工作则是组织演练。

9. 带机彩排

带机彩排是指各个讯道摄像机都到岗跟随拍摄的彩排，在带机彩排阶段，所有录制技术环节工作人员都应当到岗参与彩排。

10. 录制和备播

录制是针对录播的节目来说的，备播则是针对直播来说的。现场制作的过程最好是不间断地连续录制，在录制和备播的过程中，可以根据不同节目的具体情况或现场出现的问题，适当地停顿调整、重录或补录。对于备播带来说，所有停顿或出现问题的地方都需要在直播前精心编剪完成，把它做成一个和直播节目时间等长的工作带，以防当直播现场出现不可抗拒的问题时备用。对于电子竞技赛事来说，比赛时现场的状况瞬息万变，无法通过备播来预测可能出现的问题，只能确保技术和网络的质量，最大限度地避免因为设备、服务器或网络问题导致直播中断。

11. 直播

直播当天，导播要根据现场制作规模的大小来决定提前抵达制作现场的时间；临近直播时，导播至少应当提前三十分钟坐在导播间的切换台前；直播进行时，导播除了做好调度选切画面的核心工作外，还要合理分配精力关注各技术工种岗位的工作情况，以便提早发现问题防患于未然；直播结束后，导播要致谢所有工作伙伴，并提醒助理整理好直播录像带。

9.4 音控

9.4.1 音控的职责

在电子竞技赛事中，音控师负责安装并调试音响设备，在直播中使用调音台将多路输入的音频信号进行放大、混合、分配、音质修饰和音响效果加工，然后将处理好的音频信号输出，其主要职责可以概括为扩声系统的安装及调试和音频信号的处理。

1. 扩声系统的安装及调试

扩声系统能够将讲话者的声音对听者进行实时放大，扩声系统要具有足够的响度和足够的声音还原度，并且能使声音均匀地覆盖听众。扩声系统由扩声设备和声场组成，扩声设备是指话筒、音响、传输线等，声场则是指听众区的声学环境。

根据需要处理的音频信号数量的不同，可以将扩声系统分为中型扩声系统和大型扩声系统。一般来说，使用的调音台在不超出 24 路的情况下，定义为中型扩声系统。大型扩声系统的定义，一是指调音台路数为 24 路或者更多且具有编组功能的系统，二是指系统的调音台路数虽然不足 24 路,但总电声功率超过数千瓦的系统。例如,在使用小乐队伴奏、以独唱方式进行的室外演出中，其调音台路数虽然比较少，有的只有几路，但由于系统电声功率较大，信号分配比较复杂，也应算是中型或大型扩声系统。

扩声系统的最终效果是由硬件设备和现场环境共同决定的，在设计扩声系统时，要综合电声系统（硬件设备构成的系统参数）参数和建筑声学系统参数,针对具体的声音环境,进行厅堂音质设计和电声系统的设计。设计者应当对不同用途的声学空间进行不同的音质设计，以满足不同扩声场所的正常使用。在完成设计之后，则要将扩声系统中的所有设备按照设计安装到相应的位置，并确定信号传输线路，将系统中的各个设备连接起来。扩声系统容易受到外部环境带来的干扰，其干扰可分为电场干扰和电磁场两类，高压输电线、高压霓虹灯等高压电器都有可能干扰扩声系统。因此，扩声系统的设备和传输线路都必须具有良好屏蔽，所有屏蔽还要按照一定的规则连接在一起，然后进入同一个公共的接地端，构成扩声系统的屏蔽网络。

在调试扩声系统时，主要使用音频信号发生器、噪声信号发生器、失真分析仪、带通滤波器、测试传声器、声级计、混响时间测试仪、记录仪等设备，对扩声系统的传输频率特性、混响时间、系统失真、总噪声、最大声压级、最高可用增益等参数进行测试。

2. 音频信号的处理

电子竞技赛事中，音频信号的来源包括选手、裁判、主持人、解说员、演员、观众、游戏内信号、其他音频播放设备信号等。在赛事进行的不同阶段，需要输出的音频信号以及音频信号的处理侧重点各有不同。

在比赛开始前的一段时间内，赛事现场一般会播放暖场音乐并在各个屏幕上播放赛事相关视频内容，音控师要对暖场音乐和视频声音进行一定的调节，确保观众既能够听清楚视频的内容、又能够享受到暖场音乐带来的放松感。在开幕式表演中，音控师根据节目类型的不同对声音进行处理，播放伴奏演唱、现场伴奏演唱、器乐演奏、舞蹈表演等对于声音表现度和混响的要求各有不同，音控师要将最佳的声音效果传递给听众。在比赛开始之后，听众主要听到的声音则是游戏内声音和解说员的解说声音，音控师要通过声音处理技术，让观众同时清晰地听到解说和游戏内的声音。在比赛结束之后的采访环节，听众主要听到的是主持人、选手、教练的声音，音控师要对人声进行适当的处理，使得各个音频信号之间互不干扰，每个人的声音清晰可辨。

9.4.2 音控的工作设备

在电子竞技赛事中，音控师主要使用调音台来进行音频信号的处理工作。

调音台是扩声系统和影音录音中的一种常用设备，它能够将多路输入的音频信号进行放大、混合、分配、音质修饰和音响效果加工，调音台的基本外观如图 9-4 所示。

图 9-4 调音台

根据使用目的和使用场合的不同，调音台大致分为以下几种：①立体声现场制作调音台；②录音调音台；③音乐调音台；④数字选通调音台；⑤带功放的调音台；⑥无线广播调音台；⑦剧场调音台；⑧扩声调音台；⑨有线广播调音台；⑩便携式调音台。在电子竞技赛事中，一般使用的是立体声现场制作调音台。

调音台由输入部分、母线部分、输出部分组成，母线部分将输入部分和输出部分联系起来，构成了整个调音台。常见的调音台有 8 路、12 路、16 路、24 路等，每路均可单独对信号进行处理，声音信号的处理包括高音、中音、低音方面的音质补偿，给输入的声音增加韵味，对该路声源做空间定位等，还可以进行各种声音的混合，混合比例可以调节。调音台的多路输出包括左右立体声输出、编组输出、混合单声输出、监听输出、录音输出以及辅助输出等。

调音台的四个主要功能是信号放大、频率调整、信号合并、分配功能。

1. 信号放大

调音台可以对声音信号进行放大。当各种不同来源的信号进入调音台后，不同信号所需的放大量并不相同，所以调音台必须能分别处理不同的信号。例如，各种乐器的音乐信号与人声信号在幅度上不同，需要分别进行处理。

2. 频率调整

调音台可以分别对各种信号进行频率调整，也就是调音。不同的信号，由于其频谱分布、谐波成分等方面的原因，会形成不同的音色，而建筑物对声音的影响能够使音色产生很大的变化。音控师要根据不同的扩音环境，对进入调音台的不同声音信号分别进行加工，使其声音尽可能接近原声。调音台的每个声道都具有相同的处理手段，例如三段均衡、增益控制器、高通滤波器等。

3. 信号合并

调音台可以对声音信号进行合并。调音台将各路信号调整后，要将各种信号合并成标准的左右声道（立体声）形式输出，作为下一级设备的输入信号使用。

4. 分配功能

调音台能够分配不同的声音信号。除了立体声的主输出外，调音台还能提供两路以上的辅助输出信号，这类信号有两种用途，一是音响室监听或舞台返听，二是做效果器的激励信号用。

音控师使用调音台对各种声音信号进行处理后再输出，让观众有了高质量的听觉体验，对电子竞技赛事的最终呈现效果也有着十分重要的影响。

9.5 字幕及在线包装

9.5.1 字幕及在线包装的职责

包装是指对播出的节目及直播内容进行美化的过程，通过在节目及直播内容中添加静态元素及动态元素，突出节目及直播内容的特点，确立并增强观众对节目及直播内容的识别能力，并提升节目及直播内容的观赏性及美观度。

在广播电视行业中，一直是使用传统字幕机对节目及其他内容进行包装。随着数字技术与网络技术的日趋进步，包装系统也在不断地进化，先进的在线包装系统逐渐取代了传统的字幕机。在线包装是指在转播车系统、EFP 系统、演播室系统、播出系统等现场制作电视节目和直播内容的同时，就完成了对节目的整体包装，例如字幕、角标、实时资讯、实时多视窗等一系列的包装应用，这些包装元素不需要再到后期合成机房加工，可以一次性在制作一线完成对节目风格化的统一及节目内容的丰富。

在线包装系统包括了字幕机的所有功能，它的图形处理技术综合了计算机网络、三维图像实时渲染能力、视频插入、动态音效等技术，这使得在线包装技术在电视节目及直播内容在线制作与播出领域广泛应用。传统字幕机的原理是使用简单的图片、文字、色块来完成图文处理，其核心技术是利用 CPU 和一块视频板卡完成字幕工作。在线包装设备的原理是利用计算机图像处理器——GPU 的高工作效率与 CPU 配合呈现强大的高质感实时渲染功能。在线包装系统无论是三维渲染能力、画面材质的高质感显现、渲染通道的多层输出能力、视频 I/O 能力、实时数据分析抓取，还是音效的引入等，从各方面已经完全取代传统字幕机。它的画面渲染通道多层处理能力可以得到充分利用，使字幕条、角标类、资讯类模板可以同时在画面中展现，作为在线包装图文处理工作站，它的图像渲染能力不仅可以满足现在的 4K 超高清制作需求，甚至已经可以做到 8K、16K 的渲染输出能力，这就为超高清分辨率的背景大屏引入到演播室提供了更为便捷、高效的解决方案，并且可以充分利用这些背景大屏制作出生动绚丽、形式更为丰富多样的电视节目及直播内容。

在电子竞技赛事制作与转播中，字幕及在线包装岗位的工作职责是运用在线包装系统配合导播将赛事直播内容丰满详尽地呈现给观众。优秀的字幕及在线包装人员需要遵守五项基本原则：

（1）准确性：成品无错别字等低级错误；

（2）一致性：字幕在形式和陈述时的一致性对于帮助观众理解内容至关重要；

（3）清晰性：音频的完整陈述，包括说话者识别，均需用字幕清晰呈现；

（4）可读性：字幕出现的时间要足够观众阅读，和音频同步且字幕不遮盖画面本身有效内容；

（5）同等性：字幕应完整传达视频素材的内容和意图，二者内容同等。

优秀的字幕及在线包装工作需要将前期的充分准备和直播过程进行完美结合，对工作人员的严谨性和细致度要求极高，无论是制作工程、检查工程还是直播中的实时操作都需要细心，尽最大可能避免人为失误。保证前期筹备工作的质量能够有效降低直播失误率；另外，熟悉直播流程，冷静应对所有突发状况，是每一位优秀的字幕人员必备的素质。

9.5.2 字幕及在线包装的工作流程

字幕及在线包装的工作流程，包括准备阶段和直播阶段两大部分，前期的充分准备与直播过程中的精确操作完美结合，才能为观众提供准确无误的内容，并提升直播内容的观赏性和精彩度。

1. 准备阶段

准备阶段的工作流程可归纳为准备素材与制作工程两部分。准备素材的工作包括：检查确认包装、整理归纳素材、制作素材、分类保存素材。制作工程的工作包括：制作工程、创建文件夹、保存所需素材、导入素材及制作工程、检查工程、检查更新非直播日素材。

（1）检查确认包装。

包装素材主要分为静态和动态素材两部分，静态素材是指平面设计类静止不动的素材，而动态素材则是指拥有运动变化状态的包装素材。

在检查确认包装阶段，主要的工作内容包括：参照素材列表，检查包装素材是否有遗漏，和对接人确认包装素材是否为最新确认版本，如果出现个别包装未确认要及时跟进更新时间；如有文字，需确认文字是否正确。

（2）整理归纳素材。

整理归纳素材时应当分清层次，将动态素材和静态素材分开整理，与相应负责人做好对接工作，及时索要所需素材，在素材制作之前完成素材的归纳整理工作，为下一步工作提供便利。

（3）制作素材。

在制作素材之前，针对可能出现的元素，对其格式及性质要做出统一的标准及规定，形成项目内通用的包装素材流程标准，例如 LOGO 的大小、人物的大小、人名条的大小、文字的字体、颜色与大小等。制作素材时要采用统一的包装标准，按照包装素材标准流程进行制作。在素材制作完成后，要仔细检查制作完成的素材，确保素材的格式及属性符合在线包装的需求。

（4）分类保存素材。

包装素材制作完成之后，要对素材进行分类，创建相应的文件夹，以收到素材的时间或者素材的类别对素材进行命名。文件夹及素材命名要遵循统一的标准，要能方便素材区分、记忆，尤其是能够快速找到素材进行替换与制作。

以上四个流程为准备素材阶段，接下来将进入制作工程的流程。

（5）制作工程。

制作工程时，一定要确认图片与动态素材的大小契合后再进行工作，避免不必要的重复性工作。划分层级关系时一定要考虑好同一场景最多需要多少层，避免因层级不同导致包装顶掉、替换、遮挡。工程的格式以切台输出信号要求为准，如大洋字幕机的 1080/50i 或 XPression 的 1080p/25。

（6）创建文件夹。

在电脑 C 盘以外的分区里创建文件夹，以项目名称命名，例如，2017 年 KPL 秋季赛 / 2017 年 KPL 秋季赛预选赛，2017 年 KPL 秋季赛 /2017 年 KPL 秋季赛总决赛。

（7）保存所需素材。

创建好文件夹之后，将所需素材分类放入创建的文件夹中，可根据文件类型（如动态素材文件、静态素材文件）或模块（如今日赛程文件、明日预告文件等）进行分类。按照直播内容模块来进行文件分类，可能的分类文件夹包括画中画倒计时、积分榜、今日赛程、今日赛果、明日预告、赛后装备板、贴片素材、游戏内 UI 等。这样有序分类之后，在直播过程中就能准确快速地找到所需素材，对直播内容进行在线包装。

（8）导入素材及制作工程。

在素材导入工程过程中，需要注意的主要是包装位置、图片层次关系、动作一致性这三项内容。包装位置的确认是指在导入原本的包装设计图片时进行位置确认，如果因字体在不同软件上呈现出大小不同，可容许小于 1 像素的误差。图片层次关系的确认是指要注意素材之间的前后关系，避免所需素材被遮挡。动作一致性的确认是指动态与静态素材在同个场景时，要注意动作是否一致，检查动作是否流畅，动作曲线是否正确。

（9）检查工程。

工程制作完毕后，需要检查场景间层次关系是否正确，划分层次，以确保不会出现同层次顶下包装的情况，检查项主要是工程、素材、层次关系、链接、数据端口。检查工程时，要注意工程的最后修改时间正确；检查素材时，要确保素材与上次保存一致，数量正确；检查层次关系时，要确保同一场景的层次不会相互抵消；检查链接时，要确保更改操作文件时输出端口同时更改；检查数据端口时，要确保需链接数据的字幕信号上有该项数据。

（10）检查更新非直播日素材。

电子竞技赛事的包装素材需要用到游戏内 UI，当游戏进行版本更新、游戏内素材有所改动时，包装素材也应当进行相应的更新、改动，以确保赛事直播时包装素材与最新版本的游戏保持一致。要重点检查游戏是否有版本更新，游戏装备或英雄头像、原画等是否有所改动，询问游戏运营方是否有活动或新增内容。为了保持品牌形象的一致性，游戏方有时会对字幕包装方面提出更改需求，如果涉及游戏的改动，需及时联系相关对接人，进行素材更新，更改项以活动需求为准。

2. 直播阶段

在赛事直播日，字幕及在线包装的工作流程分为直播前、直播中、直播后三大模块。

（1）直播前。

直播前的主要工作是制作选手照、制作游戏数据并分类保存素材。

制作带有选手照的模板时，需根据原有包装进行更改，在原包装的选手照上做 8 条辅助线，以头顶、耳朵两侧、眉心、眉毛、鼻尖、唇峰、眼角这八条辅助线标齐，保证比例位置不会出现非客观因素的偏差。

制作游戏数据时，要与相关负责人进行沟通，如果已存在相应模板，则填入已确认数据并保证数据正确性，否则需要在不更改包装风格的情况下进行小范围的修改、优化，保证数据的完美展示。制作完毕需再次确认数据与最终确认版一致，如有错误立即更改，防止人为失误导致数据错误。直播前还需要再次确认首发名单、选手名单、对阵表、广告单、数据表格等信息，若信息有变则需要及时更改包装。

制作好的选手照及游戏数据用于在直播流程中展示，如图 9-5 所示。

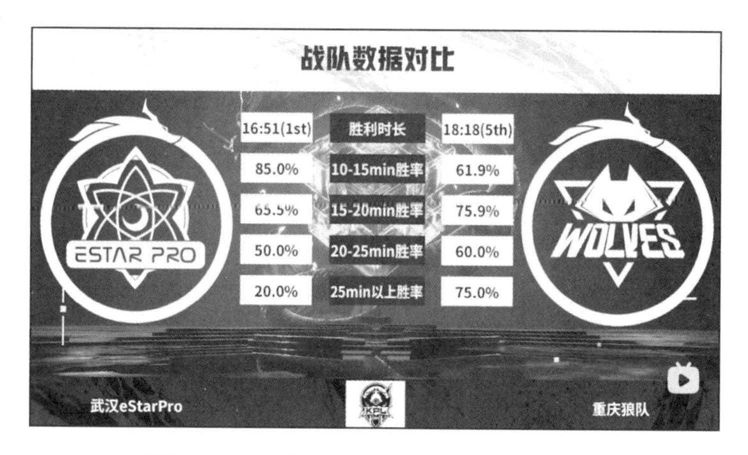

图 9-5　2022 年 KPL 春季赛总决赛数据展示

直播前要熟悉直播流程，保证每个环节需要上的字幕板及时、准确。例如，直播倒计时环节，需要的字幕板是今日赛程预告；开赛倒计时阶段，需要的字幕板是倒计时动画字幕板；游戏内精彩回放环节，需要的字幕板是精彩回放角标。

（2）直播中。

直播中的注意事项主要是检查直播中的实时更新与第三方数据。

检查直播中的实时更新时，若直播时字幕人员只有一人，需与导播沟通进行审查，如字幕人员为两人或两人以上，有实时更新的包装需相互检查，当出现两人同时进行更改的情况，则以流程上先后顺序进行相互检查，在检查无误时才能通知导播信息无误。

使用 Xpression 进行字幕包装时，要注意检查直播中的第三方数据。每场比赛结束之后，需要检查实时数据是否已从数据供应商提供的数据库更新至 Xpression 端口，该数据格式根据不同包装及个人的工作读取习惯而定，该时长经多次测试定为 2 分钟。如果在 2 分钟内未更新到，则全部采用数据表格计算。如果在 2 分钟内更新完毕，需检查数据更新是否正确。

（3）直播后。

直播后的主要工作是文件备份。直播后应备份工程在自己的储存设备中，防止设备损毁或故障影响之后的正常直播流程。每日备份文件要整理保存七日，之后便可以删除。

另外，还应当提前准备好直播应急预案，直播中如果出现设备软 / 硬件问题时，需及时与导播沟通，在对当前环节影响最小的情况下快速解决。当出现软件卡顿的情况时，字幕人员应当与导播沟通及时，尽快重启软件，回归当前流程；当出现硬件问题时，要及时在其他设备上启用备份工程，在不影响其他流程的情况下持续工作，直到设备恢复正常。

回放与放像

9.6.1 回放及慢动作

在体育赛事转播中，我们经常会看到精彩镜头的回放及慢放。体育比赛中的精彩场面，在转瞬之间就完成了，观众往往只能看到结果并为之惊叹，至于运动员是如何完成这种令人赞叹的操作，通过眼睛很难完全捕捉到。回放及慢放的存在，就是为了让观众及时回顾并看清楚运动员的高光时刻。

回放及慢放在电子竞技赛事转播中的作用更加重要。在篮球、足球、乒乓球等体育运动中，观众还是能够通过眼睛观察到运动器械及运动员的大致运动轨迹，但电子竞技赛事中的游戏内画面，在几秒之内往往有多个游戏角色使用多项技能，画面中绚丽的技能特效交织在一起，选手的细微操作和操作逻辑很难被完全观察到。因此，回放及慢放是提升观众观赛体验的重要环节，在一场精彩的对战场景之后，将对战画面回放或慢放，再辅以解说的详细讲解，观众便能够深入地领略选手的战略战术及高超操作。除此之外，选手的现场状态也是回放及慢放的一部分，在赛事的关键节点，通过回放选手镜头也能够让观众在一定程度上感受到选手的心境，有助于观众从不同的角度欣赏赛事。

电竞赛事回放不是简单地将游戏画面展示给观众，更需要较好地诠释出选手状态、心理活动以及现场氛围，比赛过程中关键镜头的慢放是精华部分，需要对现场局势有着良好的预判，对镜头切换规律掌握熟练，同时也要时刻关注比赛变化导致的选手及观众的情绪变化，捕捉每个精彩镜头。大型职业联赛的回放设备支持多个信号讯道机接入，可以全方位立体展示比赛盛况。

回放及慢动作回放岗位的工作内容，就是从已存在的、记录的来源进行播放。电子竞技赛事回放的内容来源于比赛内容、游戏画面、比赛中实时镜头记录等。回放人员使用慢动作回放机来工作，慢动作回放机具备实时回放及慢放的功能，能实时回放游戏内容和现场观众反应镜头，回放过程能根据需求慢放关键镜头。不同的画面信号输入到慢动作回放机中，在慢动作回放机里完成编辑并输出信号，观众便能够看到回放及慢放的画面。例如，在电子竞技赛事转播中常用的一款 3PLAY 4800 型号慢动作回放机，它的功能包括：同步采集全部视频，连续录制和显示多个视音频流；使用标签键提交有入点和出点的慢动作和即时回放；采用有彩色条码的回放列表，极易区分各栏目、播放、比赛周期、事件型式集锦等；回放键可以从多个摄像机角度进行可变速浏览；快速从主列表自动生成实时集锦，并且输出无损视频（包括一个编辑结果列表）到一个非线编；提供最高质量 HD 和 SD 信号、SDI、分量、Y/C 和复合；支持 NTSC 和 PAL 制。

电子竞技赛事慢放的切换规律，可以与传统体育进行类比。传统体育需要把发生在赛场内的故事完整、准确、精彩、及时地传递给荧幕前的观众，让观众们详细地了解故事的每一个情节。对于传统体育的转播来说，慢动作的运用是影响转播质量的非常关键的一环。慢动作回放是否及时、能否抓拍细节、镜头组接是否合理，直接影响转播的精彩程度。传统体育进球慢动作回放通常以组的形式来播出，电子竞技比赛慢动作回放与其主要类比如表 9-1 所示。

表 9-1　传统体育与电子竞技慢放规律对比

传统体育环节	慢动作规律	电竞环节	慢动作规律
射门	进攻射门（大全景） 球门后摇臂（大全景） 防守乙方守门员反应情绪（小全景）	击杀	击杀回放 选手反应 观众反应
犯规	犯规过程（跟拍机位小全特写镜头） 被侵犯者表情（特写） 犯规者表情（特写）	操作失误	失误回放 选手反应 观众反应
进球	跟进球球员的小全机位 越轴跟进球球员的小全机位 门后机位拍摄到的进球过程 进攻时拍摄到的大全画面	团战获胜	团战回放 选手反应 观众反应

通过慢放，电子竞技赛事的故事脉络能够更加清晰地展现在观众眼前，观众能够看到更多赛场上的精彩故事。

9.6.2 放像录像及现场剪辑

放像是指从数据媒体库中调取视频播放，放像机是该工作岗位使用的关键设备。录像是指将整场比赛内容录制并储存下来。现场剪辑则是使用比赛中录制的素材，进行实时剪辑并在稍后的赛事中播出，例如，在一场赛事结束后立即播放的赛事精彩画面集锦。

单纯使用放像机放像，可能会产生视频短片卡顿出错的直播事故的发生。针对现有技术的不足，部分电子竞技转播团队开发了较为成熟的电竞赛事演播室放像系统，不仅实现提供良好的放像效果，而且能够避免视频短片卡顿出错等直播事故的发生，解决了目前的电竞直播行业放像系统设备不被普及和容易出现直播事故的问题。这种演播室放像系统包括：媒体资料数据库、放像机、矩阵和切换台，放像机信号连接在媒体资料数据库的一端，矩阵接线连接在放像机的一端，切换台接线连接在矩阵的一端，放像机与切换台通过矩阵信号连接。媒体资料数据库有放像的所有媒体资源，放像机能够快速读取媒体资源并在媒体资源的基础上进行二次加工。

放像、录像及现场剪辑的工作，使得赛事中的播出内容更加的丰富，有利于立体全面地呈现赛事，提升赛事的观赏性和精彩度。

9.7 推流及内容监播

9.7.1 推流及传输

推流是英语中的 publish/push 或者 up streaming，是指主播端把本地采集的语音视频流推送到媒体服务器。网络直播是电子竞技赛事播出的主要渠道之一，而推流是将现场的视频信号传到网络的过程。推流是直播的第一公里，直播推流对直播链路的影响非常大，如果推流的网络不稳定，无论如何做优化，观众的体验都会很糟糕。直播推流人员的主要工作内容是，完成初期设备搭建之后，时刻关注各个设备和网络的稳定性以及直播信号内容是否存在异常。一旦出现任何问题，就需要从源头开始排查问题加以解决。

直播中使用广泛的“推流协议”一般是 RTMP（Real Time Messaging Protocol——实时消息传输协议）。该协议是一个基于 TCP 的协议族，是一种设计用来进行实时数据通信的网络协议，主要用来在 Flash/AIR 平台和支持 RTMP 协议的流媒体 / 交互服务器之间进行音视频和数据通信。

赛事直播时推送的流媒体通过不同的链路传输给观众，整个链路构成了传输网络，类比为货运物流就是从出发地到目的地的所有路程，如果道路的容量不够，会引发堵车也就是网络拥塞，这时可以通过改变路程也就是所谓的智能调度进行疏通，但是传输网络会站在全局的角度进行调度。

电子竞技赛事直播中推送的视频流主要是赛事流（主流）和净流。赛事流就是直播时的官方信号，供直播平台的官方直播间使用，包含了直播的全部内容。净流就是干净信号（Clean Feed 信号），也称为公共信号。此类信号一般只包含部分字幕以及赛事数据信息，不包含任何解说的声音，一般提供给各大直播平台的主播解说使用。

电子竞技赛事直播推流的工作设备包括 ArcVideo 编码机、RealMagic 编码机、板卡电脑主机、视频矩阵、通话系统面板、显示器、音频监看面板、UPS 电源等。ArcVideo 编码机的用途是主要推流，RealMagic 编码机则用于备用推流；板卡电脑主机的用途主要是重播推流以及作为备用推流机；视频矩阵的用途是对视频信号源进行分配；通话系统面板用于联络各个环节的人员；显示器的用途是监流；音频监看面板的用途是观察声音信号源是否正常；UPS 电源的用途是为设备供电。

电子竞技赛事直播中的推流过程，可以 KPL 赛事的推流为例进行讲解。图 9-6 展示了 KPL 赛事某赛季的推流线路。主推流的 ArcVideo 编码机通过不同的链路将四路赛事流、四路净流上传到网络，然后再分发至各个平台；作为备用推流的 RealMagic 编码机推送两路赛事流和两路净流至网络，再进行分发；推流电脑将游戏内装备栏的流推送至网络，再由 KPL 后台进行分发。

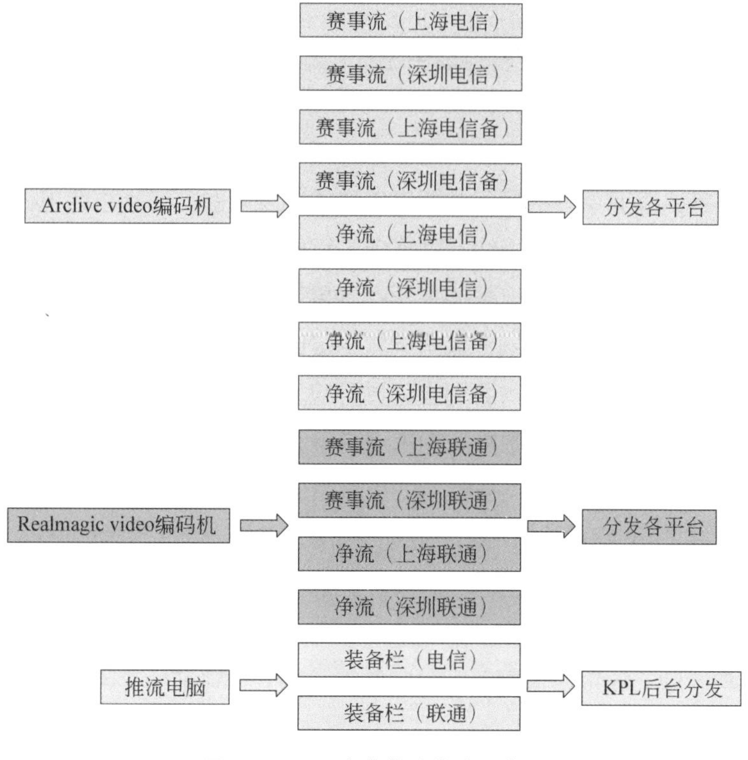

图 9-6 KPL 赛事推流线路示意图

9.7.2 内容监播及应急管理

为了保障赛事直播的流畅性和赛事内容的安全性，需要专门的内容监播及应急管理人员，在赛事直播的过程中进行监督，当出现内容性或技术性问题时，能够及时处理，避免出现直播事故。

1. 内容监播

内容监播的工作主要是实时监督直播过程，避免直播中出现具有政治煽动性的内容、色情内容、不文明内容等可能造成直播事故的问题内容。例如，若比赛现场观众举着的横幅中有不适合播出的文字内容，内容监播人员应当在监看现场画面信号时就发现问题，并提醒所有工作人员，避免让横幅出现在直播画面当中。在部分大型电子竞技赛事中，已经引入了智能化监播系统，通过 AI 识别图片、文字以及视频中的危险内容，一旦系统检测到危险内容，便会立刻进行相应处理，并提醒相关工作人员进一步处理。智能化内容监播系统，能够弥补人工内容审查的不足，在短时间内快速进行大量的内容检测，内容监播员则可以将精力集中在某些系统不容易检测到的地方，大大提升内容播出的安全性。同时，内容监播也会使用延迟播出系统，为制作人员留出一定的时间将有问题和风险的画面切换。

2. 应急管理

应急管理是指当电子竞技赛事直播中出现问题时，为了使直播顺利而采取的一系列行动。

电子竞技赛事直播时可能出现的问题包括画面黑屏、画面卡顿、声画不同步、画面穿帮、流媒体中断等。画面黑屏的原因主要是信号或电源问题，应当立即进行信号检测与电源检测；画面卡顿的主要原因是网络问题或者工程问题；声画不同步的主要原因是网络问题、工程问题和信号问题；画面穿帮的主要问题是信号问题和接口问题；流媒体中断的主要问题则包括工程问题、电源问题、信号问题、接口问题、网络问题等多重因素。当出现上述问题时，要立即针对相应事故原因立刻展开检查和维修。工程检测的主要操作是，修改工程参数或重启工程任务；电源检测的重点是电源开关与接口、机器指示灯，可重启电源或重启硬件设备以解决故障；信号检测的重点是信号接入与接出以及信号指示灯，对信号线路进行排查并锁定串联线路；接口检测的重点是监视器检测信号的输入与输出，通过检查监视器来锁定故障端口；网络检测的重点是主要线路和备用线路的排查，查看网络线路情况并及时通知网络供应商解决。

游戏导播与游戏 OB 工作也属于后台制作的一部分，将在后文电子竞技赛事制作与转播的独特模块中详细介绍。

电子竞技赛事技术支持与保障

10.1 技术支持与保障概述

技术支持与保障在电子竞技赛事制作与转播当中占据着极其重要的地位，它决定了一场赛事能否顺利制作与转播。创意策划构建了赛事的蓝图，而赛事制作与执行主要通过广电转播和赛事执行将赛事的蓝图变为现实，技术支持与保障负责为赛事制作与执行提供强有力的技术支持，负责解决网络传输、电力传输、通话系统、信号采集及转换传输、设备备份等一切技术性问题。

赛事制作与转播涉及许多不同的设备及设备系统，包括切换台、调音台、视音频矩阵、VCR 放像、回放及慢动作、放音机、图文及字幕机、AR 及 XR、摄像机系统、音频采集系统、信号变换编解码处理系统、通话系统、技术保障系统等，而不同的设备系统中又包含若干不同种类的设备。将这么多的设备有序组织在一起，让各设备系统能够有效运转，让不同设备系统能够协同工作，是技术支持与保障工作中的重点。

在电子竞技赛事制作与转播中，前后端交互与后台制作模块的正常运转，都要依靠技术支持与保障所搭建的网络系统与工作系统。

10.1.1 技术支持与保障的意义

对于赛事制作与转播来说，技术支持于保障的意义主要有三个，分别是赛事执行的技术基础和保障、降低赛事风险的有效手段和提升赛事转播质量的关键要素。

1. 赛事执行的技术基础和保障

技术支持与保障是赛事执行的技术基础和保障。

赛事的顺利执行，需要技术支持与保障部门搭建完善的技术网络，为赛事搭建功能强大的转播系统、网络系统、电力系统、通话系统等，使赛事能够有效运转起来。

赛事进行需要网络和电力，各类转播设备、网络设备、游戏设备各司其职，在相应的工作网络中良好地发挥功能，一场赛事才能够顺利开始并进行下去。

例如，网络系统的搭建对赛事执行具有很大的影响。对于电子竞技赛事来说，如果没有流畅的网络，甚至连比赛都无法开始。目前，大部分电子竞技项目都是网络游戏，例如英雄联盟、王者荣耀、绝地求生、和平精英等，在游玩网络游戏时，网络延时是一个影响游戏结果的重要因素。网络延时是指一个数据包从用户的计算机发送到服务器，然后再立即从网站服务器返回用户计算机的来回时间。网络延时的单位是毫秒（ms），网络速度越慢，网络延时就越大。目前通常使用网络管理工具 PING（Packet Internet Grope）来测量网络延时。网络延时处于不停地变化当中，这种变化被称为抖动，抖动是由于互联网络的复杂性、网络流量的动态变化和网络路由的动态选择而造成的。网络延时和网络延时的抖动越小，网络的质量就越好。一般来说，典型的网络延时为几十到几百毫秒。影响网络延时的主要因素是路由的跳数和网络的流量。因为每次路由转发都需要时间，因此路由跳数越多，网络延时越大；网络流量越大，交换机和路由器排队的时间就越长，所以网络延时也就越大。要保障线下赛事的公平，就必须使每一位选手的游戏网络平稳、高速、无异常波动，网络延时降到最低，保证竞技双方在同样的网络条件下进行游戏竞技。有了技术支持与保障部门的工作，搭建起良好的赛事网络，保障比赛网络的需求，赛事执行才得以顺利进行。

2. 降低赛事风险的有效手段

技术支持与保障是降低赛事风险的有效手段。

在赛事筹备阶段，设计和搭建网络系统、电力系统等，能够最大限度地排除风险降低意外；与此同时对网络、电力、设备、转播系统进行技术备份，在赛事进行时一旦发生问题，所有的系统和设备都能够转移到备份系统和设备上，使比赛得以顺利进行。

例如，技术备份能够有效降低赛事风险。技术备份主要包括网络备份、电力备份、转播设备备份、游戏设备备份、信号传输备份。技术备份在赛事制作与转播中，也是极为重要的存在。即便是搭建了运行良好的网络系统与工作系统，在实际赛事执行过程中也随时有可能出现突发状况，技术备份的存在能够避免赛事直播因突发的故障而中断。无论是网络或者电力出了问题，都要保证有备用网络和电力设备能够立刻启用，代替主网络和主电力设备进行工作。

3. 提升赛事转播质量的关键要素

技术支持与保障是提升赛事转播质量的关键要素。

与电子竞技赛事相关的广电技术、网络技术、软硬件设备等不断地进步与发展，将最新的技术应用于赛事转播中，通过完善的技术支持提升赛事转播质量，是技术支持与保障的重要意义。

例如在画面呈现方面，随着技术的进步与发展，广电转播的质量也在逐步提高，转播的清晰度从以前的世界杯基本看不清楚人，到现在可以清晰地看到球员的表情细节。影像技术的进步与光学技术的进步，使得镜头的解析度更好、变焦比更大，电子技术的发展使得传感器的像素更高，从标清、高清到 4K、8K，画面的质量越来越高，得益于越来越先进的图像压缩处理算法，画面能够保留更多细节，也能够进行更好的色彩优化。要将高质量的 4K 甚至 8K 画面通过网络传输到观众的眼前，就需要速度很快且非常稳定的网络。如果网络波动大、速度慢，即使赛事制作团队采集到了高清的画面，也没有办法传递到观众面前。

通过多方面的技术革新与技术支持，赛事转播质量能够得到持续提升。

10.1.2 技术支持与保障的目标

技术支持与保障的主要目标有三个：建立完善的技术支持与保障系统，确保赛事执行顺畅；提升信号处理与制作的效率；促进转播技术的革新与进步。

1. 建立完善的技术支持与保障系统，确保赛事执行顺畅

建立完善的技术支持与保障系统，确保赛事执行的顺畅，是技术支持与保障的重要目标。

例如，在网络技术支持与保障方面，良好的网络技术支持，能够使得赛事的执行和赛事的观赏性都得到巨大的提升。对于电子竞技比赛来说，网络的质量至关重要。由于大部分电子竞技游戏都是网络游戏，而网络的稳定性与网络速度能够影响到游戏的响应和赛事公平性，因此高速稳定的网络是赛事顺利进行的基本保障。例如，Riot Games 为了提升其英雄联盟电竞赛事的体验，与思科建立了长期合作关系，思科为英雄联盟全球五大洲及三大国际活动提供可靠的基础建设及网络功能，提升专业电竞选手的竞技体验及粉丝的观赛体验。双方的合作有望使英雄联盟世界大赛的网络性能提升 200%。思科的网络解决方案将打造英雄联盟电竞的专属私人游戏服务器“The Realm”，并全面支持三大国际电竞活动中的职业级赛事，包括英雄联盟全球总决赛、季中冠军赛以及全明星赛。

思科为 Riot Games 提供一系列领先的网络技术，包括思科 UCS 刀锋及机架服务器，甚至 Nexus 数据中心交换机，进而大幅改善游戏性能及广播功能；此外，思科也将为 Riot 的区域广播中心提供灵活架构，以支持未来全球电竞赛事的竞争完整性。

2. 提升信号处理与制作的效率

从技术的角度来说，赛事制作与转播的流程，就是信号采集、处理、合成再输出的过程。前文已有提及赛事制作中的信号类型、信号采集以及信号制作。根据电子竞技项目的不同，在信号的采集以及制作上也有不同，技术支持与保障应当灵活处理各种不同的情况，根据赛事制作的具体需求提出合适的解决方案，不断提高信号处理与制作的效率。

例如，在音频采集方面，MOBA 类电竞赛事与战术竞技类电竞赛事就有极大的不同。通常，在 MOBA 类电竞赛事中，同一场比赛中有两个战队共十名选手参赛，选手通话系

统的搭建就比较简单，选手音频采集的数量也较少。而在战术竞技类赛事，例如和平精英职业联赛 PEL 当中，同一场比赛有十几个战队、几十名选手同时参加。在搭建 PEL 赛事的通话系统时，需要设置将近两百个通话点，每位选手都有独立的通话点，而且其通话内容可独立提取。这对于电子竞技赛事技术支持来说，是具有一定难度和挑战性的。

未来，随着电子竞技游戏的发展以及各项技术的进步，赛事制作涉及的信号采集和处理工作也将会更加繁杂，将会给技术支持与保障提出越来越高的要求。技术支持与保障必须与时俱进，采用更加先进的设备，提出更加高效的解决方案，游刃有余地处理并制作数量庞大、类型繁多的信号。

3. 促进转播技术的革新与进步

内容的创新离不开技术的驱动，在赛事制作与转播中，不断应用更加先进的技术，在转播实践中研发更加实用、能够提升视听体验的技术，也是技术支持与保障的重要目标。技术支持与保障并不仅仅是一个技术后勤的角色，在电子竞技这项受到科技进步的驱动而不断进化的运动项目中，赛事转播的技术也必然要与时俱进，不断革新。

例如，2020 年由腾讯游戏主办、英雄体育 VSPO 承办的穿越火线双端职业联赛总决赛，从舞台场景、解说评论场景的构建，宣传片制作、主持人出场方式等，都大量应用了虚拟技术，可以在直播画面中实现让主持人、解说或选手全程置身于合成的特定场景中，打造了一个虚拟演播厅。类似的新技术尝试，在未来的电子竞技赛事当中将会越来越多。

10.1.3 技术支持与保障的产出

技术支持与保障的产出，主要是针对不同工作模块的解决方案，包括：游戏网络解决方案、工作网络解决方案、网络传输方案、通话系统解决方案、AVL 系统解决方案、信号变换编码解码处理方案、摄像系统信号采集方案、音频系统信号采集方案、网络备份方案、电力备份方案等。

除此之外，增强功能及效果研发方案也是技术支持与保障的重要产出。根据广电设备的特性，结合 IT 技术等开发提升视听效果的增强功能，利用 AR 及 XR 技术与电子竞技赛事实际情况结合，制作生动逼真的舞台形象，不断提升电子竞技赛事的精彩性，是技术支持与保障肩负的重要责任。

10.1.4 电竞赛事技术及设备示意图

电竞赛事制作与转播会使用到广电类设备、网络类设备、游戏相关类设备，各类设备的目标和功能不同。在每类设备中，各个设备的功能和效果也不同。面对纷繁复杂的电竞赛事设备系统，初级电竞赛事技术人员往往需要耗费大量的时间来学习和提升。本书根据赛事设备的功能定位将电竞设备加以分类，使设备品类和功能更加清晰易懂。图 10-1 是电竞赛事技术及设备示意图。

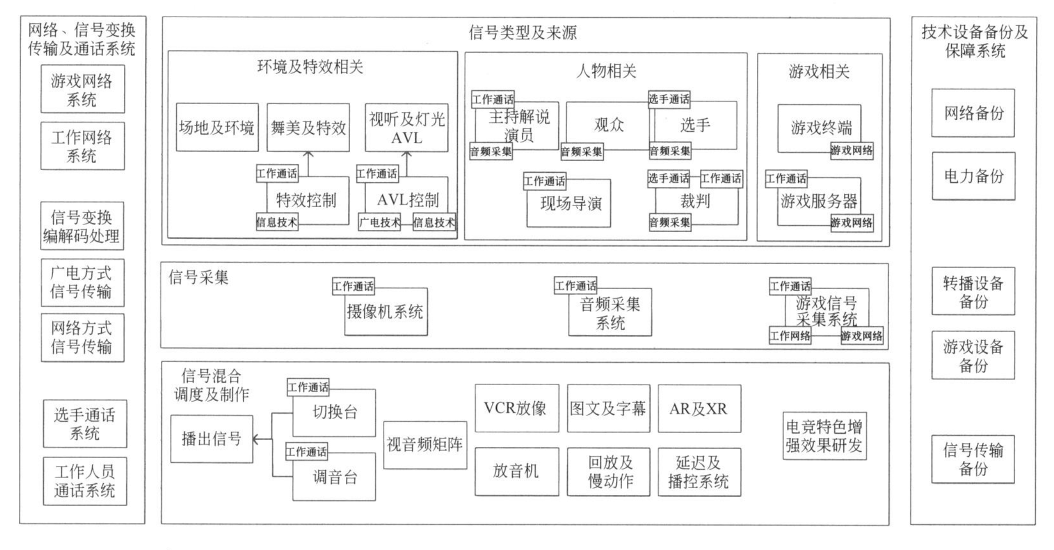

图 10-1 电竞赛事技术及设备示意图

电竞赛事技术及设备可分为三大模块进行阐述：①网络、信号变换传输及通话系统；②信号的传输与制作系统；③技术设备备份及保障系统。

网络、信号变换传输及通话系统是指根据电子竞技赛事的具体需求，搭建相应的网络系统、通话系统及信号传输系统。网络、信号及通话系统的有序运转，为电竞赛事的转播奠定了坚实的基础。

信号的传输与制作系统包括三部分：①信号类型及来源；②信号采集；③信号混合调度及制作。从本质上来说，电子竞技赛事转播就是将现场信号处理之后传输出去的过程，因此，信号的传输、采集、处理与制作是电子竞技赛事技术的核心部分。关于信号类型及来源、信号采集、信号混合调度及制作更详细的讲解，参见第 12 章。

技术设备备份及保障系统是电竞赛事的保护屏障，能够防止赛事转播因意外情况而中断或者转播数据丢失。无论网络、电力、设备、信号在转播中出现什么问题，都可以立即切换备份设备将转播进行下去，备份及保障系统的建立，大幅降低了电竞赛事转播的风险性。

10.2 广电设备及技术支持

电子竞技赛事的转播主要依靠广电设备实现，广电设备及技术支持负责演播室系统、转播车系统、电视播控系统、非线性编辑制播网络关键设备等广电设备的运维与技术支持。

10.2.1 广电设备的类型

电子竞技赛事转播与制作中使用到的主要广电设备包括：切换台、摄像机系统、调音系统、字幕及在线图文包装系统、OB 系统、慢动作系统、放像系统、通话系统、监视系统。

1. 切换台

多功能视频切换台是导播的工作设备，它是整个转播视频系统中的核心设备，广泛应用于电视信号播出、节目后期制作以及直播中。在导播间，导播需要从多路信号源选出所需的信号进行播出；在后期节目制作中，为加强艺术效果，也需要从不同的信号源中选择一路或多路实施组合输出。无论是在直播、节目录制还是后期节目制作中，视频切换台都发挥着重要的作用。在电子竞技赛事转播中，切换台主要用于在直播当中选择及切换不同来源的视频信号进行制作和播出。Ross Video 的切换台设备是国内顶尖电子竞技赛事制作公司经常采用的核心设备，图 10-2 是 Ross Video Acuity 切换台面板。

图 10-2 Ross Video Acuity 切换台面板

多功能视频切换台主要由输入切换矩阵、混合 / 效果放大器、特技效果放大器、键控特技（Key）、下游键（DSK）、混合器、帧同步信号发生器及控制电路几部分组成。

输入切换矩阵的功能是，通过矩阵切换器将一路或多路音视频信号分别传输给一个或者多个显示设备，因此用户可以按照信号源的不同来分类矩阵切换器，也就是根据想要切分的信号不同，来确定矩阵切换器的种类。矩阵切换器按信号源的类型可以分为 VGA、AV、VIDEO、DVI、HDMI 矩阵切换器等。

混合 / 效果放大器的功能是，切换台受不同信号控制，可实现混合、划像、键控状态这三类特技切换。输出的信号经过选择开关、节目 / 预监混合电路后，进入下游键部分，完成字幕或其他画面的叠加，最后输出的信号便可用作直接播出或者录制。

键控特技又叫抠像，是在一幅图像中沿一定的轮廓线抠去它的一部分从而填入另一幅图像的特技手段。在电视画面上插入字幕，以某种较复杂的图形、轮廓线来分割屏幕时，需要采用键控特技；正常情况下，被抠的图像是背景图像，被填入的图像为前景图像，用来抠去背景图像的电信号称为键信号，形成这一键信号的信号源称为键源。

下游键处于切换台的最后一级，主要是利用键控技术进行图形和字幕的叠加。下游键主要的作用有以下几点：利用混合特技，在输出图像信号中淡入黑场（或彩条）信号；利用快切或混合特技在图像和预间图像之间作快切或混合过渡；利用键控特技做图形或字幕的叠加，如叠加台标、标题或解说词等。

2. 摄像机系统

摄像机系统的主要设备包括讯道机、摄像机、摄像头、其他特殊摄像设备以及摄像机控制器，摄像设备的详细介绍可参考 8.3 节。摄像设备通过摄像机控制器及专用光缆与切换台进行连接，将拍摄的视频画面输入切换台中。每台摄像机配有一个摄像机控制器，用专用光缆与摄像机相连，对摄像机进行检查、控制、调整。摄像机输出信号经摄像机控制器送到切换台，同时，摄像机控制器为摄像机提供电源、提示信号和导播台的返送视频信号，并建立内部通话。

3. 调音系统

调音系统由调音台和音频采集设备共同构成。声音信号由音频采集设备采集后输入调音台，在调音台经过一定的处理后再进行输出。

关于调音台及其工作原理的详细介绍，可参考 9.4 节。音频采集系统主要包括无线手持麦克风、无线小蜜蜂、评论员基站。无线手持麦克风主要用于赛事主持人进行采访的场景；无线小蜜蜂多用于采集选手音频信号或用于采访拍摄；评论员基站是用于从解说席、评论席采集音频信号的设备。SONIFEX CM-CU21 评论员基站是电子竞技赛事转播中常用的一类设备，如图 10-3 所示。

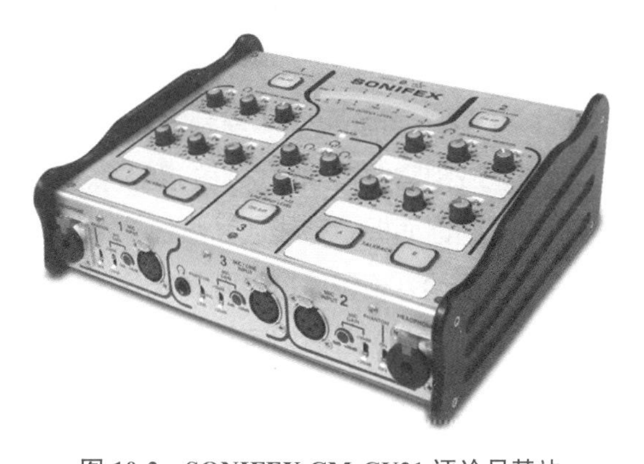

图 10-3 SONIFEX CM-CU21 评论员基站

4. 字幕及在线图文包装系统

字幕及在线图文包装系统包括字幕机和在线图文包装系统。字幕机主要用于平面字幕的包装制作，在线图文包装系统主要用于实时数据传输、摄像头与字幕合成以及在线字幕图文包装制作。字幕及在线图文包装系统的介绍可参考 9.5 节。

5. OB 系统

OB 系统的主要作用是获取游戏内的画面并输入切换台。传统体育赛事转播中的大部分画面几乎都是通过摄像设备进行采集，而电子竞技赛事转播时大部分画面需要从游戏内采集。OB 系统解决的问题是，如何从计算机、手机及游戏主机中采集画面并将画面信号转换为切换台可识别处理的信号，并输入切换台。OB 系统主要由赛事设备和多视频格式转换器构成。例如，在以手机为赛事设备的电子竞技赛事中，OB 系统可采用洋铭 DAC-70 多视频格式转换器，当选手使用手机进行比赛时，手机内的游戏画面信号通过 Lighting 转 HDMI、再进洋铭制式转成 SDI 视音加嵌信号进切换台。

6. 慢动作系统

慢动作系统主要用于对讯道机信号、游戏信号等视频信号进行慢动作制作，详细介绍可参考 9.6 节。

7. 放像系统

放像系统主要用于 VCR 视频播控，详细介绍可参考 9.6 节。

8. 通话系统

在赛事转播过程中，为了确保导播能指挥各岗位人员协调工作，必须配备专用有线和无线通话系统，选手之间的实时沟通也要依靠通话系统实现。

在大型电子竞技赛事中，内部通话系统承担着极其重要的功能，它既是赛事工作人员的调度系统，担负着赛事转播时相关工种的内部联络工作，也是比赛选手之间内部沟通交流的工具，同时也能够作为转播系统的一部分接入转播系统当中。赛事转播中通话系统涉及区域众多，导播间、AV 控制区域、舞台表演区、比赛区、化妆室、休息室、仓库等重要工作区域都需要有通话系统的接入点。通话系统连接了许多设备，除了连接固定通话面板、移动通话面板、有线通话腰包外，通话系统还需要连接无线通话系统、步话系统、电话接口、音频系统和后台寻呼系统等。高规格电子竞技赛事转播通常使用 RIEDEL 内部通话系统，以顶尖的通话和信号分配技术提升电子竞技赛事的质量。

9. 监视系统

监视系统的主要作用是供导播选择画面以及供技术人员监视技术质量。每台讯道机、游戏画面、VCR、字幕等信号源都会进入监视系统。监视系统的主要设备是监视器和用于传输信号的线缆。

10.2.2 广电设备技术支持

广电设备技术支持的主要工作是，根据不同电子竞技赛事的特点及需求，为相应的广电设备设计技术解决方案。

在电子竞技赛事直播之前，电子竞技赛事演播系统涉及的各个广电设备都需要进行参数设置、设备连接、信号转换等一系列准备工作，并由设备厂商或相关技术人员设计出整体解决方案。例如，在 MOBA 类赛事中，选手通常只有十位，选手通话点只有十个，在设计通话系统时就比较简单。而在战术竞技类赛事中，同场竞技的电子竞技选手有几十名，再加上工作人员，通话点的数量多达一百多路，因此在设计通话系统时，就需要通话系统技术人员针对比赛的特点和赛事工作的具体需求，出具一套比较完善的通话系统解决方案并提供现场技术服务。

导播间各个岗位工作人员的主要职责是熟练地运用广电设备进行赛事转播，而广电设备各部分的系统搭建、技术解决方案设计以及现场技术服务，都由广电设备技术支持人员负责。

10.3 网络设备及技术支持

网络设备及技术支持负责为电竞赛事制作与转播提供稳定、高速、流畅的网络，保证赛事顺利进行，将高品质赛事画面通过网络传递给观众。

10.3.1 电子竞技赛事的网络需求

电子竞技赛事转播需要高速稳定的网络。随着网络技术的发展和赛事制作水准的提高，电子竞技赛事的转播质量也在稳步提升，转播画面的质量从 720p、1080p 到现在的 4K 超高清画面，荧幕前的观众能够看到的赛事画面愈加精美逼真。

电子竞技赛事转播时的网络需求主要有四个，分别是：转播网络、游戏网络、现场工作网络以及观众用网络。

1. 转播网络

电子竞技赛事转播时，视频信号、音频信号的采集与传输，赛事直播内容的推流及传输，都需要高速的网络。网络速度、网络的稳定性及网络传输的质量共同决定了传输至播放终端的赛事画面的质量。超高清赛事视频的实时传播需要极高的带宽和传输速度，如果带宽和网速达不到要求，便无法顺利将超高清赛事画面上传至网络，造成直播的卡顿甚至黑屏现象。因此电子竞技赛事制作与转播中，通常采用固定 IP 的企业级宽带，为了保证赛事推流及传输的稳定性，一般会架设几条主网络宽带及备用网络宽带，并且同时启用来自不同网络供应商的网络服务，以备不时之需。

有时，电子竞技赛事制作与转播也会采用传统广电的传输网络，传统广电的传输网络及标准已经非常成熟。例如，在国际重大电子竞技赛事中，有时会使用卫星信号传输的方式。

2. 游戏网络

电子竞技赛事进行过程中，所有选手都需要使用网络在游戏中进行比赛，而网络的情况能够影响选手操作的结果。在比赛时，选手在游戏客户端的操作指令需要发送至游戏服务器，游戏服务器接收指令后再进行操作，如果网络卡顿、延迟，甚至个别选手出现网络掉线的情况，就会影响赛事的公平性。因此，在架设比赛专用网络时，要与游戏运营商、网络服务商一起协商，设计出完善的赛事网络解决方案，将游戏网络延时降到最低，保证网络的流畅稳定，维护电子竞技赛事的公平性。

3. 现场工作网络

赛事现场除了转播制作人员外，还有许多其他赛事执行人员、媒体人员等需要使用网络进行工作。在赛事现场需要布设一定数量的有线网络接口及工作人员专用的无线网络，以保障赛事执行工作以及媒体人员新闻采编、稿件发布的需求。

4. 观众用网络

大型线下电子竞技赛事举行时，同一时间有几千乃至上万名观众使用网络，而移动通讯运营商的网络基站可能无法满足这样陡增的网络需求，可能会发生网络卡顿的现象。因此，赛事制作团队也需要为观众提供稳定的无线网络服务，以满足观众在赛事观看期间使用网络的需求。

10.3.2 网络设备技术支持

网络设备技术支持的工作主要包括网络技术方案的设计及实现、网络设备的安装及连接以及现场网络技术服务。

网络设备包括信息网络设备、通信网络设备、网络安全设备等。电子竞技赛事网络架设中的常见网络设备有：交换机、路由器、防火墙、网桥、集线器、网关、VPN 服务器、网络接口卡（NIC）、无线接入点（WAP）、调制解调器、光缆等。

电子竞技赛事制作与转播需要同时使用有线网络与无线网络，网络技术团队要根据赛事场馆的具体情况、网络使用需求、赛事转播方案来设计有线网络及无线网络架设的技术方案。在网络技术方案确定后，技术人员便开始进行网络设备的架设及网络设备的连接。

电子竞技赛事通常选用思科等专业的网络解决方案供应商提供网络技术服务。例如，英雄联盟选择思科作为官方企业级网络技术合作伙伴，思科提供的网络服务将 2020 年英雄联盟全球总决赛 S10 比赛 PING 值限制在 1ms 之内，确保近乎即时的反应时间和不间断的游戏体验，极大地保证了赛事的公平性与优质的竞技体验。在思科先进的网络技术支持下，观众可以更加流畅地观看英雄联盟电竞赛事的直播，延时更短，画质更优。与此同时，优质的网络技术也能够支持多个远程制作中心的赛事制作需求，提升赛事制作与转播的效率。

10.4 技术备份与安全保障

在电子竞技赛事制作与转播中，技术备份与安全保障系统的建立，有效地规避了直播中可能产生的大部分风险，保证了赛事的安全播出。技术备份与安全保障主要分为网络备份、电力备份、转播设备备份、游戏设备备份、信号传输备份五部分。

10.4.1 网络备份

电子竞技赛事比赛进行、工作系统运转和赛事转播都需要高速稳定的网络，网络的中断会导致整个赛事的瘫痪。因此，在网络系统搭建的初期，就要考虑到赛事转播时可能出现的各种情况，合理规划网络线路，并进行网络备份。网络备份是指为电子竞技赛事配备来自不同运营商的多条高速宽带，通过网络备份，能够有效地避免因网络波动而导致的网络卡顿、网络中断等情况。

网络波动是指网络因为线路的不稳定，出现时通时断或瞬断的现象。在使用网络时，我们偶尔会遇到网络波动的情况，在某个瞬间网络突然中断，但随即恢复正常。日常网络使用中，出现这种网络波动，并不会产生较大的影响。但是在赛事转播与制作中，瞬间的网络中断会导致比赛无法进行，选手网络掉线，极大地影响比赛的公平性，并且会造成赛事转播的中断，收看赛事直播的观众将看到黑屏的画面。不明原因的异常网络波动，对于电子竞技赛事转播来说，无疑是毁灭性的打击。

为了保障赛事的顺利进行和转播的流畅无碍，电子竞技赛事会选择来自不同运营商的数条网络宽带，以某一条宽带为主宽带，其他的宽带作为备用宽带。如果主宽带出了问题，可以在几条备用宽带中选择一条进行切换。在网络系统搭建好之后，要进行网络稳定性和压力性测试，排除异常，并选择最稳定、速度最快的宽带作为主宽带，其他宽带作为备用宽带。

10.4.2 电力备份

供电系统也是支持电子竞技赛事转播与制作的基础性设施，网络设备、转播设备、游戏设备及信号传输设备、赛事场地内其他设备的正常运转，都离不开电力。

电子竞技赛事进行时，整个比赛场地的用电量是比较大的，尤其是在包含开幕式表演的大型电子竞技赛事中，除了网络设备、转播设备、游戏设备、信号传输设备及场地基础设施之外，还有大量与表演相关的声光电设备、演出设备、舞台设备要使用电力。如果设备电线架设不合理、电力供应不足，有可能导致短路、电力中断的情况。

为了保障电子竞技赛事的电力，通常在主电力设备之外，还会配备一整套备用电力设备。在充分保证用电负荷之外，电力保障团队也会通过使用固态快速切换开关、不间断电源、双电源转换柜等设备提高供电可靠性，保证电子竞技赛事用电的双备份，做到零闪动、零差错地完成整个赛事的供电任务。

10.4.3 转播设备备份

转播设备是电子竞技赛事转播的核心设备，转播系统中任何一个设备出了问题，都会影响到整个转播流程，调音台、字幕机的故障可能导致赛事转播在一段时间内没有声音、没有包装字幕等技术性问题，如果是切换台、推流设备等核心转播设备发生故障，可能会导致赛事转播直接中断。

为了保障赛事转播的流畅性和安全性，在配备一套主转播设备后，还应当储备一套备用转播设备，以防不同类型的转播设备发生难以在短时间内处理的重大故障。在转播开始之前，备用直播设备也要按照主转播设备的标准进行线路连接和测试，并在赛事开始之后同步开启。一旦主转播设备发生故障，则立即启用备用转播设备，同时请技术人员对主转播设备进行故障排查。当主转播设备能够正常工作时，再由备用转播设备切换回主转播设备。

10.4.4 游戏设备备份

游戏设备是指电子竞技选手在比赛中使用的设备，通常使用的游戏设备包括计算机、手机、主机、街机等。关于游戏设备的介绍，可参见后文 11.5 节。

电子竞技赛事中使用的游戏设备是赛事主办方提供的、指定型号的设备，为了保证赛事的公平性，防止作弊，选手必须使用主办方的设备进行比赛，但鼠标、键盘等外设设备选手可以选择自行携带，使用自己习惯的设备。赛事用游戏设备在高频率地使用过程中，其使用寿命会有一定的缩减。尤其是手机这样的移动设备，其耐久性比计算机更低，选手在短时间内多次点击屏幕、长时间进行游戏导致手机发烫等情况，都会使游戏设备有一定程度的折旧，久而久之可能产生故障。

即使在比赛前已经对所有的游戏设备进行过测试，也无法保证游戏设备能够全程无故障地运行下去。因此，在主游戏设备之外，还需要为每位选手再准备 1 台或者几台游戏设备，以防游戏设备发生故障。所有的备用游戏设备也应当在比赛前进行测试，确保所有备用设备功能正常。

10.4.5　信号传输备份

信号传输备份是指对向外界传输的赛事信号进行备份。电子竞技赛事转播采用直播的方式，将现场采集制作的信号上传至网络，再分发到各个播出渠道。前文已有介绍，电子竞技赛事输出的信号主要是赛事流和净流，如果只输出一条赛事流和一条净流的话，一旦信号出现问题，观众将无法正常收看赛事直播。一般来说，在主赛事流和主净流两条信号传输渠道外，通常还会配备 1 至 2 条备用赛事流信号和 1 至 2 条备用净流信号，当主信号传输网络发生波动、故障时，可立刻启用备用信号传输网络，以保证赛事的流畅。

随着技术备份与安全保障系统的建立和不断完善，现代电子竞技赛事的转播与制作已经能够规避大部分直播风险，直播中断的情况很少出现，能够为观众提供流畅、高清的赛事画面。

在技术支持与保障模块中，还有两个重要的子模块：游戏设备及技术支持与增强功能及效果研发。这两个子模块是电子竞技赛事制作与转播的独特模块，将在 11.5 节、11.6 节中进行详细阐述。

电子竞技赛事制作与转播的独特模块

11.1 电竞独特模块的概述

电子竞技赛事作为体育赛事的一种，在转播及制作方面与传统体育赛事有着很多共通性，但是电子竞技又是基于技术进步而产生的新体育，具有自己独特的特点，基于这些特点，电子竞技赛事的制作与转播也形成了独特模块。

11.1.1 电子竞技的特点

电子竞技运动的八大特点是：公平竞技性、科技进步性、虚拟延展性、广泛参与性、内容观赏性、急速爆发性、迭代传承性、知识产权性。

（1）公平竞技性是电子竞技运动的本质属性。

（2）科技进步性是电子竞技的核心属性是指电子竞技运动使用高科技软硬件及智能电子设备进行对抗，电子竞技的形式随着科技的进步而发展。

（3）虚拟延展性是电子竞技区别于传统体育的重要属性。虚拟延展性是指在游戏的虚拟环境中，人类根据想象力，创造出了全新的虚拟世界，在虚拟世界中拥有了现实世界中无法拥有的能力。

（4）广泛参与性是指电子竞技入门难度低，空间、设备的限制低，对身体条件要求低，因而更多人都可以广泛地参与其中。

（5）内容观赏性是指电子竞技从美学欣赏、情绪调动、新奇看点三方面提供的观赏价值。

（6）急速爆发性有两重含义，从竞技水平提升角度来看，运动员从开始训练到成为世界冠军的速度快；从用户积累以及社会影响力来看，电竞赛事的增长速度快。

（7）迭代性是指电竞项目具有迭代性，随着时间的推移主流电竞项目会改变。电子竞技的传承性是指电子竞技的传承是 IP 的传承，而非某一具体电竞游戏项目的传承。

（8）知识产权性是指电竞游戏的知识版权及 IP 归游戏开发商所有。举办游戏相关赛事必须获得版权方的授权。

在作者之前出版的著作《电子竞技概论》中，对电子竞技的八大特点进行了详细讲解，这里不再赘述。

在电子竞技的八大特点中，科技进步性、虚拟延展性是其区别于传统体育运动的两个重要特点，电子竞技赛事制作与转播独特模块的产生，也主要是基于电子竞技的这两个特点。

电子竞技具有科技进步性，科技发展的程度决定了电子竞技运动的形态。随着网络技术和硬件技术的发展，从 PC 电竞、移动电竞到 VR 电竞，电子竞技的运动器械——高科技软硬件不断迭代升级，电子竞技赛事制作与转播的模式也随之不断进步。电子竞技的虚拟延展性，决定了比赛内的所有场景都发生在游戏里，电子竞技比赛实际发生的场所是在游戏的虚拟世界当中，如何将虚拟游戏世界内的竞技全面、细致地呈现在观众眼前，无论是从技术层面上还是从故事讲述层面上，都需要赛事制作与转播团队不断思考与创新。每当出现新的电子竞技游戏项目，赛事制作与转播团队都需要根据该项目的特性，探索出一套适合该项目的转播方式。

11.1.2 电子竞技赛事制作与转播的独特模块

电子竞技赛事制作与转播的独特模块包括：选手组织与管理、电竞裁判、游戏导播与游戏 OB、游戏设备及技术支持、增强功能及效果研发。

在电子竞技赛事制作与转播的架构中，选手组织与管理属于前端执行模块；电竞裁判属于前后端交互模块；游戏导播与游戏 OB 属于后台制作模块；游戏设备及技术支持、增强功能及效果研发属于技术支持与保障模块。

选手组织与管理的工作，传统体育赛事也需要做，但是由于电子竞技的特点，电子竞技赛事选手组织与管理具有与传统体育赛事不同的特征。例如，传统体育赛事中的药检环节，在电子竞技赛事的组织与管理中就没有。这是因为，电子竞技是主要依靠智力与小肌肉运动进行的竞技，目前还没有实验能够证明，兴奋剂等药物对于提升电子竞技的竞技成绩有明显的作用，所以在目前的绝大多数电子竞技赛事中，并不会安排药检环节，在选手的饮食方面也没有特别的限制。但在 2018 年雅加达亚运会，电子竞技选手也与传统体育运动员一样接受了兴奋剂的检查。未来随着电子竞技运动影响力的不断扩大，电子竞技会形成自己的运动员检测体系，保障赛事的公平公正。

电竞裁判的主要工作目标是维护赛事公平与赛事秩序。电竞裁判在比赛出现特殊状况时需要做出决策，但是并不需要对竞技结果进行判定，执行电竞裁判还需要做许多比赛之外的工作，例如确认队伍到场时间、检查外设和服装是否合规等。在一些传统体育赛事中，选手的成绩是由裁判决定的，裁判的判决对于赛事的走向有着重要影响。但是在电子竞技赛事中，由于比赛是发生在电子竞技游戏中的，选手操作的规范与否以及比赛的胜负，都由游戏软件来判定，电竞裁判的存在更像是辅助者，其存在感并不像传统体育赛事中的裁判那么强。

游戏导播与游戏 OB 模块的产生，是因为电子竞技赛事大部分时间需要向观众展示的是游戏内画面。为了将游戏内发生的竞技故事生动地呈现给观众，需要游戏导播及游戏 OB 组成的团队进入游戏内观察竞技双方的情况，对游戏内画面进行选择，第一时间将精彩画面传递给观众。

游戏设备及技术支持模块的产生，是由于电子竞技赛事使用的运动设备是高科技软硬件，为了让选手使用的游戏设备顺利运行、游戏设备与转播设备之间顺利连通，必须要有设备及技术支持人员来完成这部分工作。

增强功能及效果研发模块的产生，是基于电子竞技的虚拟延展性和内容观赏性。电子竞技游戏内的画面，原本就制作得细致华丽，色彩缤纷，十分吸引眼球，而游戏中的各种元素——游戏角色、游戏道具、游戏场景等都可以与赛事转播结合起来，这给赛事转播提供了无限的可能。

11.2 选手组织与管理

基于电子竞技的特点，电子竞技赛事可以分为线下赛事与线上赛事两种不同的形式。电子竞技赛事可以在线上举行，这是电子竞技赛事在组织管理方面与传统体育最大的不同，其他体育项目赛事的选手必须前往赛事场馆比赛。对于电子竞技来说，只要有网络，不需要实际的场地也可以举办赛事。

电子竞技赛事选手组织与管理，根据赛事的具体情况，在线下赛事和线上赛事中各有侧重和不同。

11.2.1 线下赛事选手组织与管理

电子竞技线下赛事的选手组织与管理，主要涉及以下六方面：需求及信息的收集、餐饮、交通、住宿、证件申领、行程动线规划。

1. 需求及信息的收集

在线下赛事开始之前，要尽可能详尽地收集参赛选手及随行人员的需求和信息，以便有序推进之后的赛事组织与管理工作。

信息的收集包括参赛信息及人员基本信息。首先，需要收集各参赛队伍的参赛信息，包括首发名单、教练名单、替补名单等；其次，需要收集各参赛队伍的基本信息，团队内人员的数量，正式选手、替补选手、教练、助理教练、领队等人员的姓名、身份证号码、联系方式，便于后续为参赛人员预订火车票、飞机票或者酒店。

需求的收集包括参赛团队的订票需求、用车需求、住宿需求、餐饮需求等，特别是餐饮方面，如果选手有过敏食物，或者由于民族习惯和宗教信仰对食物有特殊的要求，应当特别注意，尽量满足其需求。

在赛事开始之后，战队每次参赛的首发名单可能会有变动，因此每个比赛日当天比赛开始前，都要再次收集各个战队的首发名单信息。

2. 餐饮

传统体育项目的选手，运动训练和参加比赛会消耗很多的体力，所以在餐饮方面需求和一般人员是不一样的，应当按照运动员的特殊需求提供营养全面的餐食。

电子竞技赛事选手在运动、训练和参加比赛时，并不会像传统体育项目选手那样消耗大量的体力，因为电子竞技运动是主要依靠智力的、眼手脑协调配合的小肌肉运动。在餐饮供应方面，若选手没有特殊需求，则可以为选手安排和其他工作人员同样标准的餐饮。如果选手有忌口和过敏食物，可以提前跟赛事组沟通，赛事组将会为有特殊餐饮需求的选手另外安排餐食。

在比赛日，选手除了上场比赛之外一般是待在休息室等候，赛事组会将选手的餐食送入休息室中。如果选手在当天没有比赛，不需要前往比赛现场，赛事组一般会在选手住宿的酒店为其准备餐食，在不影响赛事行程的情况下，选手也可以选择自行外出就餐。

3. 交通

交通包括城际、国际交通及市内交通。

城际、国际交通方面，当参赛队伍需要从不同的城市、不同的国家前往参赛地时，赛事组要根据参赛人员的不同需求，为其提供相应的交通方式。同一地区内距离较远的两个城市之间、不同国家的两个城市之间的交通方式是飞机，赛事工作人员应当根据赛事组委会制定的交通标准，为参赛选手及随行人员预订往返机票。当参赛队伍距离参赛地较近时，也可为参赛人员预订往返高铁票。当参赛人员到达参赛地后，赛事组应当安排专车接送。

市内交通方面，根据参赛团队人员配置的不同，赛事组应当为其安排商务车辆，负责参赛团队在赛事期间的市内交通。市内交通的常规需求是酒店和比赛场馆之间的往返，如果参赛团队有其他的用车需求，需要前往其他目的地，也可提前向赛事组提出申请。

4. 住宿

为参赛人员预订的酒店应当在比赛场馆两千米以内，以免选手在市内交通上浪费不必要的时间，消耗精神和体力。选手入住的酒店，按照赛事联盟或赛事组委会制定的标准来进行选择。根据赛事规模和赛事组委会的标准，一般会为选手提供三星级至五星级酒店的双床房。如果选手对酒店楼层、房间布置和网络有要求，赛事组委会应当尽量满足选手的需求。

当选手前往异国、异地参加比赛时，为了满足选手训练的需求，可以在选手房间内设置计算机、手机等训练设备以及高速网络，或者为选手安排专门的训练室。

5. 证件申领

证件的制作及发放是为了核实人员身份，便于比赛日当天的场内管理，防止闲杂人员混入比赛场馆，影响赛事的举办。

选手证件及选手随行团队的证件都是采取一人一证的原则，参赛战队将需要证件申领名单提交给赛事组委会后，组委会将制作好的选手证、选管证发放给战队。比赛日，选手及随行人员在赛事场馆活动时，必须持有证件才能够在相应区域内通行。

6. 行程动线规划

赛事组委会为每支战队配备一名或几名选手管理人员，简称选管，选管负责将赛事安排及时传递给战队、引导战队按时参与比赛，并将战队的需求及时反馈给赛事组委会。在赛事开始之前，赛事组会规划好选手的外场动线和舞台内动线，在比赛当天由选管全程陪同战队，引导选手及战队其他人员按照设计好的动线进行移动。

选手在外场的活动区域包括休息室、化妆室和舞台，在舞台内的动线包括上场动线、退场动线等。每天比赛开始之前，选管要将当日比赛通告发送给战队，让战队大致了解当日行程。临近比赛时，选管前往酒店将战队带领至场馆，一路陪同选手进行化妆造型、赛前准备、前往赛事舞台等活动，最后将选手送回酒店。

11.2.2 线上赛事选手组织与管理

线上赛这一体育赛事的特殊形式，是电子竞技这项运动区别于传统体育赛事的一个重要方面。与线下赛事相比，线上赛事的筹备以及组织管理较为简单，但由于无法通过统一的设备以及线下电竞裁判监管赛事，线上赛事在防止作弊方面的难度要高于线下赛事。

电子竞技线下赛事的选手组织与管理，主要涉及以下三方面：需求及信息的收集、参赛流程规划、防止作弊。

1. 需求及信息的收集

在赛事开始前，要收集各参赛队伍的参赛信息，包括首发名单、教练名单、替补名单等，以及选手的身份信息，包括姓名、身份证号等。由于线下赛事可能存在代打这种作弊行为，所以在确认选手信息和身份时要格外注意。

2. 参赛流程规划

与线下赛事相同，赛事组为每支战队配备一名或几名选管，从比赛之前到比赛结束，选管人员需要付出大量的精力，通过网络将来自不同地区的选手组织起来，按照规划好的赛事流程，引导选手参赛。选管需将赛事信息和规则及时传递给战队，并引导战队按时参与比赛。线上赛事举办期间，选管无法和战队成员面对面地交流，只能通过网络或者电话进行沟通，因此组织与管理的难度相应地提高了。选管通过邮件、社交软件等方式，将赛事通告传达给战队，比赛开始之前及时组织选手进入比赛服务器提前准备。

3. 防止作弊

对于线上赛事来说，代打、使用作弊程序等作弊行为的监管难度比较高，为了保证赛事的公平性，赛事组委会必须在打击作弊行为方面加强打击力度。例如，为了防止代打行为，可以在战队俱乐部安装摄像头，在比赛时开启选手个人摄像头和战队全景摄像头，不仅可以防止代打，电竞裁判也能够通过摄像头监管其他违规操作。

随着技术的进一步发展，电子竞技赛事防作弊程序也将应用到电子竞技线上赛事的监管中。选手在参加线上赛时，需提前在设备内安装防作弊程序，在赛事开始后同步开启防作弊程序。防作弊程序可以进行智能检测、利用 AI 技术分析选手行为、扫描设备内的程序，根据检测流程和判别标准，在查出有疑似作弊行为的选手时，能够提供有效证据。

11.3 电竞裁判

随着电子竞技行业的不断发展，电子竞技人才的缺口也逐渐增大，电竞裁判正是从这个新兴行业中诞生的一个新职业。我国已经把电竞裁判纳入《裁判员技术等级制度》中，并分为三个级别，由各省统一组织培训与考试。

许多传统体育项目经过多年的积累，有了完善的裁判员培养、选拔标准，电了竞技的很多项目中，电竞裁判的培养和选拔才处于刚刚起步的阶段，在裁判培养和选拔的标准方面还有很多地方需要完善。

与传统体育项目裁判员不同的是，电竞裁判不需要对比赛结果进行判定，因为比赛是在游戏内进行的，比赛结果是由游戏程序来判定的。电竞裁判的存在，主要是为了对参赛选手的行为进行监管，对争议事件进行裁定，维护电子竞技赛事的公平性。

11.3.1 电竞裁判的重要性

在电子竞技赛事中，电竞裁判起着重要的作用。电竞裁判是电子竞技公平性的维护者，也是比赛场上的法官。

电竞裁判是电子竞技公平性的维护者。电子竞技裁判要对电子竞技游戏以及电子竞技赛事规则有深入的理解，这样才能知道在哪些环节可能会出现影响赛事公平的不规范操作。例如，为了防止选手听到场外信息，在电子竞技赛事进行时选手需规范佩戴隔音耳机。在赛事开始之前，电竞裁判需要一一检查隔音耳机是否能够正常工作，并监督每一位选手是否规范佩戴隔音耳机。如果有选手佩戴耳机不规范，听到一些场外信息，尤其是在战术竞技类、FPS 类游戏中，选手听到了对方战队或者观众对于位置信息的讨论，对于其他选手来说是十分不公平的。从赛事设施的规范设置、设备的规范佩戴到选手的规范操作，电竞裁判都要仔细监督，防止影响赛事公平性的事件出现。

电竞裁判是比赛场上的法官，当出现有争议的情况时，裁判员需要与多方进行沟通，并做出公正的判断，让比赛顺利进行下去。在电子竞技赛事进行时，可能会出现某位选手突然掉线、某一战队突然网络波动、游戏出现故障等意外情况，这时是重新开启一局比赛，还是保留目前战局等问题解决后继续比赛，就需要电竞裁判做出决定。电竞裁判要有着很强的沟通能力，与选手、教练、俱乐部工作人员进行良好的沟通，妥善地解决问题，做出让各方都满意的裁定。

11.3.2 电竞裁判的工作内容

电竞裁判的工作内容主要包括流程监管、环境监管、行为监管三部分。

1. 流程监管

电竞裁判要对电竞赛事的整个流程进行监管，确保赛事流程符合赛事规则。

电子竞技发展至今，不同项目的赛事都已经形成了较为固定的流程。从设备及设施检查、赛事监管到赛后总结汇报，电竞裁判的工作贯穿了电竞赛事的整个流程。从选手入场开始，电子竞技裁判的工作就开始了，他们将会站在选手的身后，监督着每一场比赛的进行。

选手自带外设是否符合赛事规则、选手是否规范佩戴了游戏设备、选手是否在比赛设备上安装了其他程序、选手在比赛进行时是否有过激的行为……电竞裁判全程监督着场上的选手，确保每一位选手按照赛事规则进行比赛。

为了对流程进行规范的监管，电竞裁判必须对电竞游戏以及赛事规则有着深刻的理解，只有这样，当游戏出现故障、网络波动造成赛事中断时，裁判才能够理解选手的诉求，做出公正的判断。

2. 环境监管

电竞裁判要对电竞赛事的环境进行监管，从比赛场地、赛事设施到游戏设备进行全方位的监督和检查，防止比赛环境中出现影响赛事公平的因素。

电竞裁判需要对现场装置以及设施进行规范的管理、调试。游戏设备是否正常运行、游戏设备内是否有影响赛事公平性的程序、网络连接是否正常、每台设备的网速是否正常、防作弊设备是否能够正常运行、电竞桌及电竞椅是否符合赛事规则……诸如此类的烦琐工作，都是电竞裁判需要注意的内容。当电子竞技赛事开始时，选手需要在相对独立的环境中进行比赛，同一战队之间的选手通过通话系统进行沟通交流，环境中的声音不能影响到选手的正常比赛。

3. 行为监管

电竞裁判要对电竞选手、电竞教练、俱乐部成员、电竞粉丝的行为进行监管，让每位选手按照赛事规则进行比赛，避免选手或教练出现不规范的操作影响赛事的公平性。

统一的着装有助于提升赛事的规范性和品牌形象，因此，选手进入比赛场地后，电竞裁判要检查选手及教练的着装是否符合赛事规定，在某些赛事中选手需要穿着联盟赞助商指定品牌的服饰，对教练的着装也有一定要求。对于选手携带的饮料也要进行检查，避免露出饮料的 LOGO，不可携带刺激性强、味道较大的饮料进入比赛场地，以免干扰其他选手比赛。比赛开始之后，电竞裁判需仔细观察选手在比赛场上的行为，督促选手规范参赛，防止场外人员向选手传递比赛信息，确保每一位选手都按照比赛规则有序参赛，杜绝作弊行为的发生。

比赛行为的监管不仅仅是对于电竞选手的监管，电竞裁判也要对教练、战队其他人员、应援粉丝的行为进行监管，防止选手和场下人员在赛前对好暗号，通过特殊的动作和应援口号将比赛信息传递给比赛选手这种作弊行为的发生。

11.4 游戏导播与游戏OB

游戏导播与游戏 OB 这两个岗位，是基于电子竞技的特点而诞生的新岗位。电子竞技比赛开始后，观众看到的是游戏内画面，为了将游戏内发生的竞技故事、精彩场景尽可能全面地展现给观众，需要对游戏十分了解的游戏导播与游戏 OB 通力合作，将比赛中最精彩的画面挑选出来，呈现在观众眼前。

11.4.1 游戏 OB

游戏 OB 是电子竞技赛事制作与转播中，不直接参与游戏而以观察者身份进入游戏的工作人员，负责在游戏内进行观察，以旁观者视角对比赛内容进行展示。OB 是 Observer（观察者）的简称。在专业的电子竞技赛事中，比赛转播给观众看到的都是游戏 OB 视角的画面，专业的游戏 OB 能够通过自己对游戏的理解和 OB 经验，操作、控制 OB 视角，较为完整地呈现精彩的比赛内容。

游戏 OB 可以理解为游戏内的“讯道机”，通过多名 OB 对游戏的观察，以不同的视角来展示比赛的各个方面。通常情况下，游戏 OB 使用的设备与比赛使用的设备相同，需要在 OB 设备上安装好游戏客户端，并将 OB 设备接入游戏导播的切换台中。

以 MOBA 类电子竞技赛事王者荣耀职业联赛 KPL 的游戏 OB 为例，简单介绍一下游戏 OB 的工作流程。在转播 KPL 赛事时，一般需要五名游戏 OB 人员，分别是主游戏 OB 一名、副游戏 OB 一名、数据游戏 OB 一名、关键选手 OB 管理两名。

比赛当日，直播开始前，游戏 OB 需要对设备、信号、游戏版本等一一进行检查。主要检查事项包括七项：①OB 设备维护正常，版本确认无更新无通知，电量满，设备无卡顿死机、接触不良；②OB 用游戏客户端版本正常；③OB 信号输入正常；④OB 音频测试正常；⑤OB 游戏内设置统一，亮度颜色正常；⑥OB 网络状态测试良好无延迟，无卡顿，无掉帧；⑦OB 设备颜色参数显示正常，无花屏。

比赛开始后，根据赛事阶段的不同，游戏 OB 观察的侧重点也有所不同。开局阶段，主游戏 OB 和副游戏 OB 需将视角停留并灵活应变，这时要多观察各自负责区域英雄的初始装备选择、召唤师技能选择和出门路线选择。

初始阶段，即开局后的一段时间内，游戏 OB 主要关注双方战队的占点情况、一级团对视野的争夺以及对野区资源的争夺，还要注意双方是否有潜入对方领地偷野怪的情况。

发育期间，在游戏场面处于发育无战斗期间，游戏 OB 首先要灵活选择英雄发育优先级，适当切换英雄视角，给予观众更多的视觉体验。

对线期，游戏 OB 要密切关注对线双方的等级变化，达到关键等级后需留意其动向，关键等级通常为 2 级或者 4 级。与此同时，游戏 OB 还要关注双方游走位的动向，在认为可能发生 GANK 时应提早给到双方反应镜头。

僵持阶段，这时双方战队基本上势均力敌，没有哪一方占据非常大的优势，主游戏 OB 应适时切换双方视角，观察双方关键英雄是否出现走位失误，主游戏 OB 与副游戏 OB 要及时沟通，补充主游戏 OB 画面外的镜头。

团战期间，主游戏 OB 与副游戏 OB 需提前分配好团战画面分工，做到完整阐述事件发生、经过以及结果，并且要严格按照团战优先级划分顺序，优先展示重点的团战画面。

摧毁防御塔或水晶的情况发生时，主游戏 OB 与副游戏 OB 要合理分配画面，做到不漏推塔、摧毁水晶镜头，其中摧毁水晶镜头的优先级是最高的。

进行数据界面展示的原则是，在有改变战局的事件发生后，游戏 OB 需展示双方的经济曲线以及经验曲线。

通过主游戏 OB 与副游戏 OB 的密切配合，比赛中的精彩画面被一一捕捉到，呈现在观众眼前。游戏 OB 以自己对游戏和赛事的独到理解，对比赛进行故事性的解读并展示出相应画面，让观众得以沉浸在跌宕起伏的比赛当中。

11.4.2　游戏导播

游戏导播又称为 OB 导播，是电子竞技赛事制作与转播中，对游戏内画面选择与切换的工作人员。游戏导播主要负责切换 OB 游戏界面、捕捉选手的即时反应及掌控游戏内装备栏、热点图、经济面板等功能性数据板块的上屏时机，为观众和解说呈现游戏内的各种内容。

在转播电子竞技赛事时，多名游戏 OB 视角的画面进入游戏导播的切换台中，游戏导播根据赛事不同阶段的重点，选取合适的画面进行展示。游戏导播必须对游戏有着十分透彻、深刻的理解，对一场对局在各个时间点上可能发生的关键事件要能够有所预测，与此同时对游戏内的英雄、角色、装备等相关细节知识也要烂熟于心，这样当看到某位选手选择了某个关键装备或者使用了关键技能时，对于将要发生的事件才能够有准确的预判，从而在瞬息万变的比赛过程中，筛选出最能反映当下比赛状况、最精彩的画面，呈现给观众。

除了展示精彩的画面之外，游戏导播还应当将比赛的过程以具有故事性的方式呈现出来，这就要求游戏导播不仅要具备出色的游戏理解能力，还需要具备一定的故事阐述能力。从根本上来说，一场比赛从开始到结束的过程，是精彩纷呈、引人入胜，还是平淡无奇，很大程度上是由游戏导播如何选取和切换画面决定的。

在不同的电子竞技赛事中，游戏导播选切镜头的标准有所不同，我们将分不同的情况来简要说明游戏导播选切画面的方法。

1. 宏观战局视角

宏观战局视角反映的是赛场上的整体状况，通过宏观战局视角，观众能够看到赛场上大部分选手的位置和行动路线，迅速地了解场上的局势。在 FPS 类赛事或者战术竞技类赛事等赛事中，选手和战队在地图上的相对位置是十分重要的信息，时常需要展示宏观战局视角。图 11-1 展示的是 PEL 赛事中的宏观战局视角，此时比赛刚开始，需要通过宏观

图 11-1　宏观战局视角画面

画面向观众展示每个战队降落的地点以及相对位置情况。

2. 微观个人视角

微观个人视角反映的是某一位选手的游戏视角，用于展示该选手的行动轨迹和游戏操作。对于实力较强的明星选手、在本场比赛中表现极其出彩的选手等关注度较高的重点选手，游戏导播会较多地切换他们的个人视角画面，满足观众对重点选手的期待与好奇。在电子竞技赛事中，游戏导播对于镜头的切换顺序一般是从宏观战局视角到微观个人视角，这样的切换逻辑能够比较清晰地反映赛场上的情况。图 11-2 展示的是 PEL 赛事中的微观个人视角画面。

图 11-2 微观个人视角画面

3. 重要团战与重要事件

重要团战与重要事件是赛事中的重点部分。例如，KPL 赛事中大规模团战是比赛中非常精彩的事件，参战人数为六人至十人，对战局有着重要的影响，也是观众十分关注的重大事件，如图 11-3 所示。

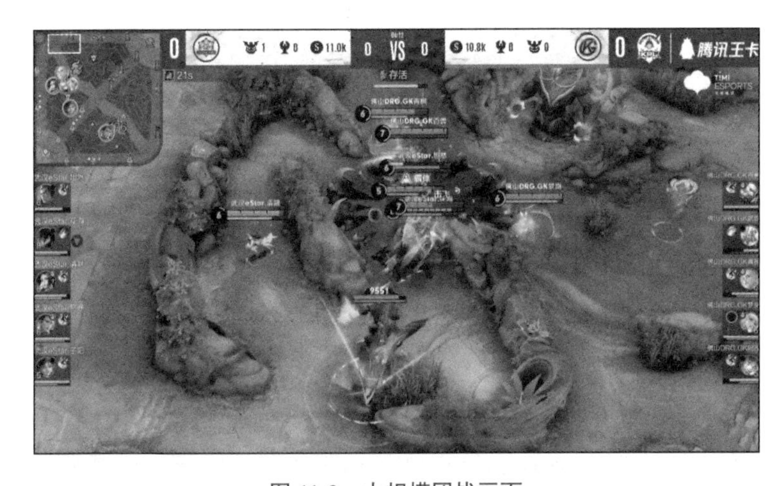

图 11-3 大规模团战画面

在发生大规模团战且不涉及大范围转移的情况下，游戏导播会优先选择主游戏 OB 画面，提醒该 OB 使用此画面并保持；该 OB 在常规视距下无法饱览全局动向，需要及时切至全屏视距，保证团战发生的完整性与观赏性。副游戏 OB 需要根据主游戏的画面，保持常规视距，跟住团战中心点，以接应主游戏 OB。主游戏 OB 和副游戏 OB 在团战中应合理分配视角，让游戏导播有更多的选择呈现给观众。团战主次分明，团战主体优先级高于单人击杀，主游戏 OB 给到的永远是优先级更高的画面。

4. 经济面板

经济面板能够反映战队当前阶段的经济情况，在一定程度上也能够借此判断战队的整体实力。如图 11-4 是 KPL 赛事中展示的经济面板画面。应当展示经济曲线面板的时间点包括：主宰先锋消耗完后；关键团战时；赛后解说复盘时。比赛中展示的经济面板整体时长应在 7~15 秒，避免太长时间的展示影响游戏内容，如果发生团战，开团后经济面板要及时下屏。

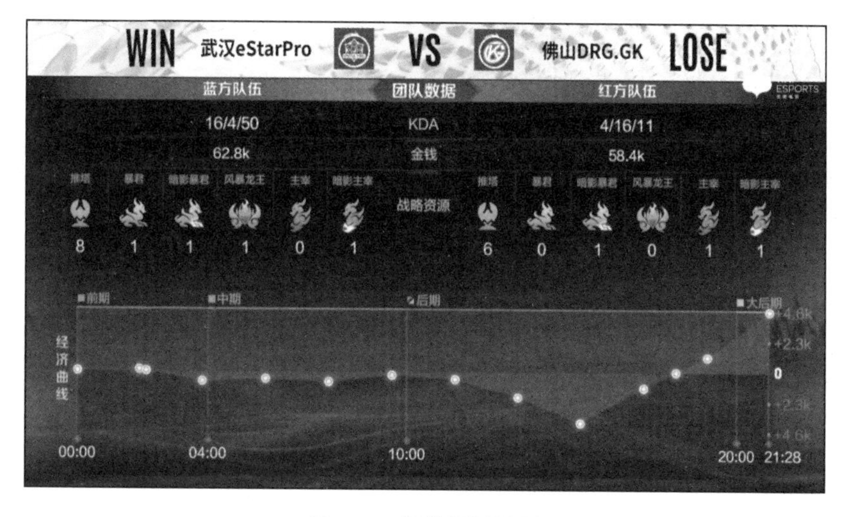

图 11-4　经济面板画面

5. 装备栏下屏

装备栏的展示，是为了让观众了解选手的出装选择，不同的出装选择对应着不同的比赛策略，游戏导播在比赛过程中，会经常展示装备栏。图 11-5 展示的是 KPL 赛事中的装备栏画面。在一些关键时间点，为了保证画面的完整性，要及时将装备栏画面撤下屏幕。装备栏下屏的时间点包括：画中画；分屏；经济面板；走位面板；主宰团战；十人团战；高地塔团战；进现场镜头之前。如果发生的小规模团战在画面中心，装备栏可不下屏；如果上路、下路都发生了战斗，则优先下装备栏准备分屏。

游戏导播对游戏内画面进行选择和切换后，一场精彩纷呈、具有紧张感和故事性的电子竞技赛事便呈现在了观众眼前。

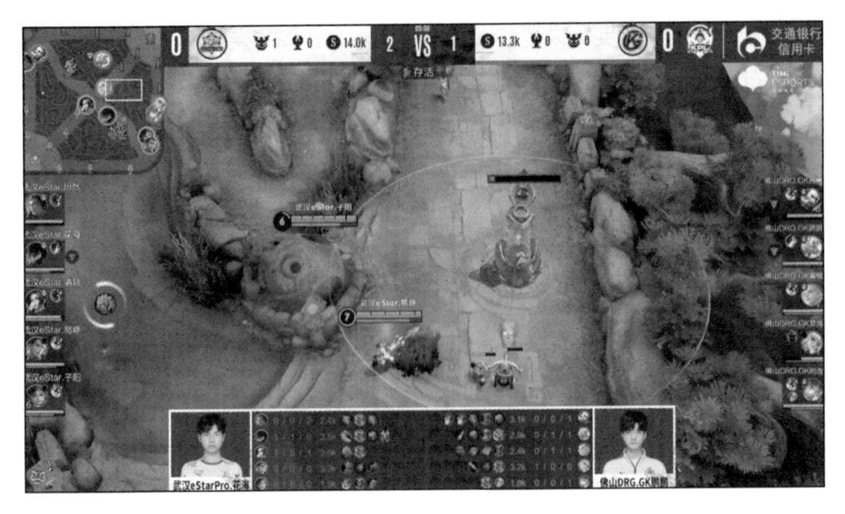

图 11-5　装备栏画面

11.5 游戏设备及技术支持

11.5.1　游戏设备的类型

狭义的游戏设备是指电子竞技游戏运行的电子设备。根据电子竞技游戏运行的平台不同，电子竞技赛事中使用的游戏设备可分为个人计算机、移动手持设备、主机、街机等。广义的游戏设备又可以称为电子竞技赛事设备，包括游戏运行设备、外设设备及电竞辅助设备。电竞辅助设备是指电竞椅、电竞桌等辅助类电竞设备。

1. 游戏运行设备

游戏运行设备是指个人计算机、移动手持设备、主机、街机等电子竞技游戏运行的载体以及游戏服务器。在一些重要的比赛中，为了比赛的安全性，赛事团队会使用专业的游戏比赛服务器，且比赛服务器也可以在比赛现场，而不是在互联网上。在 PC 电子竞技赛事中，进行游戏的核心设备是个人计算机与显示器；在移动电子竞技赛事中，进行游戏的核心设备是手机、平板电脑等移动手持设备；在主机电子竞技赛事中，进行游戏的核心设备是 Xbox、PlayStation 等主机设备；在街机电子竞技赛事中，进行游戏的核心设备是不同型号的街机。为了保证赛事的公平性，个人计算机与显示器、手机等游戏运行设备由赛事主办方提供，所有选手使用同样的设备进行比赛。

2. 外设设备

外设设备是指鼠标、键盘、耳机、麦克风等设备。外设设备的差异对于电子竞技赛事结果的影响甚微，只涉及选手个人习惯的问题，并不影响赛事的公平性，因此在很多赛事中，选手被允许携带个人惯用型号的鼠标、键盘等外设设备参加比赛。

3. 电竞辅助设备

电竞辅助设备是指电竞椅、电竞桌等辅助类电竞设备。辅助类设备不属于游戏进行的必备设备，对游戏竞技的结果影响较小，一般这类设备由赛事主办方统一提供。辅助设备要选择质量上乘、让选手能够舒适地进行比赛的设备。

在腾讯电竞制定的《腾讯 2018 电子竞技运动标准》中，对电子竞技赛事设备作了这样的要求：

"8. 电竞赛事设备标准

8.1. 赛事提供的设备

以下类别的设备将由赛事官方提供，供比赛选手在所有官方比赛中专门使用。选手必须使用赛事官方提供和许可的设备进行比赛。禁止使用未获得赛事官方许可的任何设备。设备包括：

8.1.1. 个人电脑与显示器（适用于 PC 电竞赛事），手持设备（适用于移动电竞赛事）

8.1.2. 头戴式耳机、及 / 或入耳式耳机、及 / 或麦克风

8.1.3. 电竞桌椅

在赛事选手的要求下，赛事官方将提供以下类别的设备，供其在比赛中使用。设备包括：

8.1.4. 备用电脑键盘、备用电脑鼠标及数据线收纳器、备用鼠标垫（适用于 PC 电竞赛事）

8.1.5. 备用手持设备（适用于移动电竞赛事）

所有赛事提供的设备将由赛事官方自行选定。如果选手自带外设出现问题无法比赛，则必须使用官方提供的设备进行比赛。"

腾讯的这份赛事设备标准，反映了中国大部分电子竞技赛事的主办要求和许多国际电子竞技赛事的举办标准，在一定程度上能够反映电子竞技赛事设备使用的情况。

11.5.2 游戏设备技术支持

游戏设备技术支持，主要是指对游戏运行设备——个人电脑、手机等设备的技术支持，技术支持的主要内容包括游戏设备的正常运行、游戏设备与转播设备的兼容、游戏与服务器的连接。

1. 游戏设备的正常运行

首先，技术人员要保证游戏设备自身的正常运行。在比赛开始之前，要对每一台游戏设备进行测试，确保设备本身没有问题，能够正常开机、关机、运行智能程序。其次，要

保证游戏客户端与游戏设备的兼容。最后，在游戏设备上安装好游戏后，要进行游戏测试设备，查看是否有画面显示不全、游戏闪退、游戏频繁掉线等问题，如果发生类似问题，要及时找出问题原因并解决问题，确保正式比赛时游戏能够在该设备上流畅地运行。

2. 游戏设备与转播设备的兼容

比赛正式开始后，观众看到的大部分画面都是游戏内画面，需要将游戏设备接入转播设备中采集游戏内画面信号。游戏设备与转播设备是两种完全不同的设备，因此，游戏设备并不像其他转播设备一样，有着与转播设备兼容的、通用的协议与接口，需要通过专用设备将游戏设备和转播设备连接起来，对游戏画面信号进行转换，使之符合转播设备的标准协议。

不同类型、不同型号的游戏设备在接入转播设备时，可能会产生无法互相兼容的问题，转播设备有可能无法采集游戏内画面信号，游戏设备或转播设备可能因为接入了外部设备而产生系统性故障，从而无法正常运行。这些问题是技术支持人员要重点处理的问题，如果无法做到游戏设备与转播设备互相兼容，赛事的转播将无法顺利进行。

3. 游戏与服务器的连接

一般来说，电子竞技赛事比赛时，选手们使用赛事专用的比赛服务器进行比赛。赛事开始之前，技术人员在进行游戏设备测试时，要多进行几场游戏，对游戏与服务器之间连接的流畅性、反应速度进行测试。在游戏设备状况良好、网络状况良好的情况下，检验游戏运行是否顺畅、是否有延迟卡顿现象，游戏与比赛服务器之间的连接是否正常。如果出现问题，要及时联系游戏运营人员，及时排除故障。

11.6 增强功能及效果研发

近年来，电子竞技赛事的制作规格不断提升，越来越多的前沿技术应用于电子竞技赛事当中，大幅度提升了赛事的观赏性。通过不断开发转播设备的增强功能及效果，将 AR、XR、MR 等技术成果与转播技术进行结合，电子竞技赛事的视觉效果和娱乐效果越来越震撼。

在前沿技术用于电竞赛事制作与转播的同时，制作团队也会针对电竞赛事转播的特点开发一些能够提升转播效率和内容效果的应用。

11.6.1 虚拟制作

电子竞技赛事中运用 AR、XR 等虚拟现实制作技术，能够打造具有沉浸感和科技感的舞台效果。

1. AR 及 XR

英雄联盟赛事一直在尝试利用虚拟制作技术提升赛事的观赏度。2017 年，在北京鸟巢举办的英雄联盟全球总决赛 S7 中，制作团队运用 AR 技术实现了远古巨龙降临直播现场的演绎，令无数观众为之震撼，如图 11-6 所示。

图 11-6　S7 中的 AR 远古巨龙

2018 年英雄联盟全球总决赛 S8 开幕式中，由英雄联盟中的人气女性角色组成的虚拟 K-pop 偶像女团 K/DA 正式登场，在总决赛现场，赛事制作团队利用 AR 技术演绎了由 K/DA 表演的单曲《Pop/Stars》。游戏中的角色降临舞台，与真人演员一同进行唱跳表演，带来了无与伦比的视听效果，如图 11-7、图 11-8 所示。

图 11-7　虚拟女团 K/DA 现场表演

2019 年 9 月，在中国英雄联盟职业联赛 LPL 中，拳头公司联合了 Cubic Motion 公司（主要负责面部捕捉）和 The Future Group 公司（提供虚拟制作系统 Pixotope）、Animatrik 工作室（负责身体捕捉）的最新动作捕捉及虚拟演播技术，将 K/DA 中的人气王阿卡丽（Akali）带进了真实的上海梅赛德斯 - 奔驰文化中心直播现场。在渲染层面，运用了

图 11-8　虚拟女团 K/DA 成员与真人伴舞演员同台表演

NVIDIA 的 RTX 图形卡，采用了虚幻引擎及光线追踪下的表现效果。通过 AR 技术，游戏角色阿卡丽在现场带来了动感十足的演出，和主持人并肩而立、接受采访，将游戏角色的魅力发挥到了极致，如图 11-9、图 11-10 所示。

图 11-9　游戏角色阿卡丽 AR 表演

图 11-10　游戏角色阿卡丽 AR 采访

2020 年 10 月，在上海举办的全球英雄联盟总决赛 S10，为了让观众能有最佳的观赛体验，拳头公司的赛事制作团队在本次赛事直播中大量采用了 AR、VR、MR 以及混合实时渲染技术等 XR 技术，将原本朴实的比赛房间“装饰”成了充满科幻元素的竞技场。本次英雄联盟总决赛革命性地使用了 XR 技术，由虚拟制作技术咨询公司 Lux Machina 领头，融合了物理世界和虚拟世界，展示了世界上最复杂的混合现实舞台，这也是电子竞技赛事史上首次 XR 大型多机位直播。XR 团队由 40 多技术人员和艺术家组成，由 POSSIBLE Priductions 公司担任美术指导和直播合作方。在集群渲染系统上使用了 Lux Machina 的开发技术，以 32K 像素分辨率（像素为 30720 × 17280）60fps 的速率为 LED 提供高保真的渲染画面效果。利用 XR 的虚拟环境拓展技术，LED 舞台不再局限于已搭建的范围，而在周围 360° 无缝衔接上了虚拟城市，从分类上，这种拓展技术更接近于 AR 范畴，如图 11-11、图 11-12 所示。

图 11-11　XR 技术在 S10 中的应用——选手席展示

图 11-12　XR 技术在 S10 中的应用——舞台展示

在直播的 B/P 环节中很多实时特效的实现上，Lux Machina 开发了大量源代码，在修改后的虚幻引擎间传送游戏数据，某些时刻会自动触发舞台的特效，动态地在场地上呈现游戏中的状况，如图 11-13 所示。非绿幕的环境也让在其中对战的战队参赛者感到熟悉和放松，并实时观看到直播内容，减少了环境的陌生感。

图 11-13　S10B/P 环节特效

借助虚拟制作技术，英雄联盟赛事的观赏性有了飞跃性的提升，不断为观众带来兼具竞技感与美感的体育赛事。

2. 虚拟演播室

2020 年以来，全球都受到疫情的影响，线下赛事制作遇到了各种困难，虚拟演播技术应用于电子竞技赛事制作中，能够让观众欣赏到不亚于实体演播室的制作效果，在场景制作和变化上比实体演播室更加自由。

2020 年穿越火线双端职业联赛总决赛，舞台场景、解说评论场景的构建，宣传片制作、主持人出场方式等，都大量应用了虚拟技术，可以在直播画面中实现让主持人、解说或选手全程置身于完整的演播厅合成的特定场景中，同时，在赛后评论形式上也进行大胆尝试，从线下改为线上“云评论”，呈现一场前所未有的赛事效果，为观赛用户带来别开生面的视觉观感。虚拟演播厅的整体场景设计是围绕赛博朋克—未来城市的方向，使用真三维虚拟场景技术进行虚拟构建呈现。这样的纯虚拟演播室制作的方式，在电竞领域尚属首次大范围应用。传统广播电视领域平时做虚拟演播室只是做一个单独场景，在场景里制作一个虚拟演播室，用于体育赛事解说与评论，同时在演播室里提供一些 AR 数据或者场景效果变化等。而这次所做的虚拟场景在本次赛事的应用，完全做了另一个方向的尝试，在更大一些的物理空间里，通过虚拟场景及虚拟镜头转接，设计了多个不同的空间，通过虚拟镜头去达到转换空间的目的。

为达到最佳的呈现效果，制作团队为本次比赛专门搭建了一个用于虚拟抠像制作的绿箱，如图 11-14 所示，绿箱制作及灯光布置均达到影视广告拍摄级别。

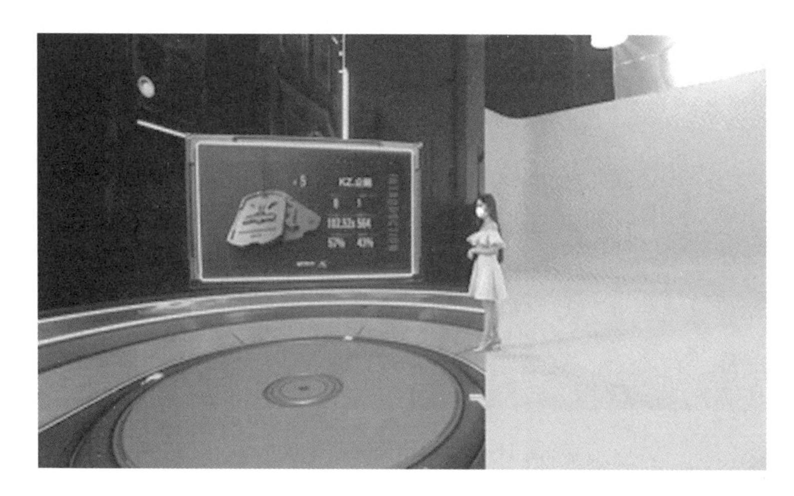

图 11-14　虚拟抠像制作绿箱

同时，配套搭建一整套虚拟系统用于实时虚拟成像，并利用跟踪传感技术以及次世代实时渲染技术，将一个未来的、概念化的电竞城市展现在观众面前，如图 11-15 所示。

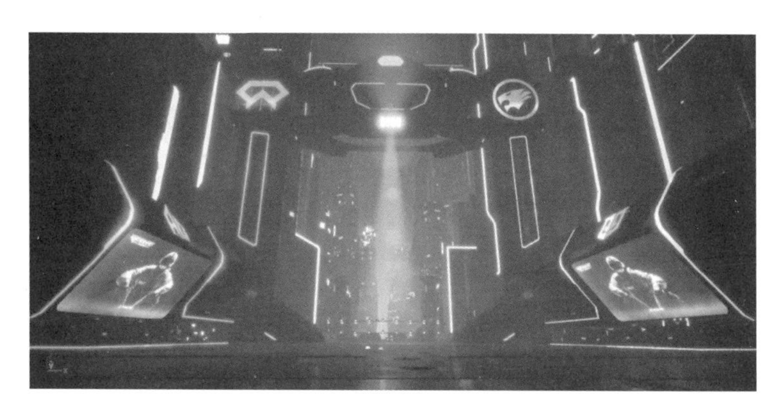

图 11-15　虚拟演播厅场景展示

2020 年 10 月，在 PUBG MOBILE 职业联赛东南亚赛区 S2 总决赛中，赛事制作团队首次在国际电竞赛事中运用了“虚拟人物形象 + 实时动作捕捉渲染 + 虚拟场景合成”的制作方式。基于虚拟演播厅的基础之上，增加了“虚拟实时主持人”及东南亚社群虚拟角色 MISS J 植入进虚拟演播厅等科技展示手段，致力于向东南亚地区玩家提供最高质量的职业电竞赛事。

此次实时动作捕捉渲染技术的应用由英雄体育 VSPO 与清华 & 腾讯动作捕捉基地共同合作，目前主流的动捕技术是光学动捕，将演员身上贴好固定的反光点，场内多个摄像头主动发射红外光，通过拍摄反光点位置变化，记录演员的动作，如图 11-16 所示。这是实时动捕首次应用于电竞赛事，也是国内先进动捕技术对海外的一次输出展示及完美应用。

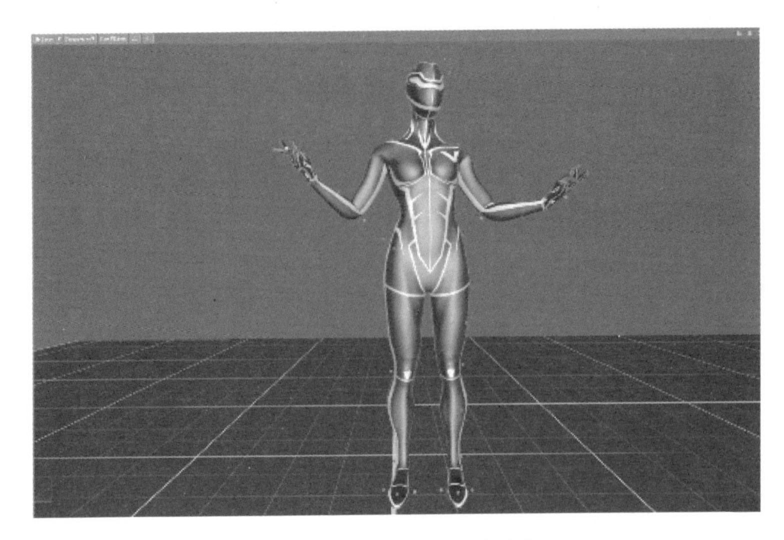

图 11-16　动作捕捉渲染技术

11.6.2　虚拟数字人

近年来，越来越多的虚拟偶像走进大众的视野，初音未来、洛天依等以虚拟技术制作的偶像形象受到了年轻群体的广泛喜爱，许多行业都在尝试虚拟数字人的应用。在电子竞技赛事制作中，虚拟数字人的出现能够为赛事带来更多的可能与惊喜。

2021 年，和平精英联赛 PEL S3 总决赛中，虚拟解说占乐乐与官方解说屈涛搭档，解说了两场比赛，还完成了多次准确的预测，圆满地完成了自己的解说首秀，如图 11-17、图 11-18 所示。

图 11-17　虚拟解说占乐乐

2022 年 PEL 春季赛总决赛中，占乐乐作为中场秀助威队长，与众多舞蹈 up 主一起带来了动感十足的舞蹈表演，为观众带来一场视听盛宴，如图 11-19、图 11-20 所示。

图 11-18　虚拟解说占乐乐与真人解说搭档

图 11-19　2022 年 PEL 春季赛总决赛中场秀

图 11-20　2022 年 PEL 春季赛总决赛中场秀虚拟现实融合

在 PEL 这样的战术竞技类电竞赛事中，由于参赛队伍多、游戏场景大等原因，赛事核心内容必然会涉及大量数据，从数据具象化角度来说，比起冰冷的数据、图表，一个更接地气、更具体的人物形象显然能起到更高效的交流效果。占乐乐的出现，就为向观众们传达数据这一环节增添了更多的趣味性，进一步降低了观赛门槛。从赛事用户的角度来看，占乐乐是一个更为具体的视觉符号，能为他们对赛事日积月累出的情感提供一个更确切的落脚点。从赛事发展的角度来看，占乐乐的形象也是补完 PEL 赛事人格的一块重要拼图。占乐乐的形象将年轻一代电竞观众们的审美与和平精英游戏的元素融合了起来，为赛事带来了自己独特的人格。无论从喜欢占卜的人设，电竞解说兼任玩家的身份，还是从穿着打扮来看，占乐乐身上都贴满了年轻人喜欢的标签。

占乐乐是“虚拟偶像 + 电竞”的一次成功尝试，在未来会成为一种趋势。此前接受采访时，腾讯集团高级副总裁马晓轶曾表示，电竞核心是靠技术驱动，在超级数字场景中，通过技术呈现出来的虚拟解说也将成为体育拓展未来发展的一把关键钥匙。通过占乐乐等案例的出现与不断迭代，以 PEL 为代表的电竞赛事，将凭借技术创造的可能性，能够走上时代潮流的前沿。

11.6.3 提升转播效率和内容效果的研发

电子竞技赛事制作与转播与传统体育转播不同，需要处理大量的游戏内的画面，现场通常搭建巨大的舞台，现场舞美效果也与游戏比赛进程息息相关。这些新的制作和转播要求在传统电视节目直播当中很少遇到。为了处理这类问题，电子竞技赛事制作与转播针对电竞的特殊需求进行了一些功能和效果上的研发，成为电竞赛事制作与转播的独特之处。

针对电竞转播的特色研发包括提高电竞转播效率、提升及重构电竞画面效果、传统转播设备针对电竞应用的研发、AI 自动画面切换等方面。

提高电竞转播的效率往往针对传统方式的复杂操作，以减轻执行的压力和降低错误率。例如，在制作和转播的过程中，当游戏内一方队伍击杀了重要的中立生物，现场的LED屏幕、灯光和音响需要显示和播放特殊的效果，为观众营造更加沉浸式的观看体验。传统的方式需要 LED 屏幕、灯光和音响的操作人员反复训练达到理想的效果，但是执行过程中难免出错。电竞赛事会通过研发利用游戏中的数据控制 LED 屏幕、灯光和音响的同步，达到理想的效果。

提升及重构电竞画面效果往往应用于某个特殊的环节，在这个环节中，游戏的基础画面表现力并不强或者导演需要更好的展现效果。例如，有些 MOBA 游戏会对 B/P 环节的画面进行完全重构，实现更多的特效。这种方式往往通过研发一个新的 B/P 界面，并根据游戏中队伍的选择进行及时的更改和现实。电竞比赛中的地屏控制也并非像传统转播那样播出一个素材，而是用程序控制，实时反映出游戏中的进程和效果。

很多传统转播设备并没有考虑到电子竞技赛事转播的特殊应用，往往需要电竞制作团队根据自身的需要进行二次研发来操控转播设备。例如，在王者荣耀赛事制作转播的过程中，需要根据选手的选择情况，将游戏中的英雄模型用 AR 的方式呈现在舞台上。AR 设备并不能够做到对模型位置的适时调整，只有通过二次研发将选择的英雄和英雄定位信息传输给 AR 设备，通过技术接口驱动 AR 设备实现特定的效果。

AI 自动画面切换是 AI 技术在电子竞技自动转播领域的应用。它的核心技术是根据图片识别、游戏接口数据的分析，确定赛事的热点，并自动切换游戏的 OB 视角。AI 自动画面切换可以辅助导播团队进行游戏内画面的切换，提高精彩镜头的抓取效率，降低导播工作的复杂度。未来随着 AI 技术的进一步成熟，电子竞技中游戏画面的自动转播将更为先进。目前，DOTA2 游戏提供了自动游戏 OB 视角切换，王者荣耀的赛宝产品也可以自动进行游戏 OB 视角的切换。

第12章

电子竞技赛事制作与转播的信号及信息处理

无论是电子竞技赛事制作与转播，还是传统体育赛事的制作与转播，或是其他类型节目的制作与转播，本质上都是对于信号和信息的处理和加工的完整过程。这个过程包括：信号及信息采集、信号变换、信号加工处理、信号传输、信号播出。最终，观众看到的内容就是各类信号和信息的最终处理结果。

本章以信号及信息处理为切入点，从技术的角度讲述电子竞技赛事中涉及的主要信号和信息以及其处理的过程。本章希望以更加通俗易懂的描述和一些示意图为读者讲述信号及信息处理的技术过程，而不讨论更加详细的技术细节。如果读者希望了解和掌握更多的技术细节，请参考广播电视信号处理的相关书籍。

12.1 信号及信息处理概述

12.1.1 信号及信息处理的过程及示意图

信号及信息的处理过程是一个连续处理的过程，上一个环节的输出结果是下一个环节的输入内容。各个环节对于信号的信息逐次处理，从而得出最终的结果。信号和信息的处理过程主要包括以下几个方面：信号及信息采集、信号制造、信号加工处理、信号传输、信号播出及观看、信号及信息返送。信号及信息从比赛现场经过采集及加工处理，最终传输和播出给观众的过程，如图 12-1 所示。

比赛现场的环境布置、现场人员、比赛过程都会产生信息和内容，这些信息和内容经过采集设备的处理，形成视频和音频信号以及重要的信息，传递给信号加工和处理模块。信号和信息的处理通常是在导播间通过制作和转播设备来制作和加工。制作完成的赛事播出信号经过编码和推流设备最终传输到播放终端，这样观众就能够通过各种渠道观看赛事。

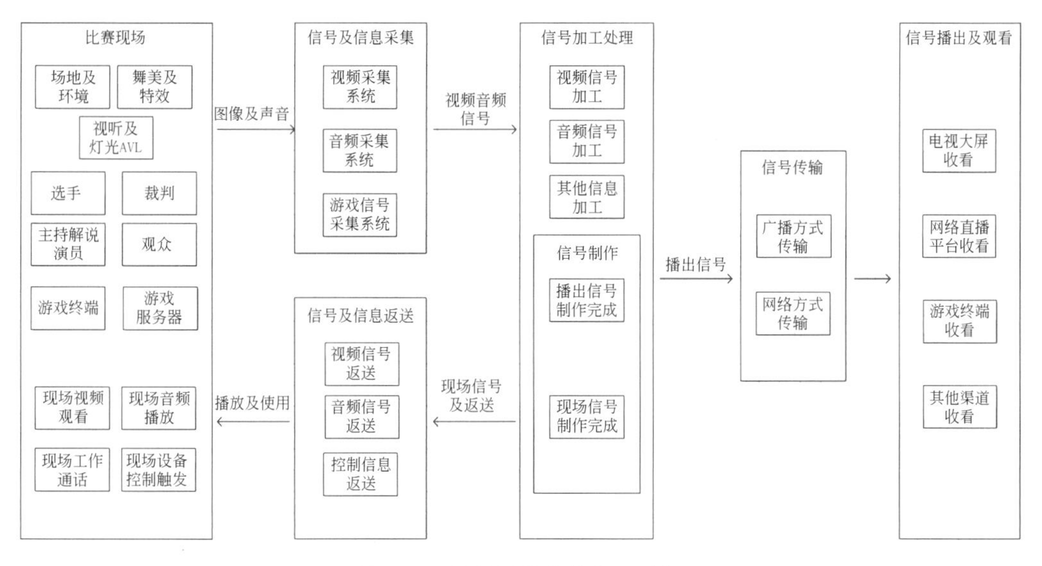

图 12-1　信号及信息的处理过程

在信号和信息加工处理后，播出信号制作完成传输到播放终端，现场信号和一些信息需要返送回传到比赛场馆。这些返送信号和信息包括：现场视频观看的信号、现场音频播放信号、现场工作通话以及现场设备的控制信号。这些返送信号使比赛场地内的现场观众能够看到比赛、听到声音；也使现场工作人员能够及时得到指令，现场设备可以通过控制信息触发。

12.1.2　信号及信息采集

信号及信息采集是指通过采集设备将所要采集的内容转化成特定形式和格式的素材，以用于未来加工和展现。信号和信息的采集包括：信号和信息源、采集设备、存储设备、存储素材的标准和格式。

电子竞技比赛和其他比赛及内容形式类似，信号和信息源是图像和声音，例如宏大的舞美、游戏中选手精彩操作和表现的镜头、观众的呐喊等。图像通过摄像机这类采集设备的处理，最终形成一定格式的视频流或素材文件，直接供转播设备使用或存储在磁盘等电子设备上。声音也经过摄像机的收音模块或者专业的收音设备来采集，最终变成音频流或素材文件，供转播设备使用或存储在磁盘上。同时，电子竞技赛事因为使用游戏进行比赛，游戏中的画面和声音也经过转换器，最终变成视频及音频流或文件。还有一部分重要的比赛信息，通过游戏赛事服务器的数据接口或者其他技术采集手段获得。

12.1.3　信号变换

信号变换是指为了特定的使用、传输和存储等目的，将信号重新进行转化和编码，得到不同类型、不同标准及格式的新信号的过程。按照不同的标准和分类方式，信号的类型很多，信号的格式也不同，各种信号变换的情况差异很大。由于详细的技术细节与本书主要内容相关性不强，所以不做详细的叙述。

简单来说，信号变换包括信号类型变换和信号编码格式变换两种。常见的信号类型变换包括：模拟信号和数字信号的转换（数模转换）、光信号和电信号的转换（光电转换）。模拟信号转换成数字信号是指将连续的模拟信号转换成离散的数字信号。目前，数字信号的应用十分广泛，很多设备都支持数字信号的格式。光信号和电信号的转换一般发生在传输的过程中。信号编码格式变换包括不同编码格式的互相转换，例如，非压缩编码格式和压缩编码格式的转换；也包括不同信号质量的转换，例如高清信号转换成标清信号。

在电子竞技比赛中，各类制作设备都有明确的、可接受信号的类型，不同信号需要经过处理，变换为设备可接受的类型，才能用于之后的加工处理。同时，特定的制作标准也对制作信号的类型和格式进行了统一要求。通常在信号加工和传输之前，要对信号进行统一的变换处理，使各类信号都达到使用和传输的要求。

12.1.4 信号及信息加工处理

信号及信息加工处理是指将各类视频信号、音频信号以及其他重要信息，通过叠加、组合、增加包装及内容、特殊处理等制作加工流程，获得最终播出内容信号的过程。

信号及信息的加工处理的过程就是电竞赛事转播内容制作的过程。现场采集的各类视频信号、音频信号和重要信息统一传输到导播间，导播间的各类制作转播设备对这些信号和信息进行加工处理。制作的过程包括：选取一路或几路信号进行组合或叠加得到基础的内容信号；在这个内容信号的基础上增加包装、字幕和其他内容，或者进行优化和其他的特殊处理；最终得出制作后的信号。制作和处理信号的关键设备是切换台和调音台，它们分别处理视频信号和音频信号。

12.1.5 信号传输与播出

信号传输是指信号通过特定的媒介，从信号发送端到信号接收端，以特定的标准和格式，准确、完整传输的过程。信号的传输包含：不同场地间的各类信号传输、同一场地不同设备间的信号传输。在电竞赛事制作与转播过程中，信号传输主要包括比赛现场和导播间的信号传输、导播间和播出平台间的信号传输、导播间各类设备之间的信号传输。所有类型的传输都需要通过线路、网络或其他传输介质，按照双方统一认可的格式和协议标准进行。信号传输之前有时需要进行信号的变换来满足传输的格式要求和效率要求。

信号播出是指通过播放设备和播放程序，将特定格式的信号转化为可识别内容并播出的过程。信号播出将收到的信号及信息进行解析和播放，使观众能够看到信号代表的内容。目前，在很多电竞直播平台上，用户可以根据自身的网络和带宽情况选择不同的码率和清晰度进行播放，获得最佳的观赛体验。

12.1.6　信号及信息返送

信号及信息返送是指将现场采集的信号和信息加工处理后，因现场某些特定的需求，将一些信息返回传送到现场的过程。在电子竞技赛事制作与转播的过程中，信号及信息返送主要包括：现场视频信号返送、现场音频信号返送、现场工作通话信号返送、现场设备控制信息的返送。

以现场视频信号返送来简要说明信号返送的作用。在电竞比赛制作与转播的过程中，线上观众和现场观众看到的视频内容性质上是有差别的。线上观众观看的信号是导播间制作的最终播出信号，现场观众看到的是由导播间制作的返送信号。这两个信号的内容有时不相同。例如，如果播放现场观众抽奖的环节，线上观众可能会感到没有任何的参与感。这时导播间就会为线上的观众制作不同的信号，有可能是赛事评论。有时线上观众看到的一些 AR 技术和特殊效果，现场观众是看不到的，只能通过视频返送信号在大屏幕上观看这些效果。由于现场视频呈现、音频播放和工作配合等需要，其他各类信号也需要在比赛的过程中返送回比赛现场。

12.2　视频信号处理

12.2.1　视频信号处理示意图

传统体育转播的视频信号只涉及现场拍摄的信号。电子竞技赛事制作与转播涉及的视频信号，不仅包括现场拍摄的视频信号，同时也包括游戏内的视频信号，这是电子竞技转播的突出特点之一。两类视频信号的采集、制作和播出的过程如图 12-2 所示。

现场环境和人员的真实画面通过各类摄像机进行采集，而游戏画面则通过视频采集设备在游戏 OB 端采集，还有一部分重要的游戏信息通过接口或其他采集技术进行采集。所有的视频画面和游戏信息经过切换台和其他制作设备的制作，最终形成两种信号：第一种是播出信号，用于线上的推流和播出；第二种是现场信号，返送回现场播出。播出信号和现场信号可以不同。还有一些控制信息，需要传回现场实现一些设备的控制功能。

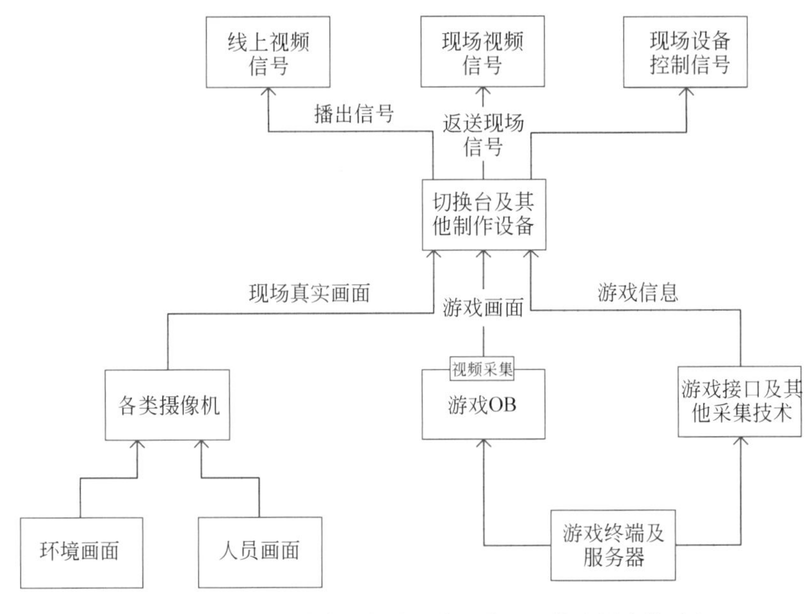

图 12-2 电子竞技赛事视频信号的采集、制作和播出的过程

12.2.2 现场画面的分类及处理

现场画面是指通过摄像机采集的真实的环境和人员画面。现场画面也是绝大多数节目和体育赛事的主要画面。观众在观看传统体育赛事时，看到的都是真实的比赛场馆，以及运动员真实的竞赛。

这些现场画面通过各种类型摄像机进行采集。摄像机的类型和使用情况在之前章节已经有详细的叙述，这里不再赘述。

12.2.3 游戏内画面及其他信息的处理

游戏内画面是电子竞技赛事制作和转播的突出特色，而且在电竞赛事制作和转播的过程中内容占比很高。进入比赛环节之后，绝大多数转播画面都是游戏内的画面。

游戏内画面是由游戏 OB 进行呈现，游戏 OB 类似于游戏虚拟环境中的摄像机。根据游戏提供的 OB 功能，游戏 OB 选取不同的角度实时展现比赛的进程。游戏画面需要通过特定的转换和采集设备进入转播系统。当游戏画面进入到转播系统后，可以视为与摄像机拍摄的现场画面一样，进行切换和混合等操作。

在电竞赛事制作和转播的过程中，有一些重要的信息对于观众欣赏比赛至关重要，但却无法通过游戏 OB 获得。这是制作团队往往会采用手工统计数据、游戏接口读取数据、图片识别数据等多种采集方式获取这些信息，并将它们展现给观众。同时，这些信息也会被用于对舞美设备的控制，使舞美根据比赛进程做出一些调整和变化，增强现场观赛的氛围感。

12.3 音频信号处理

12.3.1 音频信号处理示意图

电子竞技比赛涉及的对象和元素比较多，音频信号来源比较多。电子竞技的音频来源包括：游戏内声音、选手及教练、裁判、主持人及解说、表演人员、工作通话等。而且对象之间的音频信号处理和通话还有一些特定的要求，因此音频信号处理比较复杂。电子竞技赛事的音频信号处理过程如图 12-3 所示。

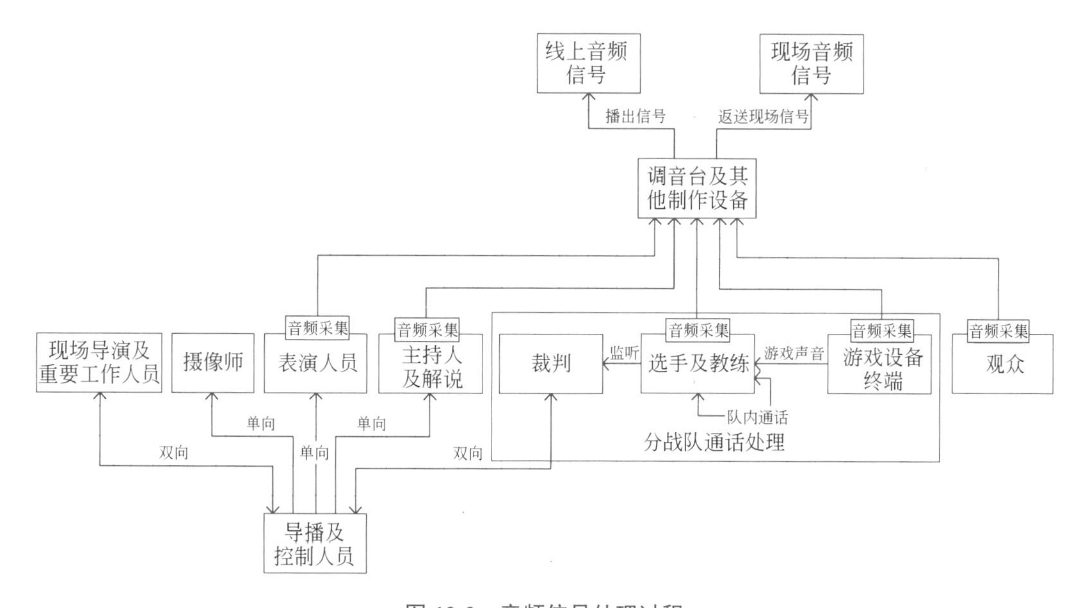

图 12-3　音频信号处理过程

工作人员将最终会成为播出内容一部分的音频信号，通过音频采集系统进行采集。这些音频信号源包括：游戏、选手及教练、主持人及解说、表演人员、现场观众等。这些音频信号汇集到调音台及其他录制设备进行制作，最终形成线上播出的音频信号和现场的音频信号。现场的音频信号通过返送传回比赛现场。

除了这些作为音频素材的信号，电竞赛事制作转播会涉及大量的工作通话。赛事工作通话系统的设计也比较复杂。有些工作人员可以和导播及控制人员进行双向对话，有的则仅仅单项听取导播的指令开展工作。

12.3.2 选手及教练、游戏、裁判音频信号处理

专业电子竞技赛事一般会单独设立选手通话系统，以满足所有参赛队伍内部通话和战术交流的需要。选手通话系统为每只战队或者个人建立单独交流的“小房间”，使所有选手在听到自身游戏声音的同时，可以非常清晰地听到自己队友以及教练的声音。

为了保障电竞赛事的公平性，一般会对选手通话系统进行专业的隔音处理。处理方法包括：隔音的对战房间、专业隔音耳机、小幅度白噪声介入等。这些方法确保选手不会受到外界环境声音的干扰，且不会听到任何外部作弊的提示声音。

同时，电竞赛事中的选手和教练的语音会被单独地录制下来，既可以作为赛事直播中的素材播出，也可以作为防作弊的证据留存。在比赛过程中，赛事裁判可以实时监听选手间的对话，确保没有作弊行为发生，维护赛事的公平性。

12.3.3 主持人及解说、表演人员的音频信号处理

在电子竞技赛事制作和转播过程中，主持人及解说、表演人员是赛事的重要组成部分，同时也是音频信号的重要来源，他们主持、解说、表演的声音经过音频采集进入音频信号的制作系统。同时，由于工作的需要和环节的顺畅，这些人员能够通过工作通话系统清晰地听到导播和控制人员的指令，他们与导播的工作通话通常是单项的。

在大型国际化的电竞比赛制作和转播中，会涉及多语言的转播制作。同样的视频信号，通过不同语言的解说团队制作成不同语言的信号，分别输出给不同语言的观众。

12.3.4 现场观众音频信号处理

现场观众是电子竞技赛事的重要组成部分，也是电竞赛事内容、比赛加油及互动、观赛氛围营造必不可少的重要元素。现场观众发出的声音也会通过特定的音频采集和收音设备进入音频信号的制作系统中。

12.3.5 其他工作人员工作通话处理

除了电竞赛事转播相关的表演人员，电子竞技赛事还涉及大量的工作人员。这些工作人员与导播和控制人员的通话，是赛事顺利执行、呈现精彩效果的重要保障。这些工作人员有的通常只接受导播的指令，例如摄像师、表演人员、主持及解说。有的工作人员需要和导播双向通话，实时沟通转播的进程和处理突发的问题，例如裁判、现场导演等。

12.4 信号的推流播出及二次制作

12.4.1 推流播出及二次制作示意图

在电子竞技赛事播出信号制作完成后，播出信号经过编码、推流传输到接收端，在接收端可以直接播出，或者进行二次制作后播出。信号传输和播出的过程如图 12-4 所示。

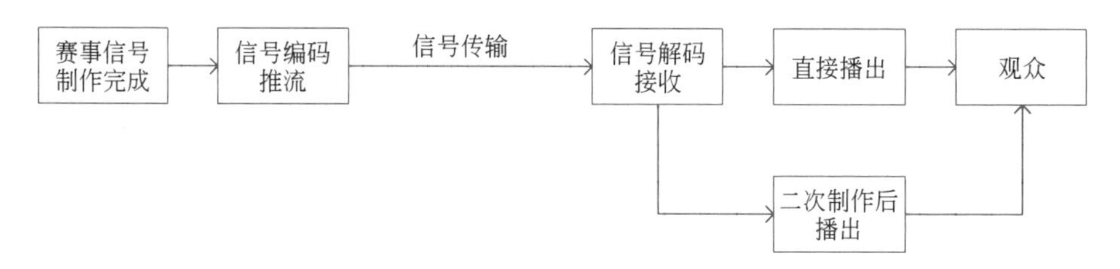

图 12-4 信号传输和播出的过程

12.4.2 信号的推流及播出

信号的推流往往会根据接收方的要求，采取双方认可的规则和编码方式，以及特定的码率和清晰度来进行推流。有时，推流方可能同时推记录不同规格和标准的直播流，供接收方选取。按照各个播放平台的特殊需求，推流和信号传输的方式也不相同。有的采用网络传输的方式，有的采用卫星传输的方式。

12.4.3 信号的二次制作加工

播出方接到播出信号时可以直接播出给观众，也可以在这个信号基础上进行二次制作后，播出给观众。二次制作的内容主要包括：添加包装、添加解说、添加广告和权益、添加特定节目等。

12.5 现场返送信号处理

在电竞赛事播出信号的同时，由于现场播放、观看和其他的需要，导播间也会制作特定现场信号返送回比赛现场。这些返送信号包括现场视频返送信号、现场音频返送信号、现场通话返送信号、现场设备控制信息等。

原则上来说，返送信号只包括现场视频返送信号和现场音频返送。因为在电竞赛事制作和转播的过程中，越来越多的 IT 技术与传统广电技术不断融合，且有些信号的功能和效果与传统的返送信号类似，所以将现场通话信号和现场设备控制信息也纳入返送信号的范围内。

12.5.1 现场视频返送信号处理

现场视频返送信号主要包括视频主输出信号 PGM（Program）和视频辅助输出信号 AUX（Auxiliary）。

PGM 信号展示比赛的总体进程，主要输出到现场大屏。现场观众可以通过大屏幕观看比赛。同时，PGM 信号也会输出给现场的灯光、音响、大屏等工作人员，以及各类监看电视屏幕，让现场工作人员和战队选手实时了解比赛的进程，以便更好地配合赛事工作。在一些大型的电竞赛事中，PGM 信号也会被输出到场馆内外的屏幕和电视机上，满足赛事观看和赛事宣传的临时需求。

AUX 信号展示一些辅助信息，通常被输入到现场的辅助屏幕上，以呈现更好的效果。有时，在现场流程和线上转播流程不同的情况下，会把线下流程的 AUX 画面呈现给观众。

12.5.2 现场音频返送信号处理

现场音频返送信号主要包括音频主输出信号和主持人及解说的单音频信号。两种音频信号都输出给现场的调音台处理，由现场调音台调整及制作后，把最终的音频信号输出到现场音响。

在输出主音频信号的同时，单独输出主持人及解说的单音频信号，是为了根据主持人及解说音频信号的特点以及场地声音的环境，进行及时恰当的调整，以保证达到最佳的声音效果，满足现场观众的收听需求。

12.5.3 现场通话返送信号处理

现场通话返送信号主要是指现场工作人员的内部通话返送信号，主要包括主持人及解说的通话返送和现场工作人员的通话返送。这些通话和返送通过专业的工作人员内部通话系统实现。

主持人及解说在主持和解说的同时，需要佩戴耳包来实时接收导播间的指令，以便更好地掌控转播流程。其他工作人员也需要佩戴通话设备来与导播间交流或与其他模块的工作人员交流。例如，摄像师需要接收导播的指令，及时选取恰当的画面；现场导演需要接收导演的指令，推动转播流程的进行。

在制作与转播过程中，工作人员通话准确和顺畅至关重要。因为制作转播的基础是获取精彩的瞬间，这些瞬间的及时抓取直接影响播出内容的质量。而且这些瞬间在直播时错过了就几乎无法弥补。工作通话的延迟或不畅一定会造成工作指令下达的延误，很容易错过赛事过程中的精彩瞬间。

12.5.4　现场设备控制信息处理

在电子竞技赛事制作与转播中，现场的设备可以根据比赛的进程来及时调整，为现场观众营造更好的观赛氛围。这种及时调整虽然与传统直播节目和体育比赛转播中触发某些环节类似，但与游戏比赛的进程绑定更深。例如，MOBA 类比赛中，某个队伍失去了一个防御塔，需要在地屏的地图上及时显示出来。

与比赛进程的绑定调整需要触发大量的设备操作，虽然可以手工完成触发，但更好的做法是对设备传输一些控制信息来触发设备相关的操作。在导播间可以根据比赛的进程将这些控制信息回传到比赛现场来触发设备的控制。这类控制信息可以触发现场灯光、大屏、音响的变化为观众营造更好的观赛氛围和体验。例如，选手被击杀后，代表他的英雄变成暗色，或者他的位置灯光变暗。

随着电子竞技赛事制作与转播日益复杂，使用的效果设备越来越多，这种现场设备的控制方式一定会逐步取代手工的方式成为转播技术的主流。

12.6　重要数据及信息处理

电子竞技比赛与传统体育比赛类似，都会涉及大量的数据。在竞技比赛中，数据信息非常重要。数据信息能够更加客观科学地衡量一名选手或一支队伍的竞技水平。而且有些数据指标与竞技的各项记录相关联，打破纪录、创造历史是赛事的亮点，也是观众非常关注的内容。在电竞比赛中，重要的数据及信息包括赛事历史统计数据及信息和比赛过程中的数据及信息。

12.6.1　赛事历史统计数据及信息处理

赛事历史统计数据及信息是在统计和分析了过往比赛的各项数据而得出的。这些历史数据往往用于分析战队和选手的实力、统计某些历史性的时刻、预测比赛结果等。

不同的游戏会统计不同的历史数据，但同类型的游戏统计数据基本类似。例如，在MOBA 类赛事转播的过程中，会时常展示电竞选手选择某个英雄的次数和胜率的数据，而在 FPS 类赛事转播的过程中，会时常展示选手的击杀比。

电子竞技赛事的历史数据统计包括一些历史性的时刻，例如，某名选手出场次数达到某个特定次数，或选手击杀次数达到某个纪录。这些历史性的时刻会为转播增加一些独特的看点。

电竞赛事的历史数据统计也有一些局限性，主要是因为游戏版本的更改可能导致某个特定英雄的增强和削弱，对选手实力的评估产生一定的影响。一般来说，预测比赛结果的数据统计都是基于某个最近的游戏版本。

12.6.2 比赛过程中数据及信息处理

比赛过程中的数据及信息处理是指对比赛实时数据的处理。比赛实时数据是电竞赛事制作与转播最关心的数据，对这些数据的处理过程包括数据的采集、数据的加工和数据的展示。

数据采集的方法包括：人工采集法、游戏 OB 采集法、游戏接口采集法、图片识别信息采集法。这些采集方法是为了实时准确地采集所需要的比赛数据，这些数据能够及时反映比赛的进程和队伍及选手的水平和状态。

数据的加工是指将采集到的数据进行分析处理，得到观众更加需要的数据，以便观众能够更加准确地了解比赛。采集到的信息经过算法的加工和处理，以及队伍和选手间的比较就会得出很多观众关注的信息。

数据的展示主要是通过字幕及在线包装来完成。数据展示的核心是及时、准确以及展现的方式。在电竞赛事直播的过程中，往往会涉及很多实时数据，采用人工的录入方式很难满足数据展示的及时和准确的要求。在转播的过程中，一般会采用程序进行一些自动化的处理。在数据展示时，也会选择恰当的展现方式进行数据展示，使观众能够更加直观地感受到数据表现出的含义。常用的数据展现方式包括折线图、曲线图、雷达图等。

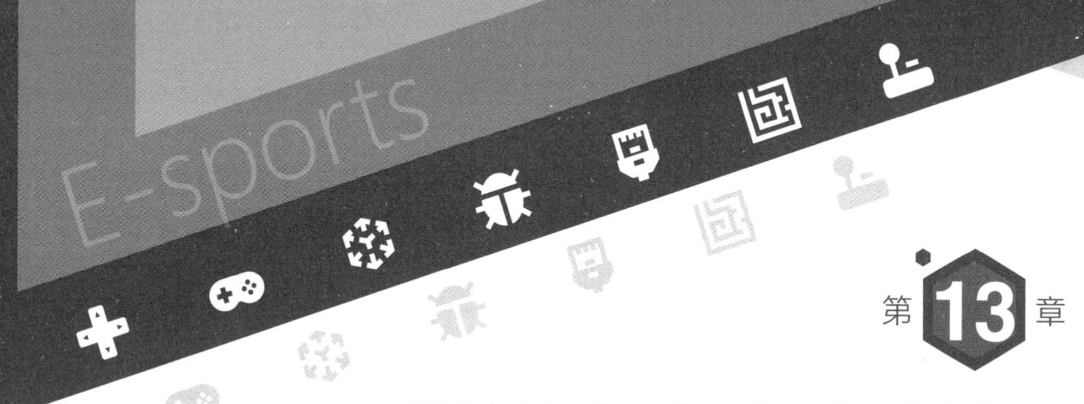

第13章

各类电竞赛事制作与转播的特点和方法

之前的章节根据电子竞技赛事制作与转播的架构图分别介绍了各个工作模块的基本情况，并从信号及信息处理的技术角度阐述了电子竞技赛事制作与转播的完整过程。

本章将介绍各类游戏终端电竞赛事制作与转播的特点、主要类型电竞赛事制作与转播的特点及其代表的制作案例，从而使读者对各类电竞赛事的制作与转播有一些直观的感受。

13.1 各类游戏终端电竞赛事的制作与转播的特点

游戏终端是电竞赛事转播的基础平台，游戏提供的画面抓取工具以及游戏 OB 视角是电子竞技赛事制作与转播中游戏内容的转播基础。各类游戏终端的游戏画面和 OB 画面经过采集设备进入制作与转播的系统中进行加工制作。

游戏终端不同导致电子竞技制作与转播的过程具有一定的差异，针对不同的游戏终端需要分别考虑的技术指标包括：游戏终端设备的稳定性、游戏网络的稳定性、游戏终端的画面质量和游戏 OB 的便捷性。这些技术指标是制作与转播各类终端电竞赛事的基础。

13.1.1 PC 电竞赛事制作与转播的特点

PC 电竞赛事是指基于电脑端游戏的电竞赛事，是电竞赛事制作与转播中最传统和最成熟的电竞赛事。PC 终端非常稳定，因此基于 PC 终端的电竞游戏也具有很高的稳定性，只要电脑及游戏设备的配置达到要求，很少需要考虑到终端设备和游戏的问题。电脑可以通过网线用物理方式连接比赛网络，网络波动相对较小。电脑终端游戏的画面质量高，游戏模型的精度也比较高，可以进行高质量的制作。PC 电竞的游戏 OB 基于电脑操作，效率比较高。

PC 电竞赛事需要注意的是电脑不易于挪动，如果赛事的赛程比较密集，可能会有多名职业选手短时间内使用同一台电脑的情况。选手使用的键盘、鼠标等设备以及游戏中的操作设置需要重新调整，可能会导致赛事延迟。目前通用的解决方案是针对每一名选手将游戏和游戏中的设置保存在移动硬盘中，新选手上场更换移动硬盘即可开始比赛。

13.1.2　移动电竞赛事制作与转播的特点

移动电竞是新兴的电子竞技赛事品类，与 PC 电竞有着明显不同的特点。举办移动电竞赛事需要注意的是移动设备电池的电量和设备的发热量。在举办移动电竞赛事之前一定要对赛事使用的手机或移动设备进行压力测试，以免在比赛中出现问题。移动电竞赛事的设备通过移动网络连接到比赛网络中，而移动网络容易受到现场其他信号的干扰，有时可能不稳定。举办移动电竞赛事一定要高度重视网络延迟的风险，多备用几套比赛网络，随时进行切换。移动电竞游戏因为移动终端的限制，画面的分辨率相对较低，将小屏幕的画面投放到大屏幕上可能存在显示问题。同时，为了提升游戏的效率，移动电竞模型的精度相对较低，如果需要进行高质量的制作，可能要重新制作模型。在移动设备上，进行游戏 OB 操作需要 OB 人员做更多的训练和准备，才能达到很好的效果。有些移动电竞产品也会针对电竞赛事转播提供 PC 端的游戏 OB 功能。

移动电竞赛事的优势是移动设备更换方便，选手可以携带设备上场，也可以随时调换游戏比赛的设备。移动电竞比赛的便捷度很高。

13.1.3　主机与其他终端电竞赛事制作与转播的特点

主机与其他终端电竞赛事制作与转播的重点仍然是如何获取游戏画面和游戏 OB 画面，并输入赛事制作与转播系统。不同的游戏终端采用的方式可能不同，但技术方案比较类似。另外，还要注重这些终端游戏的画面质量与制作转播系统的兼容性，以及游戏 OB 的操作复杂度。

网络保障也是所有终端游戏电竞赛事转播的重点，根据不同终端的特点制定不同的解决方案，确保赛事网络信号通畅，网络延时比较低。

13.2　MOBA类赛事的制作与转播

13.2.1　MOBA 类赛事制作与转播的特点

MOBA（Multiplayer Online Battle Arena）游戏是多人在线战术竞技游戏的简称。这

类游戏的玩法是，玩家分为两队，分散在游戏地图中互相竞争，在游戏过程中，每位玩家控制一个游戏角色，通过击倒小兵、野怪和其他游戏角色获得游戏货币，并用游戏货币购买装备，进行升级，游戏胜利的条件是摧毁对方队伍的基地。

MOBA 类赛事制作与转播的特点主要有三个：英雄阵容组合多样；对战术配合和游戏理解要求高；比赛各类信息丰富。

（1）英雄阵容组合多样。

在一款 MOBA 类游戏中，可供玩家选择的英雄通常有几十个，《DOTA2》《英雄联盟》《王者荣耀》中的英雄数量甚至达到了一百多个。英雄数量越多，能够产生的阵容组合也越多，将属性不同、特点不同的英雄组合起来进行游戏，多样化的英雄配合、装备选择和战术战略，使得 MOBA 类赛事具有了极高的观赏性。

英雄阵容组合多样化，能够给瞬息万变的比赛带来无限可能，选手出其不意的精彩操作、选手之间天衣无缝的配合，使赛事中情况多变，也使赛事结果变得更加不可预测。

因此，赛事制作与转播 MOBA 类赛事时，要能够把多样化英雄阵容带来的精彩赛事全面立体地展示给观众，向观众说明不同阵容组合在比赛中产生了怎样的影响，对比赛战局有着怎样的影响。

（2）对战术配合和游戏理解要求高。

MOBA 类赛事中，选手之间的战术配合、战术策略，需要具备比较高的游戏水平才能够理解透彻，对于大部分观众来说，只看比赛画面的话，可能无法全面领略赛事的精彩之处。如何将高水平的战术战略以通俗易懂的方式传递给观众，是 MOBA 类赛事制作与转播中的一个重点。

为了让观众能够领略选手精妙的操作、高水平的战术战略，在制作与转播该类赛事时，要通过妙趣横生的赛事解说向观众说明赛场情况，通过展示各类比赛信息让观众对局势有大致的判断，通过适当的画面选切向观众传递出选手状况、赛场氛围，让观众能够全方位地理解赛事。

（3）比赛各类信息丰富。

在制作与转播 MOBA 类赛事时，需要展示的比赛各类信息非常丰富。在英雄选择阶段，需要展示 B/P 信息，即双方战队的英雄选择、英雄禁用情况。正式进入比赛后，需要展示的信息包括战队名称、选手 ID 及使用英雄、选手英雄等级、战队经济、战队英雄击杀数量、战队推塔数量、战队大型野怪击杀数量、选手装备情况、双方战队经济曲线等。

除了本场赛事的相关信息外，还需要展示历史赛事信息，例如两支战队的交手次数、某位选手使用某个英雄的胜率、某个战队的“一血”率等。通过展示历史赛事信息，观众能够对战队和选手的情况有更深入的了解，对本场赛事的局势判断也有一定的帮助。

多样化地展示比赛相关信息，不仅能够让观众全面地了解赛事，也能够大大增加赛事的趣味性，例如，在赛事中使用 AI 对双方战队的胜率进行预测。

13.2.2 MOBA 类赛事制作与转播的案例分析

在 MOBA 类赛事中，影响较大的三项赛事分别是《DOTA2》赛事、《英雄联盟》赛事、《王者荣耀》赛事，本节将以这三项赛事的转播为案例，浅析 MOBA 类赛事制作与转播的特点。

1. 《DOTA2》赛事

在 MOBA 类赛事的制作与转播中，B/P 阶段一直是比较难以精彩呈现的画面。在 DOTA2 赛事中制作与转播当中，B/P 阶段的赛事呈现，往往是仅展示英雄 B/P 情况，如图 13-1 所示。

图 13-1　DOTA2 赛事中的 B/P 阶段

2016 年，DOTA2 国际邀请赛 TI6 在美国西雅图举办。在这次比赛中，赛事转播方首次在电子竞技领域应用了 AR 技术，在 B/P 阶段，职业选手选择的英雄，通过 AR 技术呈现在舞台上。游戏中的英雄一字排开，站在现实的舞台上，栩栩如生，虚拟世界与现实世界完美交融，给观众以震撼的体验，如图 13-2 所示。

图 13-2　AR 技术在 TI6 B/P 阶段的应用

AR 技术在 B/P 阶段的应用，使得观众能够在一个全景画面内，看到选手、游戏内英雄同时出现在舞台上，虚拟与现实实现了完美交融，大大提升了赛事的观赏性和趣味性。

2. 《英雄联盟》赛事

《英雄联盟》的延迟 OB 功能，使得《英雄联盟》赛事对战局的转播更加精准，极大地提升了赛事的观赏性。

延迟 OB 是指在比赛进行时，当赛场上发生了精彩的击杀、团战等事件时，游戏 OB 可使用《英雄联盟》游戏内的延迟 OB 功能，回到事件发生之前的时间节点，找好观察角度，全方位捕捉到精彩画面。延迟 OB 功能的存在，确保了游戏 OB 不会漏掉任何一个精彩画面，OB 不但能够捕捉到赛场上所有的精彩场景，并且还能从中精选出最佳画面，在观察角度和画面呈现方面做出合适的调整，赛事的观赏性因此而大大提升了。

在大多数电子竞技赛事的转播中，游戏 OB 是依靠丰富的经验和对游戏深厚的理解来进行赛事 OB 的，他们能够预测到可能发生精彩事件的位置和时间节点，提前做好准备进行 OB。但是电子竞技赛场是瞬息万变的，不管游戏 OB 有多么丰富的经验，也不可能保证观察到所有精彩画面，不漏掉一个精彩事件，尤其是当 OB 数量有限时。最精彩的画面没有转播出来，这往往会令观众感到遗憾和懊恼，也会影响赛事的观赏性。

延迟 OB 功能的出现，正是为了弥补这一遗憾。在进行《英雄联盟》赛事转播时，游戏 OB 将不会错过任何一个精彩镜头，呈现在观众眼前的画面永远是最精彩、最震撼的画面。

3. 《王者荣耀》赛事

《王者荣耀》赛事的制作与转播，引入了图片识别技术，在 B/P 界面重构和赛事装备动态变化展示方面取得了很好的转播效果。

（1）《王者荣耀》赛事 B/P 界面重构。

在王者荣耀等 MOBA 类游戏中，都会有双方队伍根据策略开展的禁止和选择英雄环节（BAN/PICK），简称 B/P 环节。在这个环节中，队伍禁止对方选择优势英雄，自己针对性选择克制英雄，是此类型电竞比赛中的精彩环节。阵容的选择和英雄的克制代表着双方对于英雄的理解和新奇战术的开发，往往引发观众很多的想象。

在电竞行业发展早期，这个环节通常的处理方式是利用游戏本身的界面显示出选手的 B/P 情况。这种做法虽然可以直接反映出选手的选择情况，但是艺术展现方式完全受限于游戏界面的精美程度和分辨率。为了取得更好的展现画面，一些导演希望能够自己重新制作游戏的 B/P 画面，获得更加有艺术表现力和信息传达能力的画面，不再受制于游戏画面的束缚。导演和研发人员采用诸如 H5 之类的程序研发新的 B/P 画面实现了这项功能。操作人员根据选手的选择情况，在程序界面中选择对应的英雄。这种做法虽然可以实现想达到的效果，但是实时性交差，操作工作量比较烦琐。在上百个英雄中快速选择到正确的英雄容易出错，且需要反复确认。

在《王者荣耀》的比赛转播中用图像识别技术可以解决这个操作难题。通过图像识别适时分析游戏内选手的英雄选择情况，获取选手 ID、选择的英雄和召唤师技能的信息，之后将这些信息传递给 H5 程序生成所要展示的界面。应用图片识别技术使操作大为简便，降低了错误率。在 B/P 环节的最后，通常需要展示选手的分路信息、英雄和召唤师技能的选择情况，需要将 10 名选手信息、10 个选择英雄、10 个召唤师技能做对应，如果采用原有广电技术在字幕机上选择对应或者其他人工选择的方式，很难在短时间内实现。图像识别的应用示意图如图 13-3 所示。

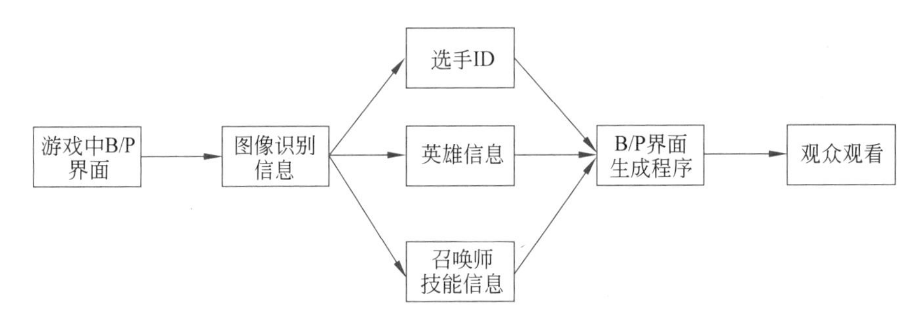

图 13-3　图像识别在《王者荣耀》赛事 B/P 环节的应用

（2）《王者荣耀》赛事装备的动态变化。

在《王者荣耀》游戏比赛中，英雄在游戏的进程中不断获得经济，经济高的英雄可以购买游戏装备来增强自身的各种属性，从而获得战斗优势并赢得比赛。同时游戏装备的选择也反映出游戏选手对于英雄使用的理解，主要装备的购买也是影响游戏战局的重要因素，装备购买速度所反映出的游戏经济获得效率也是衡量队伍和选手水平的重要依据。

在转播的过程中，游戏装备的呈现是重要的工作内容。通过人工的方式可以记录选手选取游戏装备的变化以及主要装备的成型时间。但这种方式需要的人力投入过大，性价比不高。而且在游戏比赛的后期，很多选手会根据局势的变化频繁地卖出和购买装备。例如，在《王者荣耀》的比赛中，职业选手能够在瞬间完成道具的卖出和购买（例如，“名刀”切换“复活甲”），来获得额外的生存机会。选手的瞬间操作，工作人员在赛事转播中很难判断。

图像识别在这个问题的处理上具有明显的优势。可以增加一个游戏 OB 视角，实时动态地识别选手装备的变化，并且将装备的变化和装备成型的时间记录下来。即使是选手瞬间的高难度装备切换，图像识别技术也能够从容应对。这些数据的展示可以更好地让观众了解比赛的进程以及选手的思路和打法。通过装备对比也能够清晰地判断选手的水平和队伍的优劣势，这些装备的数据也可以帮助赛事解说更好地解说比赛。

13.3 FPS类赛事的制作与转播

13.3.1 FPS 类赛事制作与转播的特点

FPS（First-Person Shooting Game）是第一人称射击游戏的简称，在游戏过程中，玩家以自己的主观视角进行游戏。图 13-4 和图 13-5 分别展示了第一人称视角游戏和第三人称视角游戏。

图 13-4　第一人称视角游戏

图 13-5　第三人称视角游戏

在许多游戏中，玩家游玩时是第三人称视角，操纵屏幕中的虚拟人物进行游戏。在

FPS 游戏中，玩家可以身临其境地体验游戏带来的视觉冲击，游戏的真实感大幅度增强。FPS 游戏发展初期，主要的亮点在于屏幕光线的刺激和快捷的游戏节奏。近年来，随着计算机软硬件技术和网络技术的发展，FPS 游戏也在不断地推陈出新，有了更加丰富的剧情、更加精美的画面、更加生动的音效以及更加流畅的操作体验。

FPS 类赛事制作与转播的主要特点是比赛击杀节奏快以及游戏 OB 视角选取难度高。

（1）比赛击杀节奏快。

FPS 类赛事中，比赛击杀节奏非常快。在比赛中，双方队伍的交锋以一方队员击杀另一方队员为主要形式，击杀数量能够体现选手的个人实力。选手们不同形式的精彩击杀动作是赛事观众津津乐道的名场面，也是赛事最精彩刺激的一部分。除此之外，在快节奏的对战中，还应当为观众展现选手之间的默契配合、战术战略，如果只是展示精彩的击杀镜头，整个赛事就会变成精彩集锦。

在转播 FPS 类赛事时，如何抽丝剥茧般地从密集的交战与击杀中提炼出故事线索，展现出双方战队的战略战术，呈现出一场具有故事性和趣味性的电竞赛事，是转播的重点之一。

（2）游戏 OB 视角选取难度高。

FPS 类赛事制作与转播的一个难点是，游戏 OB 视角选取难度比较高。由于游戏是第一视角，所以在展示地图全貌、场景全貌和人物关系之间尚有一定的局限性，无论游戏 OB 选取哪位选手的视角进行观战，都无法看到整个赛场的全景。如果游戏 OB 刚好停留在选手 A 视角时，选手 B、选手 C 那里发生了极为激烈精彩的战斗，视角没有及时切换的话，就会错过一些精彩的镜头。因此，游戏 OB 必须对游戏有着深刻的理解，对赛事进程和选手操作习惯十分熟悉，对比赛中可能发生的事件有一定的预判能力，才能灵活地在多个视角中进行切换，尽可能为观众展现出全面而生动的赛事。

13.3.2 FPS 类赛事制作与转播的案例分析

1.《CS:GO》赛事

在游戏中，HUD 是指在屏幕上显示游戏的相关信息，让玩家可以随时了解那些最重要、最直接相关的内容，例如武器耐久度、游戏角色血量条、法术能量条等都属于 HUD。在《CS:GO》中，HUD 是游戏内雷达、准星、HP 护甲、武器图标、聊天框等界面显示的简称，如图 13-6 所示，中间的地图及其他信息即 HUD，玩家可以通过控制台将 HUD 显示或隐藏。

《CS:GO》中的 HUD 具有一定的开放性，在观战时，观战者可以通过自己的设置和编辑，制作出不同风格的观战界面，这也为《CS:GO》赛事转播与制作提供了很大的便利。赛事转播者不断地推陈出新，制作出不同风格的观战 HUD 界面，大大提升了赛事 UI 的美观度以及赛事的观赏性。

图 13-6 《CS:GO》中的 HUD

《CS:GO》客户端自带的 HUD 界面在设计上较显古板，在信息显示上也有一定的不足，因此，许多赛事主办方都选择舍弃掉《CS:GO》原本的一套 HUD 界面，转而使用自己设计的一些比较特别的观战 HUD 界面。优秀的《CS:GO》观战 HUD 界面能够给观众展示足够多的信息，大幅度提升观众的观赛体验。图 13-7 所示的 HUD 观战界面，就是一套设计比较古板的 HUD，信息展示得也不足。而图 13-8 则是一套改良后的 HUD 观战界面，不仅 UI 的设计风格和色彩有了明显的提升，视觉效果非常出色，在信息展示方面也更加丰富，仅在选手个人信息方面，就展示了选手摄像头画面、选手 ID、武器信息、数据信息等多项信息。

图 13-7 《CS:GO》观战 HUD 界面

图 13-8　改良版《CS:GO》观战 HUD 界面

《CS:GO》PGL Major 赛事一直在尝试研发观战 HUD，不断提升观众的观赛体验。2015 年 PGL Major 首次应用了名为“Arena Effects”的场外动画效果，这个动画效果会为现场玩家直观地反馈出选手当前状态，被烧、被击中、被闪等情况都会展现在现场屏幕上，同时随着 C4 倒计时越来越近，赛场内灯光闪动频率也会加快。在 Major 上成功应用了 Arena Effects 后，PGL 逐渐产生了制作定制 HUD 的想法，在研发制作了两个版本的观战 HUD 后，PGL 终于意识到现有的 HUD 不再是一种限制因素，它完全可以被重新制作成一种很棒的东西，随后 PGL 便开始紧张制作起了《CS:GO》的新观战 HUD，在制作时也定下了几条原则：①新 HUD 必须至少拥有和老 HUD 相同的显示信息；②外观尽可能和原版相同，不要将原有的模块移动到其他位置；③如果不得不将某一模块移开，那么一定要有移开它的充分理由；④画中画屏幕尽可能不要遮挡屏幕已显示的信息。在经过了几个月的循环调试与修改后，最终版的自适应信号 HUD 界面——ABH（Adaptable Broadcast HUD）终于诞生了，如图 13-9 所示。

图 13-9　自适应信号 HUD 示意图

在 HUD 的制作中，除了设计一个能体现 PGL 特色与《CS:GO》选手个人数据的 HUD 布局外，ABH 的另一个目标是为了将转播屏幕的“活动空间”最大化，这个空间即展示选手个人视角的活动区域。为了达到这一点，PGL 以准星为焦点，逐渐开始向边缘开辟空间，如图 13-10 所示：将队伍信息模块移动至角落；将当前观看选手的个人信息全部合并至屏幕中央区域（血量、护甲、弹药、工具钳等）；将选手照片移动至当前手持武器的上方，这样可以有效避免在选手开镜时影响观众的观看体验。

综上所述，ABH 便可以被分为 5 个主要信息模块：比赛信息（队名、图标、比分等）、雷达、击杀反馈、队伍信息、当前被观看选手信息。在基础模块定制完成后，PGL 便开始慢慢地调整与修正。例如，在队伍信息模块里，原 HUD 里的选手头像被取消，而选手个人经济、团队经济、IGL 指示和选手状态（受道具影响的状态）等信息则被加入到该模块中，这样也就意味着现场观众可以随时了解是否有人“被闪”、“被烟”或“被火烧”等情况。HUD 的可适应部分意味着主办方可以自行进行调整、添加或删除屏幕上的任何元素，在这方面 ABH 有着足够的灵活性。

图 13-10　ABH HUD 活动空间示意图

PGL 在观战 HUD 上做出开拓性的研发后，ESL 也紧接着研发出新的 HUD，应用于 EPL、IEM 和 ESL ONE 等赛事中，不断提升观赛体验，如图 13-11 所示。

图 13-11　ESL 研发的 HUD

该界面和 PGL 的那款在设计理念上都是差不多的，个人信息、比赛信息等板块均采用半透明设计，雷达相比原版也刻意作出了简化，同时添加了 C4 爆炸的进度条效果和选手状态效果，总体来说看上去略显清爽。

随着主办方对赛事制作的精益求精，在未来我们必将看到更多有创新性的 HUD 出现。

2.《守望先锋》赛事

《守望先锋》赛事转播的难点在于如何把握好空间感，将发生在广阔场景中的团队配合与双方交锋，以最精彩的方式呈现出来。

守望先锋有着丰富的故事背景，作为第一人称射击游戏，游戏内还加入了英雄的概念，同时也为英雄量身定做了道具系统。守望先锋并不像传统的 FPS 游戏一样可以自由使用装备，每个英雄的装备都是量身定制并且不可更改。每个英雄都有自己特有的皮肤、语音、动作、姿势、喷漆、舞蹈表情和特写。

《守望先锋》的游戏地图做得十分精致，3D 空间内的各类建筑物和风景本身就具有很高的观赏性，仅仅展示第一视角的画面，是无法展现赛事的精彩之处的。英雄们在广阔的空间中迅速移动、互相配合、进行战斗的场景，以全景画面展现的话，将会呈现出与动作电影媲美的震撼效果，如图 13-12 所示。

图 13-12 《守望先锋》赛事

因此，在转播《守望先锋》赛事时，游戏导播和游戏 OB 不仅要对游戏有深入的了解，也要具有一定的艺术审美，通过镜头拉近拉远、不同景别的画面切换，将赛场上激烈的战斗艺术性地呈现出来。除了告诉观众赛场上发生的故事外，还要以独特的视听语言将属于守望先锋赛事的魅力传达给观众。

3. 《穿越火线》赛事

《穿越火线》赛事的特点是每一场对局时间较短，赛事节奏比较快，一场对局中的高光时刻往往集中在短暂的几秒中，一不小心就有可能错过最精彩的画面。因此，在转播穿越火线赛事时，OB 的合理分工非常重要，地图上的重点位置，每位选手都有游戏 OB 全程追踪，要确保当两支战队的激烈战斗在短时间内爆发时，精彩的画面能够被及时捕捉到并呈现在观众眼前。

如图 13-13 所示，《穿越火线》赛事中，每场对局的时间大概在两分钟左右，大部分的时间里，是两支战队机敏地前进、推进任务的画面。一旦双方队伍发生正面碰撞，击杀与被击杀都在转瞬之间，如果当时的 OB 视角没能放在事件选手的身上，精彩的镜头就会被遗漏，再切换视角过去也已经来不及了。

因此，在转播《穿越火线》赛事时，OB 团队会针对不同的游戏模式、不同的游戏地图制定相应的 OB 策略，各 OB 之间做好分工、通力配合，确保地图上的每个重点位置、每位选手都有 OB 负责。游戏 OB 在自己负责的选手和重点位置上，频繁地切换视角进行观察，在分工合理且配合得当的情况下，大部分的精彩画面都能够被捕捉到，短时间内的激烈交锋也能够完美地呈现在观众眼前。

图 13-13 《穿越火线》赛事

4. 《使命召唤手游》赛事

《使命召唤手游》赛事也是比赛节奏较快的一类赛事，为了确保不错过任何一个精彩画面，《使命召唤手游》大师赛的转播团队 VSPO 设计了一套模拟延迟 OB 系统的先知系统，应用于转播设备中。

在 13.2 节中提及《英雄联盟》延迟 OB 功能在转播中的应用，延迟 OB 能够确保转播团队抓取比赛中所有的精彩画面。《英雄联盟》游戏中内置有延迟 OB 功能，可以在转播时直接使用。《使命召唤手游》游戏内没有延迟 OB 功能，转播团队运用转播设备，设计出了一套模拟延迟 OB 功能的先知系统，利用先知系统抓取所有的精彩画面，将经过筛选的、最精彩的画面呈现给观众。

先知系统的原理是，在比赛进行时，对每位选手视角的画面都进行全程录制，赛场上发生的所有精彩事件都会被录下来。赛事转播时，播出的画面并不是选手们比赛的实时画面，出于安全性和公平性的考虑，赛事播出画面是有延迟的，正因为如此，先知系统才有了发挥的空间。当比赛中的精彩事件发生后，游戏 OB 将已经录制下来的精彩画面选取到赛事直播流当中进行播出。通过这样的方法，先知系统对延迟 OB 功能进行了模拟，将赛场上的精彩画面全部捕捉到，并呈现在观众眼前。

13.4 战术竞技类赛事的制作与转播

13.4.1 战术竞技类赛事制作与转播的特点

战术竞技类游戏是射击类游戏的一种，是战术竞技型射击类沙盒游戏。在这类游戏中，玩家需要在游戏地图上收集各种资源，并在不断缩小的安全区域内与其他玩家展开对抗，让自己生存到最后。游戏内一般有多张地图供玩家选择，不同的玩家跳伞降落至地图的各个角落，在赤手空拳的状态下寻找武器、车辆、医药包等物资，在多样化的地形中与其他玩家展开战斗。随着安全区域的不断缩小，玩家们之间的距离会不断拉近，战斗也会越加激烈。

战术竞技类游戏赛事制作与转播的两大特点是：地图大、战队多、游戏视角多；多点同时爆发交战。

1. 地图大、战队多、游戏视角多

战术竞技类游戏的地图非常大，一局比赛同时有十几支战队、几十名选手参与比赛。这样的特点对赛事转播提出了挑战。几十名选手分布于地图的不同位置，赛事转播者无法预知每位选手会搜集到怎样的物资，在游戏初期会遇到怎样的状况。实力强劲、被寄予厚望的战队有可能在游戏开局降落到物资贫乏的地方，在寻找物资的过程中被其他已经完成物资搜集、装备完善的战队击败。综合实力较弱的战队，也有可能通过果断执行优秀的战略计划，击败众多强队，在比赛中留存到最后。

由于地图大、战队和游戏视角数量多，比赛局势更加变幻莫测，这使得赛事的精彩性大大提高，但是对赛事转播来说却是一个很大的挑战。在赛事转播过程中，游戏 OB 的精力有限，无法兼顾每一个选手的视角，有可能会漏掉某位选手的精彩操作或者某位选手被击倒的过程。

游戏 OB 和游戏导播必须凭借着对游戏的深刻理解，以及对战队和选手的深入了解，在 OB 时有所取舍，尽量不错过比赛中的精彩画面，全方位地将比赛呈现在观众眼前。

2. 多点同时爆发交战

战术竞技类比赛中，十几支战队同时参与比赛，多个地点同时爆发交战的情况十分常见。

当多点同时爆发交战时，赛事转播的难点在于，游戏 OB 能否捕捉到全部的战斗场面，以及要给观众展现哪一个点的交战。要从同时爆发的多个战斗场面中，找出对整个比赛局势影响重大，或者能够体现战队精妙战术、选手高超操作的战斗，将其呈现出来，并不是一件容易的事。这要求游戏 OB 和游戏导播对游戏有着高超的理解，对于赛场上发生的事件将会怎样影响比赛局势，有着不亚于职业选手的清晰认知与判断，对于某项游戏操作的难度和技巧比较熟悉。只有这样，游戏导播和游戏 OB 才能够从众多的战斗场景中，梳理出赛事进程的主脉络，将一场具有故事感和激烈冲突的比赛，完整而立体地呈现出来，多层次地展现赛事的精彩性与复杂性。

13.4.2 战术竞技类赛事制作与转播的案例分析

1. 《PUBG》赛事

《PUBG》是最早风靡全球的一款战术竞技类游戏，作为一个新的赛事品类，《PUBG》

赛事的转播对主办方来说具有很大的挑战性。经过不断地探索和总结，赛事制作团队逐渐摸索出了适合于该类赛事的 OB 经验与方法。

游戏 OB 需要抓取赛事中的精彩镜头，确保观众及时看到最想看到的信息。其中，对赛事精彩环节预判和视角的快速切换，是对一名职业 OB 的基本要求。目前主流的电竞比赛中，卡牌类比赛项目，例如《皇室战争》等，直转播难度最低；中等难度的，是 MOBA 类游戏，固定有 10 名选手参与，一般会配 2 至 3 名 OB；直转播最难的，则是以《PUBG》为代表的战术竞技类游戏，因为比赛地图大、游戏视角多、经常多点同时爆发交战，这使得游戏 OB 及时捕捉精彩镜头的难度大幅度提升。

2019 年于澳门举办的《PUBG》亚洲邀请赛中，赛事承办方 VSPO 在 3 个月前就开始了包括比赛场地的设计、特效节目的表演、灯光舞美配置以及直播推流等准备工作。团队奔赴澳门时携带 400 多箱机器设备；比赛日执行和当地配合执行的团队就有 500 人规模，共出动 18 个机位；最重要的 OB 环节，更是单独设有一个 50 人的执行团队。

赛事的直转播中针对每位参赛选手设置了单独的机位，用于交代背景或者印证某种逻辑关系，丰富画面信息。电竞赛事中还会间插一些小视频，比如赛前两队的隔空喊话等引子性的内容，来增强叙事的故事性。与传统体育一样，电竞赛事力求画面叙事的连贯性。

2.《和平精英》赛事

在《和平精英》职业联赛 PEL 的转播与制作中，赛事制作团队 VSPO 为《和平精英》设计了专属 OB 脚本，OB 团队从 9 人扩张到 26 人，能精准捕捉庞大赛场上的所有精彩场景，主要通过自由视角和第一视角的 OB 方式给观众带来最全面的观赛体验。

这套脚本的基本逻辑是：在比赛前期，主要以自由视角的画面介绍队伍的降落地点，关注装备搜集情况及转移路线，第一视角则负责抓取前期战队的小摩擦及“扫车”。到了比赛中后期，会先以自由视角的方式来方便观众看清楚双方队伍的站位、投掷物的使用，第一视角则提供最精彩的淘汰画面。这样由远及近、从宏观到微观的视角变换，其实和电影中的蒙太奇手法有异曲同工之处。

传统 FPS 类和 MOBA 类游戏项目都是单一的两支队伍的对抗，OB 只需要关注 10 个玩家的动态及状态，来预判抓取精彩画面，而 PEL 每场比赛都有 60 名选手同场竞技，OB 团队需要关注更多的战场信息，把一场 60 人的比赛清晰而明朗地编织成故事线交代给观众，因此 OB 团队打破了原有的传统 OB 模式，进行摸索创新。

为了更好地将 PEL 的赛场信息精确描述，VSPO 的 OB 团队从原有的 9 人逐渐扩张至现在 26 人的“高配”规格，并且定期会举行培训，以提高 OB 人员对游戏的理解：对 OB 人员的培训采用和培养职业选手相似的思维。也就是说，观看比赛的这些 OB 人员，都是“盯梢”专家，甚至还能做出准确度较高的预判，能通过队伍的一些行为预先判断接下来的战场走向，以便做好随时切换 OB 视角，帮观众第一时间发现精彩画面。

和解说一样，OB 人员也要熟知每个战队的打法，甚至为目前 PEL 全部战队都制作专属脚本，并收集了解观众观看体验，进行 OB 自己的复盘，不断优化 OB 流程，带给观众酣畅淋漓的视觉享受。

2017 年战术竞技类项目刚出现时，整个电竞赛事制作行业都感到很陌生，赛事制作团队需要多少人、如何分工、怎样才能尽可能完整表现比赛内容的同时又做到简洁流畅，都有待解决。VSPO 导播团队设计出了一套他们认为最适合《和平精英》类游戏的 OB 体系，整个体系目前由三个 OB 模块构成。

主视角直播间的导播团队最大，共有 11 名成员，内部分为导播、导播助理、第一视角 OB 员、自由视角 OB 员、地图视角 OB 员以及 OB 导演等工种，导播会协调评论系、解说席、各个 OB 视角镜头调度，而各个视角的 OB 员则要全神贯注盯着赛场画面，必须及时给出关键画面的镜头。

PEL 为战队开设的线上主场也都有独立的导播团队，每天的比赛会有 3 支线上主场队伍，也就意味着需要配置 3 个独立的导播团队。每支主场战队会配备 1 名导播和 2 名自由视角 OB 员，此外还有 4 台电脑单挂当前主场战队的第一视角，方便导播及时切到淘汰画面。

在主视角和战队线上主场团队之外，还有 4 名战术回放 OB 员，作为最后一道“保险”，确保整个团队没有遗漏精彩画面。

传统体育内容制作时的镜头机位与信号路数是固定的，而在 PEL 的多个导播团队、多工种的配合下，各个机位的移动与运镜可以根据当前队伍的打法及战局进行灵活调整。当多战场同时爆发时，导播团队会在主战场画面的右下方开辟一块第二战场的小窗，实现画面的同时输出。

而战术回放团队，则分担了游戏内战术讨论及转移的画面输出，配合自由视角接入队伍语音，使观众全方位了解队伍的战术分配，在赛后复盘的环节中配合队伍语音，呈现出完整的决赛圈画面。

交叉、多角度立体呈现，是目前 PEL 赛事直播的特点，也正是在这群像黑客一样盯着无数块屏幕的幕后导播团队的努力下，PEL 瞬息万变的赛场信息可以深入浅出地展现在观众面前，降低了观赛门槛。

13.5 RTS类赛事的制作与转播

13.5.1 RTS 类赛事制作与转播的特点

RTS（Real-Time Strategy Game）是即时战略游戏的简称，属于战略游戏的一种。RTS 游戏是即时进行的，而不是策略游戏多见的回合制。在 RTS 游戏中，玩家经常会扮演将军一类的角色，进行调兵遣将这种宏观操作。

RTS 游戏进行时，经常进行的宏观操作包括：①利用工兵 / 农民来建设基地；②利用工兵 / 农民或者专用的单位，甚至建筑物来采集资源；③用采集到的资源来建造基地、生产单位、研发科技；④侦察、寻找更多的资源，以保证建设能持续进行；⑤摧毁、消灭敌人。

RTS 游戏一般以摧毁敌人作为任务目标以及游戏结束的方式，在不同的 RTS 游戏中，游戏结束的方式包括：①摧毁所有敌方单位和建筑物；②摧毁所有敌方建筑物；③摧毁所有敌方关键建筑物，若敌人无法在指定时间内重建则游戏结束；④先于敌人完成特殊的任务；⑤驻守某块领地一定时间获得胜利；⑥最终杀死敌方领导人或关键建筑获胜。

RTS 类赛事制作与转播的特点是：玩家控制单位多，决定胜局要素多；多线操作同时进行。

（1）玩家控制单位多，决定胜局要素多。

在 RTS 游戏中，玩家需要控制的单位非常多，单位的类别包括兵种 / 部队单位、建筑单位、资源单位等。不同的单位对于游戏结果都有一定程度的影响，决定胜局的要素非常多。

以经典 RTS 游戏《星际争霸》为例。在《星际争霸》中共有三个种族，分别是人族、虫族和神族，玩家在进行游戏时选择其中一个种族与其他人进行对抗。

每个种族需要操作的部队单位都有十几种。人族的部队单位包括工程兵、机枪兵、火焰兵、幽灵、秃鹰、机甲、攻城坦克、幽灵战机、科学飞船、运输机、瓦格雷、战列舰；虫族的部队单位包括 Drone、迅猛兽、刺蛇、王虫、潜伏者、飞龙、Scourge、虫后、自爆人、卵虫、守护者、吞噬者、雷兽、Defiler；神族的部队单位包括狂热者、龙骑士、光明圣堂武士、执政官、黑暗圣堂武士、黑暗执政官、掠夺者、观察者、侦察机、运输机、航空母舰、海盗船、仲裁者。

每个种族需要操作的建筑单位也有十几种，人族的建筑单位包括指挥中心、兵营、坦克工厂、飞机场、科学站、碉堡、供给站、工程湾、兵工厂、导弹发射台；虫族需要操作的建筑单位包括孵化场、殖体、潜隐菌落、孢子菌落、航道、进化腔、刺蛇巢、飞龙塔、皇后巢穴、蝎巢、雷兽巢穴；神族需要操作的建筑单位包括主控中心、能量针、兵营、机械工厂、星际之门、黄昏会议、圣堂武士议会、机械支持体、仲裁神殿、控制核、机群塔、炼炉、天文台、盔甲电池、光子炮塔。

每个种族需要操作的资源单位比较少，只有矿石和瓦斯两种资源单位。

综上所述，一名选手在《星际争霸》中需要操作的单位多达几十种，这意味着选手的手部动作必须非常快，并且要具备敏捷的反应，随着战场局势的变化，灵活地调整各类单位的调度数量。

在转播 RTS 类赛事时，要能够展现出选手是如何调度几十种单位的，并且向观众阐明选手的战略意图。

（2）多线操作同时进行。

在 RTS 游戏中，选手往往是多线操作同时进行，采集资源与资源配置是同时发生的，在采集资源的同时，还要建造不同的建筑体和兵种。在一方选手的基地中，有多个建筑单位或兵种单位在同时行动，反映了选手不同的战略战术。对战过程中也可能发生多地同时开战的情况，考验选手的操作极限。

在转播与制作 RTS 类赛事时，由于游戏 OB 的观察视角有限，不可能关注到选手多线操作中的每一个操作，在众多的操作进程中，必须选取最主要的、对比赛结果影响最大的一个或几个操作进程重点关注。如果毫无章法地将选手的每一个操作依次展现给观众，不仅会大大削弱比赛的观赏性，也会让观众一头雾水，无法理解选手的战略。RTS 赛事转播的一个重点，就是要通过针对性地展示选手的操作，将选手的主要战术和战略意图反映出来，让观众在解说的讲解下能够快速理解选手的思路。

13.5.2 RTS 类赛事制作与转播的案例分析

1. 《星际争霸 2》赛事

在《星际争霸 2》赛事的转播与制作中，通过合理的赛事 HUD 设计，能够让观众及时获得足够多的信息，从而对比赛的局势以及选手的实力和状态有所判断。

图 13-14 展示了全球《星际争霸 2》联赛 GSL 的赛事 HUD。GSL 赛事 HUD 界面较为简洁，展示元素以镶边的形式分布在画面的左边缘和下边缘，大部分的画幅用于展示游戏内画面。赛事画面的左上角展示了选手正在生产的内容，实时展示选手的兵种、建筑、科技生产情况，能够反映选手的 APM，即每分钟操作的次数，包括了鼠标每次的左击、右击以及每次的键盘敲击。赛事画面左上角生产情况的下方是两名选手的摄像头画面，实时展示选手的表情和状态。赛事画面左下角展示了当前比赛对局的地图，能够宏观地展示双方选手在地图上的活动轨迹和基地状况。赛事画面下方的窄条性形数据条，分别展示了两位选手的基本信息和游戏数据，基本信息由左至右依次是对局胜利数、选手 ID 选手本名、选手种族，游戏数据由左至右分别是 SUPPLY（人口数量）、MINERALS（矿石数量）、GAS（瓦斯数量）、WORKERS（农民数量）、ARMY（部队数量），数据条中的各项数据实时变化，观众能够清楚地看到选手当前的手速及其资源的持有情况。赛事画面右下角，数据条最右边的一块矩形区域，展示的是游戏 OB 当前选中目标，图 13-14 中游戏 OB 选中的是一个补给站，观众由此可以快速得知游戏画面中展示的目标单位及其基本情况。

GSL 的赛事 HUD 简洁明了地展示了比赛中的重要数据，将选手的多线程操作和几十种资源单位的情况，以数据化的形式提纲挈领地展示出来，让观众能够迅速掌握必须的信息，感受到比赛的精彩和魅力。

图 13-14　全球《星际争霸 2》联赛 GSL

2.《魔兽争霸 3》赛事

《魔兽争霸 3》包含了大多数即时战略游戏所具备的要素——采集资源、建设基地和指挥战斗。游戏的操作方式也与《星际争霸 2》类似，秉承了《星际争霸 2》易于上手的优点，并对《星际争霸 2》中一些烦琐的操作进行了简化，需要操作的单位也比《星际争霸 2》要少一些。与《星际争霸 2》不同的是，《魔兽争霸 3》中出现了一类特殊的部队单位——英雄。英雄以外的部队单位，在游戏过程中其属性和数据是固定不变的，只有数量会发生变化，而英雄则可以进行升级、佩戴不同的装备，等级不同、属性不同、装备情况不同的英雄，其特点和属性也各有不同。这使得游戏的看点变得更加丰富，选手可以使用各种各样的策略来打造自己的英雄，在战场上发挥不同英雄的特色，做出出其不意的操作。

基于《魔兽争霸 3》游戏的特点，其赛事的转播与制作，重点在于多线操作的切换，展现选手多样化的战略战术。为了能够全面地展现选手多线程操作的切换，呈现选手的战略战术，在《魔兽争霸 3》赛事转播中，游戏 OB 必须具备十分高超的游戏水平和对游戏的领悟能力，对所有英雄、装备、技能十分熟悉，并对不同英雄之间的组合效果和英雄之间的相互克制情况了然于胸。《魔兽争霸 3》中英雄之间的战斗模式，在之后发展成为 MOBA 这种游戏类型。因此，《魔兽争霸 3》的比赛中既有着 RTS 游戏固有的特点，同时在局部地图上还含有 MOBA 类游戏中的战斗情景，这对于游戏 OB 有着极高的要求。当一名选手给某个英雄装备了某件物品时，游戏 OB 要能清楚地了解选手的意图和策略，以及该操作可能对之后的战局产生怎样的影响。图 13-15 展示了分属双方选手的几个等级不同的英雄，率领各自的小兵进行战斗的情景。

在赛事转播时，游戏 OB 要将选取地图上的重点区域以及那些对比赛对局有着重要影响的操作进行展示，并通过不断地切换镜头，观察地图上活动频繁的区域，以防遗漏重要的操作。

图 13-15　2020 年《魔兽争霸 3》黄金联赛

13.6　策略卡牌类赛事的制作与转播

13.6.1　策略卡牌类赛事制作与转播的特点

策略卡牌类游戏是一种比较考验玩家策略性的游戏类型，这类游戏的玩法以卡牌为核心，通过卡牌的使用或多张卡牌的组合来完成游戏内的目标。在不同的卡牌游戏中，卡牌的功能和卡牌使用的规则各有不同。越来越多的卡牌游戏在卡牌这种核心玩法上添加了故事背景，武侠、魔幻、动漫、三国等不同题材的卡牌类游戏，在让玩家体会到思考策略的乐趣同时，也会被有趣的故事背景吸引。

策略卡牌类赛事制作与转播的特点是转播过程相对静态以及对卡牌的解读要求高。

（1）转播过程相对静态。

策略卡牌类赛事的转播过程相对静态，这是由卡牌类游戏的特点决定的。卡牌类游戏的比赛过程中，并没有能够造成强烈视觉冲击的场面，大部分情况是选手选择并使用卡牌，双方使用卡牌造成的结果通常是某一方的血条减少。

比赛转播时，大部分时间展现的是选手选择卡牌的过程，这也是赛事最吸引人的部分。选手对于卡牌的选择、组合，反映了选手的游戏策略和思考，出其不意的卡牌使用或者卡牌组合能让观众眼前一亮。这类赛事的一大看点，就是选手经过深思熟虑后，根据赛场局势的变化，对众多的卡牌进行灵活地使用和组合。激烈的视觉冲突并不是观赏的重点，策略的选择以及其中体现的智慧，双方选手使用策略斗智斗勇的过程，成为观众津津乐道的看点。

（2）对卡牌的解读要求高。

卡牌策略类赛事是侧重于展现策略的，这也使得此类赛事有一定的观赏门槛，对于游戏规则不太了解或者对游戏本身理解不是很透彻的观众，可能无法仅通过观看赛事对局的过程就清楚地理解比赛场上发生的事件。

赛事必须能够以饶有趣味的方式呈现多种多样的策略，降低赛事的观赏门槛，让大部分观众能够理解选手的卡牌使用策略。因此，解说员必须对卡牌的作用、卡牌组合的方式以及多种多样的策略有着深入的了解，在选手选出某张卡牌或者某个卡牌组合时，能够明确地理解选手的意图和思维方式，并使用通俗易懂的语言将其分析出来，让观众能够看懂选手的每一部操作。

在赛事转播过程中，也可以通过赛事 HUD 的合理设计，展示更多与比赛相关的信息与数据，让观众能够更容易地理解策略并欣赏赛事。

13.6.2 策略卡牌类赛事制作与转播的案例分析

1.《炉石传说》赛事

《炉石传说》赛事是策略卡牌类赛事中影响力较大的一项赛事，是非常考验选手缜密思考和策略变换的项目。在转播《炉石传说》赛事时，通过精彩的赛事转播流程设计，将静态化的竞技过程变得更加动感有趣，酷炫的舞美设计、观赏度极高的灯光设计、具有美感的信息展示方式等，都能够让赛事的观赏性大幅度提升。

2018 年 10 月，由网易和暴雪主办、VSPO 承办的《炉石传说》中欧对抗赛于上海举办。VSPO 用其丰富的电竞赛事运营经验不断为观众和客户提供着创新、一流的赛事体验。本届中欧对抗赛，开幕式的灯光秀别具匠心地结合了炉石传说的游戏元素，现场舞美酷炫多彩，将位于场中央的冠军奖品——阿斯顿马丁烘托得耀眼夺目，也炒热了现场的比赛氛围，如图 13-16 所示。

为了给现场及在线观众更好的赛事体验，本届中欧对抗赛将 16 位参赛选手的大数据图文分析也一并奉上，让观众在赛前就对选手有了大致印象，如图 13-17 所示。赛事方还将游戏内的关键卡牌提示、卡组核心卡牌展示、剩余牌库等影响到比赛观赏度和结果走向的信息，做得更加醒目生动，如图 13-18 所示，通过这样的信息展示，观众对于选手每一步的思考、策略的转变以及可能造成的结果，都有了更加明确的了解，对于比赛局势的掌握更加清晰。种种细节决定了本届中欧对抗赛在精彩程度和观赏程度上都给观众留下了深刻的印象。

图 13-16　2018 年《炉石传说》中欧对抗赛冠军奖品

图 13-17　2018 年《炉石传说》中欧对抗赛对战双方信息

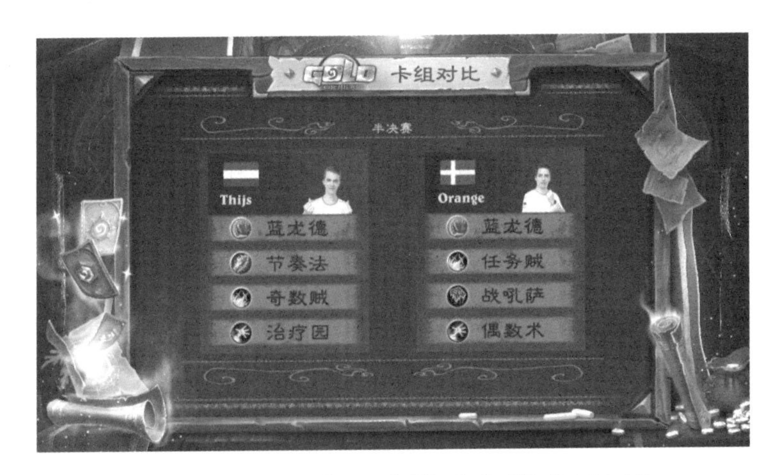

图 13-18　2018 年《炉石传说》中欧对抗赛卡组对比

2.《皇室战争》赛事

在《皇室战争》赛事转播与制作的过程中，将舞美场地环境与赛事进程融合，使卡牌的视觉效果和音效在大屏幕和音响中展现出来，能够有效地提升赛事的沉浸感、趣味性和观赏性。

与竞技过程较为静态的其他策略卡牌类赛事相比，《皇室战争》的对战过程更加具有动感。在选手选定了卡牌并使用后，代表卡牌的游戏角色会在游戏地图内进行移动，对对手的建筑物进行攻击或者施放技能与对手的游戏角色进行对战，在视觉观赏性方面更加的动感、有趣、引人注目，如图 13-19 所示。

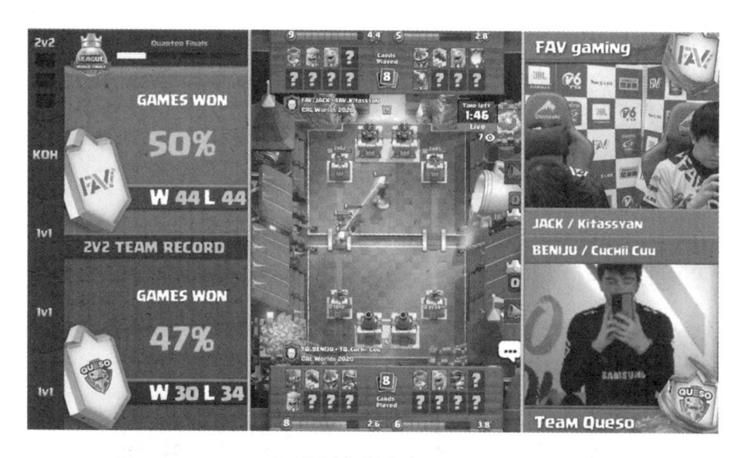

图 13-19　2020 年《皇室战争》职业联赛全球总决赛

在赛事转播过程中，可以将转播技术与游戏的这一特性结合起来，将这部分动感、有趣的效果放大，进一步提升赛事的观赏性。在 2020 年《皇室战争》职业联赛全球总决赛的赛事转播中，卡牌的效果和音效与大屏音响进行了结合，当卡牌效果被触发时，大屏、灯光和音响会随之展示相应的效果，将大屏效果、音效以及灯光的变换结合起来，能在比赛现场营造出十分动感酷炫的视听效果。图 13-20 展示的是 2020 年《皇室战争》职业联赛全球总决赛开幕式，赛事开始倒计时的场景，动感的音效、具有视觉冲击力的地屏效果

图 13-20　2020 年《皇室战争》职业联赛全球总决赛开幕式

加上精心设计的灯光节奏，瞬间引燃了观众的情绪，与赛事进行时的卡牌效果和视听 AVL 联动效果类似。

这一过程是通过将 IT 技术与广电技术进行结合来实现的，通过智能程序来同时调动灯光设备、大屏设备和音响设备。当卡牌的效果触发后，智能程序将会检测到这一效果，对应这一效果的灯光、大屏和音响效果已经提前设计好并被编写在一个按钮内，这时无须人工手动操作，智能程序会自动触发该按钮，同时调动灯光、大屏和音响，与赛事内的卡牌效果进行联动。

3. 《王者荣耀模拟战》赛事

《王者荣耀模拟战》赛事的转播过程中，利用 AR 系统生成棋盘和棋子，克服了卡牌游戏相对静态的缺点。

《王者荣耀模拟战》作为一款卡牌类电竞游戏，比赛过程中没有激烈的战斗场面，整个过程较为静态，其核心看点是卡牌的搭配组合以及其中体现的战术战略。为了提升赛事的观赏性，让比赛更具吸引力、有更多看点，赛事转播团队在转播赛事时，利用 AR 系统生成了棋盘和棋子，如图 13-21 所示，给观众以新奇的观赛体验，让原本静态的比赛过程多了一丝趣味。

图 13-21 《王者荣耀模拟战》赛事

13.7 格斗类赛事的制作与转播

13.7.1 格斗类赛事制作与转播的特点

格斗类游戏是动作游戏的一种，此类游戏的玩法一般是，玩家分为多个两个或多个阵营相互作战，使用格斗技巧使击败对手来获取胜利。格斗类游戏一般有着精巧的角色设定与招式设计，玩家通过娴熟的操作和微操作使出各种连招与特技，进行公平地对抗。一部分格斗游戏注重纯粹的拳脚比试，而在一部分格斗游戏中会使用兵器。

根据格斗游戏内游戏地图的线性或非线性，以及游戏人物的活动范围，又可以将格斗游戏分为 2D 格斗游戏、混合渲染（2.5D）格斗游戏以及 3D 格斗游戏。2D 是指游戏人物只能前后（相对于玩家是左右）运动。2.5D 有两种意义：①指虽然地图是 3D 的，但是游戏人物的活动范围只有前后（相对于玩家的左右）；②地图是线性的，但是人物却可略微横向移动。3D 指的是地图以三维形式立体空间的形式体现。

格斗类赛事制作与转播的特点是操作节奏快，连招多以及角色招数的克制与配合。

（1）操作节奏快、连招多。

格斗类赛事中，选手的操作节奏快、游戏角色的连招非常多，在很短的时间内，游戏角色能够施放许多套连招，双方选手的连招特效叠加在一起，使得赛事画面十分炫目。有时观众无法清晰地看清楚角色的每一个动作和连招，炫丽的画面过去之后，可能会一头雾水。因此，制作和转播格斗类赛事时，要能够通过不同的形式，将快速的操作节奏进行细致地拆解分析，将选手使用的多套连招以简单明了的方式传递给观众，让观众在欣赏炫丽的画面、感受到激烈的视觉冲击时，也能够迅速理解选手的精妙操作以及游戏角色的具体行动，全面立体地感受赛事的魅力。

（2）角色招数的克制与配合。

格斗类赛事的一大精彩看点是，角色之间的招数克制与配合。格斗游戏中的游戏角色数量较多，每位角色的基本招式及连招也很多，不同角色的招数能够互相克制，或者配合之后发挥出更大的威力，以实现游戏内的平衡性。基于这样的特点，在个人赛中，如何进行角色选择才能达到武力值的最大化，在团体赛中如何根据招数的克制与配合进行游戏角色搭配，选手有着丰富的选择和策略，能够利用不同的角色及招数特点，将角色最大的实力发挥出来。

在转播这类赛事时，解说人员要对游戏有着透彻的理解，对所有游戏角色的特性了如指掌，将每个游戏角色的连招熟记于心，角色与招数之间的克制与配合关系，也必须非常熟悉。唯有如此，解说人员才能够在快节奏的比赛对局中，迅速理解选手选择角色的意图，将角色特性、连招特点、双方选手角色招数的克制与配合关系及时解读出来，传递给观众，让观众更加深入地感受格斗类赛事的魅力。

13.7.2 格斗类赛事制作与转播的案例分析

《DNF》赛事

《DNF》是《地下城与勇士》的简称，是一款发行已有十几年的 2D 横版格斗网游。多年来，《DNF》赛事为了丰富赛事的看点、提升赛事的观赏性，做出了许多努力与尝试。

2017 年 10 月，由腾讯主办、VSPO 承办的《DNF》第五届职业联赛中，VSPO 根据格斗类电竞的特点，在本届赛事中融入“Fight”精神，将赛事舞台打造得极具《DNF》元素，既有街机对抗的感觉，又充满现代和未来感，如图 13-22 所示。并且投入大量先进的制作设备，提升了整体的视觉呈现效果，满足观众日益增长的赛事体验需求。

图 13-22　2017《DNF》第五届职业联赛

除职业联赛之外，VSPO 还承制与赛事配套的大型赛事栏目《职业第一人》，如图 13-23 所示，首创与赛事联动同步播出的形式，为国内电竞行业提供新的内容制作思路。《职业第一人》可以说是专为《DNF》玩家观众量身打造的一档节目。在《DNF》比赛中由于职业相互克制等原因，能够出场的职业并不多。对于更广大的弱电竞的玩家群体来说，他们可能更在乎自己所热爱的职业，因此需要一档更加直击他们内心的节目来吸引他们的关注。“我玩的职业的极限在哪里？”“谁是我应该学习的榜样？”《职业第一人》的出现解答了这些玩家的问题，通过比赛层层选拔出各个职业的第一人，是每一个《DNF》玩家都会感兴趣的话题。节目与赛事的同步播出，也让整个职业联赛与玩家观众有了更多层次的互动。

图 13-23　《职业第一人》节目画面

2019 年，由腾讯游戏主办、VSPO 承办的《DNF》2019DPL 全国挑战赛将街舞元素融入赛事，从舞美设计到场馆装饰都采用了街舞风格，如图 13-24 所示，令观众眼前一亮。游戏与舞蹈的跨界结合，体现了《DNF》赛事不断创新的精神。

图 13-24　2019DPL 全国挑战赛舞美

在赛事开幕式中，由国内知名顶级街舞舞团 Wiik Symphony 带来的《DNF》主题街舞将在开幕式上首演，如图 13-25 所示，率先引爆全场，与百万《DNF》玩家共同见证 DPL 王者的诞生。

图 13-25　2019DPL 全国挑战赛开幕式街舞表演

Wiik Symphony 舞团队长叶正 Y-Z 是国内知名街舞文化推广人，国内知名的 Locker，常受邀担任全国各地街舞赛事裁判。Wiik Symphony 团队及成员个人曾获众多业界赛事冠军。格斗类赛事文化与街舞文化的有机融合，将两种文化内共同包含的动感、潮流、酷炫等元素无限放大，营造出强烈的视觉效果与文化冲击感。观众既能够看到酷炫的舞台表演、感受街舞的魅力，又能够领略格斗游戏的魅力，对于两种文化的受众来说，这次跨界联动都是一个颇具创意的惊喜。

13.8 体育类赛事的制作与转播

13.8.1 体育类赛事制作与转播的特点

体育类游戏是模拟真实体育运动的游戏，玩家在游戏内操控游戏角色进行篮球、足球、网球、橄榄球、羽毛球等运动，模拟体育运动和赛事，在游戏内进行体育竞技活动。

（1）体育项目认知程度高，观赛门槛低。

体育类赛事的转播的一个特点是，体育项目认知程度高，观赛门槛低。

电竞赛事需要观众有一定的认知程度，不然很难看懂比赛。而观众对于体育项目的规则认知程度高，体育赛事本身的规则也易于理解。像篮球、足球、排球、赛车等运动，规则较为简单，画面感强烈，即使不知道详细规则，也能够通过观看大致了解赛场上的情况，很快进入观赛状态。这样的特点使得体育项目类赛事能够很容易吸引到不同群体的观众。

（2）模拟传统体育赛事的转播。

体育类赛事的转播的另一个特点是，模拟传统体育赛事的转播过程，尽量呈现给观众与相应的传统体育赛事同等的观赛体验。

传统体育赛事的转播，已经形成了一套转播标准和流程，能够将最精彩的画面以最合适的方式呈现在观众，既能够展示体育的魅力又能够让观众感受到动感与刺激。在进行体育类电子竞技赛事转播时，首先要了解该赛事对应的传统体育运动以及传统体育赛事的转播方式，在设计转播流程、镜头切换规则时，都可以参照传统体育赛事的转播。在模拟传统体育赛事的转播时，还要兼顾体育类游戏的虚拟属性，在呈现体育类赛事的真实与动感之余，也要充分利用电子游戏的虚拟特性，将其融入赛事转播之中，提升赛事的观赏性。

13.8.2 体育类赛事制作与转播的案例分析

1. 《FIFA Online》赛事

《FIFA Online》是模拟足球运动的网络游戏，游戏除了一般的比赛模式外，强化了球队管理系统，玩家可以直接管理自己的球队。游戏还导入了 RPG 的成长概念，使自己的球队和角色得到成长，与对手进行对战，能充分体验网络游戏的紧张感。游戏将精准的操控、深入的自定义功能和完美的足球拟真性完美地结合在一起。直观的游戏界面让玩家可以精确地控制球场上每个动作。灵活的操控则让玩家可以像世界巨星一样轻松传球、射门、颠球、过人、护球，施展高超球技。

《FIFA Online》赛事的制作与转播，在镜头与画面上要能够展示足球运动的动感、刺激与热血，同时也要结合电子竞技的虚拟特性，在赛事 HUD 和信息数据展现方面进行更多的发挥，提升观众的观赛体验。图 13-26、图 13-27 是 FIFA Online4 赛事——2021EACC 夏季赛的赛事转播画面。可以看到，图 13-26 画面的主体是足球场的全景画面，这一点与传统足球赛事转播相同；画面的左上角是战队信息、比分情况及比赛进行时间；左下角和右下角展示的是当前观察的选手信息；画面正下方展示了目前球场上的人员位置及实时移动情况，通过这一位置信息图，观众能够大致掌握场上的情况，对战队采取的战术策略有所了解；右上角展示的是选手的比赛数据，以弹窗的形式进行短时间地展示，观众可以对当前重点活动的选手有更多的了解。

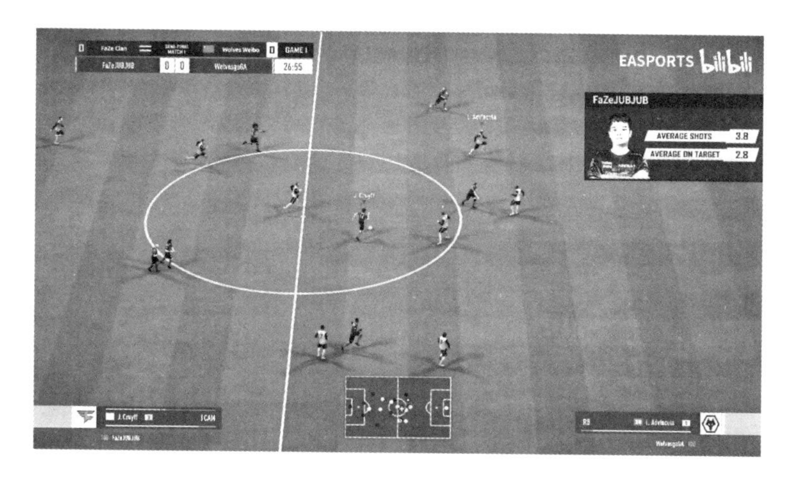

图 13-26　2021EACC 夏季赛 HUD

图 13-27　2021EACC 夏季赛分屏示意图

为了展现选手当前的状态，在适当的时候还会采用分屏的形式，同时展示游戏内画面和选手画面，如图 13-27 所示。当赛场上发生了激烈的竞争和对抗时，选手们的实际状态和表情，同样也是观众好奇和关注的，通过这样的转播方式，观众能够对赛事进程和选手状态有更多的了解，以更加沉浸地方式观看比赛，享受到赛事的乐趣。

2.《NBA2K Online》赛事

《NBA2K Online》的赛事 NBA 2K 职业电竞联赛是 NBA 和 Take-Two 联合建立的职业电竞联赛，联赛始于 2018 年，比赛类型包括常规赛、锦标赛和季后赛。NBA 2K 职业电竞联赛从规则、制度和转播都有着 NBA 的深度参与，高度模拟 NBA 职业联赛。

《NBA2K Online》赛事的转播，重点是模拟 NBA 赛事的转播，将篮球运动的紧张感和刺激感传递出来。图 13-28、图 13-29 是 NBA 2K 职业联赛的转播画面，可以看到，游戏内画面的构图与视角，与真实的 NBA 赛事非常相似，游戏 OB 和游戏导播要根据篮球赛事的进程和规律，进行视角的切换和镜头的选切。在某些关键的时刻，例如罚球阶段，可以在赛事中同时展示比赛选手的状态和表情，更加渲染赛事的紧张气氛，提升赛事的观赏性。

图 13-28　NBA 2K 职业联赛

图 13-29　NBA 2K 职业联赛分屏解说

13.9 竞速类赛事的制作与转播

13.9.1 竞速类赛事制作与转播的特点

竞速游戏是玩家使用不同载具在不同场景中进行速度竞赛的一类游戏。竞速游戏可以是第一人称视角或者第三人称视角，玩家使用陆地、水上、空中或者太空交通工具进行速度竞赛。在大部分竞速游戏中，玩家使用陆地交通工具竞赛，车是使用最多的一类交通工具，因此狭义上竞速游戏又被称为赛车游戏。竞速游戏的场景十分广阔，从现实世界的竞赛到完全幻想的设定都包括在内。

竞速类游戏赛事制作与转播的特点是随时间切换转播重点和方式以及模拟真实赛车的画面选取方式。

（1）随时间切换转播重点和方式。

竞速类赛事制作与转播的一个特点是，随时间切换转播重点和方式。在竞速类赛事中，弯道处的较量是观众关注的重点内容，也是转播时需要多角度、全方位着重展现的内容。根据比赛地图和赛道的不同，每个赛道上较量最为激烈的地点、最容易出现精彩镜头的地点有所不同，在转播竞速类赛事时，游戏 OB 及游戏导播会根据地形不同，在每一处竞争激烈的弯道提前做好准备，从各个角度记录选手过弯的过程。根据地形的不同，调整视角和镜头远近，力求将刺激动感的镜头呈现在观众眼前。

（2）模拟真实赛车的画面选取方式。

赛车运动是一项拥有独特魅力的运动，经过多年的实践与探索，赛车比赛的转播形成了一套转播标准与流程，能够将赛车运动的魅力最大限度地呈现出来。竞速类赛事的制作与转播，要参考真实赛车比赛的转播，尤其是在画面的选取与切换、镜头的调整方面。选手的同一个动作，在不同视角、不同景别、不同的镜头远近下，呈现出的视觉效果有着很大的差别。在转播时，根据不同的地形和不同的情境，模拟真实赛车比赛，选择合适的画面呈现方式，将赛车运动的激烈与刺激感真实地传统给观众，是竞速类赛事转播的重点之一。

13.9.2 竞速类赛事制作与转播的案例分析

1. 《QQ 飞车手游》赛事

《QQ 飞车手游》赛事的转播，采用随时间切换转播方式，游戏 OB 之间紧密配合将比赛的紧张与刺激淋漓尽致地展现出来。

《QQ 飞车手游》赛事中，选手可以选择不同的游戏地图进行比赛，不同的地图其地形、视觉风格和赛道都有所不同。为了更好地展现选手的操作与赛事的魅力，游戏 OB 需要对每张游戏地图以及赛道状况非常熟悉，对在不同的阶段选手可能做出的操作、可能产生的精彩动作有一定的预判，以便提前进行准备，在赛事直播时抓取到最精彩的画面。

在《QQ 飞车手游》赛事的转播中，随时间切换转播方式具体是指游戏 OB 根据预判在比赛进程中设置了关键时间点，在这些时间点最有可能出现精彩的画面，因此需要提前进行准备。比赛开始后，游戏 OB 团队分成不同的小组，分别蹲守在游戏赛道的不同位置，以便在关键时间点到来时，能够从不同角度抓取精彩的画面。如图 13-30 所示，在这一弯道游戏 OB 以稍近的视角着重展示了选手漂移过弯的精彩操作，画面给人以强烈的震撼。而在图 13-31 中，比赛已经接近尾声，此时排名落后的选手在努力追赶前方选手，为了体现赛事激烈的竞争感，游戏 OB 选择了全景视角，展示了两名选手的位置关系。

图 13-30　2022 年《QQ 飞车手游》亚洲杯弯道 OB

图 13-31　2022 年《QQ 飞车手游》亚洲杯全景 OB

游戏 OB 能够根据具体情况抓取合适的画面，正是由于采用了随时间转换的转播方式，在每一个弯道处都有游戏 OB 提前等候，随机应变地抓取精彩的赛事画面，呈现在观众眼前，大大提升了赛事的观赏性。

2. F1 电竞中国冠军赛

F1 电竞项目（F1 eSports）是 F1 官方于 2017 年推出的重要创新举措，目的是帮助 F1 吸引全国更广泛的年轻粉丝。全球的参赛选手都有机会通过比赛脱颖而出成为 F1 车队签约的电竞车手，与汉密尔顿、博塔斯、维斯塔潘等明星车手成为队友。2019 年，久事体育旗下的久事智慧体育主办的 F1 电竞中国电竞赛开启首个赛季。

F1 电竞中国电竞赛的转播，除了模拟 F1 赛事的转播以外，在赛事 HUD 方面也进行了研发，将更多的信息和数据呈现出来。如图 13-32 所示，画面下方的选手信息图展示了排名靠前的两名选手，在不同一圈赛道的不同阶段所用的时间以及所用时间的差距，观众能够通过数据直观地感受到赛事的紧张。

图 13-32　F1 电竞中国冠军赛

图 13-33 中，画面右下展示了赛道地图以及各位选手在地图上的位置，这是通过抓取游戏中的数据并进行整合后制作出来的信息数据图。结合小地图信息，观众既能够近距离观赏赛车的动感与刺激，又能够从宏观角度掌握整个赛事的情况、把握选手的相对位置，对赛事的发展做出一定的预判，提升了赛事的趣味性和观赏性。

图 13-33　F1 电竞中国冠军赛

13.10 休闲类赛事的制作与转播

13.10.1 休闲类赛事制作与转播的特点

休闲类竞技游戏，是休闲游戏与竞技游戏的结合，其玩法和规则一般来说较为简单，可以轻松上手，能够为玩家带来放松和休闲的体验。与此同时，游戏内又有竞技性的玩法，在轻松休闲之余也能够体验与其他玩家竞技互动的乐趣。比较典型的休闲竞技类游戏是《球球大作战》。

休闲类竞技游戏赛事制作与转播的特点是视觉体验与休闲娱乐体验相结合以及竞技感与趣味性相结合。

（1）视觉体验与休闲娱乐体验相结合。

休闲类竞技游戏的色彩搭配与游戏内元素外观往往设计得比较独特，能够从视觉上引起玩家的兴趣。玩家在游戏的过程中，一边享受着游戏带来的休闲娱乐体验，一边感受着让人放松的视觉效果，休闲性、娱乐性与竞技性有机结合带来别开生面的竞技体验。

在转播休闲类竞技游戏赛事时，也要注重视觉体验与休闲娱乐体验的结合，在进行舞美策划时，要考虑到游戏内的色彩设计与元素设计，将其与电竞舞台相结合。例如，舞台整体配色可选用游戏内某一场景的配色，将游戏内道具的外形作为舞台整体结构复制出来，或者将游戏内相关元素作为舞台道具展示在舞台上，这样的设计能够让玩家有一种置身游戏之中的亲切感，也能够带来较强的视觉冲击感，进一步提升观众的休闲娱乐体验。

（2）竞技感与趣味性相结合。

休闲类竞技游戏赛事转播与制作时，要注重竞技感与趣味性的结合。在赛事策划阶段，进行赛事主题策划、舞美策划、视觉风格设计、周边内容策划时，要考虑到将竞技感与趣味性进行有机结合，既要让观众感受到竞技的刺激，也要让观众感受到休闲性与趣味性，掌握好紧张刺激的竞技感和休闲娱乐的趣味性之间的平衡。

相比于 MOBA、FPS 类赛事的观众，观看休闲类竞技游戏赛事的观众不会一味地追求激烈的赛场冲突或者炫酷的打斗场面。选手们在看似休闲的氛围下使用各种策略斗智斗勇，将游戏的规则研究到极致，在色彩明丽、画风休闲的游戏场景中你来我往，争夺第一名的位置，竞技的紧张感与游戏的趣味性有机结合，为观众呈现一场既不过分休闲又不过分激烈的竞技赛事，让观众得以在休息时间内享受到恰到好处的娱乐体验。

因此，在转播此类赛事时，转播流程的设计、镜头的切换、平面及动态包装设计、解说等方面，都要注重竞技感与趣味性的结合，展现休闲类竞技游戏赛事独特的魅力。

13.10.2 休闲类赛事制作与转播的案例分析

《球球大作战》赛事

《球球大作战》是一款由巨人网络 Superpop&Lollipop 工作室自主研发的休闲竞技手游，游戏以玩家间的实时互动 PK 为设计宗旨，通过简单的规则将玩家操作直接转化为游戏策略，体验智谋碰撞的战斗乐趣。在球球大作战里，玩家的目标是要努力吃成最大的球球。在游戏一开始，玩家出现在地图上随机位置，地图里撒满了小彩豆，玩家吃掉小彩豆体积就会增大，当增大到比别人的球大时，就可以吃别人的球。

可爱的球形元素和色彩鲜明的游戏角色是球球大作战显著的视觉特色，在《球球大作战》职业联赛 BPL 的舞台设计中，就充分融入了游戏的两大视觉特色，将球形装置作为选手座席搬上舞台。

BPL 的一场比赛中，有六支战队同时参加比赛，每支战队有五名选手，总共有三十名选手同台竞技。与 MOBA 类赛事、RTS 类赛事或者 FPS 类赛事相比，BPL 同时参赛选手的数量可谓是非常多了，要同时在舞台上安排这么多选手的座席，同时又要兼顾舞台视觉和赛事转播的美观性，对于赛事制作方来说是一个不小的难题。

2016 年 9 月，BPL 第一届职业联赛举办，赛事承办方 VSPO 创造性地将选手座席设计成球形，每个球体可容纳一支战队的五名成员。比赛进行时，选手们在六个既可爱又动感十足的球体座席内就坐，游戏中的球体在舞台上重现，令观众们眼前一亮，如图 13-34~图 13-36 所示。

图 13-34　2016 年 BPL 赛事舞台侧面

图 13-35　2016 年 BPL 赛事舞台正面

图 13-36　2016 年 BPL 赛事舞台与解说席

在这之后，球体或者类球体的选手座席便成为 BPL 赛事舞台上一道靓丽的风景，在不同风格的舞台设计中延续下去。如图 13-37 所示，球形的选手座席外立面被设计成了多边形，并嵌入了灯带，炫酷的色彩勾勒出多边形的线条，给人带来震撼的视觉效果。图 13-38 中则将球形体进行简化，去掉了球体的上半部分，仅保留球体下半部分的四分之三，外观近似于一个大型圆形卡座，并饰以彩色灯带，营造出具有现代感和科技感的视觉效果。

图 13-37　BPL 赛事舞台灯带装饰效果

图 13-38　BPL 赛事舞台简化效果

第14章

电子竞技赛事制作与转播的未来

随着电子竞技的社会影响力逐步提升和电竞产业的持续发展，社会对优秀电竞内容的需求不断增加，对赛事制作与转播的要求也会不断提升。同时，随着电子竞技的推广和普及，观众观看电子竞技赛事的频率会逐步提高，对电竞赛事的欣赏水平和品质要求也会不断提升。在这些电竞发展产生的正向需求的驱动下，电子竞技赛事制作与转播在未来必须取得更长足的发展，来不断满足社会和观众对优质电竞内容的需求。

本章将重点讨论电子竞技赛事制作与转播的未来趋势。在不远的将来，电子竞技赛事制作与转播的效果将持续提升，转播过程中不断应用新的技术，逐步完善制作与转播标准。同时，随着科技突破性进步，将迎来转播内容与转播场景的革命性变化，最终突破观众被动接受画面的传统转播模式，成为一种新兴的制作转播模式，对其他行业产生重大而深远的影响。本章最后提出了未来沉浸式电竞赛事转播系统的新模式和新设想，探索了一定时期内电子竞技制作与转播的发展方向。

14.1 赛事制作与转播效果持续提升

在未来，电子竞技赛事制作与转播的效果将持续提升。重点电竞赛事的制作规格将不断提高，场面宏大，效果震撼。在提升自身制作规格的同时，电竞赛事的制作与转播会与其他内容及艺术表演形式深度结合，实现突破和创新，给观众带来新颖的视听体验。

14.1.1 重大电竞赛事的高规格制作

电子竞技赛事制作与转播未来发展趋势中最明显的就是重大电竞赛事的更高规格制作水平。高水平电竞赛事制作与转播所呈现出的震撼效果也是电子竞技赛事发展壮大的直接体现。在未来，国际级的重大电子竞技赛事的制作水平会持续提高，赛事举办地点也会是地标性的场馆，电竞赛事的制作规格和水准不亚于甚至在某些方面赶超传统体育或其他文化娱乐产品。

2017 年的《英雄联盟》全球总决赛可以说是重大电竞赛事高规格制作的一个典型案例。2017 年，《英雄联盟》全球总决赛在可容纳 9.1 万人的鸟巢举办，这是首次在观众规模如此庞大的场馆举行的高规格电竞赛事。无论是在规模还是制作规格方面，这场总决赛都是电竞赛事制作史上的里程碑。总决赛开幕式中，屏幕前观看直播的观众可以看到一条用 AR 技术制作远古巨龙从天而降，盘旋一周后降落在舞台中央，如图 14-1 所示。这场 AR 表演获得了第 39 届体育艾美奖中的最佳直播画面设计奖。

图 14-1 2017 年《英雄联盟》全球总决赛开幕式中的 AR 远古巨龙

《英雄联盟》团队每次策划全球赛事，其中的一个重要任务就是对东道主国家致以敬意。2017 年，全球总决赛在中国举办，中国的文化元素占据了非常重要的地位。赛事团队从 2017 年 2 月起，就开始筹备 11 月 4 日举办的开幕式，其中的内容包括二胡演奏、游戏英雄的京剧脸谱、超级巨星周杰伦登场献唱以及 Against the Current 现场演唱《传奇永不熄》。

鸟巢是北京标志性的体育场，为了在开幕式中加入能够与鸟巢相匹配的元素，赛事团队最终决定使用增强现实方案，在鸟巢展示一条游戏中的远古巨龙。所谓增强现实，就是通过现实摄像机来控制一台带有渲染引擎的虚拟摄像机，再同时将两个画面合并在一起，把传统手法不可能的画面表现出来的一种技术。在体育直播界，AR 的应用很常见。传统体育项目和《DOTA2》国际邀请赛等其他电竞赛事都运用过这种技术，但这次赛事团队想要实现的内容，规模要远超以往。

2017 年英雄联盟全球总决赛，正是由于制作团队投入了巨大的精力，才制作出了这样震撼的 AR 表演并获得艾美奖。AR 远古巨龙的制作过程，反映了高规格赛事制作的超高标准与投入，在未来这样高规格制作的电竞赛事还会持续不断地涌现，为观众带来更加震撼的视听内容。

14.1.2 与其他内容产品及艺术表演的结合

电子竞技赛事制作与转播效果的持续提升必然要求电竞与其他内容产品及艺术表演的深度结合。体育比赛的过程中穿插各类艺术表演已经非常成熟，人们可以在大型体育比赛中看到精彩绝伦的开幕式表演和中场秀表演等艺术表演，例如，奥利匹克运动会的开幕式、美国超级碗的中场秀等。与这些超级表演的有效结合，为竞技比赛增加了艺术元素，增加了赛事的观赏性，吸引了更多的观众。

电子竞技赛事制作与转播也已经与其他内容产品及艺术表演相结合，在未来这种趋势和程度将更加明显，提升了电竞赛事的艺术呈现效果。与其他内容结合主要有两种思路，一是与其他的内容形式和表演形式相结合，二是与赛事举办地的传统文化相结合。这两种结合都会取得很好的效果。

电子竞技赛事不但可以与歌舞表演等传统表演形式相结合，还可以与一些新潮的表演形式相结合，例如，电竞赛事与电音的结合。电竞文化与电音文化都是广受年轻人群喜爱的潮流文化，电竞与电音的结合与碰撞，将会带来更加具有潮流感和现代感的文化内容，不断扩大在年轻人群中的影响力。

战术竞技手游《和平精英》及其赛事《和平精英》业联赛 PEL 一直尝试与电音文化进行不同的碰撞，打造出了深受观众喜爱的电竞内容。2019 年，《和平精英》曾经与电音教父 Alan Walker 合作，推出盛夏推广曲《On My Way》，也曾经与“夏天的乐队”合作在出生岛搭建特色的乐队场景。2020 年，“717 空投节”来临之际，《和平精英》又再次发挥音乐特色，公布电音盛典玩法，打造专属电音出生岛，玩家可以在这里舞蹈蹦迪观看演出。

随着电子竞技影响力的不断扩大，重大电子竞技赛事的举办已经不局限于超级大城市，已经具有全国甚至全球范围巡回落地举办的新趋势。随着电子竞技赛事在越来越多的城市举办，与当地传统文化的结合是电子竞技赛事制作与转播的新趋势。电竞赛事的制作，与传统文化紧密结合，现代艺术和传统艺术融合碰撞，焕发出别样的魅力。

2020 年 12 月 27 日，第二届《QQ 飞车手游》亚洲杯总决赛在广州天河体育场举办，赛事创意策划将广东醒狮文化与赛车文化进行了完美的融合，彰显速度与激情的《QQ 飞车手游》与充满力量和动感的醒狮的相遇，现代文化与传统文化的碰撞擦出了全新的火花，以全新的方式在年轻的舞台将历史悠久的文化传递给年轻的观众。醒狮是流行于广东省佛山市、遂溪县、广州市及其周边地区的传统舞蹈，是国家级非物质文化遗产之一。

传统文化与电竞赛事的结合，让传统文化在年轻人群中再次引起关注，电竞赛事作为文化内容的一部分，很好地承担起了传承中华文化的使命。

14.2 制作与转播中的新技术应用

电子竞技赛事制作与转播的未来发展的直接体现是各种新技术的应用。在未来，信息技术与转播技术继续深度地融合，游戏数据的读取技术和对效果的展示技术也会不断提升，5G、4K 超高清、远程云制作等转播基础技术也会不断发展，AI 技术的发展和应用可能会促进自动转播的实现，虚拟角色会参与转播和展现，AR、VR 技术会参照出更多虚拟与现实相结合的观赛氛围，游戏研发引擎也可能参与制作和转播。

14.2.1 信息技术与广电转播技术的深度融合

信息技术与广电转播技术的深度融合是电子竞技赛事制作与转播的特点之一。在电竞赛事制作与转播的过程中，并不像传统体育转播那样几乎只使用广电转播技术，同时也会使用大量的信息技术。

目前，在电子竞技赛事制作与转播过程中使用到的信息技术包括：游戏画面的读取和转化、游戏信息的读取、游戏信息触发现场舞美变化、赛事转播中一些特色的面板、舞美灯光屏幕显示内容的控制等。这些信息技术与转播技术的集成应用，不仅提升了电子竞技赛事制作与转播的效果，而且保障了一些转播环节的安全性，提升了转播的效率。

未来电子竞技赛事制作与转播过程中，信息技术与广电转播技术会更加深度融合，最终形成电子竞技的独有特色。针对电竞赛事的特点，传统的广电转播设备厂商可能会研发新的转播设备来支持电子竞技赛事制作与转播中的新型应用，也可能将现有的设备通过软件的集成来实现类似的功能和效果。制作与转播思路也会逐步转变，不再只用转播思维来实现某些特定的效果，而是充分发挥信息技术与转播技术的各自优势，二者结合来实现这些功能和效果。

14.2.2 数据读取和展示技术的不断提升

任何形式的转播归根结底都是对于信号和信息的处理，以及对处理后结果的展现和播出。信号处理的逻辑和水平直接决定了播出画面的品质。信息处理的及时和有效也影响了观众对选手水平、比赛过程的理解，进而影响观赛的体验。

电子竞技制作与转播的画面和声音信号包括现场信号和游戏内信号，需要处理的信息包括现场信息和游戏内信息。现场信息包括赛事进程信息及历史信息，是指赛事进程和历史过程中通过人工观察和计算分析得出的信息，例如，在传统体育比赛中的比分信息、犯规信息、胜负信息等。电子竞技赛事中也同样存在现场信息。同时，电子竞技赛事存在游戏内信息，这些信息是指对游戏进程和结果产生影响的、不方便由人工观察和计算分析得到的信息。例如，实时的经济对比、英雄装备信息、技能的杀伤效果、甚至射出子弹的弹道等。这些信息虽然可以由 OB 观察，但是由于技术基础和实时性的要求，很难由人工处理。

对于游戏内信息的读取和展示是电子竞技赛事制作与转播提升效果的有效途径。对于一些影响战局信息的及时展示是帮助观众了解选手水平、战术意图的有效途径，能够让观众感受到选手技术水平的高超和战术思维的创意。电竞赛事转播过程中会利用游戏的界面，将一部分数据信息展示出来，但其他信息只能通过一些技术方法实现。

一些游戏提供了游戏信息的数据接口，可以直接读取一些信息，这种方式便捷且准确。游戏内信息的读取虽然可以通过游戏接口实现，但是很多游戏因为安全性、效率等方面的考虑通常没有提供完整的数据实时接口，有时只能通过其他技术来实现。例如，在游戏中采用图片和视频识别来实时抓取信息。

数据读取和展示技术的不断提升最终能够重新构建电子竞技赛事与转播的界面。将最适合游戏转播的数据实时展示在转播的过程中。一些电子竞技赛事会将游戏本身的数据展示隐藏，完全采用定制化的数据展示界面。这类应用与 HUD（head-up display，抬头显示设备）技术类似，HUD 最早是军事领域的技术。电子竞技中的 HUD 就是利用游戏本身的画面，将重要的信息显示在视野范围内，又不会影响游戏画面。目前，在《CS:GO》的电子竞技赛事转播过程中，经常开发 HUD 系统，展现出不同的电竞赛事界面风格。英雄体育 VSPO 转播的 F1 电竞赛事也做过类似的 HUD 开发。未来，随着游戏数据接口的不断开放和数据读取技术的不断提升，未来的 HUD 系统以及其他展示技术会不断出现在电子竞技赛事的制作与转播中，成为电子竞技赛事的特色之一。

14.2.3 基础技术的提升与转播技术的发展

未来技术水平的整体提升，也会使更多的先进技术应用到电子竞技制作与转播中来。这些先进技术可能包括：5G 传输技术、4K 超高清技术、远程制作及云制作等。这些基础技术的提升会整体提升电竞赛事制作与转播的技术水平和呈现效果。

5G 传输技术的应用能够提高数据传输的质量和效率，使大规模数据的迅速传输得以实现。这类技术在电竞领域中的应用不仅能够解决比赛的网络问题，也能够使转播效果得到提升。未来一定会出现更先进的传输技术，这类技术也会被应用到电子竞技赛事制作与转播中去。

4K 超高清技术的应用和普及能够整体提升画面的质量，对于电子竞技赛事制作与转播的整体效果实现根本上的提升。未来，更高画质的转播会逐渐普及，从根本上提升用户的观看体验。

远程制作也是未来电子竞技赛事制作与转播应用的重要技术之一。目前，部分电子竞技赛事已经开始了远程制作模式。《英雄联盟》《王者荣耀》的电竞赛事制作都采用了远程制作模式。远程制作模式可以将现场执行团队与转播团队分离，使转播团队不再需要出差到现场进行转播，提升了转播团队的工作效率，也优化了电子竞技赛事制作与转播的人才资源，使转播团队能够转播更多场次的电竞比赛。未来，随着远程制作技术和数据传输效率和速度的逐渐提升，跨国家的远程制作可能成为电子竞技赛事制作与转播的常态。

未来，为了更好地适应远程制作，转播系统的配置和管理、制作与转播系统会由基带制作系统向 IP 制作系统发展。之前，传统广电制作与转播行业以基带制作为主。基带制作是利用电信号的数据传输系统。未来，新的广电制作与转播已经向 IP 制作模式发展，采用 IP 数据包的传输方式。同时，IP 制作系统能够实现更好的配置和管理功能。

随着云技术的发展，未来有可能产生制作与转播都在云端的云制作的新模式，所有的制作与转播都在云平台上完成，观众的观看也在云平台上实现。云平台能够提供更大的算力和实时渲染技术，使虚拟渲染与实际信号形成更多的融合。

14.2.4 AI 技术的应用及自动转播

电子竞技赛事具有节奏快、精彩焦点多点并发等特点，导致电子竞技赛事制作与转播的画面选取及导播切换难度很高。只采用广电技术进行转播，导播及制作团队只能根据经验进行转播，制作与转播的过程中难免错过一些精彩镜头，或者只能选取部分镜头进行转播。例如，在 FPS 射击游戏两名选手对战时，导播在选取和切换选手第一视角时，可能切换到击杀的精彩镜头，也可能切换到被击杀方死亡的镜头。如果不幸切换到死亡的镜头，就错过了击杀方的精彩镜头。导播和制作团队只能依靠经验和对于选手水平的评估来切换到优势方，但最终都难免切换到并不理想的镜头。

在战术竞技类游戏中，这类画面选取和切换更加困难，这是因为十几支队伍、几十名选手同时比赛，可能同时产生多个对战点。有时也不能单纯地只切换击杀画面，这样的转播没有故事线和进程感，观众完全不知道每支队伍之前在做什么，无法了解战斗爆发的经过。即使在 10 人对战的 MOBA 游戏中，也有可能在上中下三路和野区同时爆发对战。

电竞赛事的 OB 切换和 OB 导播质量是直接影响赛事制作与转播质量的重要因素。虽然有些游戏开发了一些延迟 OB 和延迟播出的功能，能够给 OB 人员一定的时间准备，选取更好的画面和角度进行切换，但是这个问题仍然无法得到有效的解决。

针对电子竞技赛事制作与转播的及时性和复杂性的特点，行业内开始寻求 AI 自动 OB 辅助导播的解决方案，并且取得了一定的效果。例如，由英雄体育 VSPO 转播的和平精英 PEL 比赛中，就采用了 AI 自动 OB 辅助的技术。转播系统将多路选手的第一视角画面和游戏接口的数据同时导入 AI 自动 OB 辅助系统，由 AI 来抓取精彩的击杀镜头。同时，制作团队也将实时的队伍分布图导入 AI 系统，根据队伍的密集程度和对战情况，由 AI 判断可能爆发对战的区域，辅助导播和制作团队进行转播。AI 辅助 OB 转播系统可以利用计算机计算高效且准确的特点，提升抓取画面的质量，提升导播和转播团队的工作效率。

未来，AI 技术将会不断地应用到电子竞技赛事制作与转播中，并不断完善，实现 AI 辅助转播，甚至 AI 自动转播的功能。AI 自动转播或 AI 辅助转播能够降低电竞赛事制作与转播的成本，提升转播效果。同时，AI 技术也会应用到其他赛事制作与转播中去，例如，AI 实时预测比赛结果等应用。电子竞技游戏是信息技术的产品，游戏内部的各种数据为实现 AI 的各种功能提供了良好的基础，相信电子竞技赛事会更早地实现 AI 自动转播。

14.2.5　虚拟角色在制作与转播中的应用

虚拟角色是指现实中不存在的角色，这类角色广泛存在于文学及艺术作品中，由这些作品塑造而成，具有鲜明的个性及特点和形象特征。虚拟偶像、虚拟人等都是虚拟角色。目前，虚拟角色已经广泛存在于社会生活和互联网社区中，这些虚拟角色有着鲜明的特点和人物历史背景，受到很多人的喜爱。例如，清华大学虚拟学生“华智冰”就是虚拟角色。华智冰是基于“悟道 2.0”诞生的中国原创虚拟学生，可以作诗、作画、创作音乐，还具有一定的推理和情感交互能力。之后，清华大学计算机系举行“华智冰”成果发布会，正式宣布“华智冰”入学清华大学计算机系，师从清华大学计算机系副主任唐杰教授，并开启在清华大学的学习和研究生涯。

电子游戏本身具有虚拟性的特点，游戏中广泛存在着虚拟角色。在游戏中，玩家使用的角色、游戏内的其他角色基本上都是虚拟角色。电子游戏与虚拟角色的结合是与生俱来、自然而然的过程。游戏的很多市场活动、宣传海报甚至游戏中的功能引导都由游戏虚拟角色完成。虚拟角色的宣传和应用唤起了玩家的熟悉感，增加了玩家的代入感，营造了更好的游戏氛围。

电子竞技赛事制作与转播的过程中也可以大量使用虚拟角色。虚拟角色可以拉近赛事与玩家的距离。在各种应用中，虚拟解说是最直接的应用。电子竞技赛事制作与转播的过程中，会使用到很多类型的解说和主持人。按照定位和承担职责的不同，可以分为：控场型主持人、赛事解说、赛事评论、赛前赛后采访等。目前，这个岗位绝大多数都由真实的解说和主持人担任。有些赛事采用了虚拟角色作为游戏解说取得了很好的效果，虚拟解说集合了虚拟渲染技术和 AI 语言技术，承担了部分的游戏解说功能。《王者荣耀》赛事甚至增加了虚拟角色手语解说，让患有听力障碍的人士也能够享受比赛。担任手语解说的角色是《王者荣耀》中的“云缨”，她应用 AI 技术从解说口语中提炼出摘要内容，再将摘要的声音文本转化为手语文本，同时虚拟人物的动作以及配合动作服装变化都经过优化，显得十分自然。

未来，电子竞技赛事中将引入越来越多的虚拟角色，这些虚拟角色以及背后的各项技术应用使得赛事制作与转播的表现力更加丰富，同时也大幅度降低举办赛事的成本。可以预测到，未来很多赛事都可能会由虚拟角色充当赛事的解说。赛事过程中的游戏数据是这些虚拟解说的数据基础，将这些数据基础通过 AI 语言技术转化为解说语言，甚至增加语音、语调和情感的变化，使观众的感觉更为自然。

14.2.6　虚拟制作技术的应用及虚拟观赛场景

虚拟制作技术是指通过计算机及其他制作设备的计算、模拟、渲染、后期加工等方式来模拟现实或创造出现实世界中不存在的模拟世界以及虚拟视觉听觉，并将其应用到最终呈现效果的制作方式。虚拟制作的范围很广，常见的虚拟制作技术包括：绿幕抠像、LED 虚拟拍摄、现实世界与 AR/VR 制作、XR 制作、虚拟引擎制作等。

早期，电子竞技的虚拟制作主要集中于制作赛事宣传片或转播过程中的绿幕抠像。在宣传片的制作过程中，通过虚拟制作技术，将选手置于一些非现实空间中会获得一些精彩的效果，这种虚拟制作更多倾向于后期制作。绿幕抠像技术是最早应用到电子竞技赛事制作与转播中的虚拟技术，绝大多数应用于电子竞技赛事的解说席，通过绿幕抠像的方式可以轻松切换解说的背景和场景，并获得很好的效果。

随着技术的发展，AR 和 XR 等技术不断地应用到电子竞技转播中去，通过 AR 技术可以将虚拟元素与现实场景进行结合获得更好的突破体验，通过 XR 技术可以更广泛地将现实场景与虚拟场景进行结合，使电竞赛事的制作与转播更加新颖。随着全球新冠疫情的蔓延，大量的虚拟制作技术被使用到电竞中去，主流的电竞赛事都不约而同地选择采用虚拟制作来提升赛事的观赏性。

未来随着 VR 电竞游戏的发展，VR 技术将不可避免地被应用到电子竞技赛事制作与转播中去，使玩家和观众进入完全虚拟的游戏世界，获得与现实世界不同的观看体验。

随着虚拟技术在电子竞技游戏及赛事制作与转播的普遍应用，最终会改变用户的观赛环境，用户目前都是在现实的环境中观看电竞比赛。未来观众可以进入虚拟的观赛氛围。例如，《堡垒之夜》(Fortnite) 在游戏中举办的演唱会可以看出这个趋势。虚拟的观赛场景和观赛氛围会为电竞以及其他行业带来新的机遇与挑战。

目前的动画与游戏制作引擎和工具只在游戏制作过程中使用。未来随着工具的逐渐升级和实时渲染技术的发展，电竞赛事制作与转播中也会大量使用动画与游戏制作引擎。制作团队甚至可以直接在制作引擎中拍摄宣传片，生成精彩回放等。

14.3 电竞赛事制作与转播的标准化

新的电子竞技游戏和技术不断涌现，电子竞技赛事的形态一直在进步和变化，电子竞技赛事制作与转播是伴随游戏产生的新生事物，还没有像传统体育赛事转播那样形成标准化的体系。

未来，随着游戏的不断发展，转播经验的充分积累，电子竞技赛事制作与转播的标准会逐步形成。电子竞技赛事制作与转播的标准化可以让更多的机构和团队迅速学习并参与到赛事制作与转播中来，有利于电子竞技运动的普及和发展。

电子竞技赛事制作与转播的标准化包括：各品类及各电竞项目制作与转播的标准化、电竞赛事场地等基础设施的标准化、电竞赛事执行工作及流程的标准化、电竞赛事制作与转播技术指标的标准化等部分。

14.3.1 各品类及各电竞项目制作与转播的标准化

电子竞技是一个整体概念，包含各类电子竞技游戏的竞技赛事。就像传统体育包含所有类型的体育项目一样，同理，电子竞技赛事转播也是一个整体概念，想要笼统地建立电子竞技赛事制作与转播的标准，在实际操作中几乎无法执行。

建立电子竞技赛事制作与转播的标准，首先需要将电子竞技项目进行科学分类，同一品类的电子竞技项目赛事制作与转播标准可能可以相互参考，例如 MOBA 类、FPS 类、竞速类、战术竞技类等。这些品类中的赛事制作与转播的基础逻辑是基本相同的，玩家观看比赛的习惯和逻辑也是相同的，在制作与转播的过程中有些部分可以相互参考。

但在实际操作中，需要针对某一款电子竞技产品制定制作和转播的标准，这样制定出来的标准才能够落地，才可以得到有效实施。需要针对一款电竞游戏来制定制作与转播的执行标准的原因是多方面的。首先，即使是相同的品类，这些游戏产品本质上也是不同的产品。就像有些传统体育项目，看上去差不多，但是也需要制定不同的标准来制作和转播。其次，这些产品所在的技术平台可能不同。同样是 MOBA 类游戏，有些在 PC 平台上，有些在移动手机平台上，屏幕的大小、转播时操作的难度都不相同，制定统一的标准没有意义。最后，即使是在同一平台上，同一品类中的不同产品，游戏本身对电竞转播的支持也不相同。目前，电竞赛事制作与转播需要使用游戏提供的赛事 OB 功能。特定的画面在有些游戏中很容易抓取到，但在其他游戏中根本无法抓取到。

未来，充分参考同样品类电竞赛事的制作与转播方法，基于该款游戏的电竞赛事支持功能，针对该游戏的特点制定的执行标准才能够在实际工作中得到应用并发挥价值。

希望囊括所有游戏、只谈理念、非常宽泛的电竞赛事制作与转播标准是没有实际应用意义的。

14.3.2 电竞赛事场地等基础设施的标准化

与传统体育相比，电子竞技目前还没有得到社会广泛认可，一个突出体现就是没有很多专业的电子竞技场馆。在日常生活中，人们经常可以看到各类传统体育的场馆和场地，这些场馆和场地为人们提供了传统体育的运动环境和空间，对各项传统体育项目的推广起到了积极的作用。这些传统体育场馆的运动和比赛区域都是根据项目规则设计的，相关的设施和器械也都是标准化的。在这些场馆和场地中很难找到其他非标准化的设施和器械。

反观电子竞技赛事的场馆和场地，目前几乎都是非标准化的。电子竞技赛事会在各种类型的场馆和场地中举办，场地的面积不同、基础设施不同、设计用途也不同。总之，电子竞技赛事一直是利用其他的场馆或场地来组织和举办比赛，没有专业的属于电子竞技的场馆和场地。

进入电子竞技场地后，人们发现电子竞技舞台和对战区域也不尽相同。即使是在相同场地的同一个电子竞技项目，也会设计出不同的舞美效果。有些场馆和场地缺少观众座椅和功能房间等基础设施，电子竞技赛事还需要为观众搭建观众座椅和功能性房间。传统体育场馆没有考虑到电竞比赛转播会应用到大量的灯光和屏幕，场馆配电和空调可能不足，还需要增加发电设备和空调设备。传统体育场馆几乎很少考虑到网络情况，但电子竞技赛事必须要保障网络通畅，有时会通过临时拉多条网络专线来解决。总之，在现有的场馆和场地，很多情况下举办电子竞技比赛是一件很麻烦的事情。

由于电竞赛事使用的场馆和场地不固定而且赛事预算充足，每次电竞赛事都可以搭建非常个性化的舞台，给观众新奇的感觉。但是长期反复搭建舞台和场馆环境，尤其是针对电子竞技的日常赛事，这样的做法是有很多问题的。首先，针对场馆和场地的特点的临时搭建，在工程质量、安全性、美观程度上不如长期固定的专业场馆。其次，每次搭建都需要技术的测试和调试，增加了制作和转播的风险。最后，长期反复搭建使赛事的成本过高，预算支出极不合理，资源和资金被反复浪费在舞台和环境搭建上，不利于内容制作等方面的发展。

随着电子竞技运动的发展和普及，标准化电竞场馆代表的基础设施标准化几乎必然成为赛事标准化发展的方向。赛事场馆和场地标准化的发展有两个方向：其一是针对不同品类电竞赛事定制的标准化实体场馆。场馆配有对战区、观众区、各类功能性房间、标准的舞美和灯光。针对这一品类的不同赛事，可以通过赛事包装和道具更换加以区分，提升电竞场馆的利用率。这类场馆不仅能够保证线上转播的质量，同时也能够为线下观众提供观赛服务。另一个方向是标准化的虚拟电竞场馆，这类场馆主要针对线上转播。场馆内采用虚拟制作的方式，可以通过虚拟特效的变化实现不同赛事的切换，让线上观众感受到比赛的科技感。

目前，已经有一些具有标准化场馆理念的电子竞技场馆投入使用，还有很多正在建设。相信随着这些场馆的建设和投入使用，电子竞技赛事场地等基础设施的标准化会得到长足的进步和发展。场地等基础设施提升了举办电竞比赛的效率，降低了办赛的成本，保障了办赛的安全，是电子竞技赛事标准化发展的重要里程碑。

14.3.3 电竞赛事执行工作及流程的标准化

电竞赛事执行工作及流程的标准化是指在电竞赛事制作与转播过程中各项工作及工作流程的明确要求及规范化。各项工作及流程的标准化有利于分享行业经验，更快地培养赛事制作与转播人员，降低比赛的成本，降低电竞赛事举办的门槛，有效规避电竞赛事的风险，最终加快电子竞技赛事的推广。

目前，电竞赛事执行工作及流程没有明确的要求及标准。每个赛事制作与转播团队都是根据自身的经验和总结来安排工作。制作和转播团队各自的背景、团队风格、管理水平、历史经验都不尽相同，赛事制作与转播难免产生巨大差异。虽然有些制作与转播团队不断地规范整理与总结经验，但还没有形成电竞行业内普遍认可的执行工作及流程标准。

这些工作及流程标准涵盖的范围很广，应该包括：场馆和场地勘测要求、舞美搭建控制节点、设备选型及测试和使用记录、直播工作检查列表、问题及风险排查、内容安播监控、商业权益履行记录、转播效果统计分析、工作流转的各种工具表格等。这些工作及流程的标准会将庞大的赛事制作与转播体系进行模块化拆分，降低制作与转播的复杂度，提升各项工作的实际效果。

14.3.4 电竞赛事制作与转播技术指标的标准化

电竞赛事制作与转播技术指标的标准化是指在制作与转播的过程中各类技术参数的要求、设备性能及功能要求以及转播工作需要达成的效果类指标的标准化。其中，技术参数和设备性能及功能是有明确要求的，转播工作的效果指标是电竞行业未来需要重点制定的。

技术参数和设备性能及功能技术指标包括：竞技设备的各项技术指标、竞技设备的发热量及故障率、网络技术指标、转播设备技术指标、制作标准指标等。这些技术指标确定了电子竞技赛事制作与转播的技术基本要求及制作环境要求，是电子竞技赛事需要达成的硬性指标，是电子竞技赛事制作与转播等级及效果的基础保障。

转播工作的效果指标用于评价制作与转播团队的水平，包括：导播切换画面的错误率、精彩镜头的抓取比、字幕内容的正确率等。有些技术指标需要针对不同游戏分别设计，例如，针对某一款 FPS 类竞技游戏的电子竞技转播，OB 能够抓取到的精彩击杀率。这些技术指标可以评价制作与转播团队的工作水准，也是整个行业进一步发展的基础。

14.4 转播内容及转播场景的革命性变化

转播内容与转播场景的革命性变化是指电子竞技赛事制作与转播在原有的基础上创造出了与传统电视制作转播完全不同的全新领域，是电子竞技赛事制作与转播对于整个制作与转播行业的独特贡献。

14.4.1 突破地域限制的赛事组织及转播

在现有的技术条件和组织条件下，绝大多数传统体育赛事无法突破地域的限制，竞赛选手必须在同一个时间和地点进行比赛，例如篮球和足球比赛。很难想象两支队伍不在同一个赛场上如何进行篮球比赛。篮球运动员们争抢篮球、身体碰撞和对抗、相互影响的方式决定了这类传统体育项目必须在同一时间和地点进行比赛。虽然一些传统体育项目可能通过一定的技术手段分开比赛，例如赛跑项目。但是为了维护赛事的公平公正，正式的比赛很少分开举办。所以当新冠疫情暴发时，全球传统体育赛事几乎全部停摆。未来 VR 技术获得极大发展，并且能够及时计算出对抗影响，并把这种影响完全作用于选手本身时，传统体育有可能突破地域的限制分别进行比赛。

电子竞技游戏是信息技术的产物，竞技终端的数据交互需要依靠互联网，本质上每局电竞比赛都是在网络上进行的，也就是在线上进行。电子竞技赛事可以不集中比赛选手，在不同地点举办线上比赛。目前，很多电竞比赛也采用线下举办的方式。线下专业电竞比赛是为了便于进行选手身份审查和比赛行为监督，以便维护赛事的公平公正，将所有电竞选手召集到线下，在统一的网络环境下进行比赛，克服网络波动对选手发挥的影响。

未来随着网络技术、电竞赛事防作弊技术、赛事转播效果技术的进一步发展，尤其是网络延迟变小会使分地点举办线上比赛的难度降低，电子竞技赛事完全可以跨越地域的限制来举办线上比赛。电子竞技赛事组织突破地域限制必然要求电竞赛事制作与转播突破地域的限制。而且，因为制作转播系统可以直接利用游戏的服务器，而游戏服务器上拥有比赛情况的所有数据，游戏内转播也可以接受一定时间的延迟，跨地域的电竞赛事转播会更加容易。突破地域限制的电竞赛事制作与转播目前正在实现，应该会早于跨地域举办电竞赛事。英雄体育 VSPO 全球远程制作中心的建设，就是为了适应全球多地电子竞技赛事制作与转播的需要。

14.4.2 游戏内自动转播系统的发展

基于现有的技术，传统体育赛事的制作与转播只能依靠制作团队来完成，无法大规模使用自动技术。自动转播技术的核心是自动摄像机移动拍摄以及自动导播切换画面，目前只能应用于直播新闻节目或者具有固定流程和环节的电视节目转播。这类节目的流程和环节变化较小，摄像机的移动及拍摄可以预先设置，导播画面切换也有相对明确的逻辑。而对于传统比赛中的各种不确定的策略和选手对抗情况，目前没有特别好的解决方案。未来，随着图像识别技术及机器人技术的发展，有可能在传统体育中实现自动制作及转播，但实现的难度比较大。

电子竞技赛事的制作与转播中包含两类画面，一类是游戏内的画面，另一类是现场画面。现场画面与传统体育类似，但是选手相对静态，动作幅度比传统体育要小得多。与游戏数据和程序的紧密结合是电子竞技赛事制作与转播天然的优势，根据游戏对战的情况也可以研发游戏内的自动转播系统。

游戏内的自动转播系统可以包括自动 OB 切换、自动解说等功能。游戏内的画面随着 AI 自动 OB 切换技术的发展，可以进行自动切换。而且利用 OB 延迟的功能，也可以在爆发精彩对战后，由 AI 计算选取最佳的播出方式进行切换。根据游戏对战的情况可以生成解说的语言脚本，由游戏自动解说。游戏自动解说也可以选取现实中真人解说的声音，使玩家和观众获得更好的体验，甚至可以多语言解说。

在一些非重点的大众电竞赛事中，完全可以实现游戏内的自动转播，大大节省了举办比赛的成本，促进电竞行业更快地发展。《DOTA2》的自动 OB 系统实现了游戏对战的自动 OB。《王者荣耀》的赛宝产品也实现了自动 OB、自动解说等功能，是一个很好的应用案例。未来随着 AI 技术的进一步发展，会有更多的游戏内自动转播系统的出现。

未来，电子竞技可以将制作团队的创意与游戏内自动转播系统相结合，极大地降低举办电竞赛事的成本和难度，同时为观众创造出更好的观赛体验。

14.4.3 现实观赛场景向虚拟与游戏内观赛场景拓展

目前，几乎所有的竞技体育项目的线下观赛场景都是现实的场景。在现实的场景中观看比赛，传统体育与电子竞技的线下观赛体验有所不同。

在传统体育线下观赛过程中，观众可以经历与观看电视转播完全不同的观赛体验。线上观众只能通过电视观看制作团队制作好的赛事直播，而线下观众可以体验现场的氛围，真切地看到选手之间的对抗，在比赛过程中看到很多与线上观看不同的画面。而在电子竞技线下观赛过程中，选手相对静止，进入比赛的过程中，现场观众看到的大屏幕画面与线上观众看到的画面基本相同。与传统体育线下和线上观赛体验的巨大差距相比，电竞赛事线下和线上观赛体验差距较小。这也是电竞线上观众群体庞大，但有时线下观众较少的核心原因。

未来随着技术的发展，电子竞技的观赛场景可能向虚拟场景拓展。随着 VR 技术的不断发展，结合电子竞技科技产品的属性，观众可以进入虚拟的比赛场来观看比赛。虚拟的观赛场馆可以分为对现实中存在场馆的建模和完全虚拟化场馆。未来电竞赛事举办可能只需要现实中场馆的授权，对现实场馆进行建模，实现虚拟观赛场景的构建，而且可以随时更换场馆和反复利用这些数字资产。完全虚拟化的场馆是指现实中并不存在，完全通过虚拟技术构建的场馆。这类场馆可以打破现实的束缚，创造出很多造型奇特的场馆，场馆的氛围也可以与游戏和电竞元素进行完美的结合。

电子竞技观赛场景的另外一个变化是向游戏内观赛场景拓展，随着游戏渲染技术的增强和发展，观众可以通过 VR 等终端进入到游戏内部观看选手比赛。在游戏中观众可以根据自己的喜好实时跟踪某个选手的竞技过程，也可以按照制作团队的推荐来观看游戏内的热点事件。观众的视角会在选手使用的英雄和角色附近，近距离感受到游戏竞技过程中的各种技能和技能特效。这种身临其境的体验感和各个角度来欣赏比赛的新奇感将会吸引很多观众和玩家。

观赛场景从现实场景向虚拟及游戏内观赛场景的拓展，会为赛事观赛提供新的体验，也为更多的技术创新和商业模式创新提供了新的机会和平台。

14.4.4 突破观众被动接受画面的传统转播模式

广播式的制作与转播模式从诞生之初就是观众只能被动接受内容的模式，而且这种模式一直沿用至今。虽然随着科技的进步，观众可以通过一些其他技术手段参与内容互动，例如短信平台、弹幕等，但主要的方式仍然是制作团队决定制作和播出的内容，观众只能观看。广播、电视节目、电视直播等都是这种方式。

观众如何影响或决定自己想要观看的内容，一直被认为是提升用户观看体验的重要手段。随着制作和传输技术的发展，传统体育赛事在这个方向也取得了一些进展。目前，有些传统体育赛事能够为观众提供多路制作信号，这些信号可能包括：转播的主信号、重点选手的实时跟踪信号、双方裁判和替补席的信号。多路信号增加了赛事呈现的维度，可以在重点事件发生时，观看到各类人群和区域的画面，更加全面地了解事件的情况和影响。观众可以在这些制作信号中不断自主切换，从而选择自己最想观看的内容。这种做法极大地增强了观众的自主性和参与感。

与传统体育赛事类似，目前一些重要的电竞赛事已经实现了几路流同时观看，为观众提供更多视角选择。例如，在《和平精英》PEL 赛事中，制作团队提供了多路战队视角，可以让战队的粉丝观看队伍竞技比赛的全过程。但在未来，电竞赛事制作与转播有可能做得更好。一些电竞游戏已经提供了用户自主 OB 的功能，例如《DOTA2》游戏。虽然在比赛的过程中，赛事制作转播团队提供的是官方制作的信号，但用户也可以进入游戏内部通过自己选择的 OB 视角观看比赛的过程。这种方式充分利用了游戏的功能和技术，提供了全新的用户观赛体验。

未来，电子竞技制作与转播将更加密切地与游戏内的功能结合，为用户提供丰富的画面选择，增强用户的互动性和参与感。用户可以自主选择 OB 视角、解说声音、甚至可以选择英雄的皮肤、录制精彩镜头等。这些互动方式不会影响比赛公平竞技的竞技属性，但极大地增加了电子竞技内容的互动性和表现力，最终突破观众被动接受画面的传统转播模式。

14.4.5 VR 及元宇宙游戏的电竞制作与转播探索

随着 VR 技术和触感技术的发展，VR 各项体验会不断提升，最终元宇宙会从概念变为现实。在 VR 及元宇宙技术不断发展的大背景下，VR 游戏及元宇宙游戏一定会产生，而且会成为 VR 和元宇宙的重要应用之一。针对 VR 游戏及元宇宙游戏的电竞赛事制作与转播，也是未来电竞赛事面临的新问题。

VR 技术与元宇宙技术的最大突破就是将目前平面视频的观看方式转为立体沉浸式的观看模式。这种观看模式的改变，必将引发视频及内容行业制作和呈现方式的巨大变革，甚至引发整个产业链发生革命性的变化。

未来，VR 及元宇宙游戏的电竞制作与转播将会为用户和观众提供什么样的新奇体验，目前也只能进行一些推测和探索。VR 及元宇宙游戏的电竞制作与转播可能会面临两个突出的方向性问题，这两个方向性问题的确定和解决最终决定了制作和转播的基本方向。一是用户在 VR 及元宇宙中直接观看电竞赛事还是通过其他的终端观看电竞赛事；二是制作团队在现实世界中通过技术手段制作和转播赛事还是进入 VR 及元宇宙的虚拟环境中，使用虚拟的设备和技术来制作和转播电竞比赛。影响这两个问题的因素很多，这两个问题也可能会因为技术的进步而产生变化。在技术不断进步的整体过程中，需要找到影响这两个问题的关键因素。

用户在 VR 及元宇宙中直接观看电竞赛事还是通过其他的终端观看电竞赛事，问题的核心取决于观看的体验。二者观看的体验是决定用户采用何种观看方式的关键因素。VR 及元宇宙观看可以让用户拥有更多的自由度，获得沉浸式的体验，但信息角度过多可能导致重点不太集中。目前平面显示设备的观看虽然缺少自由度及沉浸式的体验，但容易让用户更加聚焦重点。针对不同类型的游戏，用户可能会采用不同的观看方式。例如，在赛车竞速类的游戏中，游戏焦点只有速度超车及少量的技能操作，可能选择元宇宙的方式观看会获得更好的用户体验。而对于特别复杂的游戏，平面观看方式可能是更好的选择。未来随着技术的不断进步，可能在元宇宙系统中同时提供这两种方式。

制作团队在现实世界中通过技术手段制作和转播赛事，还是进入 VR 及元宇宙的虚拟环境中，使用虚拟的设备和技术来制作和转播电竞比赛主要取决于是否能够达到更好的制作效果和更高的制作效率。初期，VR 及元宇宙技术发展得并不成熟，制作与转播团队一定是在现实的世界中，通过设备和技术手段操作 VR 及元宇宙系统进行电竞赛事的转播。这样的制作方式直接且高效，而且能够获得很好的效果。未来，随着元宇宙技术的不断成熟，元宇宙中能够使用的功能和效果越来越多，进入元宇宙中转播可以获得比现实世界中转播更好的效果，制作团队会开始尝试进入元宇宙中制作和转播电竞赛事。最终，如果元宇宙能够完全满足制作与转播的要求，且更加便捷和高效，现实世界中的导播间就没有存在的必要，所有的制作人员可以在各自的地点进入元宇宙中开始制作与转播。

虽然制作团队未来有可能完全进入元宇宙系统中进行电竞赛事制作与转播，但这只是基于现有情况的推断，虚拟技术的发展可能会促使现实社会产生新的需求。虚拟是否能够完全取代现实，以及取代什么样的现实，都是技术发展中面临的阶段性问题。虚拟和现实的关系应该是相互促进、共同向前的，相信未来最先进的电竞赛事制作与转播会是虚拟和现实结合的方式。

14.5 对其他行业的影响力不断增强

电子竞技赛事制作与转播在未来的一个发展变化，突出特点就是对于其他行业的影响力不断增强，越来越成为一种新生的力量，与其他行业相互影响。未来，电子竞技赛事制作与转播可能对传统电视转播行业、游戏研发行业和其他内容制作行业产生影响。

14.5.1 对传统电视转播行业的影响

最初，电子竞技赛事制作与转播学习和继承了传统电视内容制作与转播行业，可以说电子竞技制作与转播行业是传统电视转播行业在电子竞技领域的拓展和应用。电子竞技制作与转播行业的理念、设备及技术、工作流程、工作标准很大程度上来源于传统广播电视行业，只是在应用的过程中针对电子竞技赛事这一新的题材进行了一些适配和优化。

随着电子竞技产业的快速发展和更复杂电子竞技赛事转播的需要，电子竞技制作与转播逐步需要解决很多特殊的转播场景和转播需求，而这些转播场景和需求是传统体育赛事转播和电视转播中不存在、也不需要考虑和解决的。在这种发展背景下，电子竞技赛事制作与转播不断拓展新的领域，研发新的技术和设备，最终创新形成了新的电竞赛事制作与转播体系。

未来，电子竞技赛事制作与转播体系中的一些特殊场景、创新应用、新的技术和设备，一定会越来越影响到传统体育转播与电视转播行业。随着科技的发展进步，电子竞技赛事制作与转播中使用到的游戏画面处理、信息技术与转播技术相结合、信息技术对现场设备的控制、AI 的使用等理念和技术一定会对传统电视转播行业产生影响。传统电视制作和转播行业也会与电子竞技赛事制作与转播不断沟通交流，甚至向电子竞技赛事制作与转播借鉴和学习一些新的技术和理念，促进双方的共同发展。

14.5.2 对游戏研发行业的影响

电子竞技赛事制作与转播涉及的游戏内容起源于游戏研发，没有游戏研发的 OB 及图像和信息获取技术的支持，电子竞技赛事制作与转播无法处理游戏内的画面和信号，电竞赛事制作与转播也就无从谈起。目前，可以说游戏研发提供的 OB 及其他赛事转播功能，很大程度上决定了电竞赛事转播的质量和效果。游戏研发提供的 OB 功能越强大，电竞赛事制作与转播的效果越好，反之亦然。所以基于目前电竞转播的实践，从表面上看，游戏似乎完全决定了电竞。

然而，游戏和电竞的关系并不仅仅是游戏决定电竞这么简单。从某种角度上看，游戏似乎决定了电竞制作与转播的工具，但电竞制作与转播的思路也会影响游戏的研发。游戏和电竞虽然联系十分紧密，甚至密不可分，但终究是有一定的区别。游戏产品研发的思路主要是游戏要好玩，好玩决定了游戏产品的一切；电子竞技赛事制作与转播的思路主要是内容要好看，好看决定了电竞赛事的一切。

目前，基于现有的游戏产品竞争情况，游戏研发的思路首要是确保游戏好玩，很多游戏在大火之后才考虑到电子竞技制作与转播的问题。电竞赛事制作与转播所需要的功能在游戏研发前期根本没有考虑。很多游戏对于 OB 系统的重视程度远远没有游戏本身高，游戏研发团队的首要工作重心还是放在游戏如何能够获得成功上。但未来随着游戏产品间竞争的不断加剧和升级，甚至出现一些定位于电竞的游戏产品，游戏产品研发的思路会从好玩发展为兼顾好看。而且游戏竞技过程好看也是未来游戏宣传推广的重要手段。已经有一些品类的游戏产品因为游戏过程充满看点，十分利于直播宣传而获得巨大的成功。

这种内容好看的思路会逐渐影响游戏的开发者，成为未来游戏研发思路的重要组成部分。电子竞技制作与转播对于游戏研发行业的影响力也会随之不断增强。

14.5.3 对其他内容制作行业的影响

电子竞技赛事制作与转播是内容制作行业的新兴产物。电竞赛事内容从其他形式的内容制作行业吸收经验，也与已有的内容制作行业竞争观众的观看时间，同时也向其他内容制作行业输出自身的制作思路、创新技术和实践经验。随着电子竞技赛事制作与转播的不断发展，它与其他内容行业的交互不断增加，对其他内容制作行业的影响力也不断增强。电子竞技赛事制作与转播以及电竞赛事内容会为其他内容制作行业提供题材和素材、创新的技术以及虚拟和现实相结合的内容制作思路。

随着电子竞技赛事的持续火热，电子竞技赛事制作与转播出内容以及电竞内容会成为其他内容制作行业的题材及素材。近年来，影视行业、真人秀等娱乐内容行业出现了很多电竞相关题材的作品。在这些电竞题材的作品中，电竞赛事是其中很重要的内容环节，电竞赛事制作与转播也成为制作这些内容的基础。同时，电子竞技赛事的内容也是其他内容的基础素材。电竞内容具有公平竞技、积极向上的特点，已经被越来越多的内容形式所剪辑和采用，成为重要的内容品类。

电竞赛事制作与转播过程中创新研发的各项技术也会不断地被应用到其他行业的内容制作中。例如，电子竞技赛事制作与转播过程中对于屏幕内容和灯光的程序控制就可以应用到传统的晚会及演唱会之中，提升内容编排和彩排的效率。电子竞技赛事制作与转播过程中产生的信息技术与广播电视技术的结合应用，也是未来广播电视行业会不断应用的方向。

因为游戏的虚拟性特点，电子竞技赛事制作与转播中需要应用的虚拟与现实相结合的制作思路也会逐步影响到其他内容制作行业。很多内容制作行业都已经向虚拟制作方向发展，电子竞技赛事制作与转播在虚拟制作方面实现的应用和取得的进步，一定会被应用到其他内容制作行业中。

沉浸式电竞赛事转播系统的探索

之前的章节探讨了电子竞技赛事制作与转播发展的趋势和方向，以及新技术的广泛应用可能带来行业变革，最终打破传统转播的束缚，创造出新的制作与转播模式。未来随着VR 技术和元宇宙的发展，一定会从根本上改变目前平面视频的观看体验。

VR 技术、元宇宙以及触感技术还需要经历很长一段时间的发展历程，在观看体验逐步从平面观看发展为立体沉浸式观看这个漫长的过程中，电子竞技赛事制作与转播如何发展，是否会存在一个阶段性的、比较具体的电竞产品形态作为承上启下的过渡？根据过往对内容产品的理解、制作转播的经验以及技术上的可实现程度，本书提出了沉浸式电竞赛事转播系统的设想，并对这一设想的理论基础、系统架构、功能和优势、实现难点及问题进行了分析和阐述。

14.6.1 游戏主“玩”与电竞主“看”的核心理念

电子竞技赛事源于游戏，基于游戏。在现阶段，电子竞技使用游戏产品举办比赛，电子竞技赛事制作与转播使用游戏的画面呈现比赛。未来，电子竞技赛事制作与转播是否只基于现有游戏系统即可，是否有必要形成独特电竞的制作与转播系统，是讨论电竞转播系统必要性的重要前提。独特的电竞制作与转播系统并不是脱离游戏，只是与目前的游戏系统有不同的定位和展现形式。

任何系统设计和建设的核心理念都是最大限度地满足功能和需求。如果游戏和电竞的核心功能是一致的，独特的电竞转播系统就没有必要存在，如果游戏和电竞的核心功能是不同的，独特的电竞转播系统就有存在的必要性和可能性。游戏是交互类的产品，它的最大功能和需求是玩游戏，游戏需要考虑的核心问题是如何好“玩”；而电竞是内容型产品，它的最大功能和需求是看游戏或看比赛，电竞需要考虑的核心问题是怎样好“看”。“玩”和“看”核心理念的不同是独特的电竞制作与转播系统存在的前提。如果游戏和电竞系统分别能够解决“好玩”和“好看”的问题，就是最佳的解决方案。

“玩”和“看”是不同的用户体验，可以通过一些电竞赛事的实际收视数据表现来证明。在游戏发展的初期，很多用户以体验游戏为主，这个时候游戏用户的数量要大于电竞用户；而到游戏发展的后期，很多用户已经很少玩这款游戏，但是用户会看这款游戏的电竞比赛，这时电竞用户的数量可能超过游戏的用户。这与其他传统体育赛事类似，大家可以观看足球和篮球比赛，欣赏职业球员精彩的表现，但是在现实的生活中，由于各种原因很少去踢足球和打篮球。

“玩”和“看”是不同的用户体验，是电竞系统有必要在一定程度上独立于游戏系统存在的前提条件。游戏的首要任务和核心关注点是如何好“玩”，在某些方面可能没有想到如何满足好“看”的需求，有时对好“看”兼顾过多甚至可能造成游戏操作不方便或者显示了很多与好“玩”不相关的无效信息，影响了玩家的体验。将好“看”的需求通过另外的系统实现以及如何做到好“看”是电竞系统设计和实现的基础理论和核心理念。

14.6.2 沉浸式电竞赛事转播系统的设想

提供独特的画面和强大的转播功能是电竞转播系统的核心定位，这个核心定位的前提是完全重现游戏系统内比赛过程。电竞系统不能脱离游戏比赛的真实过程而提供一些没有发生的画面。完全重现游戏内过程，并用虚拟现实（Virtual Reality，VR）技术提供沉浸式观赛方式是沉浸式电竞观赛的核心思路。

虚拟现实的三个基本特征分别是想象（Imagination）、交互（Interaction）及沉浸

（Immersion），就是现在广为熟知的“3I”理论。其中，沉浸是构造虚拟空间，打破虚拟与现实边界，以及平面观看模式向沉浸式、立体式观看模式升级的重要理论依据，也是新一代电竞赛事转播系统探索的方向。

基于这一思路，本书提出了沉浸式电竞赛事转播系统的概念，将虚拟世界的游戏过程重构成另一个虚拟世界的电竞比赛过程。电竞比赛过程完全模拟游戏过程，只是图像更加精美、模型更加精细，甚至由平面的图像转化为 3D 立体的虚拟场景及效果。沉浸式电竞赛事转播系统是沿用了虚拟现实的概念，拓展了应用的范围，实现了从游戏到电竞的虚拟现实应用。

游戏过程到电竞过程及场景的重构依靠数据及模型实现。在电竞系统中可以预先导入游戏的图像、模型、模型的各种特效。这些图像和模型可以画质更好和精度更高，不必考虑游戏运行时的效率问题和游戏设备的发热及承载问题。

重构电竞比赛过程通过游戏系统向电竞系统传递数据，并在电竞系统中根据数据驱动模型来实现。游戏系统向电竞系统传递的数据并非游戏的全部数据，而只是用于重现比赛过程的数据。这些数据包括：游戏的对象、对象的位置、对象属性的变化、对象产生的动作和事件等。

游戏的对象是指游戏中可以产生变化的对象，例如英雄、士兵、子弹、建筑等。对象的位置是指对象的移动轨迹和所处的空间位置。对象属性的变化是指对象各类数值和装备的变化，例如，增加了等级、增加了生命值、购买了新的装备等。对象产生的动作和事件是指对象的行为和产生的效果，例如对象攻击、释放技能、受攻击死亡等。通过预先导入的模型和驱动模型变化的数据，电竞转播系统理论上可以再现游戏的完整过程。基于新的电竞转播系统开发相应的转播功能，完成更好的图像和视角选取，实现更好的转播效果。

传统体育赛事也在进行类似的探索。2022 年 NBA 全明星周末上，转播团队采用了被称为“容积影像”全新摄影技术，也推动着体育行业向元宇宙时代迈进。容积影像（Volumetric Video）技术是用多个高分辨率摄像头，从不同角度捕捉人像的拍摄方法。被容积摄影捕捉的空间信息，形成立体影像数据，将所拍摄的图片或视频，转换为带有动画的模型数据。在 NBA 全明星周末的扣篮大赛上，在球星完成扣篮后，仅仅几秒钟的时间，一个可以 360° 全角度观看的 3D 模型已经随之生成，让球迷置身于电子游戏般的虚拟场景中。

传统体育采用了拍摄和建模技术完成了运动员动作和比赛场景的再现。游戏和电竞基于模型和数据交互驱动进行重构，理论和实践上比传统体育更加容易实现这类功能，未来应用也会更加普遍和广泛。

14.6.3　沉浸式电竞赛事转播系统的架构

在讨论沉浸式电竞赛事转播系统的架构之前，我们先来分析一下现有的电竞赛事转播系统的架构。现有系统的架构如图 14-2 所示。

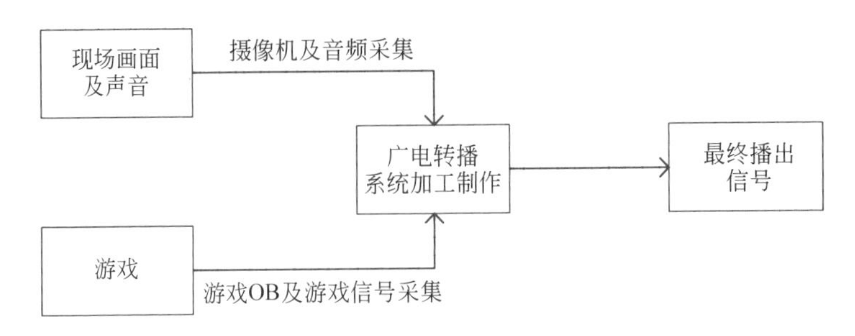

图 14-2　电竞赛事转播系统的架构

通过对现有系统的架构图进行分析，可以了解到，现场画面及声音通过摄像机及音频采集进入广电转播系统，游戏画面通过游戏 OB 及游戏信号采集进入广电转播系统，两种信号在系统中进行加工制作，最终得出播出的信号。在现有的系统中，游戏画面依靠游戏 OB 及游戏信号采集。

未来，在沉浸式电竞赛事转播系统中，游戏内的画面不完全来自游戏 OB 及游戏信号采集，可以突破游戏自身界面的局限。未来系统的架构如图 14-3 所示。

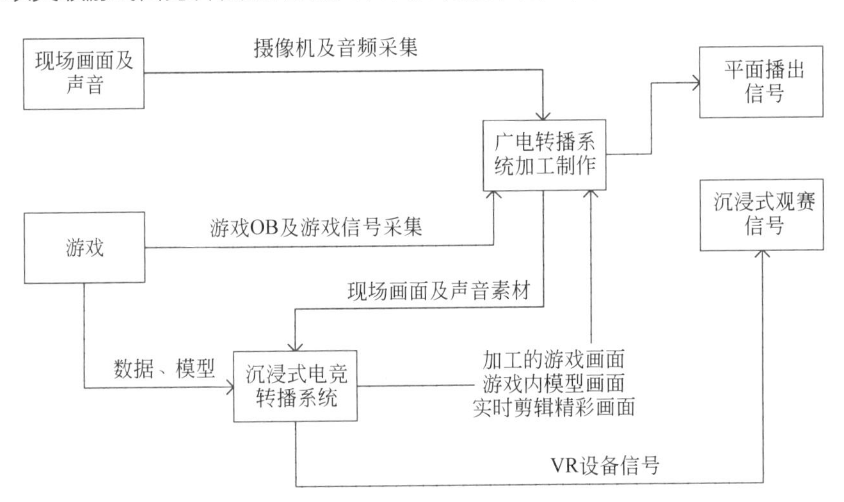

图 14-3　初级沉浸式电竞赛事转播系统架构

在未来系统中，游戏可以将数据和模型输入到沉浸式电竞转播系统中，通过模型和数据在系统中完全重现游戏比赛的过程。沉浸式电竞转播系统可以突破游戏原有界面的限制，重现更加精美的画质和图像品质，甚至可以将平面视角转化为 3D 视角。沉浸式电竞系统可以接收现场画面及声音素材，将加工后的游戏画面、游戏内模型的画面、实时剪辑的精彩画面输入到广电转播系统制作架构，最终输出播出信号。沉浸式电竞转播系统将为用户提供更为精彩的游戏相关画面和视角。沉浸式电竞转播系统也可以通过 VR 设备为用户提供沉浸式的观赛信号。在这个阶段平面观赛模式仍然是主流的观赛模式，所以广电转播系统仍然处于转播系统的核心位置。

随着沉浸式电竞转播系统功能的完善、算力的增强、稳定性的提高，尤其是云计算和实时渲染技术的发展，沉浸式电竞转播系统有希望取代传统广电系统在制作与转播中的核心及聚合地位，成为整个制作与转播系统的中心。这个阶段 VR 设备的使用，沉浸式观赛方式成为了观看电竞赛事的主流方式，赛事观赛模式由平面视频观看模式彻底升级为沉浸式立体观赛模式。以沉浸式电竞赛事转播系统为中心的架构如图 14-4 所示。

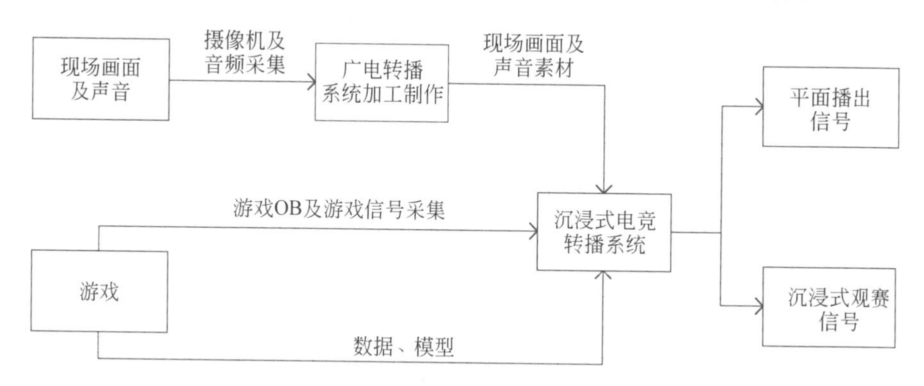

图 14-4 以沉浸式电竞转播系统为中心的架构

未来传统的广电转播系统也会向云制作的方向发展，广电设备的基础技术和功能效果也都会依赖云技术强大的算力实现。在更远的未来，广电系统可能与沉浸式电竞转播系统合二为一，广电转播方式进行彻底的变革。

14.6.4 沉浸式电竞赛事转播系统的功能和优势

沉浸式电竞赛事转播系统具有强大的功能，与之前的电竞转播系统相比，具备明显的优势，能够为用户提供更好的观赛体验。

首先，沉浸式电竞转播系统提供了新的画面和视角。所有类型的制作与转播都是对各类画面的混合、加工和制作。内容源头上提供的画面品类越丰富，画面质量越高，理论上制作出的内容越精彩。之前的电子竞技赛事制作与转播本质上就是现场画面和游戏内 OB 画面的组合。沉浸式电竞转播系统打破了只能依靠游戏界面和游戏 OB 功能的限制，可以为观众提供更为丰富的视角和画面，并提升画面质量甚至实现 3D 的效果，从根本上改变电竞转播中游戏部分的画面局限和功能局限。

其次，沉浸式电竞赛事转播系统提供了更多的转播功能，可以实现更好的转播思路和转播效果。新系统不需要考虑游戏运行效率的影响，可以采用更高的画质，更精细的模型，甚至构建立体效果。新系统不依靠游戏的功能，可以提供更多的游戏 OB 视角、灵活的游戏内对象跟踪和多角度的镜头使用以及延迟 OB 和时间进度调整等功能，方便转播人员抓取画面与编辑画面。新系统还可以改变游戏界面的信息显示，根据观看的需要提供有效的信息，实现类似 HUD 系统的功能，甚至可以根据节日和地区调整电竞比赛时游戏内的环境显示。电竞转播系统可以更好地与 AI 相结合，实现更好的 AI 自动 OB 和 AI 剪辑等功能。有这些强大功能的支撑，未来在赛事的直播过程中就可能实现电影级别后期制作的效果。例如，在 FPS 比赛转播中，由于延迟 OB 的功能，可以预知击杀的最终结果，不再会切到被击杀者的镜头。在 OB 延迟的这个时间段内，AI 导播可以根据脚本灵活地运用 OB 镜头并使用时间进度调整功能剪辑成电影级别的画面。例如，精彩击杀的画面包括：开枪时子弹冲出枪管的慢放镜头、跟踪子弹运行轨迹的追踪加速镜头、击杀敌人的慢放镜头等。让观众身临其境，获得更好的观赛体验。

再次，沉浸式电竞赛事转播系统独立于游戏客户端和服务器而存在，对游戏客户端的影响小，可拓展性强，安全性高。如果没有沉浸式电竞赛事转播系统，要想实现更多的功能只有在游戏客户端、游戏服务器或游戏比赛服务器上实现。游戏比赛服务器是专门为比赛研发的游戏服务器，虽然在电竞转播功能方面比游戏客户端和服务器强大，但在目前阶段，游戏比赛服务器也是基于游戏客户端和服务器的功能，受到它们的限制。游戏客户端和服务器的首要功能是保证游戏正常运行，玩家游戏体验顺畅。没有必要提供过高的画质、更精细的模型，造成游戏的资源文件过大，影响游戏运行的效率。游戏的 OB 各项增强功能，例如，延迟 OB 功能、调整进度功能等，也会使游戏客户端和服务器的程序更加复杂，引起更多的运行风险。而且之前如果游戏没有考虑如此强大的转播功能，可能一些转播功能的实现涉及对游戏底层架构和核心代码的调整，实现起来非常烦琐，而且风险性极高。所以将电竞赛事强大的转播功能通过数据传输和过程重构的方式在另外的系统实现，对于游戏客户端和服务器是最优的选择。

最后，沉浸式电竞赛事转播系统未来甚至可以作为第三方的独立系统和功能，支持跨游戏使用，为多个游戏提供服务，提高每个游戏在电竞赛事制作与转播方面的效率。由专业的系统完成某方面专业的工作，是系统设计理论上的原则。游戏系统完成玩游戏的工作，电竞系统完成转播和展现的工作，两个系统之间定义清楚数据接口，在电竞转播系统中重现游戏比赛的过程。如果电竞转播系统找到了跨游戏的解决方案、清晰准确地定义接口数据的要求，未来理论上可以为多个游戏提供服务。游戏研发工作就不要考虑游戏 OB 功能等涉及电竞转播的问题，而将这些问题全部交由沉浸式电竞赛事转播系统实现，明确了系统分工，提高了研发效率。

14.6.5 沉浸式电竞赛事转播系统的实现难点及问题

沉浸式电竞赛事转播系统功能强大，可以从根本上提升用户的观赛体验，但是它的研发和实现是具有一定的难点和问题的。主要的难点和问题并不是技术如何实现的问题，而是在现有电竞转播的基础上，另外研发这样一套电竞转播系统的驱动力以及产生的收益。

一个系统的研发和出现并不完全取决于它实现了什么功能，更重要的是它是否能够创造价值。创造商业价值往往成为新系统研发的直接驱动力。沉浸式电竞赛事转播系统提供了更好的观赛体验，如果这类观赛体验的提升能够与创造的商业收益直接相关，电竞系统会毫无疑问地会被迅速研发出来。如果仅仅是提升了观赛体验，并没有创造额外的价值，系统研发就会暂缓，甚至不会启动。事实上，电竞转播系统的研发与电竞创造的商业价值直接相关，尤其是与电竞赛事的版权相关。目前，传统体育赛事的商业价值远远高于电竞赛事，所以各项新的技术会不遗余力地被应用在赛事转播过程中。未来随着电竞版权商业价值的提升，提升赛事的观赏性能够直接创造商业价值，当版权方愿意支付更高的版权采购金额或者用户愿意为了更好的观赛体验而付费，沉浸式电竞赛事转播系统就一定会被研发出来。与此同时，还有更多的先进技术会被应用到电竞赛事制作与转播中去。

同品类电竞游戏间的竞争加剧，导致电竞赛事的重要性提升，也会促使沉浸式电竞赛事转播系统的研发。未来随着游戏间竞争的加剧，可能存在同一品类多款电竞游戏持久竞争的局面，如果游戏产品层面的竞争僵持不下，电竞赛事可能成为电竞游戏制胜的砝码。为用户提供更好的观赛体验成为影响电竞游戏竞争成功的重要因素，沉浸式电竞赛事转播系统就会被启动研发，因为游戏的成功与失败造成的收益差距是巨大的。

如果第三方的电竞公司准备研发这样的电竞转播系统，就必须解决与游戏公司的战略信任问题。电竞转播系统虽然在理论上可以由第三方公司研发，被各个游戏使用，但存在大量的安全和信任问题。游戏公司需要提供游戏的品牌形象的授权、游戏中的各类模型和一些游戏过程数据。这类数字资产和数据是游戏公司的核心机密，第三方公司必须与游戏公司达成高度的战略互信才能研发这样的系统。

一些强电竞属性的竞技游戏基于长久竞争力的考虑，可能会研发这类电竞转播系统。一些强电竞属性的游戏公司可能会统一研发一套电竞系统，为公司内所有的电竞游戏产品使用。理论上，这对于电竞游戏产品较多的游戏公司也是比较理想的解决方案，该公司旗下的所有电竞产品在研发的过程中可以不必考虑未来电竞赛事转播的需要，专心研发游戏产品，仅仅按照电竞系统的接口要求提供模型和部分数据即可。

基于现有的技术条件和游戏的多样性的特点，沉浸式电竞赛事转播系统有可能做不到非常广泛的通用性，因此无法支撑多款不同类型游戏的使用。这就需要电竞系统针对某款游戏的特点，进行一定的定制化开发。如果通过重现比赛过程实现更好的电竞赛事转播的思路被更多的游戏开发者所认可，也可以在游戏研发和设计之初就考虑到模型和接口数据的模式，为后续电竞系统的开发提前做一些准备。

第 15 章

转播的艺术及手艺和AI转播

电子竞技赛事制作与转播是艺术的呈现，在实现艺术的过程中需要转播人员具备丰富的经验和高超的技能，制作人员像打造一件艺术品一样使用各类转播设备实现最终的效果，这就是转播过程中体现出的制作人员的手艺。

目前，由于 AI 技术的不断发展，AI 已经可以部分实现游戏内画面的自动切换功能。未来，随着 AI 技术的不断突破和发展成熟，制作人员的艺术及手艺是否会被 AI 转播所取代，这个问题是艺术与技术发展中普遍遇到的问题，也是人类创意与智能工具如何相处、相融的关系问题。这类问题在各类行业普遍存在，很多行业都存在对于 AI 发展的未知和恐惧。

本书在最后的章节从电竞赛事制作与转播的角度作为切入点，探讨二者的关系问题，希望能够抛砖引玉，引发更多的思考。

15.1 赛事制作与转播的艺术和手艺

电竞赛事制作与转播工作是艺术与手艺的结合，只有艺术思想与实践落实达成统一才能够实现优秀的转播效果。

15.1.1 赛事制作与转播的艺术

什么是艺术？这是一个人人可以感知到，但是又说不清楚的问题。有很多古圣先贤和知名学者对这个问题进行了思考和探索。本书不再赘述和讨论。

本书认为，赛事制作与转播中体现的艺术创意是指为了实现某种转播目的和效果在制作与转播时的制作人员的想象、创意、策划和思考。这些思考活动体现出的最终结果就是艺术的表现形式。转播的目的和效果可能包括：赛事精美的呈现、游戏文化的展现、明星的包装、竞技精神的弘扬、观众观赛的愉悦感觉等。为了实现这些目的和最终效果，制作人员开始进行赛事的艺术创意，希望能够提出新颖和优秀的策划方案。

15.1.2 赛事制作与转播的技术和手艺

为了实现赛事的目的和效果，赛事制作与转播中会应用很多的技术和设备，这些技术和设备是实现目的和效果的前提保障。没有摄像机、切换台等硬件设备，没有使硬件发挥作用的各种软件，制作人员就如同巧妇难为无米之炊。

在艺术创意及目标的指导下，如何使用这些技术和设备以及使用的水平就是赛事制作与转播中体现出的手艺。例如，摄像人员如何运用摄像机进行拍摄，高超的拍摄水平会采用适当和新颖的视角，既能够有效传递镜头语言，又能够让观众眼前一亮。摄像人员的基本功又能够保证摄像机移动稳定顺畅，不会出现画面的抖动与卡顿。赛事导播在转播过程中眼观多路信号，在其中选取最合适的画面切换给观众观看，或在脑中根据对赛事进程的理解以及预先策划镜头语言指挥各路摄像机拍摄画面，或针对赛事中突发的看点和亮点，迅速调整转播策略并指挥摄像人员记录下难忘的精彩瞬间，让观众产生情感上的共鸣。这些操作和执行的细节都需要制作人员具备丰富的经验和经年累月的反复练习，所以说赛事制作与转播也是一门手艺。

15.1.3 艺术与科技的关系

赛事制作与转播中的艺术创意、技术以及手艺，体现的是艺术和科技的关系，也是天马行空的想象力和脚踏实地的执行力的关系。艺术与科技的关系是相互影响和相互促进的关系。

首先，艺术的想象决定了科技所要实现的问题和发展的方向。例如，嫦娥奔月是艺术的想象，而人类发射宇宙飞船实现登月就是科技的实现。没有艺术的想象就不会有实现的动力，就不会实现人类的一个个的梦想。从这个角度上讲，艺术代表着人类想象和需求的方向，引导着科技向前不断的发展。

另外，科技的水平也会制约或者促进艺术的想象。很多神话和想象都是基于当时科技水平的拓展。例如，孙悟空的筋斗云、哪吒的风火轮以及各路神仙的坐骑都是动物的形象，这些都是基于早先人类基于对于云彩、车轮、动物等事物功能的扩展想象，较为自然和原始。很少发现哪些上古神话中神仙的坐骑是摩托车、汽车和飞机等机械设备，因为这些工业化的产品远远超出那个时代的科技水平，超出了人类祖先对世界的认知力和想象力。科技发展为人类带来了很多新生事物，也拓展了人类艺术想象的边界，基于现有的科技可以做出更加大胆的推测和想象，因此，现代的科幻作品中就很容易出现宇宙飞船、时空穿梭、外星生物等。未来随着科技的继续发展，发展到超出现在人类的想象阶段，未来的人类看到现在的这些宇宙飞船和外星生物的想象力，可能也会觉得有些原始。

15.2 转播中信息技术的应用与AI转播

电子竞技赛事制作与转播中已经采用了大量的信息技术，这些信息技术的应用提高了转播的工作效率和最终呈现的效果。这些技术应用的发展方向不可避免地指向了 AI 转播，未来的电子竞技赛事制作与转播必然要面对 AI 转播带来的冲击。

15.2.1 信息技术的应用和带来的改变

各类信息技术在电子竞技赛事制作与转播中得到了良好和广泛的应用，这是电竞赛事制作与转播的突出特点之一。电子竞技赛事基于游戏这类信息科技产品，天然可以与信息技术进行更好的结合。

信息技术的应用给电子竞技赛事制作与转播带来了很多的改变与提升。首先，信息技术提升了转播的效率，使原来复杂的工作变得简单。例如，《王者荣耀》赛事 KPL 在选手 B/P 环节后需要显示一个对阵的画面，这个画面中包括 10 名选手、10 个英雄、10 个召唤师技能。如果采用传统广电的解决方式需要在字幕机中选择 30 次，效率不高且容易出错。KPL 制作团队使用了图片识别技术，自动识别选手在游戏内的选择和匹配，并生成显示画面，提升了转播效率，降低了人工选择的错误率。

其次，信息技术的应用提升了转播的效果，实现了很多广电技术无法实现的功能和效果。例如，在电竞比赛的现场经常会大面积使用 LED 屏幕，LED 屏幕的显示效果通常由信息技术实现。LED 地屏经常需要同步显示游戏中的进程，如游戏中摧毁某座防御塔，地屏也要显示该防御塔被摧毁。传统广电技术对于大屏幕显示的控制是播放一个预先制作好的视频素材，因为无法估计游戏进程，所以传统广电播放素材的方式无法实现这个地屏效果。电竞赛事制作团队通常会开发一个小程序，小程序的界面可以根据游戏进程控制地屏，比赛中哪座防御塔被摧毁掉，就通过小程序实现 LED 地屏效果播放。通过使用信息技术，赛事转播技术可以更加灵活多变，实现了很多新颖的效果。

最后，信息技术的应用增加了赛事的话题和看点。比赛的胜负预测就是信息技术增加赛事看点的案例。通过信息技术可以对对阵双方的历史数据进行分析，在比赛前预测结果。同时，在比赛过程中，也可以通过对局势的分析，实时预测比赛的结果和胜负的概率。这些预测往往会成为观众新的看点，给观众留下深刻的印象。同时，观众也会将预测结果和自己内心的判断进行对比，更深入地了解和欣赏比赛。

15.2.2　AI 转播带来的冲击

各类信息技术在电竞赛事制作与转播中的广泛应用提升了转播的效率和效果。制作转播团队在享受信息技术带来便利的同时，也对未来技术的大量应用产生了期望和担忧，尤其是在 AI 技术被逐步引入到电竞赛事制作与转播中去，对制作团队刻苦训练才掌握的转播手艺带来了冲击。

最初，信息技术的广泛应用主要是用于解决工作效率和正确率的问题，深受制作与转播团队欢迎。例如，之前提到的图片识别生成比赛双方的对阵图，LED、灯光和音响的同步触发实现现场效果等。这些工作场景需要操作人员密切关注发生的情况，集中精力、配合默契，进行烦琐的操作，几乎一刻也不能放松。具有正规直播工作经历的朋友会充分了解，在任何形式的直播中，工作强度都是很高的。直播人员一直处于高度紧张的状态，心理压力巨大。遇到长时间的直播工作时，直播人员工作难免会出现瑕疵和纰漏，由于心理压力大，甚至在直播过程中“一错再错”，最终造成播出事故。有时为了保证转播的效果，转播过程中，通过更换制作团队等方式，来保持制作团队头脑清醒、提高工作准确率。信息技术的应用部分解放了直播人员，降低了工作的复杂度，提升了效率和正确率，减少了直播事故的发生。

随着 AI 技术的引入，直播人员发现信息技术不仅可以提升工作效率，也可以帮助直播人员做一些转播决策。目前，某些游戏可以提供自动 OB 的功能，由 AI 自动切换游戏内的图像及视角，自动 OB 功能可以在赛事制作与转播中直接使用，减少了人力，提升了效率。某些游戏电竞产品不仅可以自动切换 OB，也可以由 AI 直接解说赛事。按照这个趋势发展下去，技术人员根据转播人员的转播方法，不断编写脚本训练 AI，AI 通过反复学习，最终会实现很好的转播效果。到那时，AI 是否能够完全取代转播人员进行赛事的制作与转播，这是所有拥有转播手艺的电竞赛事转播人员和转播机构需要面对的终极问题。

15.2.3　电子竞技赛事更容易实现 AI 转播

虽然几乎所有的制作与转播行业都会面对 AI 转播这个问题，但是电竞赛事制作与转播行业会更早地面对 AI 转播带来的冲击，而且冲击也更为剧烈，因为电子竞技赛事制作与转播更容易实现 AI 转播。

与传统体育和其他形式的直播内容相比，电子竞技赛事制作与转播更容易实现 AI 转播的原因是电竞赛事选手比赛中相对静态的特点和游戏信息产品的属性。这两个特点和属性导致现场画面和游戏内画面比较方便 AI 处理，比较容易实现 AI 转播。

目前，电子竞技比赛过程中选手相对静态。电子竞技选手在比赛中一般是坐在椅子上操作竞赛设备，动作幅度较小。这种动作幅度小的特点便于 AI 摄像机或摄像机器人抓拍选手镜头。而在传统体育赛事中，选手运动范围、动作幅度都比较大，移动速度也比较快，有时会产生剧烈的身体接触和对抗。这种情况下，AI 摄像机或摄像机器人需要图片识别或其他高级技术才能够取代人类的判断有效抓拍精彩的画面。现场画面的处理上，电子竞技赛事更容易实现 AI 处理。

电子竞技赛事游戏内的画面理论上更加方便 AI 处理，因为游戏是信息化的产品，比赛进行中会产生大量的数据，任何游戏的图像和界面都是根据数据生成的。游戏内对象和角色间发生的事件也都可以通过数据进行探测、选取视角、拍摄画面和复原画面。游戏是 AI 应用的最好场景，这也是很多游戏已经实现自动游戏 OB 和游戏解说的核心原因。一些电竞赛事已经使用图像识别技术和游戏接口数据分析的方式实现了 AI 自动 OB 的功能，并取得了一定的效果。目前，没有大规模地使用 AI 切换游戏画面和自动转播，主要的原因是 AI 技术的应用没有那么普遍，游戏研发的重心暂时没有放在电竞赛事制作与转播上。

15.3 转播艺术和手艺是否会被AI转播取代

AI 应用到电子竞技制作与转播中来，日益显现出强大的优势和广阔的发展前景。同时，随着 AI 技术的不断发展迭代，未来的 AI 功能和技术将更加强大，制作与转播的艺术和手艺未来仍然会存在还是会被 AI 转播所取代，是行业普遍关心的问题。这类问题也会存在于其他各类行业中。

15.3.1 部分取代与完全取代的博弈

随着 AI 技术的发展，肯定有一部分电竞赛事的制作与转播工作将被 AI 转播所取代。一些人认为，现有的制作与转播会逐步被 AI 完全取代，另一些人认为，无论 AI 技术发展到什么程度都不会完全取代人类的制作与转播。这个问题其实是 AI 转播部分取代人类转播还是完全取代人类转播的关系问题。两者的关系应该是矛盾的两方面，它们互相博弈、互相依存，共同向着未来不断发展。本节从 AI 转播使用的赛事范围、工作范围和未来需求发展三方面来分析这个问题。

在 AI 转播应用的范围上看，赛事的类型不同，AI 转播取代的程度不同。对于业余的非重要比赛，绝大多数会被 AI 转播所取代。这类赛事观众数量有限，重要性不是很高，赛事预算不高，赛事转播工作非常适合由 AI 转播处理。未来这类赛事将绝大部分采用 AI 转播和 AI 解说，节约了办赛成本，促进了电竞赛事的普及。在这类赛事举办过程中，效率优先于效果。而对于很多重大的职业电竞赛事，AI 技术虽然会有广泛的应用场景，但整体上不会完全取代制作团队。这类重大赛事观众数量庞大，重要性高，预算比较高，更加注重赛事制作与转播的效果。制作团队的创意、对赛事倾注的情感和临场的处理，会为观众带来更好的视听体验，这类赛事效果优先于效率。诚然，随着 AI 的发展，AI 可能也会取代部分的创意功能，但是对于人类特有的情感和处理很难交给 AI 转播解决。

从 AI 转播取代人工制作与转播的工作范围来看，AI 转播进入游戏赛事制作与转播是一个不断深入的过程。部分取代和完全取代本身也没有明确的定义和判断标准。只能说取代了哪些工作，或者更精确地说，是一项工作的哪些方面。例如，AI 技术的应用可以实现 LED、灯光和音响的同步问题，这也仅仅是触发和同步播放这一个环节。LED 屏幕显示的内容、灯光的特效和音响效果都需要人类进行编排和反复彩排测验。测试效果良好时，才会交给 AI 完成触发和同步播放这个环节的工作。所以更准确的说法是，AI 转播会取代目前转播中更利于 AI 操作的那些工作。

从赛事制作未来发展的方面来看，即使未来的 AI 很强大，AI 转播能够完全取代目前赛事制作与转播的全部工作，而且已经达到与现在转播几乎差不多的效果，但仍然无法取代人类转播。因为以发展的眼光来看，赛事转播的需求和水平也是不断发展变化的，现有赛事制作与转播的需求是基于目前的技术水平和实际情况提出来的。如果技术水平和实际情况发展变化，一定有新的需求产生。站在封闭的、不进步的角度上来看，AI 转播可能能够取代现在的制作与转播，但是随着科技的发展，人类对于转播的要求也会越来越高，而且可能就是 AI 转播这个智能工具导致了人类对于制作与转播的要求越来越高。未来，AI 转播很有可能满足现在制作与转播的需要，但无法满足与 AI 转播同时代的最高制作与转播水平的需要。

15.3.2 内容产品的属性决定共存的关系

可能有很多朋友仍然存在疑问，AI 转播完全无法完全取代人类转播的艺术和手艺的原因是在赛事类型、工作类型以及需求发展方面，AI 永远无法完全满足。以此类推，是否所有的行业都是如此，AI 在任何地方都无法完全取代人类的手艺。但又如何解释在围棋这样如此复杂的脑力运动中，AI 已经可以完胜人类。既然在围棋这么复杂的脑力运动中，AI 都可以取代人类，为什么说 AI 转播无法取代人类做制作与转播呢？

“AI 在任何方面都无法取代人类”和“AI 在任何方面都可以取代人类”这两种绝对性观点和说法都是不符合辩证法的。本书的观点是，AI 在围棋领域或者在电子竞技领域中会战胜人类，是由游戏产品的属性决定的；但是无法取代人类做电竞转播，是由内容产品的属性决定的。游戏产品和内容产品不同的属性，导致看似复杂的游戏产品可能容易被 AI 取代，而看似简单的内容产品反而不容易被 AI 取代。

游戏产品有明确的规则和评价标准，这个规则和标准就是赢得比赛。这个规则是非常清晰且具体的。这个明确的规则促进了明确的目标，导致 AI 可以在一个方向上不断地精深，反复地学习和训练，不断地强化自己。初期人类的创造力会让人类采用各种非常规操作来战胜 AI。但由于规则和目标是确定的，人类的各种方法也会因为这个固定的规则而变得有限。每种非常规方法只要 AI 经历了一遍，人类战胜 AI 的方法就少了一种。又因为 AI 运算的高效、不分昼夜的自我学习和训练、从不犯错的特点，导致终究会有一天，AI 会超越所有人类。围棋比赛如此，电子竞技比赛也是如此。未来，在这种看似复杂但规则固定且目标明确的比赛中，AI 终究会战胜所有人类。

电子竞技赛事制作与转播是内容型产品，内容型产品的突出特色是没有固定和明确的评价标准，而且内容形式需要不断变化，推陈出新。对于同样的内容，由于每个人的评价标准和喜好倾向也不同，可能会产生不同的评价。虽然有些朋友会说，个人的审美因为经历和喜好的不同而产生一定的差异，但大众普遍审美标准可能存在一个统一的基础或者范围，可以按照这个统一的基础和范围来模仿人类的转播，训练 AI 转播。按照这个方式训练的 AI 可能满足一段时间的需要，但由于内容行业需要不断变化，没有变化的内容形式会让观众产生审美疲劳。AI 转播模仿得再好，人们也会说看腻了。

内容的属性决定它是一个需要人类不断探索、不断推陈出新、永远没有明确标准的行业。人类在这个行业永远无法找到解决一切的灵丹妙药，因此永远没有尽头，而且可能之前认为正确的方向在新的审美条件下是错误的。在这样的行业，人类都还没有摸清楚规则而且可能也永远弄不清楚，AI 只有辅助人类去进行高效的探索和执行，永远没有尽头。

15.4 人类创意与智能工具的关系

转播的艺术及手艺与 AI 转播的关系本质上是人类创意与智能工具的辩证关系。人类与智能工具的关系是在新的科技和时代背景下，人与工具关系发展的新阶段。人类与智能工具的关系问题也普遍存在与各行各业中，对于人类的未来影响巨大，必将成为人类需要面对的终极问题。

对于这个问题，本书在最后的章节，没有严肃和详尽的理论和论证，只是尝试探讨一下人类创意与智能工具的关系问题，希望能够抛砖引玉，引发读者更多的思考。

15.4.1 智能工具与非智能工具

制造和使用工具是人类的特点之一。人类与工具的关系，受到了科学技术进步和发展的影响。从早期的石器、青铜、铁器工具到现在的人工智能、航天飞机。人类制造和使用工具的水平就是人类科技进步和发展的典型体现。

人类制造和使用形形色色的各类工具，工具的分类也很多。从工具是否具有智能属性的角度来划分，可以将工具分为非智能工具和智能工具两大类。早期，人类制造和使用的工具是非智能工具，人类和这些非智能工具的关系是简单的，即人类制造和使用工具，工具由人类掌控。但是随着信息技术的发展，人类发明了创造了可以部分与人类互动、按照人类指令工作、部分代替人类做决策、自行运转和操作的工具，这类工具具有一定的智能，工具的发展进入了智能工具阶段。人类与工具的关系随着科技发展，尤其是智能工具的诞生，逐步发生了改变，引发了更多的思考。

在智能工具为人类社会和生活带来巨大便利和提升工作效率的同时，也引发了人类很多的想象和不安。基于智能工具表现出的智能特性以及对未来科技发展可能的推测，人类开始担心智能工具是否会逐步取代人类，甚至在极端情况下控制人类，成为世界新的主宰。智能工具是否会取代人类，任何人也无法给出明确的回答，或者现在的所有回答都是基于对未来的推测。

15.4.2 人类创意和智能工具各自的优势

长期性、重复性和机械化的枯燥劳动可能会被 AI 和机器人所取代，这是目前阶段就可以推测出的显而易见的趋势。AI 和机器人短时间或者可能很长时间无法取代的是人类的创意。人类的创意和职能工具之间的关系，成为人类和工具关系发展方向决定性的焦点。如果人类创意能够被智能工具逐步取代，人类可能真的有一天会被智能工具所取代。

不局限于内容制作领域，各种领域都存在人类的创意与智能工具的关系。在目前阶段，二者各有优势，可以长期互补，共同发展。

人类创意的特点和优势是创造力。天马行空的想象力，以及不断求新图变的追求都是人类创意的证明。自古以来人类的想象力和创造力都是存在的，从之前的各种上古神话中都可以找到原始人类对未知的向往。人类的想象和向往激发了人类无限的探索欲望，人类逐渐摆脱原始形成文明，甚至开始研发具有智能属性的工具。目前对于智能工具的恐惧多见于各种影视作品和文学作品中，这种对于智能工具发展的想象和其危害的恐惧就是人类创意的一部分。

智能工具的优势和特点是计算执行的效率、准确的执行力和逻辑处理能力。智能工具从研发之初就一直在解决效率的问题，这是智能工具的基本优势，人类最聪明的大脑也无法与计算器比拼数字计算。准确的执行力使得智能工具几乎从不犯错，即使是犯错也是人类的指令和人类编写程序的逻辑问题。随着科技的发展，智能工具的逻辑处理能力不断增强。智能工具已经远远超越了早期按照条件触发，或者执行结构化问题的逻辑能力。通过算法的提升和反复的迭代，日益能够处理更为复杂的问题，甚至在下围棋、游戏比赛等领域已经完全超越人类。

智能工具的发展已经由处理逻辑明确问题上升为处理目标明确的问题。这是智能工具的巨大突破，其本质是智能工具的计算能力和人类算法的结合。智能工具能够在围棋、电子竞技这些看似非常复杂领域中战胜人类，引起了人类的想象和恐慌。

智能工具已经在人类社会的生产和生活中占有一席之地，未来社会也一定会不断扩大应用智能工具的范围，智能工具的影响力还会逐步扩大。人类创意与智能工具相结合，共同向前发展，是现阶段科技发展水平下的两者的关系和状态，也是留给人类的必然选择。

15.4.3 满足需求决定技术应用

人类创意与智能工具的关系，以及人类工作是否在未来能够被 AI 所取代这类问题，并不仅仅是一个技术发展问题。如果是一个技术问题，在这个阶段该问题将没有明确答案，原因有两个：第一，人类无限的创意和想象对 AI 的发展未来赋予了巨大的可能性。人类能够想象到未来的 AI 能够取代人类工作，好像研究一个能够取代人类工作的 AI 在未来就是可能的；第二，在一件事情发生之前，没有人能够证明这件事情永远不会发生，这是科学的辩证精神。在人类研发能够取代自己工作的 AI 之前，没有人能够证明这种 AI 取代人类工作的可能性不存在。

技术的问题，技术无法给出明确的答案，只能从其他的角度去讨论 AI 取代人类工作的可能性和合理性。社会的一切发展离不开需求，满足需求是社会发展永恒的动力和方向。对于需求的研究可能对于未来 AI 是否取代人类工作这个事情有帮助。满足需求往往会决定技术的应用。如果 AI 能够满足一切需求，并且满足的效率也很高，AI 取代人类很多工作就成为可能。

社会上的需求有很多的类型，有的是大规模的通用化需求，有的则是非常独特的个性化需求。有的需求有明确的目标和评价标准，有的需求则没有明确的目标和评价标准。未来 AI 取代人类工作可能在大规模通用化需求和明确目标及评价标准这类需求有明显的优势，可以替代人类完成很多工作，而在个性化和目标及标准不明确的工作上很难替代人类完成工作。

在需求满足的效率上，长期不变的基本需求，一旦测试和调试成功，可以进入批量化生产，生产效率高，需求完成效率也高。这类需求适合由 AI 来满足。小规模的变化频率高的需求，因为调试和测试的成本与收益不成比例，由人来做工作更为高效和产出收益较高。

需求不是一成不变的，它会随着科技发展的水平不断的升级变化，而且科技发展还会创造更多、更新的需求。需求的总体变化趋势是，人类的需求发展高于科技水平，随着科技的发展会产生更多需求，人类的需求发展不断复杂且多样。总之，科学技术的发展好像永远满足不了人类的所有需求。

从满足需求的角度上来判断 AI 是否能够代替人类的工作好像是一个可行的思路。人类社会的发展就是不断满足需求和产生需求的过程。满足需求的类型和需求实现效率可能是人类和 AI 未来在社会生产中定位和工作分工的重要参考因素。

15.4.4 人类的欲望和情感产生需求

研究需求和如何满足需求的问题，只是在满足需求的目标和前提下，定义人类和 AI 及智能工具在满足需求过程中的分工问题，并没有涉及未来 AI 是否可能拥有完整的智能，有能力也有欲望完全取代人类，主宰世界的问题。研究未来 AI 是否会取代人类的这个终极问题，需要继续研究需求如何产生的问题。

需求如何产生？不同的学科有不同的答案，为了解决其学科领域中遇到的问题。与人类与 AI 关系发展相关的需求产生问题，应该在社会需求和人类需求的产生角度上加以分析。没有详尽的研究和调查，只是推测和概括，人类的欲望和情感产生需求，欲望和情感也是目前人类与智能工具及 AI 之间不可逾越的鸿沟。

人类的欲望和情感多种多样，有的是作为生物体的生理欲望和需求，有的是作为人类社会的一分子产生的欲望和情感，还有很多说不清和无法分类的随机性欲望和情感。这些欲望和情感激发了人类的想象，影响着人类的行为，形成了每个人的需求，从而汇聚成了社会的需求。为了满足这些由欲望和情感产生的需求，人类科技文明不断发展，研发和采用了各种先进技术。同时，人类的社会文明也不断发展，构建了结构复杂的人类社会体系。

目前，人类的欲望和情感是人类与智能工具及 AI 间的最大差异。人类会因为战胜对手而获得喜悦，对手间会因为相互尊重而形成公平竞技的竞技精神。AI 即使在围棋中战胜人类，目前的 AI 也不会像人类一样感到快乐和喜悦。欲望和情感让人类有所成就，而又不断犯错，使人类成为理性和感性的综合矛盾体。

15.4.5 仿生可能是欲望和情感产生的前提

欲望和情感是人类与智能工具及 AI 间的最大差异，这种差异不仅是人类与智能工具之间的差异，也是几乎所有生物体和非生物智能工具之间不可逾越的鸿沟。一些小动物的智力水平虽然无法与人类相比，但是很明显会产生欲望和情感，很多动物与人类的关系是十分亲密的。可能只有带着“温度”的生物体才能够产生欲望和情感，而“冷冰冰”的智能设备则只能机械地执行指令，或者通过复杂程序逻辑来模仿生物体的行为，而不带有真正的欲望和情感。

是否能够创造人工的欲望和情感，打破生物体和非生物体的界限，可能是 AI 是否会取代人类终极问题的答案。以目前技术水平和研究方向上来看，这个问题是很难实现的。

首先，这个问题本身就很难，人类的欲望和情感是如何产生的是很难的课题，很多研究目前也只是推测，人类的欲望和情感可能受到大脑、神经系统、各种激素的影响。其次，目前人工智能的研究也只是在研究人脑的产出逻辑。研发出来的人工智能产品也只是人类逻辑和思维的再现，而非人类欲望和思维本身。

随着科技的发展，未来是否能够打破生物体和非生物体的界限，创造出人工的欲望和情感，是一个可以大胆想象的问题。想象的基础是基于生物体的物质性且这个物质性的生物体产生了欲望和情感，如果能够完全复制这样一个生物体可能是一个解决方案。每个生物体都是由原子、分子等物质构成的。如果未来科技水平发展到一定程度，能够完全通过其他手段来复制生物体，模拟生物体的运行，进行完全的“仿生”，可能会实现突破。例如，将人类大脑中的所有神经连接和生物电传导完全复制，并通过某种方式实现运转，这个复制的大脑是否会做梦、是否会产生想象、是否能够产生欲望和情感等一系列问题只有未来的科技才能揭晓答案。

15.4.6 工欲善其事，必先利其器

《论语》中提到“工欲善其事，必先利其器。”是我们经常引用的名言。它反映出工具对于人类生产生活的重要性，人类发展也一直注重工具的制作和使用。人类与工具的关系同样也会受到科技发展的不断影响。在新的时代背景下，对这句名言可以有新的解读。新的解读并不是要夸大和曲解先哲的本意，而是借用先哲名言中的元素，结合时代的特点，阐述本书对未来科技发展的想象和观点。

随着时代和科技的发展，“工欲善其事，必先利其器。”可以将重点分为四个阶段。第一个阶段是“利其器”阶段。古人由于生产力发展水平不高，需要克服很多自然情况，满足生存和发展的基本需要，这个阶段使用先进的工具来从事生产和应对自然灾害是首要工作。第二个阶段是“善何事”阶段。人类的科技水平得到了巨大的发展，改造自然的能力逐渐增强，甚至拥有了核武器这样“毁天灭地”的能力，以及人类活动已经达到了影响气候变化的程度。人类似乎应该停下来想一下，掌握这些科技究竟应该做什么事情对人类和自然长远有利。第三个阶段是“工何欲”阶段。人类发明了智能工具，智能工具的发展带来了便利引发了一些对未知的恐慌。人类需要更加深入地了解自身的欲望和情感，了解自己与智能工具的根本区别。第四个阶段是“何为工”阶段。人类的科技能否突破生物体和非生物智能机器的界限，完全复制生物体的运行状态，是人类科技发展的重要问题。这个问题是否会存在，以及会给人类带来何种变化，可能要在遥远的未来才能判断。

参考文献

[1] 赵玉明，王福顺 . 广播电视辞典 [M]. 北京：北京广播学院出版社，1999.

[2] 尤建新 . 管理学概论 [M]. 上海：同济大学出版社，2007.

[3] 于海勃 . 西方舞台美术基础 [M]. 北京：中国戏剧出版社，2018.

[4] 刘键 . 设计与传播的视觉传达研究 [M]. 北京：新华出版社，2020.

[5] 项目管理协会（Project Management Institute）. 项目管理知识体系指南 [M]. 北京：电子工业出版社，2013.

[6] 蔡世奇 . 多项虚拟显示技术加持《英雄联盟》S10 增加 AR 观景台 [EB/OL]. 2020-10-22. https://baijiahao.baidu.com/s?id=1681256047846571642&wfr=spider&for=pc.

[7] 电子竞技 . 量子体育 VSPO：电竞行业的趋势捕手 [EB/OL]. 2018-06-29. https://www.sohu.com/a/238488631_272501.

[8] 韩少华 . 多讯道切换系统录制对摄像师的基本要求 [J]. 视听纵横，2015（5）: 105-106.

[9] 童兵. 新闻传播学大辞典 [M]. 北京：中国大百科全书出版社，2014.

[10] 张德胜，李峰，姜晓红 . 体育解说评论的五大基本原则 [J]. 武汉体育学院学报，2016（11）: 12-19.

[11] 山东体育晨报 . 全景 AR 舞台全程直播！ 2021 和平精英城市赛总决赛空降青岛 [EB/OL]. 2021-11-01. https://m.thepaper.cn/baijiahao_15169303.

[12] 郑月. 电视节目导播 [M]. 北京：中国传媒大学出版社，2018.

[13] 周维维 .CGTN 英语频道演播室在线包装系统探讨 [J]. 现代电视技术，2018（8）: 114-117.

[14] 十轮网 . 携手 Riot Games，思科要让英雄联盟电竞体验提升 200%[EB/OL]. 2020-08-23. https://new.qq.com/omn/20200823/20200823A0DIL700.html.

[15] 腾讯电竞 . 腾讯 2018 电子竞技运动标准 [EB/OL]. 2017-12-25. https://www.sohu.com/a/212624630_535207.

[16] 毁男孩的小图纸 . 视界观察：不只是 AR，《英雄联盟》赛事中的虚拟制作技术 [EB/OL]. 2021-05-10. https://zhuanlan.zhihu.com/p/371169324.

[17] ECO 电竞派 . 虚拟解说首秀、LPL 名嘴跨界，PEL 决赛场上演赛事内容的新可能 [EB/OL]. 2021-10-04. https://mp.weixin.qq.com/s/lwjyrq28Knh3qrSBgXhE9w.

[18] 游戏乐活 . 推陈出新！ 盘点 CSGO 比赛里那些令人惊艳的观战 HUD[EB/OL]. 2018-09-30. https://www.sohu.com/a/257023667_99923416.

[19] 王梦 .【聚焦绝地求生 PAI】新华电竞走进量子体育 VSPO 直转播后台 [EB/OL]. 2019-01-17. https://mp.weixin.qq.com/s/exzY0z5gXDzX_a51a157Og.

[20] 蔡世奇 . 看懂 PEL ｜快速“膨胀”的导播团队里藏着二十多位盯梢专家 [EB/OL]. 2020-06-05. https://baijiahao.baidu.com/s?id=1668629543500050243&wfr=spider&for=pc.